GEOGRAPHIE DES FREIZEIT-
UND FREMDENVERKEHRS

WEGE DER FORSCHUNG

BAND 592

1984

WISSENSCHAFTLICHE BUCHGESELLSCHAFT

DARMSTADT

GEOGRAPHIE DES FREIZEIT- UND FREMDENVERKEHRS

Herausgegeben von

BURKHARD HOFMEISTER

und

ALBRECHT STEINECKE

1984

WISSENSCHAFTLICHE BUCHGESELLSCHAFT

DARMSTADT

CIP-Kurztitelaufnahme der Deutschen Bibliothek

Geographie des Freizeit- und Fremdenverkehrs / hrsg.
von Burkhard Hofmeister u. Albrecht Steinecke. –
Darmstadt: Wissenschaftliche Buchgesellschaft, 1984.
  (Wege der Forschung; Bd. 592)
  ISBN 3-534-08450-0
NE: Hofmeister, Burkhard [Hrsg.]; GT

1 2 3 4 5

 Bestellnummer 8450-0

© 1984 by Wissenschaftliche Buchgesellschaft, Darmstadt
Satz: Maschinensetzerei Janß, Pfungstadt
Druck und Einband: Wissenschaftliche Buchgesellschaft, Darmstadt
Printed in Germany
Schrift: Linotype Garamond, 9/11

ISSN 0509-9609
ISBN 3-534-08450-0

INHALT

III. Regional- und Gemeindestudien

EINLEITUNG: ZUR WISSENSCHAFTSGESCHICHTLICHEN ENTWICKLUNG DER GEOGRAPHIE DES FREIZEIT- UND FREMDENVERKEHRS

Von BURKHARD HOFMEISTER und ALBRECHT STEINECKE

Die wissenschaftliche Auseinandersetzung mit dem Fremdenverkehr hat sich aus vereinzelten Ansätzen seit dem Beginn unseres Jahrhunderts zu einer fast unüberschaubaren Fülle von Arbeiten in der Gegenwart entwickelt. Hierfür dürften drei Gründe besonders wichtig gewesen sein.

Erstens erlangte der Fremdenverkehr selbst – als gesellschaftliches Phänomen – eine rasch zunehmende Bedeutung. Es war eine lange Entwicklung von den Besuchen der Jahrmärkte und Messen durch die Fernhändler im hohen Mittelalter und den Bildungsreisen des Adels, des Besitz- und Bildungsbürgertums im 18. und 19. Jahrhundert bis zum *Massentourismus* unserer Tage. Viele Faktoren – finanzielle, soziale, technische – haben dazu beigetragen. Vor allem die zunehmende Freizeit durch Verkürzung der Arbeitszeit, die verbesserten Einkommensverhältnisse, die rechtlichen Urlaubsregelungen, die Entwicklung des modernen Verkehrswesens, die organisatorischen und international-politischen Erleichterungen des Reiseverkehrs sowie die partielle Einbeziehung der sozialen Unterschicht ließen den Fremdenverkehr im Laufe weniger Jahrzehnte zur Massenerscheinung werden. Die langfristige oder gar dauernde Anwesenheit von *Ortsfremden* in großer Zahl ist für viele Siedlungen, sogar für ganze Regionen, zum gewohnten Bild geworden.

Zweitens stellt der Fremdenverkehr einen bedeutenden *ökonomischen Faktor* dar. Neben der Handels- und der Kapitalbilanz bildet der durch den internationalen Fremdenverkehr hervorgerufene Kapitaltransfer einen für viele Zielländer wichtigen Posten in der gesamten Leistungsbilanz. In zahlreichen Fremdenverkehrsstudien, und gerade schon sehr frühen am Anfang unseres Jahrhunderts von volkswirtschaftlicher Seite, ist die Rolle des Fremden als *Konsument* besonders hervorgehoben worden. Durch seine Inanspruchnahme von Dienstleistungen am vorübergehenden Aufenthaltsort und seine Neigung zum Erwerb von Gütern, billigen Andenken wie auch wertvollen Gegenständen, die ihrer Andersartigkeit wegen sein besonderes Interesse erwecken, werden nennenswerte Geldbeträge aus dem Herkunftsgebiet des Reisenden abgezogen und in verschiedenen Gewerbe- und Dienstleistungsbranchen des Zielgebietes ausgegeben.

Drittens sind mit zunehmendem Umfang des Fremdenverkehrs außer dem Kapitaltransfer auch die vielfältigen Einflüsse dieses Reiseverkehrs auf Landschaft, Kultur und Gesellschaft des Zielgebietes offensichtlich geworden, die – besonders in jüngerer Zeit – als *Belastungen der Umwelt* empfunden werden und somit Probleme darstellen, zu deren Lösung es einer genauen Kenntnis des Gesamtzusammenhanges aller den Fremdenverkehr bestimmenden Faktoren bedarf. Der Fremde als *temporärer Bewohner und Akteur* an einem von seinem Wohn- und Arbeitsplatz entfernt gelegenen Ort bringt für diesen Anforderungen nach einer *spezifischen Infrastruktur* mit sich, die einerseits erhöhten Flächenkonsum, erhöhte Investitionen, erhöhte Umweltbelastungen, andererseits nur teilweise Auslastung von Kapazitäten, saisonale Schwankungen in der Beschäftigung und andere Schwierigkeiten bedeutet.

Alle hier genannten Aspekte stellen einen so umfangreichen Fragenkomplex dar und greifen in so viele Lebensbereiche ein, daß es verständlich ist, daß sich eine Vielzahl von Disziplinen mit ihnen befaßt, insbesondere die Architektur, Betriebswirtschaftslehre, Landschaftsökologie, Medizin, Nationalökonomie, Psychologie, Rechtswissenschaft, Soziologie. Auch die Geographie hat sich des Phänomens Fremdenverkehr seit langem angenommen. Ihr Anteil an der Erforschung des Fremdenverkehrs betrifft die in mehrfacher Weise hervortretenden *Raumbezogenheiten*. Für den Fremdenverkehr als geographisches Forschungsobjekt ergeben sich mehrere Dimensionen:

1. die *aktionsräumliche* Dimension, bei der es sich um die Distanzüberwindung zwischen Wohnstätte und Reiseziel handelt;
2. die *standörtliche* Dimension, bei der es um die gesamte Fremdenverkehrsinfrastruktur, ihre Schaffung, ihre Kapazität, ihre Reichweite und ihre Nutzung geht;
3. die *Wirkungsdimension*, bei der die Gestaltung, der Wandel und die

Belastung der Zielorte oder Zielräume des Fremdenverkehrs durch die an ihm beteiligten Menschen zur Diskussion steht;

4. die *planerische Dimension*, die die Frage nach der möglichen Steuerung der gesamten Einflüsse des Fremdenverkehrs auf die Zielorte und -räume beinhaltet.

Die in diesem Band zusammengestellten Beiträge belegen, wie sich im Lauf der Zeit beim Aufgreifen dieser verschiedenen raumrelevanten Fragestellungen *Schwerpunktverlagerungen innerhalb der Geographie des Freizeit- und Fremdenverkehrs* ergeben haben und welche Forschungsansätze dabei entwickelt worden sind. Die Struktur des Bandes spiegelt dabei die drei grundsätzlichen – sich überschneidenden – Bereiche freizeit- und fremdenverkehrsgeographischer Forschung wider: I. die Probleme der Definition, II. methodologische Beiträge und III. Regional- und Gemeindestudien.

I. Probleme der Definition

Die Frage nach der Abgrenzung des Forschungsobjektes hat innerhalb der Geographie des Freizeit- und Fremdenverkehrs einen ungewöhnlich breiten Raum eingenommen. Wie in der methodologischen Dimension ist auch hier der Einfluß der Volkswirtschaftslehre – als dem wissenschaftsgeschichtlich "leading sector" der Fremdenverkehrsforschung – unverkennbar.

Morgenroth (1927) entwickelt bereits wesentliche Elemente des Fremdenverkehrsbegriffes: den vorübergehenden Aufenthalt der Teilnehmer am Zielort, die Rolle als Verbraucher von Wirtschafts- und Kulturgütern und das Verkehrselement im Fremdenverkehr. Er versteht den Fremdenverkehr grundsätzlich als spezifische Ausprägung einer temporären Wanderung und erörtert besonders die volkswirtschaftliche Bedeutung (Grundlage von Erwerbstätigkeit). Diese Definitionselemente werden von Hunziker (1965) aufgenommen und fließen in die klassische Bestimmung ein als *„Inbegriff der Beziehungen und Erscheinungen [. . .], die sich aus der Reise und dem Aufenthalt Ortsfremder ergeben, sofern durch den Aufenthalt keine Niederlassung begründet und damit keine Erwerbstätigkeit verbunden wird“.*

Poser (1939) führt eine stärker raumbezogene Komponente in die Begriffsbestimmung ein, indem er den Fremdenverkehr bezeichnet als die *„lokale oder gebietliche Häufung von Ortsfremden mit einem jeweils vorübergehenden Aufenthalt, der die Summe von Wechselwirkungen zwischen den Fremden einerseits und der ortsansässigen Bevölkerung, dem Orte und der Landschaft andererseits zum Inhalt hat".* Neuere Definitionen versuchen, interne Strukturwandlungen des Fremdenverkehrs begrifflich zu erfassen. So betont Bernecker (1964) besonders die peripheren Tendenzen im Fremdenverkehr und weist der Geographie des Freizeit- und Fremdenverkehrs die Aufgaben einer Geographie von Fremdenverkehrs*gebieten* zu.

Schadlbauer (1973) setzt sich mit der Definition von Hunziker (1965) auseinander und problematisiert den *Begriff des Ortsfremden,* den er mit wachsender Bedeutung von Zweitwohnsitzen in den Fremdenverkehrsräumen für unzureichend hält. Er stellt verschiedene neue Definitionen vor und führt vor allem das Abgrenzungskriterium ein, daß Hauptwohnsitz und Haupteinkommensquelle an einem anderen Ort als dem Ort des Aufenthaltes sein müssen.

Ruppert (1975) versucht bei seiner Einordnung der „Geographie des Freizeitverhaltens" in das System der Geographie eine Lösung vom Fremdenverkehrsbegriff zu erreichen. Das gesamte raumbezogene Freizeitverhalten wird demnach als Forschungsgegenstand dieser sozialgeographischen Teildisziplin betrachtet; Raumkategorien innerhalb der Analyse sind das *Wohnumfeld,* der *Naherholungsraum* und der *Fremdenverkehrsraum.*

Newig (1975/76) setzt sich mit diesen Raumkategorien auseinander und weist auf die *Ambivalenz von zeitlichen und räumlichen Bestimmungsmerkmalen* hin. In seinem Definitionssystem berücksichtigt er – ähnlich wie Schadlbauer (1973) – die Veränderungen, die durch die Zweitwohnsitze in den Fremdenverkehrsräumen ausgelöst werden, und versucht, sie begrifflich zu fassen.

II. Methodologische Beiträge

Die frühen Arbeiten über den Fremdenverkehr waren auch methodologisch stark durch *volkswirtschaftliche Fragestellungen und Theorieteile* geprägt. Bei Stradner (1905, 2. Auflage 1917) taucht wohl erstmals der Begriff Fremdenverkehrsgeographie auf, als deren Aufgabe der Autor die Untersuchung der Einflüsse von natur- und anthropogeographischen Faktoren auf den Fremdenverkehr sowie die *kartographische Darstellung* der Fremdenverkehrsgebiete ansieht. Er stellt die Rolle des Fremden als Konsument stark in den Vordergrund, also den Kapitaltransfer in das und den Beschäftigungseffekt in dem Zielgebiet. Kennzeichnend für diese volkswirtschaftliche Sichtweise ist auch der Umstand, daß er den Landschaftselementen wie dem Wald, denen ein Erholungswert beizumessen ist, die Qualität eines volkswirtschaftlichen Gutes zuweist; dabei stellt er sowohl die Nutzung als auch die Schutzwürdigkeit – zur Sicherung der Gebrauchsfähigkeit – heraus.

Wegener (1929) betont in seiner Studie einerseits die *Wechselbeziehungen und Wechselwirkungen* des Fremdenverkehrs zu anderen Geofaktoren wie Siedlungen, Wirtschaft und Verkehrswesen, andererseits die Wirkungen des Fremdenverkehrs auf das *Landschaftsbild*. Während er mit diesen Überlegungen an Ansätze von Sputz (1919) anknüpfen kann, entwickelt er die geographische Fragestellung weiter hinsichtlich der *Analyse von Fremdenverkehrsstandorten und -räumen* sowie der *Analyse von Fremdenverkehrsmotiven*.

Simkowsky (1934) untersucht besonders die Rolle des Fremdenverkehrs als *Wirtschaftsfaktor* und analysiert dabei – in dem hier vorliegenden Teil seiner Arbeit – die geographischen Grundlagen des Fremdenverkehrs. Im weiteren beschäftigt er sich mit der Bedeutung des Fremdenverkehrs für die Volkswirtschaft generell und speziell für die Zahlungsbilanz, den Problemen der Fremdenverkehrsstatistik und der Höhe der Fremdenverkehrseinnahmen in den wichtigsten Reiseländern. Seine theoretischen Überlegungen verdeutlicht er im zweiten Teil seiner Studie am Beispiel Österreichs und erörtert die Konsequenzen hinsichtlich der Fremdenverkehrspolitik und der Organisation des Fremdenverkehrs.

In Fortführung der Gedanken von Sputz (1919) und Wegener (1929) nimmt dann Grünthal (1934) eine Betrachtung des Fremdenverkehrs nach dessen beiden Grundzügen vor, dem *Verkehrselement* und dem *standortbildenden Element*. Er betrachtet die Fremdenverkehrsgeographie – aufgrund des Elementes der räumlichen Mobilität – als Teildisziplin der allgemeinen Verkehrsgeographie, macht aber deutlich, daß dem standortbildenden Element im Fremdenverkehr eine größere Bedeu-

tung zukommt; aus diesem Grund versteht er die Fremdenverkehrsgeographie vorrangig als *Geographie der Orte mit Fremdenverkehr.*

Einen entscheidenden Impuls empfing die deutsche Fremdenverkehrsgeographie aus den Arbeiten von Poser (1938/39 und 1939), der in
seiner umfassenden Darstellungsweise sowohl die naturgeographischen
Grundlagen des Fremdenverkehrs als auch den gesamten Ablauf und
Umfang des Fremdenverkehrsgeschehens und schließlich die Gestaltung und Typisierung von Fremdenverkehrsorten und -räumen gleichermaßen berücksichtigt.

Auf der Angebotsseite des Fremdenverkehrs spielen die *naturgeographischen Grundlagen* in Form bestimmter Gunstfaktoren eine große
Rolle. Sie haben sich in jüngeren Untersuchungen als ein eigenes Studienobjekt verselbständigt, so daß es heute eine Reihe von Arbeiten
gibt, in denen die *Eignung* eines Raumes für den Fremdenverkehr bzw.
als Erholungsgebiet und Maßstäbe für ihre *Bewertung* behandelt werden, wie sie von geographischer Seite u. a. von Becker (1975) durchgeführt wurden.

Die Darstellung des gesamten Fremdenverkehrsgeschehens nach Ablauf, Umfang und Zusammensetzung der Reiseströme bedeutete einen
großen Schritt voran in der Geographie des Freizeit- und Fremdenverkehrs. Poser konnte überzeugend darlegen, daß neben den Zielorten
und Zielgebieten des Fremdenverkehrs auch die Herkunftsgebiete der
Fremden, das *Fremdeneinzugsgebiet* als deren Ergänzungsraum, genauso Beachtung finden müssen. Die Verkehrsspannung zwischen beiden Raumtypen wird damit ebenfalls zum Objekt der Fremden-
kehrsgeographie in Anwendung der *räumlich-funktionalen* Betrachtungsweise.

Als dritte wichtige Komponente tritt dann die *Gestaltung der Landschaft* durch den Fremdenverkehr dazu, die in ihrem Erscheinungsbild
physiognomisch erkennbaren Auswirkungen des Fremdenverkehrs.
Die Analyse des Fremdenverkehrs als Gestalter der Landschaft ist das
hauptsächliche methodologische Ziel der gesamten Untersuchung.
Damit darf Poser als der erste große Vertreter der *morphogenetischen
Betrachtungsweise* in der Geographie des Freizeit- und Fremdenverkehrs angesehen werden. Die Fremdenverkehrslandschaft tritt gleichrangig neben die Agrarlandschaft und die Industrielandschaft.

Nach einer Pause während der Kriegs- und der ersten Nachkriegsjahre kam der Versuch einer interessanten methodologischen Weiterentwicklung der Geographie des Freizeit- und Fremdenverkehrs von Christaller im Jahr 1955. Wie er sein Konzept der zentralen Orte als einen Bestandteil der Wirtschaftsgeographie ansah, entwickelte er jetzt innerhalb der Wirtschaftsgeographie des Fremdenverkehrs sein *Konzept der „peripheren Orte"*. In Analogie zu den zentralen Orten ging es ihm dabei um das Auffinden von Regelhaftigkeiten über die räumliche Verteilung des Fremdenverkehrs. Ähnlich den Gedanken Posers ging er davon aus, daß die Raumstruktur beim Aufsuchen von relativ weit vom Dauerwohnsitz entfernt gelegenen Erholungsgebieten durch einen gewissen *Landschaftsgegensatz* gekennzeichnet wird. Das Zielgebiet erfüllt für das Herkunftsgebiet also eine komplementäre Funktion. Stadtbewohner suchen in dem Verlangen, ihre städtische Umgebung vorübergehend mit einer völlig andersgearteten Umgebung zu vertauschen, bevorzugt das Gebirge und die Meeresküste auf. Er kam mit dieser Überlegung zwangsläufig auf den *„Drang zur Peripherie"* als einem wesentlichen Merkmal im Reiseverhalten und einem Standort-Charakteristikum von Fremdenverkehrsorten und -räumen.

Dieser *standorttheoretische Ansatz* gab ebenso wie anderthalb Jahrzehnte vorher die Arbeiten Posers der Geographie des Freizeit- und Fremdenverkehrs einen bedeutenden Impuls, wenn auch die Ergebnisse der Arbeit Christallers aus mehreren Gründen insgesamt unbefriedigend blieben.

Spätere Untersuchungen haben gezeigt, daß dem postulierten Drang zur Peripherie Widerstände erwachsen, die seine Allgemeingültigkeit relativieren und in Frage stellen, und zwar in Form mehrerer Kräfte: Der mit der Distanz wachsende *Zeit-Kosten-Mühe-Aufwand* für die Reise hat bei zunehmender Entfernung der Reiseziele eine Ausdünnung der Reiseströme zur Folge; der mit der Distanz geringer werdende *Informationsstand* des potentiellen Reisenden tritt als Hemmnis bei der Entscheidung für sehr entfernt gelegene Reiseziele auf; ebenfalls mit der Distanz nehmen die Möglichkeiten zu, auch mehr und mehr *alternative Reiseziele* aufzusuchen (vgl. Kemper 1977).

Zweitens wird bei diesen Überlegungen, in denen der Drang zur Peripherie eine entscheidende Rolle spielt, nur ein Teil des Fremdenverkehrs berücksichtigt, nämlich jener Anteil, bei dem das Reisen als *Selbstzweck* anzusehen ist – also die Urlaubsreisen. Nicht einbezogen werden private Besuchsreisen sowie der gesamte berufliche Reiseverkehr, wie z. B. der Kongreßtourismus. Vor allem entfällt hier der Städtetourismus, der sehr verschiedenen Zwecken dienen kann und der oftmals sogar im Rahmen einer einzelnen Reise mehrere Zwecke miteinander verbindet, wie z. B. den Besuch von Freunden und Verwandten, kulturelle Aktivitäten (Wahrnehmung des kulturellen Angebots der Stadt), aber auch rekreative Aktivitäten.

Drittens konnte zwar das allgemeine Prinzip des Dranges zur Peripherie herausgearbeitet werden, aber *keine genauere Systematik* der Standortbedingungen entsprechend dem Modell der zentralen Orte aufgebaut werden.

Schließlich erweist sich das Konzept des Landschaftsgegensatzes zwischen Herkunfts- und Zielraum der Touristen zum Verständnis funktionaler Raumbeziehungen als unzureichend. Mit zunehmender touristischer Erschließung eines Raumes sind nachhaltige siedlungsgeographische Wirkungen (Urbanisierung) und Wandlungen der einheimischen Kultur verbunden, die eine *Nivellierung ursprünglicher Gegensätze* zur Folge haben.

Dennoch ist dieser Gedankengang Christallers wissenschaftlich fruchtbar gewesen. Die von ihm formulierte Fragestellung der standorttheoretischen Analyse wurde mit einer modellorientierten Forschungsintention u. a. von Geigant (1962), Todt (1965), Crampon (1966), Deasy/Griess (1966) und Kaminske (1977) aufgegriffen. Gormsen (1981) baute auf ihr seine weitergehenden Überlegungen über das Hinausschieben der sogenannten *"pleasure periphery"* in einem mehrphasigen Prozeß der immer weiterreichenden Erschließung peripherer Gebiete auf.

Während der 1960er Jahre wurden verschiedene der bis dahin entwickelten Ansätze weiterverfolgt und entfaltet. Jülg (1965) erörtert in einem resümeeartigen Überblick den *Stand und die Methodik freizeit- und fremdenverkehrsgeographischer Forschung.* Zentrale Punkte seines Beitrags sind die Aufarbeitung der verschiedenen Definitionen, eine Zusammenstellung der natur- und kulturgeographischen Faktoren, die eine touristische Erschließung begünstigen, eine Systematik der verschiedenen Fremdenverkehrsarten und die Darstellung der unterschiedlichen räumlichen Wirkungen des Fremdenverkehrs.

Jacob (1968) entwickelt ein *Strukturmodell,* in dem die Beziehungen zwischen dem Fremdenverkehr einerseits und andererseits den wirtschaftlichen Faktoren des Fremdenverkehrsraumes, dem Naturmilieu, den Faktoren des Überbaus (Staat, Recht, politische Parteien usw.) und der Sprache (Probleme der Verständigung) systematisiert werden. Bei seiner Standortbestimmung der Geographie des Freizeit- und Fremdenverkehrs innerhalb des Systems der Geographie stellt er – in Anlehnung an die Arbeit von Grünthal (1934) – wieder die *Fremdenverkehrsorte und -räume als zentrale Forschungsobjekte* in den Vordergrund.

Eine entscheidende Wende bahnte sich am Ende der 60er Jahre an mit der Einbeziehung des Fremdenverkehrs als eines Teilbereichs einer umfassenderen *„Geographie des Freizeitverhaltens"* in den Gesamtrahmen der neuen sozialgeographischen Konzeption. Indem die sogenannte Funktionsgesellschaft zum Ausgangspunkt einer veränderten Systematik der Anthropogeographie gewählt wurde, leitete man von den verschiedenen *Daseinsgrundfunktionen* die einzelnen Teilgebiete der Anthropogeographie ab, so auch aus der Funktion „Sich erholen" eine „Geographie des Freizeitverhaltens". Diese neue Sichtweise brachte für die Geographie des Freizeit- und Fremdenverkehrs zwei nachhaltige Folgen mit sich.

Es konnte fortan nicht mehr die Frage auftreten, ob die Geographie des Freizeit- und Fremdenverkehrs, deren Standort im alten Gedankengebäude der Anthropogeographie nicht geklärt war, eher der Verkehrsgeographie wegen der mit dem Fremdenverkehr verbundenen Verkehrsspannungen und Verkehrsströme zuzurechnen sei oder aber der Siedlungsgeographie wegen der Raumwirksamkeit der Fremden an ihren Zielorten und in den Zielgebieten oder der Wirtschaftsgeographie, wie es Christaller explizite gewollt hatte. Vielmehr wurde sie von nun an eingebunden in den *übergeordneten Fragenkomplex der Freizeitaktivitäten des Menschen und der dafür erstellten Freizeitinfrastruktur.* Aus dieser Sichtweise ergab sich nach und nach auch die Erkenntnis, daß im Gesamtrahmen des Freizeitbudgets des Menschen der Fremdenverkehr nur mehr eine bescheidene Rolle spielt neben den dominierenden Freizeitaktivitäten in der Wohnung, im Wohnumfeld und im Naherholungsraum.

Die zweite Folge dieser veränderten Sichtweise war eine Wiederbelebung der Grundsatzdiskussion um den *Begriff Fremdenverkehr im Zusammenhang mit den Begriffen Erholung, Freizeit, Tourismus.* Hier kann auf die in den vorliegenden Band aufgenommenen Beiträge von Ruppert/Maier (1970), Schadlbauer (1973), Dinev (1974), Ruppert (1975), Newig (1975/76) und Matznetter (1976) hingewiesen werden.

In dem Bestreben, die Vielzahl der relevanten Erscheinungen zu erfassen, wurde nun der Begriff Fremdenverkehr weitgehend durch den des Tourismus ersetzt und neben den der Erholung gestellt. Verschiedene Autoren, unter ihnen Matznetter (1976), wiesen darauf hin, daß die beiden großen Bereiche der Erholung und des Tourismus nebeneinanderstehen, sich aber auch in einem Teilbereich überschneiden. Es gibt einerseits den der Erholung dienenden Tourismus, daneben aber einen sehr großen Bereich der Erholung in Wohnung, Wohnumfeld und Naherholungsraum ohne die dem Fremdenverkehr implizite Ortsveränderung (mit Übernachtung) sowie auch einen Bereich des Tourismus, der nichts mit Erholung zu tun hat, wie z. B. der Geschäftsreiseverkehr oder der Kongreßtourismus.

Dieses Nebeneinander von Erholung und Tourismus kommt auch in der Bezeichnung der von 1972 bis 1980 von Matznetter geleiteten Arbeitsgruppe und späteren *Kommission "Geography of Tourism and Recreation"* der Internationalen Geographischen Union zum Ausdruck. Während der langjährigen Tätigkeit dieser Kommission hat sich auch noch ein weiteres Problem gezeigt.

Im internationalen Rahmen ist – wie Matznetter (1976) selbst dargelegt hat – die Geographie des Freizeit- und Fremdenverkehrs in drei Lager aufgegliedert, nämlich die *Geographen der mittel- und westeuropäischen Länder, die der sozialistischen Länder und die Nordamerikas.* Diese Differenzierung dürfte zum Teil an den unterschiedlichen Rahmenbedingungen liegen, unter denen sich Freizeit- und Reiseaktivitäten in den entsprechenden Kulturräumen vollziehen, zum Teil auch an unterschiedlichen Betrachtungsweisen und Arbeitsmethoden. Im Hinblick auf diese Situation wurde in dem vorliegenden Band eine gewisse Streuung von Arbeiten zur Geographie des Freizeit- und Fremdenverkehrs über die genannten Bereiche versucht. Als Beispiele für den mitteleuropäischen Raum wurden u. a. die Beiträge von Kulinat (1972), Bekker (1975) und Lichtenberger (1976) aufgenommen, für den Bereich der sozialistischen Länder die Beiträge von Mariot (1970), Preobrazhensky u. a. (1971) und Dinev (1974), für Nordamerika die Beiträge von Hyde (1917) und Lowenthal (1962).

Der Forschungsansatz der funktionalen Sozialgeographie in der Bundesrepublik Deutschland ist in den letzten Jahren zunehmender Kritik ausgesetzt gewesen, die zumindest teilweise konstruktiv in neue Fragestellungen umgesetzt wurde bzw. die bestehenden Forschungsfrontiers aufzeigen konnte. Die Kritik galt zunächst dem Forschungskonzept generell, dessen methodologische Grundlagen – bei einem postulierten sozialwissenschaftlichen Erkenntnisinteresse – aufgrund ihrer *Eindimensionalität und ihres geringen gesellschaftlichen Reflexionsgehaltes* als unzureichende Basis zur Analyse von sozialräumlichen Sachverhalten angesehen wurde, in denen komplexe gesellschaftliche Widersprüche ihren Ausdruck finden. Die Kritik an der „Geographie des Freizeitverhaltens" machte sich an der weitgehenden *Beschränkung auf verhaltenswissenschaftliche Fragestellungen* fest, die eine Vernachlässigung der Analyse gesellschaftlicher Ursachen und Restriktionen wie auch der individuellen Bedürfnisdispositionen beinhaltet. Schon von ihrem methodologischen Konzept her entäußert sich diese sozialgeographische Teildisziplin damit der Möglichkeit, Beiträge zu einer Theorie der Gesellschaft erarbeiten zu können (vgl. Oestreich 1977; Steinecke 1982).

III. Regional- und Gemeindestudien

Ein großer Teil der Überlegungen zu Problemen der Definition und zur Methodologie der Geographie des Freizeit- und Fremdenverkehrs ist im Kontext von Regional- und Gemeindestudien entstanden, von denen eine Auswahl im dritten Teil des vorliegenden Bandes zusammengestellt ist.

Hyde (1917) untersucht den Prozeß der Inwertsetzung des Hochgebirges innerhalb der historischen Entwicklung des Tourismus. Er belegt die Tatsache, daß ein *verändertes Naturverständnis und Naturgefühl* – teilweise auch durch literarische Werke vermittelt – eine unumgängliche Voraussetzung dafür war, daß das bis in das Mittelalter als bedrohlich und furchterregend empfundene (und deshalb nach Möglichkeit gemiedene) Hochgebirge im 18. und 19. Jahrhundert zum Fremdenverkehrsraum wird.

Sputz (1919), dessen Arbeit der bis in die 1920er Jahre reichenden *morphologischen oder physiognomischen Phase der Anthropogeographie* zuzuordnen ist, untersucht in dem hier aufgenommenen Teil seiner Dissertation über Tirol die landschaftlichen Wirkungen des Fremdenverkehrs. Dabei erörtert er besonders die *Veränderungen des Landschaftsbildes* durch Neubauten in städtischen Proportionen, eine Verlagerung der Ökumene-Grenze, das Siedlungswachstum, aber auch bevölkerungsgeographische Wirkungen (Verschiebung der Sprachgrenze, Verlust regionaler Eigenart) und wirtschaftliche Wirkungen (besonders der Wandel von der geschlossenen Hauswirtschaft zur geldwirtschaftlichen Organisation der Volkswirtschaft).

Die Beiträge von Wagner (1951) und Lowenthal (1962) sind *Problemen der Kurorte* gewidmet. Bei der Bearbeitung dieses Themas werden die Interferenzen zwischen freizeit- und fremdenverkehrsgeographischen Fragestellungen und Fragestellungen der Physischen Geographie besonders deutlich, denn die Standortstruktur der Kurorte wird durch die Existenz natürlicher Heilquellen bestimmt. Die Beiträge über Kurorte verdeutlichen zugleich die breite Entfaltung von freizeit- und fremdenverkehrsgeographischen Untersuchungen: Gegenstand der Analyse sind die Darstellung der historischen Entwicklung des Bade- und Kurortwesens, die Strukturwandlungen in Wirtschaft und Siedlung als Folge der Kurfunktion, die räumliche Verbreitung der Kurorte und die Erarbeitung siedlungsgeographischer Charakteristika (Viertelbildung, Alters- und Sozialstruktur der Bewohner, zeitlicher Rhythmus der Nutzung städtischer Einrichtungen, Lebensstil usw.).

Carlson (1938) hat mit seiner Arbeit, auf die hier nur verwiesen werden kann, über die Tourismusindustrie in New Hampshire eine klassische *regionale Fremdenverkehrsanalyse* vorgelegt, die den Untersuchungsgegenstand in verschiedenen Dimensionen angeht: Volumen des Fremdenverkehrs, die Rolle der Verkehrserschließung, Volumen und qualitative Differenzierung des Unterkunftsangebotes, Einzugsbereich, natürliche Attraktionsfaktoren, ländliche Abwanderung und Zweitwohnungswesen, räumliche Struktur der Nachfrage, touristische Infrastruktur und wirtschaftliche Bedeutung der Einnahmen aus dem Tourismus für die Region.

Die Beiträge von Mariot (1970) und Kulinat (1972) beschäftigen sich mit dem *Zusammenhang von Stadtgeographie und Geographie des Freizeit- und Fremdenverkehrs*. Die methodologische Entwicklung bei der

Bearbeitung dieser Fragestellung geht von der Beschreibung physiognomischer Charakteristika und funktional-struktureller Veränderungen über die Typisierung von Fremdenverkehrsorten hin zu einer Analyse der städtischen Freizeitfunktion (Erfassung innerstädtischer Freizeiteinrichtungen).

Lichtenberger (1976) setzt sich in ihrem Beitrag ebenfalls mit der Fragestellung der Typisierung von Fremdenverkehrsorten und ihrer räumlichen Differenzierung im nationalen Kontext auseinander. Dabei geht sie besonders auf unterschiedliche Raum-, Zeit- und Nachfragestrukturen des Inländer- und des Ausländerfremdenverkehrs in Österreich ein. Neben den amtlichen Statistiken verwendet sie erstmalig die *Preispyramiden der gastgewerblichen Betriebe* als zusätzlichen Datensatz, der ihr Aussagen über die qualitative Struktur des Angebots (im saisonalen Ablauf) und über den sozioökonomischen Status der touristischen Nachfragegruppe ermöglicht.

Die *gegenwärtigen Forschungsfrontiers der Geographie des Freizeit- und Fremdenverkehrs* werden in der Formulierung von Theorieteilen und in der Theoriebildung gesehen, die auf Sätzen über Raumstrukturen im Freizeitbereich – auf der Verhaltens- und Standortebene – in Abhängigkeit von gesellschaftlichen Ursachen, individuellen Bedürfnisdispositionen sowie ökonomischen, sozialen, (sozial)ökologischen und demographischen Restriktionen basieren.

Die Beiträge des Bandes* sollen die wissenschaftsgeschichtliche Entwicklung der Geographie des Freizeit- und Fremdenverkehrs bis zur Entfaltung dieser Problemstellung belegen. Es ist offenkundig, daß solche Belege nur exemplarischer Natur sein können. Die *Literaturauswahl* am Ende des Bandes bietet die Möglichkeit zum Einstieg in ein breiteres und intensiveres Studium der Wissenschaftsgeschichte der Geographie des Freizeit- und Fremdenverkehrs.

* Die Herausgeber möchten Frau Kristiina Vogel (Berlin) für ihre Hilfe bei der teilweise recht schwierigen Beschaffung der Beiträge danken.

I.

PROBLEME DER DEFINITION

Handwörterbuch der Staatswissenschaften, 4., gänzl. umgearb. Aufl. 1927, Vierter Band, S. 394–402 (gekürzt). Mit Genehmigung des Verlags Gustav Fischer, Stuttgart.

FREMDENVERKEHR

Von Wilhelm Morgenroth

1. *Begriff und allgemeine Wesenszüge des Fremdenverkehrs.* – Unter den räumlichen Verschiebungsvorgängen, die fortgesetzt im Stande der Bevölkerung der verschiedenen Gebiete der Erde vor sich gehen und die man insgesamt in dem Begriff der menschlichen Wanderungen zusammenzufassen pflegt, hat der Fremdenverkehr eine bedeutsame, besonders in der jüngsten Zeit sehr wichtig gewordene Stellung inne. Er bildet in den verschiedenen Völkern und Ländern sowohl einen Teil der inneren als auch der äußeren Wanderungen, der Binnenwanderungen, der Auswanderung, der Einwanderung, der Durchwanderung. Charakteristisch ist dabei für den Fremdenverkehr stets die Eigentümlichkeit der nicht dauernden, sondern nur vorübergehenden, zeitweiligen Änderung des Wohnsitzes oder der Niederlassung. Die dauernden Umsiedlungen mit Wechsel des ständigen Wohnsitzes oder der Niederlassung auf längere Zeit sind als eigentliche oder qualifizierte Binnenwanderungen, Aus- und Einwanderungen den sogenannten Zeitwanderungen gegenüberzustellen, bei welchen der ständige Wohnsitz (die Niederlassung) auf mehr oder weniger eingeschränkte Zeitdauer, einmalig oder temporär, regelmäßig oder unregelmäßig wiederkehrend, verlassen, nach gewisser Zeit aber wieder eingenommen wird, oder bei welchen überhaupt stete Ortsveränderung, ohne dauernde Niederlassung an einem ständigen Platze, vorliegt.

In den Begriff des Fremdenverkehrs werden von mancher Seite alle, oder fast alle Arten der „Zeitwanderungen" in dem obengenannten Sinne einbezogen; so neben dem Fremdenverkehr im engeren Sinne der gesamte übrige Reiseverkehr, der Saisonverkehr der Wanderarbeiter in Landwirtschaft, Industrie usw. (wie die Sachsengänger, Preußengänger in der Landwirtschaft, die Wanderarbeiter in der Ziegelei, im Baugewerbe usw.), die Wanderungen der Handwerksburschen, der Verkehr der Handelsreisenden, der Markt- und Messeverkehr, der sonstige geschäftliche oder berufliche Reiseverkehr aller Art, der mehr nomadische Wanderverkehr, wie der Wanderhandel, das Hausiergewerbe, die Landstreicher, Vagabunden, Zigeuner usw. Bei der außerordentlichen Verschiedenartigkeit der einzelnen Bestandteile dieses überaus weit gezogenen Begriffes ist naturgemäß das Bedürfnis nach einer weniger umfassenden, besseren Begriffsbegrenzung des eigentlichen Fremdenverkehrs vorhanden. Wie weit man aber bei solcher engerer Definition gehen soll, ist je nach Art und Zweck der Begriffsanwendung anders zu beantworten. Es kann in der vorliegenden kurzen Darstellung der Hauptgrundzüge des ganzen Themas als ausreichend angesehen werden, neben der obigen weitesten Deutung des Fremdenverkehrs (als annäherndem Inbegriff aller Arten der „Zeitwanderungen"), im Nachstehenden noch die engste Definition zu kennzeichnen, auf die anderen, zwischen dem engsten und weitesten Begriff möglichen Auslegungen aber nicht weiter einzugehen.

Im engsten Sinne ist als Fremdenverkehr der Verkehr der Personen zu begreifen, die sich vorübergehend von ihrem Dauerwohnsitz entfernen, um zur Befriedigung von Lebens- und Kulturbedürfnissen oder persönlichen Wünschen verschiedenster Art anderwärts, lediglich als Verbraucher von Wirtschafts- und Kulturgütern, zu verweilen. Als vornehmliche Bedürfnisse dieses besonderen Fremdenverkehrs, der den besuchten Gebieten nur wirtschaftliche Leistungen bringt, ohne aus ihnen wirtschaftliche Gewinne unmittelbarer Art entnehmen zu wollen, sind vor allem zu nennen das Streben nach Erholung, Gesundheitsförderung, Naturgenuß, erhöhtem Lebensgenuß, gesteigerter Lebensfreude, veredelten Vergnügungen, gehobener Bildung nach Gütern des Geistes und Gemütes, nach Kunstgenuß und anderen Vorteilen, die namentlich durch Reisen in bevorzugte Plätze der Erde zu erlangen sind.

Landschaftliche Schönheit, günstige klimatische Verhältnisse (Luftveränderung!), Gebirge, Seen, Meer, Wälder usw., heilkräftige Quellen, Bäder, Denkmäler aus historischer Vergangenheit, Pflegestätten und Sammlungen der Künste, Wissenschaften, Theater, Musik, Heiligtümer an Wallfahrtsorten usw., heimatliche Volksfestspiele sowie sonstige Sehenswürdigkeiten aller Art, gute Grundlagen und Einrichtungen für körperliche Sportbetätigung, für Vergnügungen, künstlerische und wissenschaftliche Darbietungen, für gesellige Veranstaltungen usw. bilden dabei die Hauptanziehungsmittel der Fremdenverkehrsorte. Richtige Fremdenbehandlung, gute Bedienung und Verpflegung, angenehmes Wohnen und Leben, ein gewisser Luxus sowie sonstige Kulturerrungenschaften usw. sind weitere, wichtige Existenzgrundlagen des eigentlichen (engeren) Fremdenverkehrs.

Dazu kommt der von alt her im Menschen sitzende Wandertrieb, der Drang, fremde Länder, Völker und Städte zu sehen, ihre Eigenart an Ort und Stelle kennenzulernen, Kenntnisse und Erfahrungen zu sammeln, Erlebnisse äußerer und innerer Art durchzumachen, möglichst alles in sich aufzunehmen, was an hohen Kulturgütern irgendwo auf der Erde zu finden ist. Eine eigenartige Sphäre menschlicher Geselligkeit hat sich dadurch in den Hauptbrennpunkten des Fremdenverkehrs entwickelt, wo sich Angehörige verschiedener Kreise der menschlichen Gesellschaft aus allen Ländern zusammenfinden und im wechselseitigen Austausch ihrer Meinungen, Neigungen und Erfahrungen eine Kulturförderung in schöpferischster, vielseitigster Art ermöglichen.

Der gekennzeichnete eigentliche Fremdenverkehr, der in der Hauptsache ideellem Streben, Gesundheits- und Genußinteressen entspringt, stellt gewissermaßen eine Art Luxusfremdenverkehr dar und verteilt sich in verschiedenster Weise auf zahlreiche Plätze der Erde, die, je nach ihrem Charakter, in der einen oder anderen Beziehung mehr oder weniger zu bieten vermögen, so die großen Fremdenstädte Paris, London, München, Berlin, Wien, Rom usw. an Kunst, Wissenschaft, Städtekultur, die Luftkurorte und Sportplätze der Bayerischen, der Österreichischen, der Schweizer Alpen, die heilkräftigen Bäder im mittleren und südlichen Deutschland sowie im sonstigen Mitteleuropa, die Seebäder an den Küsten Hollands, Belgiens, Deutschlands, Frankreichs, Italiens, Floridas, Kaliforniens usw. Der Besuch dieser zahlreichen Plätze, von denen fast jeder seine besondere Eigenart der Natur, Kultur, des Gesellschaftslebens usw. besitzt, wechselt nicht selten mit Änderungen allgemeiner Sitten, mit der Mode, mit Sympathie- und Antipathiebewegungen der Völker untereinander, mit den Kultureinrichtungen und -leistungen der Völker usw. Stets auf der vollen Höhe der jüngsten menschlichen Kulturleistungen zu bleiben, ohne dabei wertvolle Eigenheiten des eigenen Platzes zu schädigen, ist daher ein Haupterfordernis für die Selbstbehauptung der großen Fremdenverkehrsgebiete. Dieser Aufgabe dient nicht nur das Hotel- und Gastwirtschaftsgewerbe, nicht nur eine hochstehende „Fremdenindustrie" (im besten Sinne des Wortes), son-

dern eine Fülle guter öffentlicher Einrichtungen der Fremdenverkehrsgebiete, eine richtige Einstellung der öffentlichen Verwaltungsmaß-
nahmen, verständnisvolles Verhalten der ganzen Bevölkerung und
manches andere mehr (siehe weiter unten!).

In dem geschilderten engen Sinne als bloß konsumierender Erho-
lungs-, Genuß- und Luxusfremdenverkehr ist der fast überall am meisten erwünschte Teil des Fremdenverkehrs weiterer Begriffsfassung zu
erblicken. Die großen Massen der aus beruflichen Gründen reisenden
Fremden, besonders der Handlungsreisenden und sonstigen Geschäfts-
reisenden, der Fremden des Theater- und Konzertgastspiels usw., zählen zwar auch zu den Verbrauchern (wie überhaupt alle Fremden), sind
aber dabei zugleich mehr oder weniger produktiv tätig und nehmen
meist mehr Wirtschaftswerte unmittelbar aus dem besuchten Gebiet mit
hinweg, als sie ihm durch ihren Verbrauch bringen. Trotzdem kann
natürlich auch dieses Fremdenpublikum keineswegs als unerwünscht
bezeichnet werden; es erfordert nur in vielen Beziehungen eine andere
Beurteilung. Bei zahlreichen Fremden finden sich überdies die geschäftlichen und die ideellen Bestrebungen und Beweggründe vereinigt; teils
überwiegen dabei die einen oder anderen; gegenseitiges Sichkennen-
lernen einheimischer und fremder Geschäftsleute in den großen Fremdenorten usw. ermöglicht oft auch die Anknüpfung wirtschaftlich
nützlichster und wertvollster Verbindungen für das vom fremden
Geschäftsmann besuchte Gebiet.

Bei der Kompliziertheit der Erscheinungen des Fremdenverkehrs
müssen dessen Begriffsdefinitionen im wesentlichen als theoretisch gelten; für die Praxis ist ihre richtige Erkenntnis gewiß auch wertvoll, kann
aber nur einen Notbehelf darstellen.[1] Im folgenden wird in der Hauptsache der oben gekennzeichnete engste Begriff des bloß konsumieren-

---

[1] Das Bayerische Statistische Landesamt stellt für seine Fremdenverkehrsstatistik folgende grundsätzliche Richtlinien auf: „Als Fremdenverkehr wird nur
der Verkehr derjenigen ortsfremden Personen erfaßt, die zu vorübergehendem
Aufenthalt in der Gemeinde geweilt und mindestens einmal übernachtet haben,
sei es in einem Gasthofe, einer Pension u. dgl. oder in einer Privatwohnung.
Nicht erfaßt ist der Passantenverkehr, bei dem die Fremden nur als Zehrgäste
oder als Käufer auftreten, ohne in einem zur Fremdenanmeldung verpflichteten
Betrieb zu übernachten, sei es, daß die Fremden den Ort wieder vor Abend ver-

den Erholungs-, Genuß- und Luxusfremdenverkehrs der Betrachtung zugrunde gelegt.

Die Grenzen zwischen den verschiedenen Arten der Wanderungen und des Fremdenverkehrs können für alle Einzelfälle nicht streng gezogen werden. Der Begriff des dauernden oder nur vorübergehenden Wohnortwechsels läßt ziemlich weiten Spielraum; eine genaue Zeitdauer des vorübergehenden Aufenthalts ist nicht anzugeben, wodurch die Grenze zwischen Fremdenverkehr und dauernder Übersiedlung etwas verwischt wird; es kann viele Monate und sogar Jahre dauern, bis ein Fremder nach mancherlei Fehlschlägen zu neuer fester Niederlassung kommt. Wo man zur Feststellung eines bestimmten Maßstabes für den „Begriff vorübergehend" gezwungen ist, wie z. B. bei der Fremdenverkehrsstatistik und im Fremdenmeldewesen der Großstädte, muß man zu harter Feststellung einer ziemlich willkürlich genauen Zeitdauer greifen und muß z. B. etwa entscheiden, daß bei Aufenthalt bis zu 4 Wochen oder 3 Monaten oder anderer Zeit Fremdenverkehr, bei längerer Zeit dauernde Übersiedlung zu melden ist. Andererseits erfordert es

lassen oder in primitiven Übernachtungsgelegenheiten (Scheunen, Hütten u. dgl.) oder im Freien nächtigen.

Im übrigen ist der gesamte Fremdenverkehr in allen seinen Arten einbezogen. Als Arten des Fremdenverkehrs kommen vor allem in Betracht:

1. der Verkehr, dessen Antrieb dem wirtschaftlichen, beruflichen oder öffentlichen Leben entspringt;

2. der Verkehr, der ohne Erwerbs-, Berufs- oder dgl. Rücksichten aus freiem Antrieb unternommen wird. Zweck solcher Reisen mag z. B. sein: Kurgebrauch, Erholung, Luftveränderung, Genuß landschaftlicher Schönheit, Sport, Genuß von Kunst und Kultur, religiöses Bedürfnis, das Bestreben, sich zu bilden und Erfahrungen zu sammeln, Unterhaltung, Pflege von Familien- u. dgl. Beziehungen.

An den Verkehr der zweiten Art, den Fremdenverkehr im engeren oder eigentlichen Sinne, denkt man in der Regel, wenn man von Fremdenverkehr spricht, und dieser Verkehr würde auch hier besonders interessieren. Ein Auseinanderhalten der einzelnen Arten ist indessen praktisch undurchführbar. Bei Tausenden von Reisen wird das Angenehme mit dem Nützlichen verbunden, oder es handelt sich mit anderen Worten um die beiden Arten des Fremdenverkehrs." (Vgl. Zeitschrift des Bayerischen Statistischen Landesamts, 55. Jg., 1923, S. 2/3, Aufsatz von Regierungsrat E. Schick.)

fast immer eine gewisse Zeit, bis ein dauernd übergesiedelter Fremder in seiner neuen Gemeinde nicht mehr als solcher, sondern als dauernd Ansässiger betrachtet wird.

Zum Begriff des Fremdenverkehrs gehört in dieser Beziehung überhaupt die Feststellung, wer als Fremder und wer als Einheimischer zu gelten hat. Auch hierbei ist keine scharfe, für alle in Betracht kommenden Verhältnisse zutreffende Unterscheidung möglich. Formale Festlegungen wie beim „Heimatrecht", beim „Unterstützungswohnsitz" usw. sind für volkswirtschaftliche Untersuchungen nicht gut verwendbar. Für solche wäre es das Zweckmäßigste, als Einheimische eines Ortes alle die Einwohner zu bezeichnen, die an diesem Platze den dauernden oder zeitweilig hauptsächlichsten Mittelpunkt ihrer wirtschaftlichen Daseinsführung haben. Mit den Anschauungen der Bevölkerung deckt sich freilich auch dieser Begriff nicht immer, sondern die Dauer des Aufenthaltes am Orte (ob seit Generationen dort ansässig, ob seit kürzerer oder längerer Zeit erst zugezogen usw.), außerdem auch die Entfernung des Herkunftsortes (ob aus einer Nachbargemeinde, aus dem gleichen Lande oder dem Auslande stammend usw.) spielen dabei eine Rolle. Wenn sich Wohnplatz und Arbeitsplatz eines Menschen in verschiedenen Gemeinden befinden, ist oft zweifelhaft, wo der Schwerpunkt der Existenz liegt; vielfach gilt eine solche Person in beiden Plätzen als einheimisch.

Selbst die vorstehend gezogene engste Definition des Fremdenverkehrs begreift noch manche Arten in sich, die, namentlich für Fragen der Praxis, verschiedenartige Beurteilung erfordern. Zu ihm gehören eine Anzahl besonderer Gruppen, die sich ergeben aus der Länge der Aufenthaltsdauer der Fremden, aus der Entfernung des ständigen Wohnsitzes von dem Platze, den der Fremde besucht, nach der wirtschaftlichen und sozialen Volksschicht, welcher der Fremde angehört, und nach der daraus hervorgehenden Qualität der Fremden, nach den Beweggründen und Zwecken, die den Fremden bei seinen Reisen und Besuchen leiten usw. Die einzelnen Gruppen des Fremdenverkehrs, die nach diesen und anderen Gesichtspunkten hervortreten, sind überaus ungleich zu bewerten. Zwischen dem anspruchsvollen, reichen, ein Luxusleben suchenden, aus weit entfernten Ländern kommenden, sich – wo es ihm gefällt – länger festsetzenden Besucher auf der einen Seite und dem einfachen, „nicht weit her" stammenden, mit schmalster Börse die

Fremdenorte sparsamst und rasch durcheilenden Touristen oder wandernden Gewerbsgesellen usw. liegt eine weite Kluft, eine ganze Welt, die durch die mannigfachsten, an den großen Fremdenplätzen ganz verschiedenartig zu beurteilenden Fremdengruppen erfüllt wird. Der länger am Ort verweilende Fremde ist zu dem besser qualifizierten Fremdenverkehr zu rechnen, während der mit kurzer Frist Durchreisende viel weniger Bedeutung für den besuchten Platz hat, teilweise als bloßer Durchreisender oder Passant ohne Aufenthalt so gut wie gar nicht für den Fremdenverkehr in Betracht kommt.

Zu dem qualifizierten Fremdenverkehr rechnen ferner die aus dem Auslande und weit entlegenen Staaten kommenden Fremden (soweit vorübergehend nicht etwa Kriegszustand, Feindseligkeiten, Ernährungsnöte, Zufuhrstörungen oder ähnliche Verhältnisse den Aufenthalt der Fremden unerwünscht machen).

In dieser Beziehung gibt es die Arten des Fernverkehrs und Nahverkehrs, des internationalen, des Ausländerfremdenverkehrs, des Verkehrs innerhalb der Grenzen des eigenen Staates, der gleichen Gegend, der Nachbarorte usw. Der gleichstämmige, in der Nachbarschaft wohnende Besucher wird oft gar nicht als Fremder gerechnet. Andererseits bildet z. B. der Ausflugsverkehr der Großstadtbewohner für die nähere Umgebung einen überaus wichtigen Fremdenbesuch; ebenso wie umgekehrt die ländliche Bevölkerung in den städtischen Mittelpunkten ihrer Gegend einen bemerkenswerten Fremdenverkehr bildet.

Zu den Qualitätsfremden sind naturgemäß die zahlungsfähigen vornehmen und reichen Besucher zu rechnen, die zum Zwecke der wissenschaftlichen Forschung, des Kunstgenusses usw. reisen, während der geringer bemittelte Fremde (der „Rucksackfremde", der Geschäftsreisende und der aus anderen beruflichen Gründen in die fremden Gebiete kommende) weniger große Bedeutung für den Fremdenverkehr besitzt.

Zwischen allen diesen Arten von Fremden ergeben sich für die am Fremdenverkehr beteiligten Kreise auch praktisch recht erhebliche Unterschiede. Die qualifizierten Fremden sind meist dessen umworbenste Gruppen, bilden die Grundlage des Fremdenverkehrs in seiner höchsten Entfaltung und sind wirtschaftlich wie auch sonst dem einfacher, weniger qualifizierten Personenverkehr außerordentlich überlegen. Trotzdem wäre es allgemein nicht richtig, neben dem vornehmen, meisterwünschten Fremdenverkehr die einfacheren Fremdengruppen zu vernachlässigen; denn auch diese helfen viel mit zur Hebung des Verkehrs, zu Propaganda, zur Erschließung gewisser Gebiete und zu sonstiger Förderung. In den Orten des stärkst ausgebildeten Fremdenverkehrs finden sich daher in der Regel auch fast alle Gruppen von Fremden nebeneinander.

Zum Wesen des Fremdenverkehrs gehören noch mehr wie bei den übrigen Arten der Wanderungen eine Reihe weiterer Eigentümlichkeiten; so als ganz besondere Merkmale das Streben nach Abwechslung, nach Veränderung, nach Bewegung, nach Berührung mit anderen Kreisen und Verhältnissen, das Bedürfnis oder der Zwang, anderes zu sehen oder zu erfahren, als die Heimat zu bieten vermag; ferner das Kennzeichen gehobener Lebensbetätigung, des Betätigungsdranges, der Verständigung mit fremden Verhältnissen und vieles andere mehr. Eine große Summe kulturell wichtiger Momente, die infolge der Kompliziertheit der zahlreichen mit dem Fremdenverkehr zusammenhängenden Probleme hier nicht im einzelnen erörtert werden können, wirkt zusammen, um ihn zu einem der wichtigsten und entscheidendsten Förderungsmittel aller menschlicher Kultur zu machen, indem er Kräfte frei macht und entwickelt, die bei der Abschließung der Menschen in ihrer Heimat nicht wachsen können; im Sinne Goethescher Lebensweisheit und -dichtung: „In die Welt hinaus! Außer dem Haus ist immer das beste Leben. Wem's zu Haus gefällt, nicht für die Welt mag er leben."

Das weite, komplizierte Gebiet der vielen mit dem Thema „Fremdenverkehr" zusammenhängenden Fragen kann aus Mangel an Raum im folgenden nur in den Hauptgrundlinien dargelegt werden. Eine eingehendere Behandlung bleibt der Veröffentlichung an anderer Stelle vorbehalten.

2. Der Fremdenverkehr in seinen wirtschaftlichen, sozialen und kulturellen Beziehungen. In früheren Zeiten hat unter den Wanderungen der Menschen der eigentliche Fremdenverkehr eine viel weniger bedeutsame Rolle gespielt als heute. Er erfreute sich aber von früh an hoher Wertschätzung. Die Heiligkeit des Gastrechts für den Fremdling ist bei vielen Völkern uralt. Erst in neuerer und neuester Zeit sind die als Reise- und Fremdenverkehr zu kennzeichnenden Wanderungen, bei denen ein Aufgeben des ständigen Wohnsitzes nicht beabsichtigt ist, zu großen Massenerscheinungen geworden, besonders im internationalen Fremdenverkehr. Der stärkste Wander- und Reiseverkehr, der mit keinem dauernden Ortswechsel verbunden war, fand sich früher in den Wanderungen der Handwerker, der Studierenden (der fahrenden Schüler) usw. Der sonstige Fremdenverkehr, besonders in seiner eigentlichen heutigen Art, war relativ sehr gering. Er ist erst zur Massenerscheinung geworden auf bestimmter Höhe der wirtschaftlichen Verhältnisse, bei einem bestimmten Grad des Volkswohlstandes, bei höherer Entwicklung der Verkehrsmittel, bei Herstellung völliger Personenverkehrsfreiheit, Freizügigkeit, bei ausreichend entwickelten Formen des Geld- und Zahlungsverkehrs, bei guten inländischen und internationalen Währungsverhältnissen usw., außerdem erst nach Schaffung einer ganzen Reihe sonstiger Einrichtungen, die zu einem entwickelten Fremdenverkehr gehören. Für die Fremden früherer Zeiten gab es nur wenig allgemeine Unterkunftsgelegenheiten. Die wandernden Handwerksgesellen übernachteten bei den Meistern ihres Gewerbes, die wandernden Studenten bei ihren Kommilitonen, auch ihren Lehrern, hervorragende sonstige Fremde bei angesehenen ansässigen Bürgern, denen die Darbietung solcher Gastfreundschaft eine Ehre war.

Ziemlich früh entwickelten sich Übernachtungshäuser für die wandernden Handwerker, „Herbergen zur Heimat" mit dem „Herbergsvater" als Leiter und ordnende Persönlichkeit, Einrichtungen der Zünfte für die Aufnahme der Durchreisenden und ähnliche Anstalten. In kleinen Anfängen entstanden ziemlich gleichzeitig auch andere Gasthäuser und Verpflegungsstätten. Aber erst mit der Entwicklung des neuzeitlichen Massenverkehrs haben sich dann Hotels, Gasthöfe und andere Stätten für Unterkunft und Verpflegung der Fremden in großem Umfange gebildet; zunächst in vielbesuchten Städten, an großen Marktplätzen und Wallfahrtsorten, an den jeweiligen Hauptpunkten des großen Verkehrs, an den Aufenthalts- und Rastorten der Landposten, der Fuhrleute und nach Verödung des Landstraßentransports an den Haupteisenbahnstationen, dann in den Orten heilkräftiger Quellen und Bäder, landschaftlicher Schönheit in den Gebirgen, an den Meeren und in den übrigen Fremdenverkehrsgebieten. So wuchs die ausgedehnte Hotel- und Gasthausindustrie zu ihrer gegenwärtigen Bedeutung empor. Der Personenverkehr selbst wurde immer umfangreicher und entwickelte neben den alten sogar moderne Formen des massenhaften Gruppenreisens, der fremden Reisegesellschaften, die, von besonderen Geschäftsunternehmungen geführt, in Scharen auftreten und durch die Fremdenorte ziehen.

Die früher ziemlich nebensächliche Bedeutung des Fremdenverkehrs für die wirtschaftlichen, sozialen und kulturellen Verhältnisse einer Gegend hat sich mit der gekennzeichneten Entwicklung außerordentlich gesteigert und ist heute in manchen Gegenden der Erde geradezu zum beherrschenden Faktor der gesamten Lebensverhältnisse geworden, dem sich alle anderen Fragen teilweise unterordnen müssen.

Die volkswirtschaftliche Bedeutung des Fremdenverkehrs liegt in erster Linie darin, daß er für seine Gebiete neue Grundlagen der Erwerbstätigkeit und Lebensexistenz bringt. Der Fremdenverkehr erweckt Gegenden zu neuem Leben, die sonst wirtschaftlich tot oder wenig entwickelt bleiben würden, weil sie durch Rohstoffproduktion, Bodenkultur oder andere Tätigkeit nur in beschränktem Maße oder gar nicht nutzbar gemacht werden könnten. Viele Menschen, die sonst ihre Heimat aus Mangel an Arbeitsgelegenheit verlassen müßten, finden durch den Fremdenverkehr Beschäftigung und können infolgedessen in der Heimat verbleiben. Auch von auswärts können oft noch Menschen zur Beschäftigung im Fremdenverkehrsgewerbe herbeigezogen werden. Der Fremdenverkehr hält und ernährt also Menschen im eigenen Lande. Er bringt Geld ins Land und vermag bei guter Entwicklung erheblich mehr Geld ins Land zu bringen als etwa andere Beschäftigungen. Wenn Gegenden mit wachsender Bevölkerung, wie z. B. besonders in Deutschland und anderen mittel- und westeuropäischen Ländern, sich fast beständig vor der Notwendigkeit sehen, Menschen zu exportieren oder Waren zu exportieren, um die Menschen daheim zu ernähren, so kann der Fremdenverkehr die Schwierigkeiten dieses Problems bedeutend mildern, in kleineren Gebieten vielleicht sogar auf längere Dauer beheben. Oft ist in den durch Natur und Landschaft bevorzugten Gegenden der Erde der Fremdenverkehr eine viel bessere Quelle des Auskommens und des Wohlstandes als etwa die Hausindustrie in den Gebirgsgegenden mit ihren Hungerlöhnen und sonstigen unsicheren, armseligen Verhältnissen. In vielen Gegenden geben die wirtschaftlichen Vorteile des Fremdenverkehrs auch den ansässigen kleinen Landwirten, Hausindustriellen, Kaufleuten und sonstigen Erwerbstätigen eine wichtige Zubuße zu ihrem Einkommen, gehobenen Absatz für ihre Erzeugnisse usw.

In allen diesen Beziehungen ist der Fremdenverkehr gleich einer Marktausdehnung; er ist nicht viel anders zu beurteilen wie eine Art großer Exportindustrie. Er hat im Gegenteil vor mancher Exportindustrie Vorzüge voraus; denn die Erwerbsgelegenheit und die erzielten Geldeinnahmen werden von den Fremden selbst ins Land gebracht; die bei der Exportindustrie notwendigen Aufwendungen für Frachten, für sonstige Spesen, für das eingegangene Risiko usw. kommen hier in Wegfall. Dies gilt sowohl für den Fremdenverkehr innerhalb eines Staates zwischen dessen verschiedenen Teilen, als auch für den internationalen Fremdenverkehr. Bei letzterem können die Einnahmen aus dem Fremdenverkehr sogar einen außerordentlich wichtigen Posten der internationalen Zahlungs- oder Wirtschaftsbilanz bilden und können unter Umständen noch leichter als die Exportindustrie die auswärtige Zahlungsbilanz verbessern und den Wohlstand eines Landes vermehren.

Nicht zu übersehen sind die großen Vorteile, den die Verkehrseinrichtungen der Länder, der Eisenbahnverkehr, die Schiffahrt, der Automobil- und sonstige Wagenverkehr aus einem hochentfalteten Fremdenverkehr ziehen, der seinerseits alle anderen Arten des Verkehrs hebt und fördert. Fremdenverkehr und aller sonstige Verkehr sind aufs engste miteinander verknüpft; beide fördern sich gegenseitig; beide gedeihen miteinander.

Bei vielen Ländern stehen in ähnlicher Weise Fremdenverkehr und die allgemeine Volkswirtschaft in den innigsten, engsten Beziehungen zueinander. Alle öffentlichen und privaten Probleme werden unter solchen Verhältnissen erst richtig erfaßt, wenn man sich dieses unlösbaren Zusammenhanges immer voll bewußt ist.

Die Voraussetzungen zu einem Fremdenverkehr mit solchen wirtschaftlichen Ergebnissen sind aber nicht nur auf einer gewissen Höhe der Volkskultur überhaupt erst vorhanden, sondern sie sind auch nicht an allen Plätzen gegeben; sie finden sich vornehmlich in den durch glückliche Umstände für den Fremdenbesuch besonders geeigneten und bevorzugten Gegenden. Solche lokale Voraussetzungen finden sich zunächst in den von der Natur besonders freigebig ausgestatteten Gegenden, dann in den zu besonders hoher Kultur entwickelten Städten und Ländern; so in der landschaftlichen Schönheit des Gebietes, in heilkräftigen Quellen, gesunder Luft und guten Lebensverhältnissen, im Gebirge, am Meer, an Seen, Wäldern usw., in den Plätzen von alt her angesammelter historischer Denkmäler, wissenschaftlicher Einrichtungen, künstlerischer sowie sonstiger Sehenswürdigkeiten, modernster Kulturpflege usw. Nach Art einer aus dem Vorteil der Lage hervorgehenden Grundrente hat man in der natürlichen Eignung der verschiedenen Gegenden für den Fremdenverkehr, gemäß den Begriffen der nationalökonomischen Theorie, diese besonderen Vorzüge zu kennzeichnen versucht. In der Tat ist auch in solchen verschwenderisch von der Natur gegebenen oder in zielbewußter Arbeit verbesserten oder überhaupt erst aufgebauten Grundlagen des Fremdenverkehrs ein wertvolles, rentierliches volkswirtschaftliches Kapital angespeichert; als freies, unverwertetes Gut, solange kein Fremdenverkehr besteht, dann durch den Fremdenverkehr ausgewertet, immer ertragreicher zu einer Quelle wachsenden Wohlstandes der Gegend gemacht.

Die Fremdenverkehrskultur (die Fremdenverkehrsindustrie usw.) hat die vorhandenen Vorzüge und Gaben der Natur durch investierte Kapitalien, besonders durch die Schaffung von Fremdenverkehrseinrichtungen der verschiedensten Art, durch Wegebau, Bäderbau, Hotel-, Gasthofbauten usw. stark vermehrt. Die in den Hauptfremdenverkehrsplätzen angelegten Kapitalien haben teilweise einen überaus hohen Stand erreicht. Ihre Erhaltung und das Risiko ihrer Ausnutzung oder ihres Verfalls zwingen in solchen Gebieten, wenn die Wirtschaft nicht zurückgehen und verfallen soll, zu beständiger, nicht einfacher, beste allgemeine Bildung und große Rührigkeit erfordernder Arbeit der führenden und sonstigen beteiligten Kreise, die immer auf der Höhe der modernsten Kulturerrungenschaften aller Länder der Erde bleiben müssen. Auch die Frage der Ausbildung der im Fremdenverkehr benötigten Kräfte ist daher von tiefgehender Bedeutung.

Die dargelegte wirtschaftshebende Wirkung des Fremdenverkehrs als Bringer von Geld und Arbeitsgelegenheit usw. – teils in besserer Form ,als der Exportindustrie oder anderer Mittel –, gilt natürlich nur für die Gegenden eines gewissermaßen aktiven (positiven) Fremdenverkehrs, nämlich für die eigentlichen Fremdenverkehrsgebiete. Bei anderen Gegenden, aus denen die Fremden wegreisen, liegt naturgemäß der umgekehrte Fall einer Art passiven (negativen) Fremdenverkehrs vor. Diesen Gegenden wird Geld und Wirtschaftskraft anderer Art entzogen, um sie auf die Fremdenverkehrsbezirke zu übertragen. An den meisten Plätzen finden sich – allerdings in sehr verschiedener Mischung – beide Arten des Verkehrs nebeneinander. Aus den Großstädten begeben sich z. B. die Fremden in Massen zur Erholung in die Gebirge und an die Meere; andererseits kommen große Massen Fremder, die diese Großstädte mit ihren Sehenswürdigkeiten kennenlernen wollen usw. Wenn der passive Fremdenverkehr in dieser Beziehung, namentlich international, den einen Gegenden oder Ländern erhebliche Geldsummen entzieht, wie z. B. gegenwärtig in den Vereinigten Staaten von Amerika durch die bei den höheren Ständen in Übung gekommenen Europareisen, oder in Deutschland durch die Fahrten aus den Städten und Industriegebieten in die Gebirgs- und Meeresgegenden, durch die Wanderungen nach den milden südeuropäischen Ländern nordischer Sehnsucht, oder durch den Besuch ausländischer Bäder usw., so bleibt aber auch für sie immer noch die allgemeine Wirtschaftsförderung vorhanden, die sich aus den belehrenden Einflüssen der Berührung mit anderen Verhältnissen, aus der Gesundheitsförderung, aus der Erholung, aus der Stärkung der Körper- und Nervenkraft für neue wertvolle Arbeit ergibt.

Allein schon dadurch, daß der Fremdenverkehr Menschen der verschiedensten Länder, Wirtschaftskreise und Kultursphären zusammenführt, ermöglicht er eine sehr bemerkenswerte Hebung der allgemeinen wirtschaftlichen und sonstigen Lebensverhältnisse. Oft ist mit einem Erholungs- oder Vergnügungsverkehr engsten Sinnes die Anknüpfung weittragender Geschäfte und der Ursprung günstiger wirtschaftlicher Vorgänge, sowohl für das Herkunfts- als auch für das Besuchsland, nicht selten gerade für das letztere, verbunden. Dies gilt namentlich von den führenden Kreisen, die bei der Reise mit dem Erholungszweck usw. eine berufliche oder geschäftliche Arbeit verbinden, auch von den Handlungsreisenden usw. Wenn der Fremdenverkehr den auswärtigen Geschäftsmann herbeiführt und der einheimische ihn bei sich sprechen kann, braucht dieser ihn zu Geschäftszwecken nicht aufzusuchen.

Der teilweise oder ganz mit geschäftlichen Zwecken verknüpfte Fremdenverkehr hängt in seiner Intensität naturgemäß besonders stark von dem Stand der allgemeinen Volkswirtschaft ab. Eine wirtschaftliche Verfassung oder eine zeitliche Konjunktur der freien Konkurrenz, der Verkaufsnöte der Waren und des Kampfes um den Absatzmarkt, mit ihren großen Scharen von Handlungsreisenden, Agenten usw., ist in dieser Beziehung anders zu beurteilen als Perioden des Warenmangels, der öffentlichen Verbrauchsregelung (Zwangswirtschaft) oder der

Wirtschaftskonzentration und -monopolisierung (also gewissermaßen der privaten Zwangswirtschaft), die andererseits durch Vermehrung der Kongreßreisen, der Versammlungsreisen, der Verständigungsreisen usw. viele Leute mobil machen.

Wie der internationale Handel, so hat auch der Verkehr ausländischer Fremder in Zeiten verwirrter, stark schwankender Währungsverhältnisse wesentlich andere Impulse und Ausdehnung zu verzeichnen, als bei gut geordneter valutarischer Lage, wie sie vor dem Kriege bestand. Schlechte und sinkende Währungen befördern einen wenig gewinnreichen, teils sogar verlustbringenden Fremdenverkehr. Hohe Valuten halten die Fremden teilweise fern. Bei Beurteilung des Fremdenverkehrs der Nachkriegszeit ist diese Wirkung der internationalen Geldverhältnisse nicht außer acht zu lassen. Die schlechte Währung Deutschlands und die rapide Inflation war z. B. die Ursache eines großen Ausländerverkehrs in Deutschland bis in den Sommer 1923; nach der Stabilisierung der deutschen Mark gingen die „Valutafremden" nach Frankreich, Italien, Böhmen usw., wo die Währung Vorteile bot.

Im Kriege war der Fremdenverkehr in Deutschland stark durch die allgemeinen Ernährungsnöte beeinflußt und dadurch von seinen sonstigen üblichen Wegen erheblich abgelenkt.

Daß die wirtschaftshebende Bedeutung des Fremdenverkehrs für die hauptsächlichst besuchten Gegenden der Erde auch sozial von großem Nutzen ist, liegt nach dem oben Gesagten auf der Hand. Schon die bloße Tatsache des Vorhandenseins einer großen Zahl kleiner und kleinster Existenzen, die vom Fremdenverkehr leben, beweist deutlich seine wohltätigen und segensreichen sozialpolitischen Auswirkungen. Das Personal des Fremdenverkehrsgewerbes erfreut sich zu einem gewissen Teil auch verhältnismäßig guter Einkommensverhältnisse, die allerdings nur zum Teil auf Besoldungen und Löhnen beruhen, sondern teils durch Trinkgeld und andere Bezüge begründet sind. (Es würde zu weit führen, an dieser Stelle die Trinkgeldfrage und die damit zusammenhängenden Probleme zu behandeln.) Sozialpolitisch ist allerdings im Fremdenverkehr mit ziemlich langer und unregelmäßiger Arbeitszeit zu rechnen, auch mit einer Ungewißheit der Beschäftigung und Unsicherheit der Stellung, die vor allem aus dem Charakter des Saisongewerbes hervorgeht. Auf der anderen Seite fehlt aber auch bei den unselbständigen Klassen des Personals des Hotel- und Gastwirtschaftsgewerbes die ertötende Einseitigkeit der Arbeit, wie sie etwa bei den Fabrik- und Werkstattkräften zum Nachteil der persönlichen Zukunft des einzelnen besteht. Es werden vielmehr im Fremdenverkehrsgewerbe tüchtige, bildungs- und fortschrittsfähige Menschen erhalten, denen nicht selten der Aufstieg von unten, vom Bedienungsgehilfen bis in die oberen Stellungen, auch bis zur Spitze, als Führer großer Fremden-Unternehmungen gelingt.

Nicht zu übersehen ist die günstige Wirkung, die der Fremdenverkehr auf die Dauer für die Wohnungsverhältnisse seiner Hauptgebiete auszuüben vermag. Fast noch wichtiger ist sozial die Hebung der sanitären und hygienischen Lage durch gute Wasserversorgung, Kanalisation, Reinlichkeit, Parkanlagen usw., welche die Fremdengebiete erfahren und die namentlich auch für die einheimischen Bewohner von Segen sind.

Es ist auch die weitverbreitete Meinung nicht zutreffend, daß der Fremdenverkehr etwa nur den nächstbeteiligten Wirtschaftsgruppen Vorteile brächte, also den Hotels, den Gasthöfen usw., ferner den vornehmlich an die Fremden verkaufenden Handelsgeschäften, Läden und Fabriken für Fremdenverkehrsartikel oder andere Luxuswaren, sondern es wird fast allen anderen Handelsgeschäften der Fremdengebiete, den Banken, Versicherungsunternehmungen, sehr vielen Geschäften persönlicher Dienstleistungen, Künstlern, Theatern, Vergnügungsstätten usw., einer großen Masse kleiner, sonst erwerbsloser Existenzen Beschäftigung, Absatz, Leben und Unterhalt geboten. Neben dem zahlreichen Bedienungspersonal der Hotels, Gasthöfe, Pensionen, Restaurants, Cafés, Konditoreien usw. sind Reisebüros, Wäschereien, Dienstmänner, Fuhrwerksunternehmer, Friseure, Geschäfte für Sport- und Reiseartikel, Lebensmittelhändler, Photographen, Herausgeber von Werbeschriften, Zeitungs-, Buch-, Zeitschriftenhändler und viele andere, vorwiegend wirtschaftlich schwache Berufstätige an dem Bestehen und Gedeihen der Fremdenindustrie erheblich beteiligt. Es ist schwer, die Unzahl der viel verzweigten Kanäle zu verfolgen, in die sich die Einnahmen aus dem Fremdenverkehr über das ganze Volk ergießen.

Trotzdem ist oft behauptet worden, daß gerade in sozialer Beziehung der Fremdenverkehr wenig günstig wirke, weil er nur einem relativ kleinen Teil der ansässigen Bevölkerung Nutzen bringe, für die übrigen Ansässigen aber die Lebensverhältnisse nicht erleichtere, sondern durch

Verteuerung der Lebensmittel und Preissteigerung anderer Waren, durch zuviel Aufwand wirtschaftlicher und zum Teil auch öffentlicher Mittel für den Fremdenverkehr anstelle sozialpolitischer Aufwendungen nachteilige Folgen mit sich bringe.

Besonders der Vorwurf der preissteigernden, verteuernden Wirkung des Fremdenverkehrs wird fortgesetzt wieder erhoben. Er ist im Grunde unberechtigt. Nur in besonderen Verhältnissen kann ausnahmsweise und auf primitiver Stufe eine Steigerung des allgemeinen Preisniveaus durch die Fremdenindustrie eintreten. Es kann z. B. vorkommen, daß kleine Plätze, die keinen leistungsfähigen Handel besitzen, durch einen unerwartet stark einfallenden Fremdenverkehr überrascht werden, einen plötzlichen Massenverbrauch von Lebensmitteln und anderen Bedarfsartikeln erfahren und daß dadurch die Preise in die Höhe getrieben werden. Der Grund für eine solche Erscheinung liegt aber dann lediglich darin, daß der betreffende Platz nicht ausreichend durch den Handel mit Ware versorgt wurde, daß keine genügende Verkehrs- und Konkurrenzfreiheit bestand und daß dabei das ansässige Gewerbe die plötzliche Konjunktur des Mangels monopolistisch ausnützen konnte. In kleineren Plätzen können vorübergehend allerdings solche Verhältnisse leicht einmal eintreten, sich auf die Dauer aber nur schwerlich halten. Besonders bei den Lebensmitteln und anderen einfachen Bedarfsartikeln kann der Handel unschwer deren rechtzeitige Ergänzung bewirken und dadurch jede Preistreiberei verhindern. Voraussetzung ist nur die richtige Leistungsfähigkeit des Handels und die Aufrechterhaltung der freien Konkurrenz. Am Fremdenverkehr liegt jedenfalls die eigentliche Ursache zeitweiliger (fast immer nur vorübergehender) Verteuerungen nicht, sondern an nicht genügender Eignung des ansässigen Handels und an monopolistischer Ausnützung.

In großen Städten, wo in der Regel auch die letztgenannten zwei Ursachen der Preissteigerung nicht vorhanden sind, ist es eine Leichtigkeit, den Bedarf der Fremden an Lebensmitteln und anderen Artikeln herbeizuschaffen. Wenn z. B. die Stadt München bei rund 700 000 Einwohnern im Jahr etwa 2 Millionen Übernachtungen von Fremden hat und zuzüglich der nicht übernachtenden Fremden vielleicht mit 3 Millionen Verpflegstagen Fremder im Jahre rechnen muß, so bedeuten diese 3 Millionen Verpflegstage der Fremden gegenüber den 250 Millionen Verpflegstagen, welche für die ansässige Bevölkerung notwendig sind, soviel wie nichts. Auch die Statistik der Preise lehrt deutlich, daß die Fremdenverkehrsstädte im allgemeinen nicht teurer sind, zum Teil sogar billiger als die großen Industriestädte ohne Fremdenverkehr. Berlin mit seinem großen Fremdenverkehr, zugleich aber mit einer ausgezeichneten, durch Massenzufuhr auf den Eisenbahnen und den vielen Flußläufen von Havel, Spree und Kanälen bewirkten Lebensmittelversorgung ist in seinen Lebenverhältnissen für Einheimische und Fremde billiger als viele andere deutsche Städte. Dasselbe gilt von München und von anderen großen Fremdenstädten.

Im übrigen ist die Frage der Preise in den Fremdenverkehrsgebieten ein schwieriges Problem. Wo in einzelnen Fremdenverkehrsgebieten dauernd etwas höhere Preise als anderwärts herrschen, hängt dies zum Teil damit zusammen, daß in diesen Gegenden ganz Besonderes geboten werden muß, daß teilweise durch einen großen Stamm sehr reichen, fremden Publikums die ganzen Lebensverhältnisse stark gehoben und auf feinste Qualität und auf Luxus in allen Dingen eingestellt sind. Daß hier eine gewisse Verteuerung besteht, die in Wirklichkeit aber stark oder ganz durch überhaupt üblichen Qualitätsverbrauch erklärt wird, ist naturgemäß und kann nicht zu der allgemeinen Schlußfolgerung verwendet werden, daß der Fremdenverkehr für die ansässige Bevölkerung verteuernd wirke. Bei richtiger wirtschaftlicher Organisation ist dies nicht der Fall; es bietet im Gegenteil das durch den Fremdenverkehr einer Stadt vergrößerte Absatzgebiet, infolge stärkeren Verbrauches, billigeren Großbezuges usw. die Möglichkeit zu Verbilligungen der Lebensverhältnisse.

Von nicht zu gering einzuschätzendem Einfluß ist der Fremdenverkehr für die allgemeinen kulturellen Verhältnisse der Völker. Das Zusammenkommen verschiedenster Kreise an den Fremdenverkehrsplätzen, das bessere Sichverstehen, die Hebung des allgemeinen Urteils, die belehrende Wirkung des Reisens, die Weitung des Blickes, das Lernen aus fremden Vorzügen und andere Wirkungen ähnlicher Art bringen kulturell ganz bedeutsame Fortschritte, sowohl für die Fremden als auch für die ansässige Bevölkerung, deren Intelligenz und Bildung im Fremdengebiet ohne Zweifel gehoben wird.

Es fehlt allerdings auch nicht an Stimmen, die dem Fremdenverkehr sehr nachteilige Folgen für die ansässige Bevölkerung zusprechen, die, neben der bildenden Wirkung durch die Berührung mit den Fremden, eine Schädigung der guten alten Sitten des Volkes erblicken und kulturell wie moralisch mehr Schaden als Nutzen daraus erwachsen sehen. Besonders in ländlichen Fremdenverkehrsgebieten fürchtet man in dieser Beziehung die ansteckende Wirkung der von einem Teil der Fremden mitgebrachten leichteren Sitten und Anschauungen der Großstädte. Man sucht einen gewissen Verderb des Charakters durch Zunahme der Bestechlichkeit, der feilen Dienstbarkeit, der Erziehung der Menschen zu Lakaiennaturen, zu Unredlichkeiten usw., durch ein übertriebenes Trinkgeldunwesen usw. festzustellen. Solche Folgen sind gewiß nicht in allen Fällen, in erster Linie nicht für die Übergangszeit der Entwicklung der eigentlichen Fremdenverkehrsgebiete, ganz in Abrede zu stellen. Allgemeine Bedeutung besitzen sie aber nicht. Es sind unvermeidliche Übergangserscheinungen; auf die Dauer wird Sitte und Moral, wenn auch in anderer Form und in besserer Art des Ausgleichs zwischen Stadt und Land usw., trotz mancher Gefahren auf der Höhe gehalten werden können. Wenn vor allem die ansässige Bevölkerung in der Pflege des Heimatschutzes, der Erhaltung der alten örtlichen Sitten, Gewohnheiten, Trachten usw. fest bleibt, wenn sie zugleich mit Würde und Charakterfestigkeit die gebotene Höflichkeit zu vereinigen lernt, wird sie auch dem Fremden die gebührende Achtung vor den ererbten Gütern der Vorzeit abnötigen und eine dauernde volksverderbliche Wirkung verhindern können. Jedenfalls überwiegen aber die vorhandenen günstigen Wirkungen des Fremdenverkehrs die teilweise auftretenden unangenehmen kulturellen Seiten in bedeutendem Maße.

Das Entstehen und die Entfaltung großer Fremdenverkehrsgebiete ändert oft auch die ganze berufliche Gliederung und sonstige kulturellen Verhältnisse von Land und Volk. Durch die Übergangsentwicklung wird in landwirtschaftlichen Gebieten oft die alte Produktion verringert oder beseitigt; an die Stelle der Landgüter mit wohlhabenden mittleren oder großen Bauern treten Hotels, Gasthöfe, Parkanlagen usw. Die früheren Landwirte, denen der Grund und Boden abgekauft wurde und die den Wert des dafür erhaltenen Geldes nicht richtig erkannten, verarmten nicht selten unter den neuen Verhältnissen und wurden existenzlos usw. Ein Beispiel dieser Entwicklung zeigen große Teile des eigentlichen oberbayerischen Gebirges, wie Garmisch-Partenkirchen, Tölz, Tegernsee, Schliersee, Berchtesgaden usw., die sich nach und nach ganz auf Fremdenverkehr eingestellt haben, während im bayerischen Allgäu, bei geringerer Fremdenverkehrsentfaltung, der ausgesprochen landwirtschaftliche Charakter wie vorher, Bauerngut an Bauerngut, sich noch heute zeigt. Trotzdem darf aber auch in dieser Beziehung nicht verkannt werden, daß die günstigen Wirkungen die nachteiligen weitaus übertreffen. Der allgemeine wirtschaftliche und kulturelle Vorteil der Umwandlung in Fremdenverkehrsplätze im eigentlichen Oberbayern ist viel höher zu veranschlagen als alles das, was vorher Land- und Viehwirtschaft allein geboten hatten. Auch das bayerische Allgäu sucht heute, wie alle anderen Alpengebiete, seinen Fremdenverkehr nach Kräften zu fördern.

Es ist allerdings nicht zu verkennen, daß mancherorts der Fremdenverkehr zu übertriebener Ausgestaltung ausgebildet werden kann, zu einer Höhe, die den sonstigen Lebens- und Kulturverhältnissen der Gegend gar nicht mehr entspricht und die nicht dauernd aufrechterhalten werden kann. Solche Hypertrophie, in der meist auch die Nachteile des Fremdenverkehrs üppig zu wuchern beginnen, kann nicht mehr als nützlich betrachtet werden. Sie birgt Schäden und Gefahren vieler Art in sich.

Zu weitgehende Ausdehnung des Fremdenwesens bringt unter Umständen in einem Lande allzu starke „Überfremdung" oder Internationalisierung mit sich. Hierbei sind aber von den dauernd sich ansiedelnden Auslandsfremden viel eher nachteilige Auswirkungen (oft in ihrer Bedeutung überschätzt!) zu erwarten (z. B. in der Schweiz), als von den nur vorübergehend anwesenden Fremden.

Gewisse Störungen des Arbeitsmarktes, die der Fremdenverkehr – meist nur vorübergehend – mit sich bringen kann, und andere Umstände haben zur Folge, daß die Landwirtschaft und die schwere Industrie teilweise gegnerisch zum Fremdenverkehr eingestellt sind, weil er die Leutenot verstärken, die Löhne und Preise steigern kann usw. Auch hierzu kann nur betont werden, daß die allgemeinen Vorzüge des Fremdenverkehrs seine Nachteile überwiegen.

[...]

Hans Poser: Geographische Studien über den Fremdenverkehr im Riesengebirge. Ein Beitrag zur geographischen Betrachtung des Fremdenverkehrs (= Abhandlungen der Gesellschaft der Wissenschaften zu Göttingen, Mathem.-physikal. Klasse, Dritte Folge, H. 20) 1939, S. 168 –173 (gekürzt). Mit Genehmigung des Verlags Vandenhoeck und Ruprecht, Göttingen.

GRUNDBEGRIFFE
DER GEOGRAPHIE DES FREMDENVERKEHRS*

Von Hans Poser

[...]

Die Arbeit hat viele mit dem Fremdenverkehr eng verknüpfte Probleme rein geographischer Art aufgezeigt, deren Allgemeinbedeutung hier nicht noch einmal hervorgehoben werden kann. Nur auf zwei Aufgabenbereiche möge abschließend hingewiesen sein. Der eine bezieht sich auf eine genauere Erfassung bestimmter Grundbegriffe, der andere auf die Notwendigkeit einer systematischen Ordnung der Fremdenverkehrsräume. Für beide Probleme haben unsere Studien Ansätze und Diskussionsmaterial erbracht.

Unter den Begriffen steht obenan der des *Fremdenverkehrs* selbst. Ich habe es absichtlich vermieden, diesen Begriff schon eingangs zu definieren, um nicht der Gefahr einer nur theoretischen und dabei vielleicht unvollständigen Formulierung zu unterliegen. Es mußte erst durch eine eindringende analytische Studie von großer Vielseitigkeit Einblick in das wirkliche Wesen des Fremdenverkehrs erreicht werden, um eine Begriffsformulierung anstreben und andere schon vorliegende, namentlich von wirtschafts- und verkehrswissenschaftlicher Seite kommende Definitionen auf ihre geographische Brauchbarkeit hin prüfen zu können.

Von früheren Definitionen seien nur die wichtigsten herausgegriffen. Nach K. Schneider ist der Fremdenverkehr „das freiwillige Reisen (Wandern) nach und der freiwillige vorübergehende Aufenthalt von Menschen (einzelnen oder Gruppen) in bestimmten darauf eingerichteten Gegenden und Orten zum Zwecke der Gesundung, Erholung (Sport, Vergnügen) oder zu Bildungszwecken"[1]. Für Bormann ist der

---

* Titelfassung der Herausgeber.

[1] Schneider, K.: Das Wesen des Fremdenverkehrs. – In: Der Bund, 1935, Sonderabdr. S. 5.

Fremdenverkehr „der Inbegriff der Reisen, die zum Zwecke der Erholung, des Vergnügens, geschäftlicher oder beruflicher Betätigung oder aus sonstigen Gründen, in vielen Fällen aus Anlaß besonderer Veranstaltungen oder Ereignisse vorgenommen werden und bei denen die Abwesenheit vom ständigen Wohnsitz nur vorübergehend, im Berufsverkehr jedoch nicht bloß durch die regelmäßige Fahrt zur Arbeitsstätte bedingt ist"[2]. Sodann wurde der Fremdenverkehr betrachtet als „der Inbegriff aller jener und in erster Reihe aller wirtschaftlicher Vorgänge, die sich im Zuströmen, Verweilen und Abströmen Fremder nach, in und aus einer bestimmten Gemeinde, einem Lande, einem Staate betätigen und damit unmittelbar verbunden sind"[3].

Andere Definitionen sind diesen drei sehr ähnlich. Ihnen allen ist gemeinsam, daß sie außer dem Fremdenaufenthalt auch die Reisen selbst, d. h. das Anreisen und Abreisen oder Zuströmen und Abströmen von Fremden mit zum Inhalt des Begriffs erheben. Damit wird aber irrtümlicherweise der Reiseverkehr, wenn auch nur ein Teil von ihm, dem Begriff Fremdenverkehr einbezogen. Reiseverkehr ist aber noch kein Fremdenverkehr, ganz gleich, mit welchen Beweggründen und Zielen er verknüpft ist. Selbst nach landläufigem Empfinden ist der Reiseverkehr noch kein Fremdenverkehr, sondern ist vom letzteren nur in bezug auf das Verweilen von Fremden an einem Orte oder in einem Gebiete die Rede.

Auch in anderer Hinsicht erweisen sich die bisherigen Definitionen als zumindest geographisch unzureichend. Die Untersuchungen im Riesengebirge haben jedenfalls in wesentlichen Punkten anders über das Wesen des Fremdenverkehrs belehrt, als es aus jenen Definitionen hervorgeht. Seiner Erscheinung nach erwies er sich für Vergangenheit und Gegenwart als eine lokale oder gebietliche Häufung von Ortsfremden mit vorübergehendem Aufenthalt. Wie Expeditionen oder Reisen in unbewohnte und unbewirtschaftete Gegenden noch keinen Fremdenverkehr ausmachen, haben auch die frühesten, dazu zeitlich sehr vereinzelten Reisen ins Riesengebirge noch keinen Fremdenverkehr bedeutet.

[2] Bormann, A.: Die Lehre vom Fremdenverkehr, Berlin 1931, S. 10.
[3] Schullern zu Schrattenhofen, H. v.: Fremdenverkehr und Volkswirtschaft, Jena 1911, S. 437. (Conrads Jahrbücher für Nationalökonomie und Statistik, III. Folge, Bd. 42.)

Hierzu bedurfte es erst der Häufigkeit. Das zumindest geographisch
sehr wichtige Moment der lokalen oder gebietlichen Fremdenhäufung
fehlt obigen Definitionen ganz. Sie enthalten aber das Moment des
Fremdenaufenthaltes, der sehr richtig durch das Wort „vorübergehend"
näher bestimmt wird. Durch diese zeitliche Begrenzung des Aufenthaltes wird mittelbar auch der Begriff „Fremder" festgelegt; er ist im Rahmen des Fremdenverkehrs enger als gewöhnlich und deckt sich mit dem
üblichen fremdenverkehrsstatistischen Begriff. Danach wird nur der als
Fremder bezeichnet, der nicht wie Pensionäre und Beamte usw. für
dauernd zugezogen oder zugereist ist, sondern einen zeitlich begrenzten, vorübergehenden Aufenthalt nimmt. – Unsere Untersuchung
lehrte weiter, daß der Fremdenaufenthalt eine große Summe von Wechselbeziehungen und Wechselwirkungen zwischen den Fremden einerseits und der ortsansässigen Bevölkerung, dem Orte oder Gebiete andererseits zum Inhalt hat. Diese Beziehungen bahnen sich an durch das Erscheinen des Fremden mit bestimmten Forderungen, Erwartungen und
Absichten, die u. a. in den Fremdenverkehrsarten ihren Ausdruck
finden und die seitens der ansässigen Bevölkerung, des Aufenthaltsortes
oder Aufenthaltsgebietes erfüllt werden müssen und erfüllt werden. In
diesem Beziehungsverhältnis sind beide Teile, der Fremde auf der einen
Seite und ortsansässige Bevölkerung, Aufenthaltsort und Aufenthalts-
gebiet auf der anderen Seite, gleichwohl Nehmende wie Gebende. Wir
haben gesehen, wie dieses Spiel der Wechselwirkungen eine außerordentliche wirtschafts-, verkehrs-, orts- und landschaftsgestaltende
Dynamik auslösen kann. Obgleich diese sehr folgewichtigen Wechselbeziehungen oder Wechselwirkungen von Anfang an jedem Fremdenverkehr wesenhaft eigentümlich sind, bleiben sie in den bisherigen
Definitionen ebenfalls unberücksichtigt. – Die Beachtung dieser Wechselwirkung wird auch in einem anderen Punkte notwendig: nur von ihrem Vorhandensein oder Nichtvorhandensein her läßt es sich sachlich
entscheiden, ob der Aufenthalt irgendeines bestimmten Fremden noch
zum Fremdenverkehr zu zählen ist oder nicht. Die Entscheidung dagegen – wie die meisten bisherigen Definitionen – vom Aufenthaltsgrund
oder Aufenthaltszweck abhängig machen zu wollen, ist abwegig, weil
die unendliche Fülle der Aufenthaltsmotive gar nicht zu übersehen, ge-
schweige denn in eine allgemeingültige Definition einzufangen ist.
Diese Art Entscheidung läßt außerdem der Willkür großen Spielraum.

So ist es – jetzt von der Basis der Wechselwirkungen aus geurteilt – sachlich nicht einzusehen, daß z. B. K. Schneider den Aufenthalt von Geschäfts- und Berufsreisenden als nicht zum Fremdenverkehr gehörig betrachtet.[4]

Wir machen nach diesen Erörterungen die Feststellung, daß die geographische Betrachtung das Wesen des Fremdenverkehrs viel sicherer und gehaltvoller offenbart als irgendeine andere und daß sie trotzdem zu knapperer Definition führen kann. Nach ihr *ist der Fremdenverkehr die lokale oder gebietliche Häufung von Fremden mit einem jeweils vorübergehenden Aufenthalt, der die Summe von Wechselwirkungen zwischen den Fremden einerseits und der ortsansässigen Bevölkerung, dem Orte und der Landschaft andererseits zum Inhalt hat.* Diese Definition trifft für jeden Fremdenverkehr zu, gleich, ob er aus verschiedenen Fremdenverkehrsarten mannigfaltig zusammengesetzt ist oder ob er nur aus einer Fremdenverkehrsart besteht.

Ein zweiter Grundbegriff, der nach schärferer Fassung drängt, ist der des *Fremdenverkehrsortes.* Auch seine Formulierung muß an die örtliche, sich wiederholende Häufung von Ortsfremden anknüpfen,[5] d. h. an ein Mehr von Ortsbevölkerung, das an den Aufenthaltsort nicht beruflich oder allgemeinwirtschaftlich ständig gebunden ist, hier keine Produktion, sondern nur Konsumtion ausübt. Der Aufenthaltsort hat dieses Mehr der Bevölkerung als besondere Erscheinung, zugleich aber damit neben anderen die eine Funktion, diesem nur konsumierenden Mehr der Bevölkerung Unterkunft und jegliche Bedarfsdeckung zu vermitteln. Nur wo die Fremden ein überragendes, ziffernmäßig einstweilen indes noch nicht allgemein fixierbares Verhältnis gegenüber der ortsansässigen Bevölkerung einnehmen, wo demzufolge die genannte Funktion des Aufenthaltsortes eine hervorragende Stellung neben oder über anderen Ortsfunktionen einnimmt wie in allen höheren Gebirgsorten des Riesengebirges, den Bergfußorten und Warmbrunn, hat die Fremdenverkehrsfunktion mit allen für sie nötigen Mitteln, Wohn-, Verkehrs-, Wirtschafts-, Heil- oder Sporteinrichtungen usw., typisie-

[4] Schneider, K.: a. a. O.

[5] Zum Begriff des Fremdenverkehrsortes gehört unbedingt das Moment der Wiederholung, eine einmalige, nur vorübergehende Fremdenhäufung wird einen Ort noch nicht zum Fremdenverkehrsort erheben.

renden Einfluß auf das Ortsbild gefunden. Erst wo dies der Fall ist,
kann geographisch von einem Fremdenverkehrsort die Rede sein. Eine
geographische Definition des Begriffes, die ich mangels ausreichenden
Vergleichsmaterials noch nicht zu treffen wage, hätte also nach den Erfahrungen unserer Untersuchung folgende drei Momente zu enthalten:
*die lokale Fremdenhäufung als Erscheinung, die hervorragende Stellung
der Fremdenverkehrsfunktion und das aus ihr resultierende typische
Gepräge des Ortsbildes.*

Durch das letzte Moment werden die Fremdenverkehrsorte streng
von solchen Siedlungen geschieden, in welchen es ebenfalls zur Häufung von Fremden kommt und in welchen ebenfalls eine Fremdenverkehrsfunktion liegt, deren Ortsbild aber von anderen, viel stärkeren
Kräften als dem lokalen Fremdenverkehr geprägt ist. Der geographische
Begriff umfaßt also eine insonderheit im Ortsbild typisierte Art von
Orten mit Fremdenverkehr. Das darf natürlich nicht heißen, daß die
geographische Betrachtung des Fremdenverkehrs sich nur auf die so
charakterisierten Orte zu beschränken habe. Sie muß auch die anderen
Orte mit Fremdenverkehr im Auge haben, zumal viele, insbesondere
die Städte, oft einen absolut größeren Fremdenverkehr haben als manche Fremdenverkehrsorte nach obiger Inhaltsbestimmung.

Die nunmehr folgenden Erwägungen bezüglich der *Fremdenverkehrsräume* teile ich mit, um jene aus dieser Einzeluntersuchung heraus
sichtbaren Wege und Aufgaben aufzuweisen, die sich einer noch umfassenderen geographischen Behandlung des Fremdenverkehrs eröffnen.

Die Betrachtungen ergaben für das Riesengebirge das Vorhandensein
einer fremdenverkehrsgeographischen Raumeinheit, charakterisiert
durch eine Häufung des Fremdenverkehrs, eine vom Fremdenverkehr
geprägte Physiognomie und eine ebenfalls vom Fremdenverkehr bestimmte Struktur der Wirtschaft und des Verkehrs. Dazu erwies sich
fernerhin dieser Fremdenverkehrsraum als ausgesprochenes Konsum-
tionsgebiet. Ich möchte für solche Gebiete, die sich allein schon im
mitteleuropäischen Raum im Gebirge oder an den Küsten mehrfach
wiederholen und sich deutlich von den weiteren Nachbarlandschaften
absetzen, allgemein die Bezeichnung *Fremdenverkehrsgebiet* vorschla-
gen.[6] Das Fremdenverkehrsgebiet als besonderes Raumindividuum

---

[6] Den Begriff „Fremdenverkehrslandschaft" möchte ich dagegen analog den

wird auch noch dadurch gekennzeichnet, daß es in seiner Ausdehnung nicht notwendigerweise an den Staatsgrenzen haltmacht und daß ihm in zweierlei Hinsicht eine Abhängigkeit von Ergänzungsräumen eigen ist, nämlich zum einen von einem Fremdeneinzugsgebiet, aus dem die Fremden kommen, zum anderen von einem benachbarten wirtschaftlichen Ergänzungsraum, aus dem die tägliche Anlieferung von Bedarfsgütern erfolgt. Mit beiden Räumen ist das Fremdenverkehrsgebiet, gewissermaßen auf jeweils anderer Basis, durch enge Beziehungen zu neuen Großraumeinheiten verflochten.

Die Existenz von Fremdenverkehrsgebieten stellt die geographische Betrachtung vor den weiteren Aufgabenkomplex, die Verbreitung der Fremdenverkehrsgebiete zu fixieren, sie ihrem Wesen nach zu unterscheiden, was mit Hilfe der Strukturanalyse des Fremdenverkehrs, der Unterscheidung von Fremdenverkehrsarten und Fremdenverkehrsgattungen möglich ist, und den allgemeinen Gesetzen der Verteilung nachzugehen. Erst wenn diese Aufgaben in Angriff genommen worden sind, wird sich z. B. eine voll befriedigende Karte der Fremdenverkehrsgebiete des Deutschen Reiches entwerfen lassen.

Wenn die Entwicklung und Ausbreitung von Fremdenverkehrsgebieten auch keine Rücksicht auf Staatsgrenzen nimmt, so ist doch andererseits die Staatsgrenze nicht belanglos für den Fremdenverkehr. Ihre mannigfaltige Bedeutung für ihn offenbart sich vor allem im Ausländerverkehr. Die Tatsache ihres Einflusses wird die geographische Betrachtung des Fremdenverkehrs vor die Notwendigkeit stellen, außer von Fremdenverkehrsgebieten auch noch von *staatlichen Fremdenverkehrsräumen* zu sprechen. Die in ihnen liegenden geographischen Probleme werden erst voll erkennbar werden, wenn einmal ein staatlicher Fremdenverkehrsraum Gegenstand einer speziellen Untersuchung wird.

Begriffen „Industrielandschaft" und „Agrarlandschaft" nur auf den bildhaften Gehalt der Räume beziehen.

Beiträge zur Raumforschung. Festschrift zum 60. Geburtstag von Hans Bobek (=Schriftenreihe der Österreichischen Gesellschaft zur Förderung von Landesforschung und Landesplanung, Band 2) 1964, S. 65–69.

GEOGRAPHIE UND FREMDENVERKEHR

Von Paul Bernecker

Die wissenschaftliche Befassung mit dem Phänomen Fremdenverkehr ist relativ jung. Wenn auch die Ansätze hierzu bereits im letzten Drittel des vorigen Jahrhunderts feststellbar sind, so kann man von einer planmäßigen Entwicklung der Grundlagenforschung und der Auswirkung ihrer Ergebnisse zu einem System der Fremdenverkehrslehre erst ab den dreißiger Jahren unseres Jahrhunderts sprechen. War es zuerst die nationalökonomische Betrachtung, die der neuen Forschungsaufgabe Richtung und Gehalt gab, so folgte in größerem Abstand die Betriebswirtschaftslehre, die in der strukturellen und betrieblichen Eigenart der speziellen Fremdenverkehrsbetriebe ihren Aufgabenbereich fand. Soziologie, Psychologie und schließlich sogar Medizin und Technik waren weitere Wissensgebiete, die sich ihrer wechselseitigen Beziehung zum Fremdenverkehr bewußt wurden und auch ihre Kräfte in den Dienst neuer Aufgaben stellten, die im Phänomen Fremdenverkehr offensichtlich geworden waren. Um so merkwürdiger scheint es, daß eine wissenschaftliche Disziplin, deren Zusammenhang mit dieser neuartigen Erscheinung des menschlichen Zusammenlebens eigentlich von deren Beginn an offenkundig war und die aus dem Verhalten, den Zielen und Richtungsströmen der Fremdenverkehrsteilnehmer zu Beobachtungen und Forschungen nahezu gedrängt wurde, zunächst teilnahmslos abseits geblieben ist und bis heute eigentlich noch nicht recht versucht hat, die Fülle des empirischen Materials zu sichten, zu ordnen und in ein brauchbares System zu bringen. Diese Disziplin ist die Geographie. Man kann nicht sagen, daß sie als Gesamtkomplex keine Differenzierung ihres Wissensgebietes vorgenommen hätte, denn sie kennt als Anthropogeographie Unterteilungen in Siedlungsgeographie, Kulturgeographie, politische Geographie, Verkehrs-, Handels- und Wirtschaftsgeographie. Das Argument, daß Fremdenverkehr eine wirtschaftliche Erscheinung sei und demnach in seiner geographischen

Betrachtung seinen Platz innerhalb der Wirtschaftsgeographie fände, ist nicht zutreffend, wie denn auch die Eingliederung der Fremdenverkehrslehre in die Wirtschaftswissenschaften nur Zweckmäßigkeitsüberlegungen folgt, inhaltlich aber nicht völlig gerechtfertigt erscheint. Aber auch im Rahmen der Verkehrsgeographie ist die Geographie des Fremdenverkehrs nicht erfaßt, denn sie ist eine Geographie von Gebieten; lediglich die Bewegung von Menschen in diesen Gebieten kann innerhalb der Verkehrsgeographie als Personenverkehr behandelt werden.

Zu fast 80 Prozent ist das touristische Geschehen natur- und landschaftsbedingt. In der Massenhaftigkeit des Fremdenverkehrsablaufes, in seiner durch die Medizin betreuten volksgesundheitlichen Funktion, aber selbst in seiner kulturellen und soziologischen Orientierung spielen die touristischen Ziele, oder wie Michele Troisi sie nennt: „Die freien touristischen Güter" (auch „Touristisches Kapital") eine sehr bestimmende Rolle. Der äußere Ablauf des Fremdenverkehrs, das Urlaubsverhalten, sind landschaftsbedingt, und innerhalb des Fremdenverkehrs haben sich geographische Begriffe gebildet, die der wissenschaftlichen Fundierung harren; man spricht von einer *„Erholungslandschaft"*, einer *„Sportlandschaft"*, man sieht touristisch die *„Gebirgslandschaft, Küsten-* und *Seengebiete,* den *Wald als Fremdenverkehrsziel"*, aber ebenso gehören Ebenen, ja selbst Wüstengebiete heute zum Begriff der „freien touristischen Güter". Es wäre somit für die Geographie ein weites Feld wissenschaftlicher Aufgaben offen, ein Feld, das dringend der Bearbeitung bedarf. Der Fremdenverkehr ist in seinem praktischen Ablauf ein eindeutiges wirtschaftliches Geschehen, in dem rational nicht erfaßbare Wünsche und Auslösemomente zu Ortsveränderungen führen, die ohne Leistungswidmung und Leistungsinanspruchnahme nicht möglich wären. In diesen wirtschaftlichen Leistungen einerseits und in der Massenhaftigkeit des touristischen Geschehens andererseits ist der Fremdenverkehr für fast alle Entwicklungsstaaten der Welt zu einem bedeutenden wirtschaftlichen Faktor geworden, sei es, daß er als überwiegend aktiver Fremdenverkehr einen Zuwachsposten der Zahlungsbilanz bildet oder als überwiegend passiver Fremdenverkehr ihre Debetseite vergrößert. Das Bemühen aller Länder, der entwickelten wie insbesondere der in Entwicklung begriffenen, zielt in jedem Falle auf eine Förderung und damit Aktivierung ihres Fremden-

verkehrs; eine Analyse der Voraussetzungen für den Einsatz einer zielführenden Fremdenverkehrspolitik fußt jedoch auf einer Inventarisierung der im Land vorhandenen oder möglichen touristischen Attraktionen. Solche Analysen werden aber ausschließlich auf Erfahrung, subjektive Einschätzung und Bewertung, Wertigkeitsübertragungen von
bestehenden auf projektierte touristische Ziele aufgebaut. Hierbei bedürfte die *Fremdenverkehrspolitik* der Untermauerung, die ihr im System einer *Fremdenverkehrsgeographie* gegeben werden könnte.

Aber auch in den entwickelten Fremdenverkehrsländern bestehen
Gebiete, die zu unterentwickelten touristischen Regionen gehören und
die sehr häufig vor der Alternativfrage stehen, ob sie ihre Wirtschaft und
damit die Existenz ihrer Bewohner auf den Fremdenverkehr oder etwa
auf eine Industrialisierung ausrichten sollen. Auch hier wäre die durch
Fremdenverkehrsgeographie und Wirtschaftsgeographie begründete
Abwägung der Gegebenheiten notwendig. Aber nicht genug damit,
auch die entwickelten Fremdenverkehrsgebiete haben sich mit den Erscheinungen des Lebensfortschrittes auseinanderzusetzen, die in ihren
okkupierenden Tendenzen die Kräfte des Natur- und Landschaftsschutzes und der Raumplanung zu ordnenden Maßnahmen ausgelöst
haben. Sie sind in ihren Folgerungen, Forderungen und Entscheidungen an die geographischen Grundlagen gebunden, und hier wiederum
fehlen die speziellen Aspekte einer fremdenverkehrsgeographischen
Orientierung.

Es sei nicht behauptet, daß die Geographie dieses besondere Kapitel
ihres Arbeitsbereiches zur Gänze übersehen hätte. Schon 1934 entstand
im Schoße des Forschungsinstitutes für Fremdenverkehr an der Handelshochschule Berlin eine Schrift, deren Verfasser, Adolf Grünthal,
Assistent am Forschungsinstitut für den Fremdenverkehr war. Sie führt
den Titel ›Probleme der Fremdenverkehrsgeographie‹. Darin wird einleitend festgestellt: „Der Begriff des Fremdenverkehrs beruht auf zwei
Grundpfeilern: Auf dem Menschen und auf dem Ort bzw. Lande.
Durch die Gebundenheit des Fremdenverkehrs an einen Ort oder an ein
Land, als Erscheinung auf der Erdoberfläche mit seiner Bedingtheit
durch die natürliche Ausstattung des Raumes und durch die Umgestaltung des Erdbildes, die sich in seinem Gefolge zeigt, wird der Fremdenverkehr zu einem geographischen Problem. Die Aufgabe der Fremdenverkehrsgeographie besteht darin, die Verbreitung des Fremdenver

kehrs darzustellen und die Wechselwirkungen zwischen ihm und den natürlichen Erscheinungen auf der Erdoberfläche zu untersuchen . . ."

Schon im Jahre 1928 hatte Grünthal, fußend auf einem Aufsatz von Thiessen, ›Die Eingrenzung der Geographie‹[1], den Versuch unternommen, die Geographie des Fremdenverkehrs systematisch zu gliedern. Grundgedanke war, die einzelnen natürlichen Gegebenheiten der Erdoberfläche in ihrer Wirkung auf den Fremdenverkehr zu untersuchen, wobei drei Grundsatzfragen behandelt wurden:
a) inwieweit rufen sie Fremdenverkehr hervor;
b) inwieweit fördern sie Fremdenverkehr und
c) inwieweit hindern sie Fremdenverkehr.

Die einzelnen Kategorien, auf die sich eine solche Untersuchung zu erstrecken hätte, sieht Grünthal wie folgt:
„1. die Lage des Gebietes, in dem sich der Fremdenverkehr abspielt,
2. sein geologischer Aufbau,
3. sein orographischer Aufbau,
4. seine Oberflächenformen,
5. seine Gewässer,
6. sein Klima,
7. seine Pflanzen- und Tierwelt,
8. sein landschaftlicher Gesamtcharakter, hierunter würde etwa das zu verstehen sein, was Hettner ‚ästhetisch geographische Untersuchung‘ genannt hat,
9. seine Menschenwelt, und zwar
    a) hinsichtlich ihrer Siedlungsdichte und Siedlungskonzentration,
    b) hinsichtlich ihrer konkret wahrnehmbaren Lebensformen, soweit sie für den Fremdenverkehr relevant sind,
    c) hinsichtlich ihrer Wirtschaft, sowohl der Produktion als auch des Handels, der Verkehrswirtschaft und des Konsums."

Auf diesen Überlegungen aufbauend, hat Grünthal seine bereits genannte Schrift verfaßt, deren Inhalt wie folgt gegliedert ist:
Die Fremdenverkehrskarte,
Die Bedingtheit des Fremdenverkehrs durch die natürlichen, kulturellen und wirtschaftlichen Erscheinungen auf der Erdoberfläche,

---

[1] Petermanns Geographische Mitteilungen 1927, S. 1.

A. Die Bedingtheit des Fremdenverkehrs durch den Formenschatz der festen Erdoberfläche,

B. Die Bedingtheit des Fremdenverkehrs durch das Wasser,

C. Die Bedingtheit des Fremdenverkehrs durch Witterung und Klima,

D. Die Bedingtheit des Fremdenverkehrs durch die Pflanzen- und Tierwelt,

E. Die Bedingtheit des Fremdenverkehrs durch den Menschen, seine Einrichtungen und Veranstaltungen,

F. Die Bedingtheit des Fremdenverkehrs durch die Verkehrslage.

Erstaunlicherweise haben die Bemühungen Grünthals lange weder ein Echo noch eine Fortsetzung gefunden. Ursache mögen die Zeitläufe gewesen sein, die für eine Entwicklung neuer Wissenszweige nicht günstig waren, insbesondere wenn diese solche „abseits gelegenen" Themata betrafen wie Fremdenverkehr und Geographie. Im Band 67 von 1924 der ›Mitteilungen der geographischen Gesellschaft in Wien‹ ist ein Artikel von Richard Engelmann unter dem Titel ›Zur Geographie des Fremdenverkehrs in Österreich‹ publiziert. Diese Arbeit ist jedoch im Grunde genommen nur die Beschreibung einer geographisch dargestellten Bildstatistik in 5 Tafeln, die der Verfasser im Auftrag des damaligen Bundesministeriums für Handel und Verkehr für Ausstellungszwecke anfertigte. Grundsätzliche Gedanken über eine Geographie des Fremdenverkehrs sind darin nicht enthalten. Derartige Arbeiten waren in der Folge zahlreich, ebenso fremdenverkehrsgeographische Monographien, wobei die von Hans Poser: ›Geographische Studien über den Fremdenverkehr im Riesengebirge‹[2] als „richtungweisend" bezeichnet wird. Er entfernt sich von der standortmäßigen Betrachtung und schwenkt über auf die Arten des Fremdenverkehrs, wobei allerdings die Gliederung der Arten willkürlich ist und einer fremdenverkehrswissenschaftlichen Überprüfung nicht standhielte. 1944 publizierte das Geographische Institut der Eidgenössischen Technischen Hochschule in Zürich eine Arbeit von Ernst Winkler über: ›Die Landschaft der Schweiz als Voraussetzung des Fremdenverkehrs‹, die wiederum zum *räumlichen Prinzip der Standorte des Reiseverkehrs* überging. Auch die 1955 erschiene Arbeit von Walter Christaller, ›Beiträge zu einer Geographie des Frem-

---

[2] Abhandlung der Gesellschaft der Wissenschaften zu Göttingen, Mathem.-phys. Klasse, Heft 20, Göttingen 1939 (s. S. 138 ff. in diesem Band).

denverkehrs‹, erblickt in den Standorten des Fremdenverkehrs den „wichtigsten Gegenstand der Fremdenverkehrsgeographie". Demnach schlägt er eine Gliederung vor, die, nach geographischen Gesichtspunkten ausgerichtet, 12 Standorttypen beziehungsweise Standortfaktoren des Fremdenverkehrs ergäbe.* [...] Wenngleich Christaller versucht, alle Punkte mit touristischer Attraktivkraft in seiner Gliederung aufzuführen, so kann sie doch als System einer Fremdenverkehrsgeographie nicht restlos befriedigen. Sie ist im Grunde genommen nur eine Detaillierung der vorerwähnten Gedankengänge von Grünthal.

Das Institut für Fremdenverkehrsforschung hat im Rahmen der Österreichischen Geographischen Gesellschaft einen Preis ausgesetzt für einen Vorschlag, der Aufgabe, Methode und System einer Fremdenverkehrsgeographie treffend umschreibt, und desgleichen hat die Académie International du Tourisme für ihren Concours Universitaire 1964 das Thema ›Fremdenverkehrsgeographie‹ gestellt. Diese Tatsachen zeigen zweierlei. Einmal, daß sich die Fremdenverkehrswissenschaft von einer einseitigen wirtschaftlichen Betrachtungsweise des Phänomens Fremdenverkehr zu lösen beginnt, und zum anderen, daß der Fremdenverkehr in der Massenhaftigkeit seiner Erscheinung und in seinen der Konzentration entgegengesetzten peripheren Tendenzen, aber auch in den Ordnungsbestrebungen innerhalb der Vielheit seiner Kräfte einer geographischen Bearbeitung bedarf.

---

* Bernecker wiederholt an dieser Stelle die Gliederung im Beitrag von Christaller, s. S. 158f. [Anm. d. Red.]

Handwörterbuch der Sozialwissenschaften, zugleich Neuauflage des Handwörterbuchs der Staatswissenschaften, Vierter Band, 1965, S. 152–157 und 159 (gekürzt). Mit Genehmigung des Verlags Vandenhoeck & Ruprecht, Göttingen.

FREMDENVERKEHR

Von WALTER HUNZIKER

1. Begriff, Arten, soziologische und wirtschaftliche Einordnung

Unter Fremdenverkehr ist der Inbegriff der Beziehungen und Erscheinungen zu verstehen, die sich aus der Reise und dem Aufenthalt Ortsfremder ergeben, sofern durch den Aufenthalt keine Niederlassung begründet und damit keine Erwerbstätigkeit verbunden wird (Walter Hunziker und Kurt Krapf). Zunächst und rein äußerlich tritt uns damit der Fremdenverkehr als Verkehrsvorgang entgegen, zusammengesetzt aus der dynamischen Komponente der Reise und der statischen des Aufenthalts. Das Schwergewicht liegt beim Aufenthalt; nach ihm orientiert sich recht eigentlich der Fremdenverkehr. Da der Aufenthalt unter keinen Umständen eine Erwerbstätigkeit involviert, tritt der Tourist als reiner Konsument auf, selbst wenn er an seinen Aufenthalt etwa noch berufliche, geschäftliche oder amtliche Absichten knüpfen sollte. Diese müssen dann eben von den touristischen begrifflich und praktisch getrennt werden, was beispielsweise in der Fremdenverkehrsstatistik teilweise bereits geschieht. Mit dem Verkehrsvorgang sind jedenfalls wirtschaftliche Überlegungen und Tatbestände verbunden. Insofern hat der Fremdenverkehr auch den Charakter einer wirtschaftlichen Kategorie. Darüber hinaus erfüllt er aber noch Funktionen der Volksgesundheit, der Kultur, der Sozialpolitik und der Politik, die ebenso zu seinem Begriffsbild gehören wie die wirtschaftlichen und verkehrsmäßigen Aspekte. Die gemeinhin vorgenommene Klassifizierung des Fremdenverkehrs unterscheidet zwischen einem *Erholungs-* und *Vergnügungstourismus*, einem *Heiltourismus* und einem *Bildungstourismus*. Über alle drei Kategorien erstreckt sich der *Sozialtourismus*, d. h. der Inbegriff der Beziehungen und Erscheinungen, die der Beteiligung kaufkraftschwacher Bevölkerungsschichten am Fremdenverkehr entspringen, wobei diese Beteiligung durch besondere, als solche deutlich erkennbare Vorkehrungen ermöglicht oder erleichtert wird. Der Sozialtourismus, der dem Fremdenverkehr nach dem Zweiten Weltkrieg mehr und mehr das Gepräge gegeben hat, ist einerseits nicht identisch mit Arbeitertourismus, da er sich nicht auf eine bestimmte Gesellschaftsklasse beschränkt, andererseits aber auch nicht mit Massentourismus, sofern man darunter die kollektive Abwicklung versteht, kommen doch ebensosehr individuelle Durchführungsformen von Reise und Aufenthalt in Betracht. Die Betonung des sozialen und sozialpolitischen Momentes hat in Verbindung mit der Breitenentwicklung des Fremdenverkehrs dessen Abklärung unter soziologischen Gesichtspunkten starken Auftrieb verliehen. Die besondere Fremdenverkehrssoziologie, die sich herausbildete, ging namentlich von den Funktionen des Fremdenverkehrs in der industriellen Lebenssphäre sowie den Verhaltens- und Wertvorstellungen auf dem touristischen Markte aus und verwendete die idealtypische Methode, um das empirische Material zu strukturieren und die Wandlungen der Gestalt des Touristen unter Verzicht auf individuelle Züge hervortreten zu lassen (Hans-Joachim Knebel). In erster Linie war und blieb jedoch der Fremdenverkehr Gegenstand wirtschaftlicher Betrachtungen und Untersuchungen, wobei man sich bewußt zu sein hat, daß es sich dabei lediglich um einen Teilaspekt des Tourismus handelt und dieser nur hinsichtlich seiner Marktfunktionen und der Erscheinungen binnen- wie außenwirtschaftlicher Natur, die damit verbunden sind, eine wirtschaftliche Kategorie darstellt.

2. Institutionen

Die breite Basis der touristischen Institutionen bilden die Fremdenverkehrsbetriebe. Ihnen ordnen sich die Organisationen und Behörden zu, die mit Fremdenverkehr direkt oder indirekt beschäftigt sind. Als *Fremdenverkehrsbetriebe* haben jene Wirtschaftseinheiten, Sonder- oder Einzelwirtschaften zu gelten, die durch eine dauernde Verbindung geeigneter Produktionsmittel die Bereitstellung von Sach- und Dienstleistungen des Fremdenverkehrs auf wirtschaftliche Art und Weise bezwecken. Differenziert nach Leistungen, und zwar primären, d. h. solchen, die dem Konsumenten direkt anfallen, ergeben sich in einer ersten Leistungsgruppe der *Aufenthaltsbetriebe* die Beherbergungs-, Unter-

haltungs- und besonderen Dienstleistungsbetriebe (unter den letzteren
Fremdenführer, Sportlehrer und dergleichen), in einer zweiten Gruppe
der *Reisebetriebe* die besonderen Verkehrsbetriebe der Fremdenver-
kehrstransportanstalten und die besonderen Dienstleistungsbetriebe
der Gepäckträger, Reiseführer usw., und in einer dritten Gruppe der
Betriebe mit Leistungen für Reise und Aufenthalt die besonderen *Handelsbetriebe* zum Verkauf von Andenken, Literatur usw., die Reise-
vermittlungsbetriebe, die Betriebe zur Fremdenverkehrsförderung
(Verkehrsvereine und dergleichen), die touristischen Werbebetriebe
und Auskunftsstellen, die besonderen Finanzierungsbetriebe der Tou-
ristenbanken, Reisekassen usw., schließlich die Touristenversiche-
rungsinstitute. Auch wenn die Leistungskombination des Fabrika-
tions-, Handels- und Dienstleistungsbetriebes häufig auftritt, bildet in
allen Fällen die *Bereitstellung von Dienstleistungen* das hervorstechend-
ste Merkmal der Fremdenverkehrsbetriebe (Hotel- und Gaststättengewerbe).

Die zwischen- und überbetrieblichen touristischen *Organisationen*
lassen eine Gliederung in horizontale, vertikale und Dachorganisationen zu. Die horizontalen sind etwa mit den Berufsverbänden der Arbeitgeber und Arbeitnehmer auf den Gebieten des Beherbergungs- und
Verpflegungswesens, der Reisevermittlung, des Heil- und Erziehungs-
sektors und des Transportes gleichzusetzen. Zu den nationalen treten
jeweils die entsprechenden internationalen Zusammenschlüsse, so im
Hotelgewerbe die „Alliance internationale de l'hôtellerie" (AIH), im
Gastwirtschaftsgewerbe die „HO-RE-CA[1] International", in der Reisevermittlung die „Fédération internationale des agences de voyages"
(FIAV), im Heilsektor die „International Hospitals Federation" (IHF),
im Erziehungswesen das „Bureau international de l'éducation" (BIE),
bei den Bahnen die „Union internationale des chemins de fer" (UIC), im
Autotourismus die „Alliance internationale de tourisme" (AIT), beim
Luftverkehr die „International Air Transport Association" (IATA) und
bei der Schiffahrt die „Atlantic Conference", um nur die Vereinigungen
der Arbeitgeber und Unternehmer zu nennen. Die vertikalen Verbindungen stellen solche ganzer Orte oder Regionen dar, von denen wiederum einzelne Gruppen wie die Bade- und die Klimakurorte geson-

---

[1] Abkürzung für „Hotels – Restaurants – Cafés".

derte Organisationen gebildet haben, die selbst auf internationaler Ebene, so etwa in der „Fédération internationale du thermalisme et du climatisme" (FIDEC), vorzufinden sind. Die Eigenart der Dachorganisationen liegt darin, daß sie, je nach der politischen Struktur des jeweiligen Landes, einen stärkeren oder schwächeren *behördlichen Einfluß* aufweisen. Dieser wächst in dem Maße, als nationale Werbeaufgaben oder auch sonstige Funktionen von den Beteiligten nicht oder nicht vollständig erfüllt werden können. An die Stelle eines Zentralverbandes der Interessenten tritt dann eine Fremdenverkehrsdirektion, ein Fremdenverkehrskommissariat oder ein Fremdenverkehrsamt. Beispiele dafür in Europa sind in Belgien, Frankreich, Italien, Spanien, Portugal und Griechenland anzutreffen. Als internationale behördliche Stelle im Fremdenverkehr sei das Touristikkomitee des „Europäischen Wirtschaftsrates" (OEEC/OECD) erwähnt.

3. Zur Geschichte

Fast alle Formen des neuzeitlichen Fremdenverkehrs einschließlich der organisierten Vergnügungsreisen nach Ägypten waren bereits im alten Rom entwickelt. Wie so manche andere Gebiete brachte die Völkerwanderung auch diesen Kulturzweig völlig zum Erliegen. Im Mittelalter entwickelte sich dann neben einem *Bildungsverkehr* klerikaler Observanz namentlich ein immer mehr aufblühender *Badeverkehr*. Die Zäsur zur Neuzeit bedeutete im Tourismus nicht das Zeitalter der Entdeckungen, sondern jenes der *Aufklärung*. Es schuf die geistigen Vorbedingungen zur Ingangsetzung eines am Naturerlebnis sich entzündenden Fremdenverkehrs. Wegbereiter waren Naturwissenschaftler vom Schlage eines Albrecht v. Haller mit seinem 1732 erschienenen Gedicht ›Die Alpen‹. Sein Ruf nach *Rückkehr zur Natur* wurde durch Jean-Jacques Rousseau, vor allem in der ›Nouvelle Héloïse‹, aufgenommen, die als klassisches Werk des modernen Tourismus gelten kann und nicht nur eine Flut von gleichgestimmter Literatur, sondern – um die Wende vom 18. zum 19. Jahrhundert – zugleich einen rasch anschwellenden Reisestrom auslöste, der sich vorerst besonders nach der bald zum "Playground of Europe" werdenden Schweiz ergoß. Dieser erhielt weiteren Auftrieb durch einen lawinenartig wachsenden wirtschaftlichen Wohlstand als Folge der sich von England aus anbahnenden Industrialisierung, durch die in ihrer Bedeutung für den Fremdenverkehr nicht zu verkennende starke Bevölkerungsvermehrung und hauptsächlich durch die fortschreitende Verbesserung des Beförderungs-, Beherbergungs- und Verpflegungswesens. Entscheidend war, daß vom Beginn des 19. Jahrhunderts an der Transport auf der Straße und den Binnenseen eine bemerkenswerte Ausweitung und Beschleunigung erfuhr und gleichzeitig die bisherigen bescheidenen Unterkünfte, nicht selten in Pfarrhäusern, ersetzt wurden durch Hotels; so entstanden in den, international gesehen, zunächst am meisten aufgesuchten Schweizer Fremdenverkehrsgebieten 1812 in der Zentralschweiz der Gasthof Rigi-Klösterli und 1832 das erste Hotel im Berner Oberland (auf dem Faulhorn). Die Periode von Mitte des 19. Jahrhunderts an bis zum Ausbruch des Ersten Weltkrieges ist durch neuerliche Steigerungen von Bevölkerung und Wohlstand sowie im besonderen durch bedeutsame Wandlungen im Transport- und Beherbergungsapparat gekennzeichnet. An die Stelle der Postkutsche trat die Eisenbahn als hervorragend geeignetes Massenverkehrsmittel. Im letzten Drittel des 19. Jahrhunderts schossen jene Hotelpaläste aus dem Boden, in deren Talmiprunk sich das neureiche Bürgertum der Gründerperiode erging, um es den tonangebenden Kreisen der höfischen Aristokratie, des Offiziersstandes und des Großgrundbesitzes gleichzutun. Neue Fremdenverkehrsregionen und -länder gesellten sich zu den bereits erschlossenen. Die Frequenzziffern erreichten eine Höhe, der sie lange nicht mehr nahekommen sollten, erfuhr doch die verheißungsvolle Entwicklung 1914 einen jähen Unterbruch. Krisenjahre brachen herein, die sich, mit vorübergehenden Erholungen, bis in die Zeit nach dem Zweiten Weltkrieg fortsetzten und eigentlich erst mit dem „Europäischen Wiederaufbauprogramm" ein Ende fanden. Von 1950 an erwachte jedoch der Tourismus in allen Kulturstaaten ohne Ausnahme zu einer Blüte, die er vordem nie in solchem Ausmaße gekannt hatte. Wiederum schufen dazu ökonomische Prosperität und verbesserte Transportverhältnisse auf allen Gebieten des Verkehrswesens, speziell auf der Straße und in der Luft, die Grundlage. Mit dem Sozialtourismus erfuhr der Fremdenverkehr eine Breitenentwicklung, wie man sie kaum je erwartet hätte. Das Angebot vermochte mit der Nachfrage vor allem im Unterkunftswesen nurmehr unzureichend Schritt zu halten. Neue Beherbergungsformen

wie Ferienhäuser, Ferienwohnungen, Feriendörfer, Camps und Zeltplätze waren nötig, um den dringendsten Bedarf einigermaßen zu befriedigen. Das Touristikkomitee der OEEC konnte in seinem Bericht
über den europäischen Fremdenverkehr im Jahr 1960 zu dem beach-
tenswerten Schluß gelangen, die touristische Frequenz der Mitglied-
staaten habe sich auf einer jährlichen Zuwachsrate von 6 bis 10 % „stabi-
lisiert" und sei offensichtlich gegenüber wirtschaftlichen wie politischen
Rückschlägen viel weniger anfällig geworden als früher.

4. Wirtschaftliche Merkmale

Unter den typischen Merkmalen, die dem modernen Fremdenverkehr eignen, fällt vorab die allgemeine Ausweitung in die Augen, die
nicht zuletzt dem Sozialtourismus zu verdanken ist. Saisonal hat sie zu
einer Verschärfung der bereits vorhandenen *Frequenzzusammenbal-
lung* besonders in den Sommermonaten geführt. Obwohl unverkennbar
die Tendenz zur *„Konfektionierung"* der Leistung vorherrscht, wirken
ihr Bestrebungen zur Individualisierung durch Differenzierung des Angebots erfolgreich entgegen. Diese ist in allen Sektoren festzustellen,
nicht zuletzt im Beherbergungswesen durch die Schaffung eines vielfältigen, den jeweiligen Bedürfnissen wie Aufwandsmöglichkeiten ange-
paßten Unterkunftsapparates. Die Verbesserungen im Transportbe-
reich haben eine Mobilisierung des Tourismus verursacht, die sogar
häufig in einen eigentlichen Bewegungsrausch, d. h. darin ausmündete,
daß die Reise Selbstzweck wurde. Eine Folge war die Schrumpfung der
durchschnittlichen Aufenthaltsdauer. Diese verstärkte sich noch durch
die Teilnahme kaufkraftschwächerer Bevölkerungsschichten, jener weiteren charakteristischen Erscheinung, die sich als touristische Demokratisierung umschreiben läßt und der unvermeidlicherweise eine Verminderung der mittleren touristischen Aufwandrate parallel ging, was
keineswegs gleichbedeutend ist mit einer Minderung der touristischen
Gesamteinnahmen und -erträgnisse. Angesichts der Entfaltung des
Fremdenverkehrs in die Breite und Tiefe hat das touristische Standort-
problem stark erhöhte Bedeutung erhalten. Freilich war die Tragweite
der örtlichen Orientierung des Fremdenverkehrs dem aufmerksamen
Beobachter schon von Beginn an bewußt geworden. Erst in neuerer Zeit

begann man indes zu erkennen, daß im *Fremdenverkehrsort* ein Zentrum eigener Prägung vorliege, ein Anziehungspunkt ("centro di attrazione turistica", Angelo Mariotti), nach dem sich der Fremdenverkehr entscheidend ausrichtet und gestaltet und dem vielfach sogar der betriebswirtschaftliche Charakter einer Unternehmung eignet, namentlich dort, wo – wie in der Kurverwaltung – spezielle Organe und außerdem – wie in der Kurtaxe – besonders geordnete Finanzierungsverfahren bestehen. Zu einem Brennpunkt des Interesses von Wissenschaft und Fremdenverkehrspolitik wurde die *Standortfrage* nach dem Zweiten Weltkrieg. Dies geschah einmal angesichts der Tatsache, daß auf nationalem Boden in allen Fremdenverkehrsländern sich eine Vervielfältigung und Differenzierung der Fremdenverkehrsregionen und -orte geltend machte, die in Übereinstimmung mit der gleichgerichteten Abwicklung des Fremdenverkehrs erfolgte. International konnte man eine ähnlich geartete Bewegung beobachten. War um die Mitte des 19. Jahrhunderts noch die Schweiz fast alleiniger touristischer "Playground" gewesen, so traten in der zweiten Jahrhunderthälfte die französische und italienische Mittelmeerküste als Sammelbecken des internationalen Fremdenverkehrs hervor, der weiterhin auf gewisse privilegierte Gesellschaftsschichten beschränkt blieb. Um die Jahrhundertwende gesellte sich auch Ägypten dazu. Mit der Entwicklung des Wintersports seit den ersten Jahren des 20. Jahrhunderts griff eine internationale Arbeitsteilung in der Weise Platz, daß dieselbe vornehme Kundschaft, die im Frühjahr und Herbst die klimatisch milden Mittelmeergebiete aufsuchte, den Winter in den größeren Sportzentren der Alpen, vorerst wiederum hauptsächlich der Schweiz, verbrachte. Schon vor dem Ersten Weltkrieg hatte sich die Zahl der international frequentierten Fremdenverkehrsländer und -regionen, besonders in Europa, vervielfacht. Diese Entwicklung erfuhr nach dem Zweiten Weltkrieg eine weitere Verstärkung. Praktisch jeder Kulturstaat beanspruchte für sich die Qualifikation eines Fremdenverkehrsgebietes. Immerhin sind doch bestimmte Zonen mehr und mehr hervorgetreten, denen der internationale Fremdenverkehr zufließt. So ist der europäische Fremdenverkehr vom Frühjahr bis zum Herbst in zunehmendem Maße nach den Mittelmeergebieten ausgerichtet; seine Nord-Süd-Achse wird von Jahr zu Jahr stärker. Ihm schließt sich übrigens der Fremdenverkehr USA – Europa an. Analoge Tragweite kommt für den Winterverkehr den Alpenregionen

Deutschlands, Frankreichs, Italiens, Österreichs und der Schweiz zu, wobei eine zunehmende Bevorzugung der höher gelegenen schneesicheren Stationen unverkennbar ist.

Der anschwellende Touristenstrom der Vereinigten Staaten befruchtet außer den eigenen Zentren in Kalifornien und Florida vor allem das benachbarte Kanada (das deshalb einen Besucherstrom vom Auslande aufweist, der zu den umfangreichsten gehört) und außerdem Westindien, Mittelamerika, Hawaii sowie Japan, wo blühende Fremdenverkehrsregionen und -plätze entstanden sind. Dasselbe gilt für gewisse afrikanische Zonen, wie Kenia und den Krüger-Nationalpark, wie denn überhaupt Afrika als wichtiges potentielles Zielgebiet des internationalen, mit in erster Linie des europäischen Fremdenverkehrs zu gelten hat. Die Notwendigkeit, diesem neue Bestimmungsorte zu verschaffen, gab den Standortuntersuchungen der Fremdenverkehrsexperten wesentlichen Auftrieb. Zwei Methoden kamen dabei zur Anwendung: die geographisch und die wirtschaftlich orientierte. Die erstere hat naturgemäß überwiegend deskriptiven Charakter. Sie sucht die Fremdenverkehrsregionen und -orte in ihren besonderen Merkmalen zu analysieren und zu charakterisieren, während das wirtschaftlich ausgerichtete Verfahren durch den mit wirtschaftlichen Maßstäben operierenden Vergleich verschiedenartiger Zonen und Plätze zu den gebotenen Erkenntnissen über die Eigentümlichkeiten gelangen will, die den touristischen Standort bedingen. Beide Methoden bedienen sich geeigneter Maßgrößen, wie z. B.

$$\text{jener der touristischen Funktion: } \frac{\text{Bettenzahl} \cdot 100}{\text{Einwohnerzahl}}$$

(Pierre Defert). Als örtliche Bestimmungselemente werden die natürlichen Faktoren (Klima, Landschaftsbild, einzelne Anziehungspunkte, Heilquellen), die Verkehrslage (allgemeine Lage, Nah- und Fernverbindungen) sowie Einrichtungen und Veranstaltungen berücksichtigt. Dabei hat sich eine gewisse Klassifizierung herausgebildet, am frühesten und eindeutigsten bei den Kurorten, wo man zwischen Bade- und Trinkkurorten, heilklimatischen Kurorten, Luftkurorten, Sommer- und Winterfrischen sowie Kurorten für sonstige Arten der Heilbehandlung unterscheidet. Eine andere Klassifizierung differenziert in Ganzjahresstationen, Zweisaisonstationen und Einsaison-, vor allem Sommer- und Winterstationen oder, analog, in Fremdenverkehrsländer für

den Ganzjahres-, Zweisaison- und Einsaisonverkehr. Diese Unterscheidung ist für die Fremdenverkehrspolitik bedeutsam. Deren Bestreben geht nämlich dahin, angesichts der frequenzmäßigen Überlastung der Sommersaison ihre Verlängerung durch vermehrte Einbeziehung klimatisch geeigneter Regionen zu verwirklichen. Hierfür
kommen, europäisch gesehen, die Mittelmeerländer besonders in Betracht. Deshalb werden sie auch in der touristischen Entwicklungshilfe
bevorzugt. Einem gleichen Gesichtspunkte folgend, visiert diese als
darauffolgende Etappen die Länder des Nahen Ostens und sodann die
näher gelegenen afrikanischen Gebiete an.

5. Volkswirtschaftliche Bedeutung

Die Frage nach der volkswirtschaftlichen Tragweite des Fremdenverkehrs ruft zunächst jene nach seiner Abhängigkeit von der Einkom-
mensgestaltung und -entwicklung hervor. Daß eine solche vorhanden
sei, mußte von vornherein feststehen. Man durfte auch annehmen, daß
in analoger Weise zu den Engel-Schwabeschen Gesetzen die touristische Konsumrate bei steigendem Einkommen stärker als proportional
zur Einkommensvermehrung anwachsen werde. Aufschluß darüber,
wann diese Bewegung beginnt und welches Ausmaß sie annimmt,
konnten nur exakte Untersuchungen geben, wie sie Günter Menges
erstmals auf breiterer und mathematisch zuverlässiger Grundlage für die
Bundesrepublik Deutschland und die Schweiz angestellt hat. Deren
Resultate lassen übereinstimmend erkennen, daß der moderne Fremdenverkehr entscheidend von der *Einkommenshöhe* bestimmt wird.
Menges geht so weit, festzustellen, er habe sich zu einem reinen Ein-
kommensproblem entwickelt und von Wetter-, Mode- wie sonstigen
Einflüssen weitgehend emanzipiert.

Für die Nachkriegszeit ließ sich der Zusammenhang zwischen Ein-
kommens- und Fremdenverkehrsentwicklung in der Weise kennzeichnen, daß langfristig eine Steigerung des durchschnittlichen Einkom-
mens der deutschen Bevölkerung von 1 Mark in Kaufkraft des Jahres
1928 (= DM 1,46 in Kaufkraft des Jahres 1956) zu einer Erhöhung des
Inländerfremdenverkehrs von rd. 250 000 Aufenthaltstagen führte. Im
übrigen war aus den Untersuchungen zu erkennen, daß für die Bundes-

Tab. 1: Touristische Konsumquote im Gebiet der Bundesrepublik Deutschland
(in Mrd. RM/DM bzw. in Prozent)

Zeitraum	touristischer Konsum	Nettosozial-produkt zu Marktpreisen	touristische Konsumquote
1924–1932	26,43	363,6	*7,3*
1933–1938	13,51	254,0	*5,3*
1924–1938	39,94	617,6	*6,5*
1949–1957	73,07	1184,6	*6,2*
Insgesamt	113,01	1802,2	*6,3*

Quelle: G. Menges, Die touristische Konsumfunktion Deutschlands 1924
bis 1957. In: Fremdenverkehr in Theorie und Praxis. Festschr. f. Walter Hunziker. Hrsg.: Schweizerischer Fremdenverkehrsverband. Bern 1959.

republik die touristische Konsumfunktion, d. h. der Anteil der zu touristischen Zwecken ausgegebenen Einkommensanteile an den veränder-
lichen Werten des gesamten Volkseinkommens langfristig unstabil und
nach dem Krieg bis 1957 geringer war als in irgendeinem Jahre zwischen
1924 und 1931. Die Hauptursachen lagen einerseits in der Konkurrenz
der Gebrauchsgüter, andererseits in der „Demokratisierung" des Tourismus. Seither ist allerdings eine fortschreitende Korrektur im Sinne einer Zunahme der „touristischen Grenzneigung zum Konsum" erfolgt;
für die Schweiz lag sie in der Vor- und Nachkriegszeit stets niedriger als
in Deutschland.

Je stärker und stabiler der Fremdenverkehr geworden ist, um so mehr
hat er an volkswirtschaftlichem Gewicht gewonnen. Dies liegt einmal in
seiner außerordentlich wertvollen *Ausgleichsfunktion:* Wenn sich der
Tourismus in Gegenden ansiedelt, die keine sonstigen Betätigungsmög-
lichkeiten oder nur solche beschränkten Ausmaßes aufweisen, wie dies
die Regel ist (beispielsweise in den Bergregionen), bezieht er auch diese
vermehrt in den Wirtschaftskreislauf ein, indem er zugleich einer Abwanderung und der Konzentration von Bevölkerung und Wirtschaft in
Städten und Industriezentren entgegenarbeitet. Außerdem hat die durch
ihn herbeigeführte Nachfrage eine willkommene Erweiterung und

Tab. 2: Deviseneinnahmen und -ausgaben aus dem Fremdenverkehr 1960
(in Mill. $)

Land	Fremdenverkehr			Saldo der Zahlungs- bilanz
	Ein- nahmen	Aus- gaben	Saldo	
Belgien/ Luxemburg	93,5	.	.	.
Dänemark	107	74	+ 33	− 78
Bundesrepublik Deutschland	481	679	− 198	+ 1797
Frankreich	525	325	+ 200	+ 1000
Griechenland	47	19	+ 28	− 338
Großbritannien	525	574	− 49	− 767
Irland	119	42	+ 77	− 2
Island	0,5	3	− 2,5	− 11
Italien	642	92	+ 550	+ 371
Niederlande	127	127	0	+ 302
Norwegen	53	56	− 3	− 105
Österreich	232	61	+ 171	− 54
Portugal	24	12	+ 12	− 101
Schweden	109	93	+ 16	− 86
Schweiz	297	117	+ 180	+ 95
Spanien	297	50	+ 247	+ 303
Türkei	5,5	0,7	+ 4,8	− 0,2
Kanada	417	632	− 215	− 1212
USA	968	1744	− 776	+ 3326

Quelle: Organization for European Economic Cooperation: Trends in Economic Sectors: Tourism in Europe. Paris, 8 (1961). S. 51.

Differenzierung des lokalen wie regionalen Marktes zur Folge, was wiederum wirtschaftlich anregend und fördernd in einem engeren, aber auch weiteren geographischen Umkreise wirkt. Daraus fließt nicht zuletzt eine Verstärkung des mittelständisch-gewerblichen Elementes der beteiligten Gebiete, die diesen erhöhte wirtschaftliche Stabilität verleiht. Die sichtbarsten Resultate verzeichnet indessen der Fremdenver-

kehr, soweit er sich über die Grenzen bewegt, in der *Zahlungsbilanz*.
Sie wurden schon frühzeitig erkannt und finden nach wie vor besondere
Beachtung.
Wenn die Höhe der Wertschöpfung, wie sie sich aus den Personal-

Tab. 3: Anteil der Deviseneinnahmen und -ausgaben aus dem Fremdenverkehr
an den unsichtbaren und sichtbaren Ausfuhren und Einfuhren 1960

Land	Fremdenverkehrs- einnahmen		Fremdenverkehrs- ausgaben	
	in Proz. der Dienst- leistungs- ein- nahmen	in Proz. der Ein- nahmen aus der Güter- ausfuhr	in Proz. der Dienst- leistungs- aus gaben	in Proz. der Ausgaben für die Güter- einfuhr
Dänemark	23	7	23	4
Bundesrepublik Deutschland	16	4	21	7
Frankreich	—	8	—	6
Griechenland	17	21	17	3
Großbritannien	9	5	10	5
Irland	41	29	52	7
Island	2	0,7	11	3
Italien	30	18	8	2
Niederlande	8	3	15	3
Norwegen	5	6	8	4
Österreich	59	20	26	4
Portugal	16	10	15	3
Schweden	14	4	16	3
Schweiz	28	16	20	5
Spanien	70	40	28	7
Türkei	5	1,7	8	0,6
Kanada	28	7	23	11
USA	12	5	19	12

Quelle: Organization for European Economic Cooperation: Trends in
Economic Sectors: Tourism in Europe. Paris, 8 (1961). S. 51.

löhnen (Bar- und Naturallöhnen sowie Bedienungsgeldern), den Kapitalzinsen und dem Unternehmerlohn ergibt, zur Beurteilung der
volkswirtschaftlichen Stellung des Fremdenverkehrs und insbesondere
seiner Produktivität herbeigezogen werden soll, so bieten sich dafür bestenfalls gewisse Möglichkeiten für einzelne Sektoren, z. B. das Gastgewerbe, nirgendwo indes für das weit verästelte Gesamtbild aller
nationalen Fremdenverkehrsgewerbe. Schon diese Teilaspekte lassen
erkennen, daß selbst in ausgesprochenen Fremdenverkehrsländern die
touristische Wertschöpfung an Bedeutung hinter dem zahlungsbilanzmäßigen Anteil des Fremdenverkehrs stark zurücktritt, wenn das Land
zugleich hochindustrialisiert ist. So erreichte sie in der Schweiz weniger
als 5 % des Nettosozialproduktes (zu Marktpreisen). Höhere Quoten
ergeben sich für sonst agrarisch orientierte Gebiete. Da der Fremdenverkehr zu den Wirtschaftszweigen gehört, die für die Ankurbelung der
Entwicklungsländer geeignet sind, wird auch dort seine Wertschöpfung
stärker ins Gewicht fallen, falls nicht zugleich eine forcierte Industrialisierung Platz greift, die den touristischen Anteil am Wertschöpfungsprozeß zurücktreten lassen müßte.
[...]

7. Gegenstand von Forschung, Lehre und Ausbildung

Bei der Bedeutung, die der Fremdenverkehr in Wirtschaft und Gesellschaft erlangte, konnte es nicht ausbleiben, daß sich die Wissenschaft
intensiv mit ihm zu beschäftigen begann. Dies geschah vor allem im
Schoße der fremdenverkehrswissenschaftlichen Hochschulinstitute.
Zum „Forschungsinstitut für Fremdenverkehr" an der Hochschule für
Welthandel in Wien, dessen Gründung in die Zeit vor dem Zweiten
Weltkrieg zurückreicht, traten nach dessen Beendigung vorerst in der
Schweiz 1941 das „Forschungsinstitut für Fremdenverkehr der Universität Bern" und das „Seminar für Fremdenverkehr an der Handels
Hochschule St. Gallen", hernach in der Bundesrepublik das „Deutsche
Wirtschaftswissenschaftliche Institut für Fremdenverkehr" an der Universität München und das „Institut für Fremdenverkehrswissenschaft"
an der Johann-Wolfgang-Goethe-Universität in Frankfurt a. M., schließlich in Frankreich das „Centre d'études du tourisme" an der Universität
Aix – Marseille. Die Einbeziehung des Fremdenverkehrs in den

Studiengang wurde dabei erleichtert durch die Entwicklung einer eigentlichen Fremdenverkehrslehre, wie sie in der Schweiz Platz greift. Auf internationalem Boden erfolgte 1949 die Schaffung der „Internationalen Vereinigung wissenschaftlicher Fremdenverkehrsexperten".

Literatur

Troisi, M.: La rendita turistica, teoria e fatti. Bari 1940.

Hunziker, W., u. Krapf, K.: Grundriß der allgemeinen Fremdenverkehrslehre, Zürich 1942 (Schr.-Reihe d. Seminars f. Fremdenverkehr an d. Handels-Hochschule St. Gallen, 1).

Hunziker, W.: System und Hauptprobleme einer wissenschaftlichen Fremdenverkehrslehre, St. Gallen 1943 (Schr.-Reihe d. Seminars f. Fremdenverkehr an d. Handels-Hochschule St. Gallen, 5).

Krapf, K.: Der touristische Konsum, Bern 1947. [Habilschr.].

Duchet, R.: Le tourisme à travers les âges, Paris 1949.

Hunziker, W.: Le tourisme social. Caractères et problèmes, Bern 1951 (Publications de la Commission scientifique de l'alliance internationale de tourisme, 1).

Thoms, W. (Hrsg.): Handbuch für Fremdenverkehrsbetriebe, Gießen 1952.

Bernecker, P.: Der moderne Fremdenverkehr, Wien 1955.

Defert, P.: Structure économique et localisation dans les régions touristiques, Genf 1955.

Mariotti, A.: L'enseignement du tourisme, Genf 1956 (Publications de la Commission scientifique de l'alliance internationale de tourisme, 7).

Lickorish, L. J., u. Kershaw, A. G.: The Travel Trade, London 1958.

Fremdenverkehr in Theorie und Praxis. Festschr f. Walter Hunziker. Hrsg: Schweizerischer Fremdenverkehrsverband. Bern 1959.

Hunziker, W.: Betriebswirtschaftslehre des Fremdenverkehrs, I: Der Fremdenverkehrsbetrieb und seine Organisation, Bern 1959 (Schr.-Reihe d. Seminars f. Fremdenverkehr u. Verkehrspol. an d. Handels-Hochschule St. Gallen, 18).

Menges, G.: Die touristische Konsumfunktion Deutschlands 1924 –1957. – In: Fremdenverkehr in Theorie und Praxis. Festschr. f. Walter Hunziker. Hrsg.: Schweizerischer Fremdenverkehrsverband. Bern 1959.

Ders.: Wachstum und Konjunktur des deutschen Fremdenverkehrs 1913 bis 1956, Frankfurt a. M. 1959 (Beitr. z. Fremdenverkehrsforsch. 6).

Knebel, H.-J.: Soziologische Strukturwandlungen im modernen Tourismus, Stuttgart 1960 (Soziol. Gegenwartsfragen, 8).

Laufende Materialquellen:

Revue de tourisme. The Tourist's Review. Zeitschrift für Fremdenverkehr. Jg.
    1 ff. Bern 1946 ff.
Der Fremdenverkehr. Jg. 1– 4. München 1949 –1952; Jg. 5 ff. Darmstadt 1953 ff.
Jahrbuch für Fremdenverkehr. Jg. 1 ff. München 1952/53 ff.
Organization for European Economic Co-operation: Trends in Economic Sec-
    tors: Tourism in Europe. Jg. 1 ff. Paris 1953 ff.
Publications de l'Association internationale d'experts scientifiques du tourisme
    (AIEST). Nr. 1 ff. Bern 1960 ff.

Mitteilungen der Österreichischen Geographischen Gesellschaft, Bd. 115, 1973, S. 162 –164.

NEUE TENDENZEN IN DER FRAGE DER DEFINITION
DES FREMDENVERKEHRS

Von Friedrich G. Schadlbauer

Der Fremdenverkehr hat in den letzten Jahrzehnten einen enormen Aufschwung erfahren, wobei naturgemäß wie bei jeder Entwicklung auch Änderungen in der gesamten Struktur festzustellen gewesen sind. Waren es früher hauptsächlich die Volks- und Betriebswirte, die sich mit diesem Problemkreis auseinandergesetzt haben, so beschäftigen sich heute auch andere Disziplinen mit diesem Phänomen. Dabei setzt natürlich jedes der forschenden Fächer seine ihm relevanten Schwerpunkte, die aber erst in ihrer Gesamtheit den Komplex Fremdenverkehr, das Musterbeispiel eines interdisziplinären Gegenstandes, richtig beleuchten und analysieren. Daß dabei die ebenfalls interdisziplinäre Geographie als „Raumwissenschaft" ihren Beitrag leisten kann und muß, wird selbst von Experten anderer Forschungsrichtungen bestätigt. Während B. Pfister (1962) betont, daß es im wirtschaftlichen und gesellschaftlichen Bereich nur wenige Erscheinungen gibt, die so eng mit dem Phänomen Raum verknüpft sind wie der Fremdenverkehr, stellt P. Bernecker (1964) dezidiert fest, daß die natürlichen Gegebenheiten, welche eine Landschaft formen, den Fremdenverkehr zu 80 % bestimmen.

Es erhebt sich nun die Frage nach einer Abklärung des Fremdenverkehrs, nach einer treffenden und prägnanten Formulierung seines Wesens und Inhalts. Den weitesten und nachhaltigsten Einfluß hatten W. Hunziker u. K. Krapf (1942) mit ihrer Definition, die auch für jene der AIEST als Grundlage gedient hat:

Fremdenverkehr ist der Inbegriff der Beziehungen und Erscheinungen, die sich aus der Reise und dem Aufenthalt Ortsfremder ergeben, sofern durch den Aufenthalt keine Niederlassung entsteht und damit keine Erwerbstätigkeit verbunden ist.

Diese sowie jene von P. Bernecker (1962) streicht die reine Konsum-

orientiertheit als Charakteristikum des Fremdenverkehrs besonders
heraus, was bedeutet, daß der gesamte Geschäftsreiseverkehr auszu-
klammern ist. Es kommt dadurch zu einer Konfrontation mit Vorstellungen, die besonders in der letzten Zeit immer weniger erfüllt werden;
dagegen wird die Tendenz, Geschäftsreisen mit Privatreisen zu verbinden, deutlicher. Dazu kommt noch, daß die Statistik keine Unterscheidung zwischen den verschiedenen Arten des Fremdenverkehrs trifft
und der Geschäftsreiseverkehr ob seiner Relevanz bei betriebswirt-
schaftlichen und geographischen Studien mitbetrachtet werden muß
und auch mitbetrachtet wird.

Weiters verwenden sowohl W. Hunziker u. K. Krapf als auch die
AIEST die Bezeichnung „Ortsfremder", was heute als prekär angespro-
chen werden muß, da nur vage Vorstellungen herrschen, wie lange eine
Person „ortsfremd" ist. Man denke in diesem Zusammenhang an die
„Zweitwohnsitzler", ein Problem, worauf auch schon an anderer Stelle
hingewiesen worden ist (K. Ruppert u. J. Maier 1969, u. a.).

Die Beiträge von geographischer Seite (H. Poser 1939; F. Jülg 1965)
hatten naturgemäß nicht mit der nationalökonomisch beeinflußten
„Konsumorientiertheit" zu kämpfen, verwendeten jedoch ebenfalls die
Bezeichnungen „Fremder" bzw. „Ortsfremder".

Angesichts dieser Situation hat der Präsident der AIEST, H. Hunziker, bereits 1970 in einem Vorwort der AIEST-Publikation über den
›Kongreßtourismus‹ auf die Notwendigkeit ausdrücklich hingewiesen,
die Definition des Fremdenverkehrs zu überdenken und eine Formel zu
finden, welche den Geschäftsreiseverkehr berücksichtigt. Trotz der seit
einigen Jahren andauernden Bemühungen der AIEST, eine neue, der
Gegenwart adäquate Definition zu finden, konzentrierte sich die Diskussion beim Forumsgespräch Definition Tourismus im Rahmen des
4. Europäischen Seminars für Tourismus in Badgastein 1971 (Bundeskammer der Gewerblichen Wirtschaft, Sektion Fremdenverkehr) auf
zwei Vorschläge, bei denen die orthodoxe Konsumorientiertheit noch
stark anklingt:

„Der Begriff Fremdenverkehr umfaßt die Beziehungen und Leistungen, die sich aus zeitweiliger konsumorientierter (Der Ausdruck steht
lediglich als Abgrenzung gegenüber dem ausschließenden reinen Geschäftsreiseverkehr. Bei diesem stehen berufliche und geschäftliche
Aspekte im Vordergrund. Beruflich motivierte Reisen und Aufenthalte,

wie etwa die Kongreßteilnahme, sollen dagegen nicht ausgeschaltet werden) Ortsveränderung ergeben und zu der Durchführung erforderlich sind" (P. Bernecker).

„Fremdenverkehr ist der Inbegriff der Beziehungen und Erscheinungen (Es handelt sich dabei um wirtschaftliche, gesellschaftliche und auch emotionelle Beziehungen und Erscheinungen unter Einschluß von Aspekten der Freizeitgestaltung, der Gesundheitserhaltung oder Wiederherstellung und der zwischenmenschlichen Begegnungen sowie der Wahrnehmung von Bildungsmöglichkeiten im Zusammenhang mit Ausflug, Reise und Aufenthalt nicht ortsansässiger Personen), die sich aus der temporären Ortsveränderung von Personen ergeben, sofern damit keine dauernde oder zeitweilige hauptsächliche Erwerbstätigkeit verbunden wird" (G. Zedek).

Dagegen wurden zu Beginn des Jahres 1971 unabhängig voneinander von betriebswirtschaftlicher und geographischer Seite zwei Definitionen praxisnahe und großzügig konzipiert. Das Resultat einer Diskussion im Rahmen des Seminars für Fremdenverkehr an der Hochschule St. Gallen (C. Kaspar 1971) bildet die „St. Galler Definition":

Fremdenverkehr oder Tourismus stellt die Gesamtheit der Beziehungen und Erscheinungen dar, die sich aus der Reise und dem Aufenthalt von Personen ergeben, für die der Aufenthaltsort weder hauptsächlicher Wohn- oder Arbeitsort ist.

Der Verfasser formulierte 1971 als Ergebnis seiner fremdenverkehrsgeographischen Arbeiten im Rahmen des Sozial- und Wirtschaftswissenschaftlichen Forschungsinstituts der Universität des Oranje-Freistaates die Definition des Fremdenverkehrs folgendermaßen, wobei der Faktor Raum stärker akzentuiert worden ist:

Fremdenverkehr ist der Inbegriff der Wechselbeziehungen und Wechselwirkungen zwischen Personen, die andernorts ihren Hauptwohnsitz sowie ihre Haupteinkommensquelle haben, und ihrer neuen Umgebung.

Diese zwei Formulierungen enthalten nun nicht mehr den unbehaglichen Begriff des „Ortsfremden" und verzichten auch auf die belastende „Konsumorientiertheit", d. h., sie schließen den Geschäftsreiseverkehr in ihre Betrachtungen mit ein. Obwohl die beiden eben zitierten Definitionen von verschiedenen Wissenschaftszweigen formuliert worden sind, weisen sie eine weitgehende Übereinstimmung auf. Sie sind daher eine prädestinierte Basis für eine fruchtbare Diskussion und Zusammenarbeit mit dem Ziel, eine für beide Seiten akzeptable und interdisziplinäre Definition des Fremdenverkehrs zu schaffen.

Literatur

Bernecker, P., Geographie und Fremdenverkehr. – In: Beiträge zur Raumforschung. Festschrift zum 60. Geburtstag von Hans Bobek. Schriftenreihe der Österreichischen Gesellschaft zur Förderung von Landesforschung und Landesplanung, 2, Wien 1964, S. 65–69.

Bundeskammer der Gewerblichen Wirtschaft, Sektion Fremdenverkehr (Hrsg.), 3. Europäisches Seminar für Tourismus, Badgastein 23.–26. März 1970 und 4. Europäisches Seminar für Tourismus, Badgastein 22.–25. März 1971, Wien o. J.

Hunziker, W., u. Krapf, K., Grundriß der allgemeinen Fremdenverkehrslehre, Zürich 1942 (Schriften des Seminars für Fremdenverkehr der Handels-Hochschule St. Gallen, 1).

Hunziker, W., Préface. Le Tourisme de Congrès, Bern 1970 (Publications de l'AIEST, 10), S. 5–6.

Jülg, F., Praktische Hinweise für wissenschaftliche Arbeiten in der Fremdenverkehrsgeographie. – In: Festschrift Leopold G. Scheidl zum 60. Geburtstag, Bd. I. Wiener Geographische Schriften, 18–23, Wien 1965, S. 56–67.

Kaspar, C., Beiträge zur Diskussion über den Fremdenverkehrsbegriff. Gedanken zu einer neuen Fremdenverkehrsdefinition. – In: Zeitschrift für Fremdenverkehr, 26, Bern 1971, S. 49–51.

Pfister, B., Zum Geleit. – In: F. Geigant: Die Standorte des Fremdenverkehrs, München 1962 (Schriftenreihe des Deutschen Wirtschaftswissenschaftlichen Instituts für Fremdenverkehr an der Universität München, 17).

Poser, H., Geographische Studien über den Fremdenverkehr im Riesengebirge. Ein Beitrag zur geographischen Betrachtung des Fremdenverkehrs, Göttingen 1939 (Abhandlungen der Gesellschaft der Wissenschaften zu Göttingen, Math.-phys. Kl., 3/20).

Ruppert, K., u. Maier, J., Geographie und Fremdenverkehr. – In: Wissenschaftliche Aspekte des Fremdenverkehrs. Veröffentlichungen der Akademie für Raumforschung und Landesplanung, Forschungs- und Sitzungsberichte, 53 (Raum- und Fremdenverkehr 1) (1969), S. 89–101.

Schadlbauer, F. G., Generalplan für die Entwicklung des Fremdenverkehrs im südöstlichen Oranje-Freistaat und in der nordöstlichen Kapprovinz (Diplomarbeit). U. O. V. S., Bloemfontein 1971.

Ders., Die Toerisme Potensiaal van die Hoër-Oranjestreek. ISEN, U. O. V. S., Bloemfontein 1972.

Schmidhauser, H. P., Diskussionsbeitrag zur neuen Fremdenverkehrsdefinition. – In: Zeitschrift für Fremdenverkehr, 26 (1971), S. 51–54.

Geographische Rundschau, 27. Jg., 1975, H. 1, S. 1–6.

ZUR STELLUNG UND GLIEDERUNG EINER ALLGEMEINEN GEOGRAPHIE DES FREIZEITVERHALTENS

Von Karl Ruppert

Nachdem die geographische Wissenschaft lange Zeit – von einzelnen Ausnahmen abgesehen – eine gewisse Abstinenz gegenüber der Beschäftigung mit Problemen der Raumwirksamkeit freizeitorientierter Verhaltensweisen menschlicher Gruppen und Gesellschaften an den Tag gelegt hat, wurden in letzter Zeit immer häufiger Arbeiten publiziert, die einen Beitrag zur Schließung dieser Lücke leisten. Es erscheint daher angebracht, einmal zu diskutieren, wo diese Studien – sofern sie nicht ausschließlich regionalbezogen sind – ihren Platz in einer Allgemeinen Geographie haben und wie eine inhaltsgerechte Gliederung aufgebaut sein könnte.

Freizeitverhalten als Grundfunktion menschlicher Daseinsäußerung

Gemeinsam mit F. Schaffer wurden 1969 an dieser Stelle Gedanken zur sozialgeographischen Konzeption als Fortführung vieler schon vorliegender Ansätze (u. a. Bobek, Hartke usw.) erläutert. Innerhalb dieser Konzeption spielte die Tatsache eine wichtige Rolle, daß Beobachtung und Analyse raumrelevanter gruppentypischer Verhaltensweisen für die Geographie von besonderer Bedeutung sind. Diese lassen sich unter Berücksichtigung ihrer Ansprüche an den Raum, aber auch nach ihrer zeitlichen Ausübung sogenannten Grundfunktionen (Partzsch 1966)[1] zuordnen, deren Träger menschliche Gruppen oder Gesellschaften sind.

---

[1] Dort „Grunddaseinsfunktionen", später (2. Aufl.) „Daseinsgrundfunktionen"; hier der Einfachheit halber „Grundfunktionen".

Innerhalb des Spektrums dieser Grundfunktionen wird in unserer derzeitigen gesellschaftlichen Situation auch das „Freizeitverhalten" gleichberechtigt aufgeführt. Konsequenterweise werden dann auch die von dieser Grundfunktion gestalteten räumlichen Organisationsformen und raumwirksamen Prozesse in einer „Geographie des Freizeitverhaltens" betrachtet (Ruppert und Maier 1970; Ruppert 1973).

Der Beleg für die Einordnung des Freizeitverhaltens als Grundfunktion läßt sich auf verschiedene Weise führen. Der fachspezifische Blick führt den Geographen auf die räumlichen Auswirkungen des Freizeitverhaltens, wie sie uns aus den Studien über den Fremdenverkehr in vielfältiger Weise bekannt sind und z. B. in den Arbeiten über die Typisierung von Fremdenverkehrsgemeinden, das Studium der Ferienzentren, der Prozeßabläufe im Naherholungsverkehr, in den städtischen Freizeiteinrichtungen, kurz in der Betrachtung der mannigfachen Aufgaben des Raumes für den Freizeitsektor begegnen. Eine Berechnung der Größe von Nutzungsflächen für Freizeitaktivitäten für größere Gebiete begegnet allerdings bei dem derzeitigen Erhebungsrahmen der Statistik noch einigen Schwierigkeiten trotz zahlreicher Ansätze in der Literatur. Immerhin hat sich inzwischen die Erkenntnis durchgesetzt, daß die Ausübung von Freizeitaktivitäten eine echte Landnutzung darstellt (Simmons 1967, S. 183 ff.).

Ein weiterer Sachverhalt spricht für den Charakter des Freizeitverhaltens als Grundfunktion: Der stetig wachsende Anteil der Freizeit am Zeithaushalt. Er wird durch zahlreiche Studien nachgewiesen. Fourastié (1966) verweist darauf, daß 1880 die Arbeit noch 43 % des Zeithaushaltes in Anspruch nahm, während dieser Anteil bis 1970 auf 24 % absank und um die Mitte des nächsten Jahrhunderts angeblich auf 18 % schrumpfen soll. Abgesehen von dieser mehr als gewagten Prognose wird jedoch deutlich, daß bei gleichbleibender Rüst- und Schlafzeit die Freizeit[2] stark angewachsen ist. Die Ende des 19. Jahrhunderts noch üblichen 13 und 15 Stunden Arbeit pro Tag, d. h. über 4000 Arbeitsstunden pro Jahr, stehen einer heutigen Arbeitszeit von etwa 1900

---

[2] Der Begriff Freizeit wird hier rein formal gebraucht und dem aus geographischer Sicht – selbst für den Mediziner ist dies schwierig – nicht definierbaren Begriff der Erholung vorgezogen. Ergebnisse und Forschungen über das Freizeitverhalten. Herausgegeben vom Bayer. Staatsministerium für Landesentwicklung und Umweltfragen; Rosenheim 1973, S. 9 ff.

Stunden (›Statistisches Jahrbuch der BRD 1971‹) gegenüber. Rechnet
man die Tages-, Wochenend- und Urlaubszeit zusammen (›Ergebnisse
und Forschungen über das Freizeitverhalten‹ 1973, S. 9 ff.), so ergeben
sich bereits 1960 Stunden Freizeit für die Gegenwart, und der Trend
spricht nicht gegen eine weitere Ausdehnung. Einen Hinweis für die
steigende Bedeutung des Freizeitverhaltens findet man auch in der Entwicklung der Ausgabenstrukturen der Haushalte. In allen hochentwik-
kelten Ländern ist feststellbar, daß in den Haushaltsrechnungen der
Anteil für Freizeitaufwendungen im Steigen begriffen ist. „So hat
beispielsweise in Amerika der Anteil der Ausgaben für Freizeit an den
persönlichen Konsumausgaben von 6,3% im Jahre 1961 auf 7% im
Jahre 1971 zugenommen" (Keller 1972, S. 20).

Die Freizeit als soziales Phänomen ist ursächlich mit der Entwicklung
der Industriegesellschaft verbunden. Aus dieser Tatsache resultiert, daß
innerhalb der Agrargesellschaft eine Grundfunktion Freizeitverhalten
nicht existierte. Erst als sie sich mit der Industrialisierung als massenstatistisch erfaßbares Phänomen entwickelte, konnte der Charakter als
Grundfunktion und damit auch aus geographischer Sicht die weitverbreitete Raumwirksamkeit deutlich werden.

Von der Fremdenverkehrsgeographie zur Geographie
des Freizeitverhaltens

Trotz des eingangs zitierten Mangels an geographischen Studien, die
sich mit den räumlichen Auswirkungen des Freizeitverhaltens befassen,
gab es doch auch im vergangenen Jahrhundert schon Studien, die dem
Fremdenverkehr besondere Aufmerksamkeit widmen (Samolewitz
1958), und Hettner (1902) befaßte sich zu Beginn dieses Jahrhunderts in
seiner Abhandlung über ›Die wirtschaftlichen Typen der Ansiedelun-
gen‹ auch mit den Auswirkungen des Fremdenverkehrs. Eine genauere
Lektüre älterer Arbeiten läßt allerdings den Eindruck entstehen, daß der
Geograph vielfach zufällig auch den Fremdenverkehr in einigen Orten
entdeckte und dann auch mitbehandelte. Ein systematischer Einbau in
geographische Studien erschien damals noch nicht notwendig. Größeres Interesse für den Fremdenverkehr fand man relativ früh von der
wirtschaftlichen Seite her, wie z. B. Brougier in seiner Publikation ›Die

Bedeutung des Fremdenverkehrs für Bayern‹ aus dem Jahre 1902 zeigt. Schon damals findet sich auch ein beachtenswerter Hinweis auf die grundsätzliche Bedeutsamkeit des Fremdenverkehrs, wenn es heißt, die Erholung ist „. . . dem Großstädter geradezu zu einem unabweisbaren, jährlich wiederkehrenden Lebensbedürfnis geworden". Auch seine übrigen Darlegungen über die Steigerung der Bodenpreise in den Fremdenverkehrsorten, im wesentlichen dem ökonomischen Aspekt gewidmet, oder über die Multiplikatorwirkung des Fremdenverkehrs unter Darlegung monetärer Erwägungen für die Münchner Hotellerie wirken noch heute sehr aktuell. Ohne hier gründlicher auf die historische Entwicklung einer geographischen Betrachtung des Fremdenverkehrs eingehen zu wollen, sei doch darauf verwiesen, daß der Begriff „Fremdenverkehrsgeographie" – wenn wir Samolewitz folgen – erstmals von J. Stradner 1905 verwandt wurde. Die Behandlung der geographischen Bedingungen für den Fremdenverkehr sowie der Entwurf von entsprechenden Karten über Fremdenverkehrsgebiete waren die besonderen Anliegen, eine typische Auffassung der beziehungswissenschaftlichen Phase wissenschaftsgeschichtlicher Entwicklung.

Von besonderem Wert erscheint dann die 1919 in Wien erschienene Dissertation von K. Sputz, wo erstmals auch intensiver die Verhaltensweisen der Fremden selbst und ihr Einfluß auf die Gestaltung des Raumes als Studienobjekt dargestellt werden. Leider blieb diese Studie jedoch ohne größere Breitenwirkung in der Literatur. Als weiterer Markstein der Fremdenverkehrsgeographie ist dann die Studie von Poser (1939) zu nennen. Sowohl Fragestellung als auch Methodik waren bis in die jüngste Zeit hinein wegweisend für zahlreiche Schülerarbeiten. Deutlich zeigt sich hier der Fortschritt gegenüber den älteren, rein beschreibenden Untersuchungen, mit stark statistischer Ausrichtung, unter deutlicher Hinwendung zur zentralen Stellung der Landschaft innerhalb der Fremdenverkehrsgeographie. Das Fremdenverkehrsgebiet wird als Sondertyp der Kulturlandschaft gleichberechtigt neben das Agrar- oder Industriegebiet gestellt. Besondere Aufmerksamkeit erfuhr die Physiognomie der Fremdenverkehrslandschaft.

Nach der durch den Zweiten Weltkrieg hervorgerufenen Zwangspause knüpften dann Arbeiten von Jäger (1953), Christaller (1955), Hahn (1958), Klöpper (1965), Voigt (1973), Weber (1958) u. a. in den fünfziger Jahren an frühere Arbeiten an.

Mit der Ausweitung des Fremdenverkehrs zur Massenerscheinung,
mehr noch mit der Entstehung neuer Freizeitaktivitäten wurde dann
sehr bald deutlich, daß der Terminus „Fremdenverkehr" in seiner gän-
gigen Interpretation immer fragwürdiger wurde, da er nur einen Teilaspekt der Freizeitverhaltensweisen abdeckte. Auch der Versuch, den
Begriff „Tourismus" stellvertretend einzusetzen, mußte zwangsläufig
Schiffbruch erleiden. Kaum war es möglich, die Problematik von Naherholung, das gesamte Spektrum der Freizeitinfrastruktur (Freizeitwohnsitze, Parahotellerie usw.) unter diese Begriffe zu subsumieren. So
nimmt es auch nicht wunder, daß das von einer Jury des „Internationalen Zentrums für die Touristik-Fachpresse" in Rom verkündete Preis-
ausschreiben zur Gewinnung eines neuen klaren Begriffes zur Abdek-
kung aller Vorgänge, die in dem problematischen Tourismusbegriff zusammengefaßt sind, keine annehmbare Lösung erbrachte und auch die
Wiederholung des Preisausschreibens 1973 ergebnislos verlief. Inzwischen änderte auch das Statistische Bundesamt seine „Fremdenverkehrsstatistik" in „Reiseverkehrsstatistik" – eine Hinwendung zum
traditionell betonten Verkehrsvorgang oder Zeichen terminologischer
Unsicherheit?

Die wachsende Raumwirksamkeit des Naherholungsverkehrs, die
steigenden Anforderungen an Freizeiteinrichtungen in den Städten,
gerade aber die regionale Überlagerung der verschiedenen Freizeitaktivitäten im Raum machten es immer schwieriger, das Faktum des Fremdenverkehrs gerade im Hinblick auf die räumlichen und die gesellschaftlichen Zusammenhänge isoliert zu betrachten. Erst durch die Einordnung des Fremdenverkehrs in den Gesamtbereich Freizeitverhalten und
erst durch die Integration des Freizeitverhaltens in das Schema der
Grundfunktionen ergibt sich eine Ordnung, die Freizeitverhaltensweisen neben anderen Grundfunktionen als strukturwirksame und steu-
ernde Momente des „Prozeßfeldes Landschaft" (Ruppert 1968,
S. 171 ff.) bei der Gestaltung räumlicher Organisationsformen und
raumwirksamer Prozesse erkennen läßt. Damit ist auch gleichzeitig der
Platz einer Geographie des Freizeitverhaltens im sozialgeographischen
Konzept fixiert.

Gliederungsversuche

Die Vielfalt der Freizeitaktivitäten und die dadurch initiierten Raummuster lassen eine Untergliederung für den Geographen, vor allem im Hinblick auf eine räumliche Ordnung, als notwendig erscheinen. Wenn man versucht, zunächst die Verhaltensweisen zu gruppieren, dann bietet sich eine Vielzahl von Abhängigkeitsrelationen an. Einige seien hier genannt: Einkommen – Sozialstruktur – Urbanisierungsgrad – Entfernung vom Wohnort – verfügbare Freizeit – Ausstattung des Zielraumes – Mode – Prestige usw.

Aus der geographischen Perspektive ergibt sich aus der Projektion des Zeitaufwandes für einzelne Freizeitaktivitäten in den Raum eine Dreigliederung, die in den meisten Fällen auch durch distanzielle Unterschiede zum Hauptwohnsitz gekennzeichnet ist, ohne frei von räumlichen Überlegungen zu sein. Man kann unter Zugrundelegung von kurzfristigem (bis zu mehreren Stunden), von mittelfristigem (halbtags, tageweise und Wochenende), von längerfristigem (bis zu mehreren Wochen) Zeitaufwand zur räumlichen Gliederung fortschreiten in:

1. Freizeitverhalten im Wohnumfeld
2. Freizeitverhalten im Naherholungsraum
3. Freizeitverhalten im Fremdenverkehrsraum (längerfristiger Reiseverkehr).

Innerhalb dieser Dreigliederung werden dann als nächst wichtige Gesichtspunkte die Angebots- und Nachfrageseiten im weitesten Sinne des Wortes, sowohl was die strukturale als auch die prozessuale Komponente anbelangt, der weiteren Untergliederung dienen. Innerhalb dieses Rahmens werden dann als weitere Unterpunkte z. B. die verschiedensten Kultur- und Naturraumpotentiale und ihre Eignung, Infrastrukturmuster, Freizeitaktivitäten und ihre Träger, Herkunftsgebiete usw. erfaßt. Aus geographischer Sicht steht dabei die räumliche Organisationsform im Mittelpunkt, nicht die Erforschung der Freizeitaktivität, obgleich sich beides natürlich nur schwer voneinander trennen läßt. Die Untergliederung in die drei Teilräume ist naturgemäß nicht frei von Überschneidungen. Die Verbindung von räumlich-zeitlichen Kriterien zur Abgrenzung erscheint jedoch auch in bezug auf zahlreiche weitere Komponentenbeziehungen zweckdienlich, z. B. bezüglich des Charakters der Freizeitwohnsitze, und besitzt deutliche geographische Relevanz. Die Erfassung der Kapazitäten-Reichweiten-Beziehungen stellt dann eine wichtige Aufgabe zur Erkenntnis des Freizeitraumes als eines funktionalen Teilraumes dar.

Überblickt man einmal summarisch die bisherigen Studien und ordnet sie den drei Teilräumen zu, so ist festzustellen, daß die Studien über den längerfristigen Reiseverkehr (Fremdenverkehr) weitaus überwiegen. Die schon seit Jahrzehnten sichtbare landschaftliche Prägung, hohe Beteiligungsintensitäten, beachtliche ökonomische Wirksamkeit und deutliche Verkehrsströme bieten unter anderem die Erklärung für die Bevorzugung der Raumwirksamkeit dieser Freizeitaktivität als Studienobjekt. Detaillierte Studien liegen bis zum Einbau in die Gemeindetypisierung vor (Bobek und Fesl 1968; Ruppert und Maier 1969; Maier 1970; Mariot 1970; Kulinat 1972; Arnberger 1973; mit Beispielen u. a. aus der Bundesrepublik Deutschland, der ČSSR, Österreich und – derzeit in Vorbereitung – aus Jugoslawien).

Erst seit gut einem Jahrzehnt tritt die Behandlung des Naherholungsraumes stärker in den Blickpunkt geographischer Forschung (z. B. Borcherdt 1957). Noch 1969 war es für ein kleines Bearbeiterteam relativ einfach möglich, einen Literaturbericht (Ruppert und Maier 1969) über den Naherholungsverkehr zu geben, der sogar benachbarte Disziplinen einschließen konnte. Heute dürfte dies nur schwer möglich sein. Naherholungsraum und Naherholungsverkehr sind inzwischen als wichtige Bestandteile räumlicher Organisationsformen erkannt und vielfach Gegenstand wissenschaftlicher Untersuchungen geworden.

Besonders selten aber sind aus geographischer Perspektive geschriebene Studien über das Freizeitverhalten im Wohnumfeld. Erst allmählich setzt sich die Erkenntnis durch, daß die Grundfunktion Freizeitverhalten über Strukturmuster verfügt, die auch einen engen Kontakt zur stadtgeographischen Forschung (Maier 1972 und 1975; Solesbury 1972; Vetter 1974; Zsilincsar 1973, S. 97 ff.) erfordern. Der Nachholbedarf erscheint hier besonders hoch. Nachbardisziplinen (z. B. Soziologie, Architektur) und stadtplanerische Studien verfügen bereits über wesentliche Erkenntnisse. In den Niederlanden, in England und in den USA ist das Studium raumwirksamer Freizeitaktivitäten in den Städten schon wesentlich weiter fortgeschritten (Patmore 1970; Heinemeyer 1968; Stansfield 1973). In Anlehnung an den von Gottmann interpretierten Begriff „Megalopolis" wird bereits von „Leisureopolis"

(Stansfield) gesprochen. Zusätzlich ist auch noch die Problematik einer Überlagerung von Freizeitaktivitäten im Wohnumfeld im Fremdenverkehrsraum zu beachten. Allerdings wird auch hier noch das vertiefte Studium innerstädtischer Freizeitbereiche vermißt (Cosgrove und Jackson 1972). Generell ist darauf hinzuweisen, daß die Auffassung „Sozialgeographische Gruppen sind die Träger der Freizeitaktivitäten und die Gestalter des Raumes" zu einer noch engeren Betrachtung der Beziehungen zwischen Herkunfts- und Zielgebiet führen wird, wie dies z. B. schon bei den Freizeitwohnsitzen geschieht (Ruppert 1974).

Eine etwas andere, aber doch vergleichbare theoretische Gliederung räumlicher Muster von Freizeitaktivitäten gibt Mercer im Anschluß an eine Hypothese des California Public Outdoor Recreation Plan Committee. Er postuliert um einen städtischen Kern kreisringförmige Zonen für den Tagesausflug (65 bis 80 km Radius), Wochenendverkehr (über 300 km Radius) und die darüber hinausreichenden Ferienreisen. Abgesehen von den für die USA, aber auch für Australien bekannten großen Distanzen, z. B. im Naherholungsverkehr, ist diese klare Trennung der einzelnen Teilräume nicht haltbar. Das Modell muß um die Möglichkeiten der räumlichen Überlagerung verschiedener Aktivitätsräume erweitert werden.

Daneben gibt es selbstverständlich weitere Gliederungsmöglichkeiten, die den räumlichen Gesichtspunkt in anderer Weise zum Ausdruck bringen (›Stichting recreatie . . .‹ 1973; Jacob 1968). So wird in der niederländischen Literatur häufig eine Gliederung der „Recreatievorm" nach Openlucht- und Niet-openluchtrecreatie vorgenommen – vergleichbar der outdoor und indoor recreation im englischen Sprachbereich –, wobei sich die Autoren durchaus der Problematik des Erholungsbegriffes bewußt sind. Ein weiterer Untergliederungspunkt unterscheidet dann noch nach dem Aufenthalt im privaten Bereich (im Garten oder im Haus) und nach dem Aufenthalt auf öffentlichem Gelände bzw. in öffentlichen Gebäuden. Diese Aufgliederung wird dann fortgesetzt durch Angaben über die Lage dieser Lokalitäten innerhalb oder außerhalb des Wohngebietes. Diese Aufteilung mag sinnvoll erscheinen, wenn man die Aktivitäten in den Mittelpunkt der Betrachtung stellt. Für eine geographische Betrachtung erscheint sie jedoch weniger geeignet, da sie nur in der letzten Gliederungsstufe zu einer echten räumlichen Differenzierung führt. Auch verbinden gerade die immer mehr in den Vordergrund tretenden Freizeitzentren die „indoor"- und die „outdoor"-Aktivitäten in unmittelbarer Nachbarschaft. Die stärkere Betonung stadtgeographischer Forschungen innerhalb der Geographie wird im übrigen das Studium des raumwirksamen Freizeitverhaltens unter dem Aspekt des Intensitätsgefälles urbaner Felder sehen, wie das z. B. in den Niederlanden geschieht. So werden Quellgebietsstudien auch in der Geographie des Freizeitverhaltens häufiger werden und die Überbetonung des „ländlichen Raumes" zurücktreten lassen. Dabei soll jedoch ausdrücklich darauf hingewiesen werden, daß auch dieser Bereich Quellgebiet raumwirksamer Freizeitverhaltensweisen sein kann mit z. T. beachtlichen Beteiligungsintensitäten (Maier und Ruppert 1973).

Die Geographie des Freizeitverhaltens als Angewandte Geographie

Die Behandlung der eingangs präzisierten Fragestellung ist für die Systematik der Geographie wichtig, aber sie darf nicht Selbstzweck sein. Der Einbau fremdenverkehrsgeographischer Studien in die regionale Betrachtung ist vielfach belegt und eine Selbstverständlichkeit. Lesenswerte Arbeiten sind in dieser Beziehung unter anderem auch von französischen Geographen vorgelegt[3] worden. Besondere Bedeutung aber hat das Studium des Freizeitverhaltens aus geographischer Perspektive für die Angewandte Geographie bzw. für die Raumplanung. Hier ist auch ein enger Kontakt zur Physischen Geographie notwendig, und zwar gerade zu ihrem anwendungsorientierten Zweig. Die Darlegung des natürlichen Potentials in seiner Bedeutung für Freizeitaktivitäten wie andererseits auch deren Einflüsse auf die natürlichen Gegebenheiten bedarf eines dringenden Studiums (z. B. Rodgers; Patmore; Gittins und Tanner 1973), und auch großmaßstäbliche geomorphologische Karten z. B. können wertvolle Dienste bei der Planung von Freizeiträumen lie-

---

[3] Aus der Vielzahl seien hier nur genannt: F. Cribier, La grande migration d'été des citadins en France, Paris 1969 (Mem. et Doc., CNRS). Einen guten Einblick in die Verknüpfung regionaler Fragestellungen mit Problemen des Tourismus gibt der Bericht eines 1963 in Paris abgehaltenen Kolloquiums: Géographie et Tourisme, Paris 1964.

fern. Auch die Problematik der Gebietsgliederung im Freizeitraum gewinnt neuerlich deutlichere Konturen. Dabei wird bestenfalls bei einer großräumlich orientierten Studie die naturräumliche Gliederung noch Pate stehen können und hier nur sehr bedingt. Bei planungsrelevanten, kleinräumlichen Arbeiten mag eine Gebietsabgrenzung nur sinnvoll erscheinen, wenn sie aus der Grundfunktion Freizeitverhalten Verflechtungen ableitet. Gebietseinheiten werden daher als Kapazitäten-Reichweiten-Systeme verstanden, deren Struktur- und Prozeßmuster durch funktionale Verflechtungen gekennzeichnet sind, die durch Aktivitäten innerhalb der Grundfunktion Freizeitverhalten bestimmt werden. Andererseits wird die Kenntnis der beteiligten Sozialgruppen, der Distanz- und Strukturmuster den Sozialgeographen zur aktiven Mitarbeit an den verschiedensten Planungsvorhaben im Freizeitraum befähigen, ohne daß eine fachisolierte Betrachtung die notwendige Interdisziplinarität ersetzen könnte. Die Beteiligung an verschiedenen Freizeitaktivitäten hat in einzelnen Ländern schon beträchtlich hohe Werte erreicht. In der Bundesrepublik beteiligen sich über 40 % der Bevölkerung an mindestens einer mehr als fünftägigen Ferienreise, über 30 % der Bevölkerung unserer Großstädte nimmt regelmäßig am Naherholungsverkehr teil, d. h. mindestens einmal im Monat, und am größten ist der Freizeitanteil, der im Wohnumfeld verbracht wird. Die „New Migration", wie R. I. Wolfe (1966) den Erholungsreiseverkehr einmal nannte, ist zu einem (nicht nur saisonal) bestimmenden Bewegungsvorgang geworden. Ferienzentren (Maier 1974; Uthoff 1974), Pensionistensiedlungen (Pötke 1972) usw. bilden als Formen des freizeitorientierten Angebotes neue Strukturmuster im Raum. Die Existenz hierarchischer Strukturen der Freizeitzentren in der räumlichen Ordnung ist in Ansätzen erkennbar (Turobin 1974). Freizeitwohnsitze werden Indikatoren fortschreitender Urbanisierung (Paesler 1974). Die Auswirkungen des Freizeitverhaltens tragen zur Integration urbaner Intensitätsfelder bei. Eine Diskussion der Raumstruktur bleibt ohne die Einbeziehung der Grundfunktion Freizeitverhalten unvollständig.

Auch die öffentliche Hand muß neue Aufgaben übernehmen. Die Förderung von Angeboten für die Freizeitgestaltung wird zu einer Aufgabe der Bundesländer. Diskussionen räumlicher Voraussetzungen für die Freizeitgestaltung gehen in die Zielsetzung der Raumordnung (vgl. ›Raumordnungsbericht 1972 der Bundesregierung, Drucksache VI,

3793‹) ein. Kein Landesentwicklungsprogramm übersieht die Förderung der Freizeitaktivitäten. Spezielle Förderprogramme – z. B. Programm „Freizeit und Erholung" in Bayern – widmen sich mit beträchtlichen finanziellen Mitteln diesem Problemkreis. Die Freizeitpolitik wird zum Diskussionsgegenstand des Deutschen Bundestages.[4] Der Freizeitwert eines Raumes wird zum attraktiven Standortfaktor. Die Raumansprüche des Freizeitverhaltens bleiben nicht ohne Rückwirkung auf andere Wirtschaftsbereiche.[5]

In der wissenschaftlichen Geographie aber ist in konsequenter Fortentwicklung an die Stelle der Fremdenverkehrsgeographie die Geographie des Freizeitverhaltens getreten.

Literatur

Arnberger, E.: Typen des Fremdenverkehrs und ihre Darstellung in Karten; Untersuchungen zur them. Kartographie, Hannover 1973, S. 85 ff. (3. Teil, Forschungs- und Sitzungsberichte).

Bobek, H., u. M. Fesl: Karte Fremdenverkehr. – In: Österreich-Atlas, 4. Lfg., Wien 1968.

Borcherdt, Chr.: Die Wohn- und Ausflugsgebiete in der Umgebung Münchens, eine sozialgeographische Skizze. – In: Ber. z. dt. Lkd., 2/1957, S. 181–187.

Brougier, A.: Die Bedeutung des Fremdenverkehrs für Bayern, München 1902.

Christaller, W.: Beiträge zu einer Geographie des Fremdenverkehrs. – In: Erdkunde, 1/1955, S. 1 ff.

Cosgrove, I., u. R. Jackson: The geography of recreation and leisure; London 1972.

Cribier, F.: La grande migration d'été des citadins en France; Mem. et Doc., CNRS; Paris 1969.

Fourastié, J.: Die 40 000 Stunden, Wien 1966.

Hahn, H.: Die Erholungsgebiete der Bundesrepublik, 1958 (Bonner Geogr. Abhandlungen, Heft 25).

Heinemeyer, W. F.: De Amsterdamse binnenstad als centrum van attractie. – In: Het Centrum van Amsterdam, Amsterdam 1968, S. 32 ff.

[4] Vgl. Drucksache 7/1948, vom 2. 4. 1974.

[5] Vgl. dazu auch die Ergebnisse eines geographischen Geländepraktikums, das unter der Leitung von H.-G. Wagner auf der Nordseeinsel Föhr durchgeführt wurde (Schriften des Geogr. Instituts der Universität Kiel, Bd. 37, 1971).

Hettner, A.: Die wirtschaftlichen Typen der Ansiedlungen. – In: Geographische Zeitschrift, 8, 1902, S. 96.

Jacob, G.: Modell zur regionalen Geographie des Fremdenverkehrs. – In: Geographische Berichte, 46, 1, Leipzig 1968, S. 51 ff.

Jäger, H.: Der kulturgeographische Strukturwandel des Kleinen Walsertales; MGH, Heft 1, 1953.

Keller, A.: Der Einfluß der Freizeit auf den Bodenbedarf. – In: Diplomarbeiten der Hochschule St. Gallen auf dem Gebiete des Fremdenverkehrs 1969–1971, Sonderreihe 1/1972, S. 20.

Klöpper, R.: Das Erholungswesen als Bestandteil der Raumordnung und als Aufgabe der Raumforschung. – In: Raumforschung und Raumordnung, 13/1965, S. 209 ff.

Ders.: Zur quantitativen Erfassung räumlicher Phänomene der Kurzerholung. – In: Gött. Geogr. Abh., 60, 1972, S. 539 ff.

Kulinat, K.: Die Typisierung von Fremdenverkehrsorten. – In: Göttinger Geogr. Abh., 60, 1972, S. 521 ff.

Maier, J.: Probleme und Methoden zur sozialgeographischen Charakterisierung und Typisierung von Fremdenverkehrsgemeinden. – In: Geogr. Papers, 1, Zagreb 1970, S. 145 ff.

Ders.: München als Fremdenverkehrsstadt. Geographische Aspekte des Freizeitverhaltens in einer Großstadt. – In: Mitt. Geogr. Ges. München, 1972, S. 51 ff.

Ders.: Die Ferienzentren im Bayerischen Wald als neue Prozeßelemente der Kulturlandschaft. – In: Mitt. Geogr. Ges. München 1974, S. 147 ff.

Ders.: Die Stadt als Freizeitraum. Ansätze für eine Analyse innerstädtischer Freizeiteinrichtungen in München. – In: Geogr. Rundschau, 1975, S. 7 ff.

Maier, J., u. K. Ruppert: Zur Naherholung der Bevölkerung im Fremdenverkehrsgebiet – ein Beitrag zu einer Allgemeinen Geographie des Freizeitverhaltens. – In: Informationen, 17/1973, S. 383 ff.

Mariot, P.: Probleme der Typisierung von Fremdenverkehrsorten in der ČSSR. – In: Münchner Studien zur Wirtschafts- und Sozialgeographie, Bd. 6, S. 37 ff.

Mercer, D. C.: The Geography of Leisure – A Contemporary Growth-Point. – In: Geography, 1970, Bd. 55, S. 261 ff.

Partzsch, D.: Stichwort „Funktionsgesellschaft" und „Daseinsgrundfunktionen". – In: Handwörterbuch für Raumforschung und Raumordnung, Hannover 1970, 2. Aufl., Sp. 864 bzw. 424.

Paesler, R.: Urbanisierung als sozialgeographischer Prozeß, dargestellt am Beispiel südbayerischer Regionen, München 1974 (Diss.).

Patmore, J. A.: Land and Leisure in England and Wales, London 1970.

Poser, H.: Geographische Studien über den Fremdenverkehr im Riesengebirge. – Göttingen 1939 (Abh. d. Ges. d. Wiss., Göttingen, H. 20).

Pötke, P. M.: Retirement und Tourismus an der Westküste Floridas. – In: Mat. z. Raumordnung, Bd. XIII, Bochum 1972.

Rodgers, H. B., J. A. Patmore, J. W. Gittins u. M. F. Tanner: Recreation and resources. – In: The Geogr. Journal, 3/1973, S. 467–497.

Ruppert, K.: On the conception of a Geography of recreation behavior. – In: International Speleology 1973, Abstracts of Papers, S. 204 ff.

Ders.: Die gruppentypische Reaktionsweite. – In: Zum Standort der Sozialgeographie, MSSW, Bd. 4, Kallmünz 1968, S. 171 ff.

Ders.: Der Freizeitwohnsitz – geographisches Faktum und landesplanerisches Problem. – In: WGI-Berichte zur Regionalforschung, Bd. 11, München 1974.

Ruppert, K., u. J. Maier: Naherholungsraum und Naherholungsverkehr. Ein sozial- und wirtschaftsgeographischer Literaturbericht zum Thema Wochenendtourismus, Starnberg 1969.

Dies.: Geographie und Fremdenverkehr. – In: Forschungs- und Sitzungsberichte, Band 53, Hannover 1969, S. 89 ff.

Dies.: Zur Geographie des Freizeitverhaltens, 1970 (Münchner Studien zur Sozial- und Wirtschaftsgeographie, Bd. 6).

Ruppert, K., u. F. Schaffer: Zur Konzeption der Sozialgeographie. – In: Geogr. Rundschau 1969, S. 205 ff.

Samolewitz, R.: Fremdenverkehr und Geographie. – Münster 1958 (Diss.).

Simmons, G.: „Outdoor recreation as a land use in the USA". – In: TESG 1967, S. 183 ff.

Solesbury, W.: Fremdenverkehrsstadt London. – In: Bauwelt, 47/1972, S. 1792 ff.

Sputz, K.: Die geographischen Bedingungen und Wirkungen des Fremdenverkehrs in Tirol, Wien 1919 (Diss.).

Stansfield, Ch. A.: New Jersey's evolving Leisureopolis, Manuskript Glassboro, New Jersey 1973.

Stichting recreatie: „discussiebijdragen", studie conferentie 6./7. Juni 1973.

Stradner, J.: Der Fremdenverkehr. – Graz 1905, 1. Aufl.

Turobin, L.: Die geographische Bedeutung von Freizeit- und Ferienzentren.– Unveröffentl. Zulassungsarbeit am WGI der Universität München unter Leitung von Prof. Dr. K. Ruppert.

Uthoff, D.: Ferienzentren im Harz. – In: Neues Archiv f. Niedersachsen, 1/1974, S. 1 ff.

Vetter, F.: Le tourisme dans les grandes villes, un exemple: Berlin. – In: Espaces 5–6–7, 1974, S. 31 ff.

Voigt, W.: Die Heilbäder in einer deutschen Landeskunde. – In: Heilbad und Kurort, 5/1973, Heft 10.

Weber, A.: Geographie des Fremdenverkehrs im Fichtelgebirge und Frankenwald. – In: Mitt. Fränk. Geogr. Ges., V, Erlangen 1958, S. 35 ff.

Wolfe, R. I.: Recreational travel: The new migration. – In: Canadian Geographer, 1/1966, S. 1–14.

Zsilincsar, W.: Der Fremdenverkehr in Graz 1972. – In: Mitt. Naturwiss. Verein Steiermark, 1973, S. 97 ff.

Geographisches Taschenbuch und Jahrweiser für Landeskunde 1975/1976, S. 260–271. Steiner, Wiesbaden 1975.

VORSCHLÄGE ZUR TERMINOLOGIE
DER FREMDENVERKEHRSGEOGRAPHIE

Von Jürgen Newig

Ist jemand, der sich an einem landschaftlich reizvollen Ort ein Appartement als Wohneigentum gekauft hat, um dort seinen Urlaub oder sein arbeitsfreies Wochenende zu verbringen, ein Teilnehmer am Fremdenverkehr, also ein Fremder?

Will man diese Frage beantworten, so ist zunächst eine Übereinkunft darüber erforderlich, was „Fremdenverkehr" bzw. „Fremder" bedeutet. Unglücklicherweise gehen die Meinungen weit auseinander, so daß an sich eine ausführliche Erörterung der verschiedenen Auffassungen nötig wäre; sie birgt aber die Gefahr in sich, ins Uferlose zu führen, denn seit R. Samolewitz' umfangreicher Beschäftigung mit dem Schrifttum (1957) hat sich – vor allem aufgrund der durch die Zunahme der privaten Motorisierung stark erhöhten allgemeinen Mobilität – eine veränderte Sachlage ergeben, die die Situation weiter kompliziert. So sei es erlaubt, auf den wenigen zur Verfügung stehenden Seiten im wesentlichen nur zwei Marksteine der neueren fremdenverkehrsgeographischen Literatur zu würdigen und zugleich kritisch zu beleuchten. Es handelt sich um die

– Geographischen Studien über den Fremdenverkehr im Riesengebirge von H. Poser (1939) und

– Zum Standort der Fremdenverkehrsgeographie – Versuch eines Konzepts von K. Ruppert und J. Maier (1970), vorbereitet im Jahre 1969 durch den Aufsatz Geographie und Fremdenverkehr – Skizze eines fremdenverkehrsgeographischen Konzepts von denselben Autoren.

Die naturgemäß subjektive Auswahl mag vertretbar sein, weil Posers Arbeit wegen der Fülle von Anregungen bis heute viel zitiert wird und die Forschungen von Ruppert und Mitarbeitern, insbesondere J. Maier, erstmals (und zwar aufbauend auf Poser) eine neue Konzeption darstellen, die die modernen Strömungen im Tourismus hinreichend berücksichtigt. Poser versteht unter Fremdenverkehr

die lokale oder gebietliche Häufung von Fremden mit einem jeweils vorübergehenden Aufenthalt, der die Summe von Wechselwirkungen zwischen den Fremden einerseits und der ortsansässigen Bevölkerung, dem Orte und der Landschaft andererseits zum Inhalt hat (1939, S. 170).

Außerhalb seiner Definition schließt Poser, indem er sich z. B. ausdrücklich von K. Schneider absetzt, den Geschäfts- und Berufsverkehr in den Fremdenverkehr ein.[1]

Ruppert und Maier knüpfen in ihrer Definition an Poser an und betonen außerdem (unter Berufung auf W. Hunziker und K. Krapf) den Verkehrsvorgang und die Grunddaseinsfunktion „sich erholen". Unverständlich ist, weshalb auch sie den Reiseverkehr aus „dienstlichen oder geschäftlichen Zwecken" einschließen (1970a, S. 13), denn letzterer läßt sich nicht in die Grunddaseinsfunktion einordnen, auf die sie sich beziehen.

Beide neuen Aspekte von Ruppert und Maier sind von großer Bedeutung. Was den Verkehr angeht, so sollte als Mindestentfernung – wie beim Pendeln – die Überschreitung der Gemeindegrenze des Ortes, der als Mittelpunkt der Lebensbeziehungen gilt[2], verlangt werden.

Es muß betont werden, daß die vom Verfasser für wünschenswert gehaltene Gleichgewichtung der Komponenten von Ruppert und Maier nicht intendiert wurde. Es dominiert ganz entschieden die Grunddaseinsfunktion „sich erholen". Wenn man diese Funktion zum Hauptkriterium macht, dann impliziert man aber – worauf Klöpper deutlich hingewiesen hat –, daß auch die „nicht-raumgebundene" Freizeitgestaltung einbezogen werden müßte (1969, S. VII). Letztere kann nach dem Verständnis des Verfassers jedoch kein Gegenstand der Geographie sein. Hinzu kommt, daß der Begriff bereits im medizinischen Sinne festgelegt ist, und zwar bedeutet Erholung „die längere Zeit anhaltende Wiederherstellung normaler Reaktionsabläufe" (Jungmann 1969, S. 29).

---

[1] Er tat das in dem begrüßenswerten Bemühen, jegliche Zweckbestimmung des Fremdenverkehrs zu vermeiden, jedoch kann ihm aus den weiter unten ausgeführten Gründen nicht zugestimmt werden.

[2] In der Regel der Hauptwohnsitz.

Da aber nach Ruppert und Maier (mit Recht) Tagesausflüge, bei denen sich wohl in der Regel kein Erholungseffekt einstellt, zum Fremdenverkehr gerechnet werden und damit unter die Funktion „sich erholen" fallen, entsteht hier ein unangenehmer Widerspruch. Der Erholungsbegriff hat ohnehin in der Terminologie der Fremdenverkehrsgeographie viel Unheil angerichtet, weil er als normative Setzung eine Sollensforderung ausdrückt, anstatt neutrale Deskription zu liefern. Aus diesem Grunde sollten alle mit „Erholung" zusammenhängenden Wortbildungen aus der Terminologie der Fremdenverkehrsgeographie gestrichen werden, sei es der pauschal als „Erholungsuchender" titulierte Reisende, der in Wahrheit oft nur ein Zerstreuungsuchender ist, sei es der „Naherholungsverkehr", der in einigen Fällen schon mit einer Bleivergiftung endete, sei es der „Erholungsverkehr", womit viele Autoren den längerfristigen Aufenthalt meinen, ohne sich offenbar darüber im klaren zu sein, daß dann der zeitlich limitierte Naherholungsverkehr gar kein Erholungsverkehr mehr sein dürfte.

Am Erholungsverkehr läßt sich demonstrieren, was auch für andere noch zu überprüfende Begriffe gilt: daß nämlich mit einem zu engen, d. h. inhaltlich zu stark begrenzten Vokabular gearbeitet wird. Der konkrete Änderungsvorschlag in diesem Falle lautet: Ersatz von „sich erholen" durch: „Freizeit verbringen"[3]. Zur freien Zeit rechnet nach von Blücher, einem der führenden Freizeitsoziologen der Nachkriegszeit, die *reproduktive* Zeit, das ist die Zeit zur Erneuerung geistiger und körperlicher Kräfte und die *verhaltensbeliebige* Zeit, in der man sich ganz nach eigener Initiative betätigen kann. Im Gegensatz dazu steht die *produktive* Zeit, d. h. die mit Berufsarbeit angefüllte Arbeitszeit.

Der Reisende, der Freizeit verbringt, kann sich erholen, sich ablenken oder ablenken lassen oder nützliche Arbeit verrichten, z. B. die Fenster seines Freizeithauses anstreichen – der Freizeitbegriff ist für alle Tätigkeiten offen.

Die sich gleichsam von selbst einstellende Polarität: Arbeitszeit = Zeit der Produktion, Freizeit = Zeit außerhalb der Produktion, führt zu einem weiteren Gedanken, der in Anlehnung an K. Krapf (Der touristische Konsum, 1953) entwickelt wird. Im Gegensatz zur Einkom-

---

[3] Sollte sich die gelegentlich zu hörende Neubildung „freizeiten" durchsetzen, so wäre diese Verbform wohl noch handlicher.

mensproduktion am Arbeitsort ist der Tourist am fremden Ort stets Konsument.[4]

Das konstitutive Merkmal der Fremdenverkehrssubjekte liegt in ihrer Rolle als Konsumenten, liegt im Fehlen der Erwerbsabsicht. (Krapf 1953, S. 23)

Aus diesem Grunde gehört der Berufs- und Geschäftsverkehr nicht zum Tourismus.

Als Zwischenergebnis soll festgehalten werden, daß die Teilnahme am Reiseverkehr und das Verbringen von Freizeit – mit der daraus folgenden Konsumentenrolle[5] – zwei Kriterien sind, die jeden Teilnehmer am Fremdenverkehr auszeichnen.

Greifen wir nun den eingangs konstruierten Fall wieder auf und nehmen wir an, daß der Appartementbesitzer an einem Sonnabend mit seinem Wagen z. B. von Hamburg nach Westerland reist, dort einige Einkäufe tätigt (Bedienung: überwiegend inselfremdes Saisonpersonal oder Selbstbedienung), sich dann in seine Wohnung begibt, abends Bekannte aus Hamburg und Hannover empfängt, die gerade ihren Urlaub in ihrem Freizeithaus auf Sylt verbringen, am nächsten Tag mit ihnen an den unbeaufsichtigten Strand zwischen Rantum und Hörnum fährt und schließlich abends wieder nach Hamburg zurückfährt, dann ist er kaum in Wechselwirkung mit der einheimischen Bevölkerung getreten, jedenfalls nicht in dem umfassenden Sinne, wie Poser es für notwendig hielt. Vor allem sind keine Dienstleistungen im Zusammenhang mit der Übernachtung in Anspruch genommen worden (was für den „klassischen" Fremden Bedingung ist), d. h., es baut sich die sonst stets vorhandene Polarität Fremder (Gast) und Gastgeber gar nicht erst auf.

Die dargestellte Situation, als Beispiel etwas überspitzt formuliert, ist im entscheidenden Punkt durchaus als typisch anzusehen: Die sozialen

---

[4] Auch Poser hat schon – außerhalb seiner Definition – erkannt, daß die Fremden, also das „Mehr von Ortsbevölkerung, das an den Aufenthaltsort nicht beruflich oder allgemeinwirtschaftlich ständig gebunden ist, hier keine Produktion, sondern nur Konsumtion ausübt" (1939, S. 171).

[5] Letztlich ist auch das Verbringen von Freizeit einschließlich der in Anspruch genommenen Leistungen, sei es, daß sie von der Natur, sei es, daß sie von Menschen bereitgestellt werden, eine Form des Konsums, so daß das Freizeitverbringen auch als „Freizeitkonsum" bezeichnet werden kann.

Kontakte am Freizeitort spielen sich im wesentlichen unter den „Auswärtigen" ab und nicht mehr als Wechselwirkung mit der einheimischen Bevölkerung.[6] Was nun die Wechselwirkungen mit dem Raum angeht, so ist der Ausdruck „ortsfremd" nicht mehr treffend,[7] weil der Besitzer einer Freizeitwohnung oder eines Freizeithauses, sei es als Eigentümer oder sei es als Dauermieter, meldepflichtig ist und zur Meldebevölkerung gezählt wird, also Einwohner wird. Wesentlich ist, daß er durch einen Rechtsakt (Kauf oder Dauermiete) seine Absicht zu erkennen gibt, den Freizeitort immer wieder aufzusuchen. Daß er allmählich mit dem Ort und der weiteren Umgebung vertraut wird, so daß auch aus dieser Perspektive das Fremdsein nicht mehr zutrifft, leuchtet ein.

Es gibt also Reisende, die nicht als Fremde bezeichnet und damit nicht zum Fremdenverkehr gerechnet werden können. Ihre besonderen Kennzeichen sind[8]:

- Sie nehmen Wohnsitz an einem Ort außerhalb der Grenzen der Gemeinde, in der sie den Mittelpunkt ihrer Lebensbeziehungen haben.
- Sie besuchen ihren Freizeitort häufiger als die „klassischen" Fremden.
- Sie kommen aus geringerer Entfernung.
- Sie tragen zur Saisonnivellierung bei.
- Sie verfügen über höhere Einkommen als die „klassischen" Fremden.
- Sie beleben Handel und Gewerbe im Freizeitort.

Die subjektive Bewußtseinslage dieser ständig wachsenden Gruppe,

---

[6] Dieser Tatbestand konnte durch eine Umfrage des Verfassers unter Hausverwaltern großer Gebäude mit Eigentums-Freizeitwohnungen in Westerland ermittelt werden.

[7] In diesem Sinne äußern sich auch Ruppert und Maier (1970a, S. 13).

[8] Die folgenden Punkte sind Ergebnisse verschiedener Einzeluntersuchungen, die der Verfasser, vorwiegend im Sommer 1971, in Westerland auf Sylt durchführte. Inwieweit sie auf andere Orte übertragbar sind, müssen entsprechende Untersuchungen erweisen. Die Ergebnisse sind ausführlicher begründet in der als Band 42 der Schriften des Kieler Geographischen Instituts 1974 gedruckten Arbeit über die Entwicklung von Fremdenverkehr und Freizeitwohnwesen in ihren Auswirkungen auf Bad und Stadt Westerland auf Sylt. Dort ist auch das weiter oben abgedruckte Strukturschema zu finden, das hier jedoch erheblich stärker differenziert wurde.

der allein in Westerland über 6000 Betten[9] gehören, spiegelt sich in der Tatsache wider, daß im Jahre 1974 ein „Interessenverband der Nebenwohnungsbesitzer der Insel Sylt" gegründet wurde, der in einem Flugblatt unter anderem die Abschaffung der Kurabgaben für Nebenwohnungsbesitzer und die Zuerkennung des kommunalen Wahlrechts fordert, da sich seine Mitglieder als Westerländer bzw. Sylter fühlten.

Die Angehörigen dieser Gruppe sollen als „Freizeiteinwohner" bezeichnet werden; sie nehmen teil am „Freizeitwohnwesen". Trotz der genannten Unterschiede sind ihnen mit den Fremden die beiden wesentlichen Merkmale: Reiseverkehr und Freizeitkonsum gemeinsam. Es ist nun zwingend erforderlich, einen neuen Begriff zu schaffen, der beide subsumiert. Dazu wird vorgeschlagen, vom „Freizeitreiseverkehr" oder kürzer: „Freizeitverkehr" zu sprechen (Teilnehmer: der „Freizeitreisende"), ein Begriff, der sich gleichsam selbst definiert und sich durch den Ersatz des einengenden „fremd" auch neuen Entwicklungen öffnet. Wenn es gelänge, den international gebräuchlichen Begriff „Tourismus" im hier entwickelten Sinne, d. h. „tour" + Freizeit festzulegen, würde der Verfasser „Tourismus" und „Tourist" gegenüber „Freizeitverkehr" und „Freizeitreisenden" vorziehen.

Zum Freizeitverkehr (Tourismus) gehören der Fremdenverkehr, das Freizeitwohnwesen und schließlich auch der „Besuchsverkehr", wie er zwischen Bekannten und Verwandten üblich ist und der im Gegensatz zum Fremdenverkehr wegen der persönlichen Beziehungen zwischen Gast und Gastgeber kostenlos bleibt.

An einem Freizeitort können sich demnach aufhalten: Fremde, Besuchsreisende und Freizeiteinwohner als Freizeitreisende und die Ortsansässigen, die als „Erwerbseinwohner" bezeichnet werden sollen.

Die Trennung nach Erwerbs- und Freizeiteinwohnern ist in einem Freizeitort von erheblicher Bedeutung, kann aber nach den bisher gebräuchlichen statistischen Erhebungsmethoden nicht zuverlässig durchgeführt werden, denn weder sind alle Nebenwohnsitzinhaber Freizeiteinwohner noch haben alle Erwerbseinwohner einen Hauptwohnsitz am Freizeitort. Entsprechende gezielte Fragen im Rahmen der Volkszählung bzw. auf den Meldeformularen könnten hier Abhilfe

---

[9] Westerland hatte nach der Volkszählung von 1970 10 488 Einwohner, die zur Wohnbevölkerung zählten.

schaffen. Mit Hilfe dieser funktionalen Unterscheidung ist es auch möglich, das Saisonpersonal (das nach Posers Definition zum Fremdenverkehr zu rechnen wäre, denn es handelt sich ja um kurzfristig anwesende Ortsfremde, die in die geforderten Wechselwirkungen eintreten) als Gruppe auszusondern.

Zwischen den Erwerbseinwohnern und den Freizeiteinwohnern kann es zu einer gespannten Beziehung kommen, weil die Freizeiteinwohner häufig in den Zeiten, zu denen sie selbst nicht anwesend sind, an Fremde vermieten bzw. durch Beauftragte vermieten lassen und damit in Konkurrenz zu den vermietenden Erwerbseinwohnern treten. Da z. B. in Westerland weder die Zahl der Freizeiteinwohner noch die der in ihren Wohnungen sich aufhaltenden Fremden bekannt ist und damit auch eine Bestimmung der Verweildauer aller Benutzer unmöglich wird, ist man hinsichtlich der Kapazitätsauslastung auf vage Schätzungen angewiesen. Der Verfasser hat durch eine Analyse der monatlichen Stromverbräuche anhand der Ablesebücher des Elektrizitätswerks brauchbare Anhaltspunkte[10] erhalten. Ein ähnliches Verfahren wird auch bei Ruppert und Maier (1971, S. 143) beschrieben.

Nachdem nun der allgemeine Rahmen für ein Strukturschema des Freizeitverkehrs abgesteckt ist, sollen jetzt mit Hilfe der „Fremdenverkehrsarten" von Ruppert und Maier weitere grundlegende Begriffe reflektiert werden.

Neben den gruppenspezifischen Fremdenverkehrsarten halten die Autoren folgende Kriterien für wesentlich:
1. „Temporales Kriterium: Nach der Dauer der Reise bzw. der Aufenthaltsdauer im Fremdenverkehrsgebiet kann man den Naherholungsverkehr, den Passantenverkehr bis einschließlich drei Tagen vom längerfristigen Urlaubsverkehr unterscheiden.
2. Kausales Kriterium: Das Motiv der Reise erlaubt eine Trennung in Freizeit- und Geschäfts- bzw. Berufsreise.

---

[10] Es wurden der den Umständen nach zu erwartenden Verbrauchsmenge die tatsächlichen Verbräuche gegenübergestellt. Danach lag die Kapazitätsauslastung in verschiedenen mehrstöckigen Appartementbauten zwischen rund 20 und 35 Prozent. Berücksichtigung fanden nur sogenannte Haushaltstarifablesungen, d. h., daß z. B. verbrauchsintensive Nachtspeicherheizungen unbeachtet blieben.

3. Modales Kriterium: Hier bietet sich eine Unterteilung nach der Art der Unterkunft im Hotel- und Gaststättengewerbe, in Privatquartieren, Hütten und Chalets, Zweitwohnsitzen und Campingplätzen an sowie nach der Art der benutzten Verkehrsmittel.
4. Saisonales Kriterium: Die Verteilung des Fremdenverkehrs über das Jahr kann getrennt werden in eine Wintersaison und eine Sommersaison. Beide lassen sich nach der Auslastung der Bettenkapazität in Vor-, Haupt- und Nachsaison aufteilen.
5. Organisatorisches Kriterium: Danach lassen sich Individualreisen von Gesellschaftsreisen unterscheiden."
   (Wörtlich nach Ruppert und Maier 1970a, S. 18; Ziffern am Anfang vom Verfasser.)

Stellungnahme zu 1. (temporales Kriterium): Ruppert und Maier unterscheiden den Naherholungsverkehr vom sogenannten „Urlaubsverkehr", den sie auch „Erholungsverkehr" nennen, durch seine „relativ kurze Dauer und seine relativ kurze Entfernung zwischen Quell- und Zielgebiet" (1970a, S. 19). An anderer Stelle heißt es (1970b, S. 57): „Als Entscheidungsdeterminante soll weniger die räumliche Entfernung, die durch die fortschreitende Verkehrserschließung und die wachsende Motorisierung an Gewicht verloren hat, herangezogen werden, sondern vielmehr die zeitliche Limitierung der Freizeit."
Wer sich also im Linienflugzeug an einem Freitag innerhalb einer Stunde von Berlin nach Westerland bringen läßt (fast 400 km Luftlinie) und am Sonntag wieder zurückfliegt, nimmt demnach (und das nachzuvollziehen fällt schon nicht ganz leicht) am Naherholungsverkehr teil. Was aber, wenn die Rückkehr erst am folgenden Montag geschieht und damit möglicherweise die zeitliche Bgrenzung überschritten wird? [11] Es ist wohl besser, einen so eindeutig lokal geprägten Begriff wie den der Naherholung nicht zu verwenden, wenn ohnehin das temporale Kriterium gleichrangig ist oder gar überwiegen soll. Da es bisher noch nicht gelungen ist, den Begriff „Naherholung" (der zudem noch mit dem medizinischen Erholungsbegriff kollidiert) zufriedenstellend abzugrenzen oder praktisch anzuwenden, wird vorgeschlagen, ihn aufzugeben und

---

[11] Dann aus der „Naherholung" einen „längerfristigen Urlaubsverkehr" werden zu lassen, bedeutet einen unangemessenen Sprung von einer sprachlichen Kategorie in eine andere.

ihn durch „Kurzzeit-Verkehr" zu ersetzen, der bis zu 3 Übernachtungen umfassen kann.[12] Der Kurzzeit-Verkehr läßt sich gliedern in Wochenendverkehr, Wochentagsverkehr und Durchgangsverkehr. Mehr als 3 Übernachtungen rechnen zum Langzeit-Verkehr. Das Zahlenverhältnis zwischen Kurzzeit-Reisenden und Langzeit-Reisenden kann wesentliche Aussagen über die Struktur eines Freizeitortes liefern.

Zu 2. (kausales Kriterium): Die Unterscheidung sollte aus den genannten Gründen ganz entfallen.

Zu 3. (modales Kriterium): Das Gesamtkriterium bedarf an sich keines besonderen Kommentars, allerdings bietet es sich an, an dieser Stelle auf die Terminologie der für Freizeitzwecke genutzten Häuser und Wohnungen einzugehen. Die Unterscheidung Ferienhaus und Wochenendhaus hat bisher keine fruchtbaren Ergebnisse gebracht. So plädiert z. B. J. David dafür, die Unterscheidung fallenzulassen (1970, Sp. 824), da sie in der Regel gemischt genutzt werden. Wir schließen uns an und gehen noch einen Schritt weiter, denn auch wenn man nun alle diese Häuser Ferienhäuser nennt, so ist eine unzulässige Festlegung vollzogen, denn es werden dort eben nicht nur Ferien verbracht. Es ist korrekter, wieder von der Funktion auszugehen und sie „Freizeithäuser" zu nennen, wenn sie regelmäßig von Freizeiteinwohnern genutzt werden. Entsprechend wird der Begriff „Freizeitwohnung" gebildet.[13] Im Gegensatz dazu sollen – in Anlehnung an die bekannte Wortbildung „Fremdenzimmer" – die von Fremden kurzfristig gemieteten Wohnungen und Häuser als „Fremdenwohnungen" und „Fremdenhäuser" bezeichnet werden.

Zu 4. (saisonales Kriterium): Es ist sehr wichtig und bedarf keines weiteren Kommentars.

---

[12] Abweichend vom ursprünglichen Vorschlag (5 Übernachtungen) soll – mit Bedenken – die Einteilung der amtlichen Statistik übernommen werden, die Langreisen („Urlaubs- und Erholungsreisen") bei 4 Übernachtungen beginnen läßt. Für Kurzreisen bleiben also 1 bis 3 Übernachtungen. – Die anderslautende Begriffsbestimmung für letztere (1 bis 4 Übernachtungen) in Fachserie F, 1972, Kennz. 250839, beruht nach Auskunft von Herrn Dr. Stark vom Stat. BuAmt auf einem Mißverständnis.

[13] Besonders unglücklich sind die Bezeichnungen „Zweithaus" und „Zweitwohnung", denn es kann sich ebenso um Dritt- oder Viertwohnstätten handeln.

Zu 5. (organisatorisches Kriterium): Die Gesellschaftsreisen könnte man noch einmal aufgliedern, wie aus dem Strukturschema ersichtlich ist. Es folgt jetzt das Strukturschema des Freizeitverkehrs,[14] das die Zuordnung der Begriffe verdeutlicht. Die mit Ziffern versehenen Begriffe werden in den abschließenden Hinweisen erläutert.

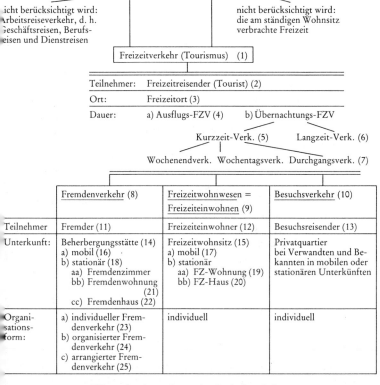

Abb. 1: Strukturschema des Freizeitverkehrs.

[14] In letzter Konsequenz müßte die Fremdenverkehrsgeographie zur „Freizeitverkehrsgeographie" („Geographie des Tourismus") werden.

Definition und Erläuterungen zum Strukturschema

(1) Def.: Unter Freizeitverkehr (Tourismus) werden das Reisen (Überschreiten mindestens einer Gemeindegrenze) und der zeitlich begrenzte Aufenthalt zum Zwecke des Freizeitkonsums verstanden.

(2) Def.: Als Freizeit-Reisender (Tourist) wird der Teilnehmer am Freizeitverkehr (Tourismus) bezeichnet.

(3) Def.: Ein Freizeit-Ort ist der bisher im deutschen Sprachgebrauch „Fremdenverkehrsort" genannte Ort, der durch die besondere Funktion des Freizeit-Verkehrs geprägt wird. Der untere Schwellenwert (Mindestzahl der Übernachtungen) ist umstritten.

(4) Def.: Ausflugs-Verkehr ist ein Freizeitverkehr ohne Übernachtungen.

(5) Der Kurzzeit-Verkehr umfaßt maximal 3 Übernachtungen.

(6) Der Langzeit-Verkehr umfaßt mehr als 3 Übernachtungen.

(7) Der Durchgangsverkehr ergibt sich primär aus der Sicht des Gastgebers, d. h., der Reisende kann Teilnehmer am Langzeit-Verkehr sein.

(8) Def.: Fremdenverkehr ist die Form des Freizeitverkehrs, bei der bezahlte Dienstleistungen – insbesondere im Zusammenhang mit Übernachtungen – für jeweils einen einzigen, zeitlich begrenzten Aufenthalt in Anspruch genommen werden.

(9) Def.: Unter Freizeitwohnwesen oder Freizeiteinwohnen [15] werden alle mit dem Reisen und dem Aufenthalt von Freizeit-Einwohnern [siehe (12)] zusammenhängenden Erscheinungen verstanden.

(10) Def.: Besuchsverkehr ist die Form des Freizeitverkehrs, die ohne Entgelt bei Verwandten oder Bekannten erfolgt.

(11) Def.: Fremder [16] ist, wer sich gegen Entgelt vorübergehend zum Zwecke des Freizeitkonsums in einer Gemeinde aufhält, in der er keinen Wohnsitz begründet hat.

(12) Def.: Ein Freizeiteinwohner ist dadurch gekennzeichnet, daß er an einem Ort (meist Freizeitort), an dem sich nicht der Mittelpunkt seiner Lebensbeziehungen befindet, häufig seine Freizeit verbringt, d. h. dort einen Freizeitwohnsitz [siehe (15)] begründet hat.

(13) Besuchsreisende sind die Teilnehmer am Besuchsverkehr.

(14) Eine Beherbergungsstätte kann privat oder gewerblich vermietet werden.

[15] Auf die Dauer dürfte der Begriff „Freizeit*ein*wohnen" günstiger sein, weil er sich besser gegen das von manchen Autoren umfassender verstandene „Freizeitwohnen" abhebt. (siehe z. B. J. David, Freizeitwohnen, 1970).

[16] Zu den Fremden zählen auch diejenigen Freizeit-Reisenden, die sich kurzfristig in Freizeitwohnsitzen einmieten. Auch Tagungs- und Kongreßteilnehmer gehören dazu, weil sie im Rahmen ihrer reproduktiven, d. h. nach von Blücher freien Zeit reisen und am Freizeitort als Konsumenten auftreten.

(15) Def.: „Unter Freizeitwohnsitz wollen wir demnach jeden weiteren Wohnsitz einer Person verstehen, der neben einem Hauptwohnsitz – meist in einer Stadt – überwiegend während der Freizeit und nur vorübergehend (tageweise, zum Wochenende und/oder im Urlaub) benutzt wird. Es kann sich dabei sowohl um eine ortsgebundene als auch um eine begrenzt mobile Wohnform handeln. In die Definition beziehen wir bebaute Grundstücke, andererseits aber auch gemietete oder gepachtete Wohneinheiten sowie die Dauercamper ein..." [17]

(16) In Zelten, Wohnwagen usw.

(17) Bei den mobilen Freizeitwohnsitzen handelt es sich um eine „verdeckte Form des Freizeitwohnsitzes" (Ruppert und Maier, 1970 a, S. 31). Es liegt hier eine gewisse Zwischenstellung zwischen Fremdenverkehr und Freizeitwohnwesen vor, jedoch dominieren die Merkmale für das letztere.

(18) in Hotels, Pensionen, Privatquartieren usw.

(19) Def.: Freizeitwohnungen sind regelmäßig durch Freizeiteinwohner genutzte Wohnungen (Appartements) in ein- oder mehrgeschossigen Gebäuden.

(20) Def.: Ein Freizeithaus ist ein regelmäßig durch Freizeiteinwohner genutztes Ein- oder Zweifamilienhaus. Der Terminus ersetzt die Begriffe Wochenendhaus, Ferienhaus, Sommerhaus, Zweithaus usw.

(21) Def.: Eine Fremdenwohnung ist eine mindestens zur Saisonzeit von (zusammengehörenden) Fremden genutzte Wohnung.

(22) Def.: Ein Fremdenhaus ist ein mindestens zur Saisonzeit von (zusammengehörenden) Fremden genutztes Ein- oder Zweifamilienhaus.

(23) Beim individuellen Fremdenverkehr werden Reiseart, Reiseziel, Unterkunft und Tagesgestaltung frei gewählt.

(24) Der organisierte Fremdenverkehr, gewöhnlich Pauschalreiseverkehr genannt, erfolgt aus freiem Entschluß. Dem Reisenden werden lediglich die umständlichen organisatorischen Vorbereitungen abgenommen. Das Reglement ist auf ein Maß beschränkt, das der Steigerung der Bequemlichkeit des einzelnen dient.

(25) Zum arrangierten Fremdenverkehr gehört ein detailliert geplanter Aufenthalt, der die Regelung des Tagesablaufes mit einschließt. Der arrangierte Fremdenverkehr erfüllt das Merkmal des freien Reiseverkehrs nicht in hinreichendem Maße. Bezieht man ihn ein, so sollte von „Fremdenverkehr im weiteren Sinne" gesprochen werden. Der arrangierte Fremdenverkehr erscheint nicht in der amtlichen Statistik.

[17] Zitat aus Ruppert und Maier (1971, S. 138). Das Mieten muß sich auf mindestens ein Jahr erstrecken (Ruppert und Maier 1970 a, S. 31).

Literatur

Blücher, V. Graf: Das Freizeitproblem und seine praktische Bewältigung. – In: H. Giesecke, Freizeit- und Konsumerziehung, Göttingen 1968, S. 75–93.

David, J.: Freizeitwohnen. In: Handwörterbuch der Raumforschung und Raumordnung, 2. Aufl., Hannover 1970, Spalte 818–830.

Hunziker, W., u. Krapf, K.: Grundriß der allgemeinen Fremdenverkehrslehre, Zürich 1942.

Jungmann, H.: Aspekte des Erholungswesens aus ärztlicher und bioklimatischer Sicht. – In: Wissenschaftliche Aspekte des Fremdenverkehrs, Hannover 1969, S. 29–33.

Klöpper, Vorwort zu: Wissenschaftliche Aspekte des Fremdenverkehrs, Hannover 1969, S. VII.

Krapf, K.: Der touristische Konsum, ein Beitrag zur Lehre von der Konsumtion, Bern 1953.

Poser, H.: Geographische Studien über den Fremdenverkehr im Riesengebirge, Göttingen 1939.

Ruppert, K., u. J. Maier: Geographie und Fremdenverkehr – Skizze eines fremdenverkehrsgeographischen Konzepts. – In: Wissenschaftliche Aspekte des Fremdenverkehrs, Hannover 1969, S. 89–101.

Dies.: Zum Standort der Fremdenverkehrsgeographie – Versuch eines Konzepts. – In: Zur Geographie des Freizeitverhaltens, Kallmünz/Regensburg 1970, S. 9–36 (1970 a).

Dies.: Naherholungsraum und Naherholungsverkehr – geographische Aspekte eines speziellen Freizeitverhaltens. – In: Zur Geographie des Freizeitverhaltens, Kallmünz/Regensburg 1970, S. 55–75 (1970 b).

Dies.: Der Zweitwohnsitz im Freizeitraum – raumrelevanter Teilaspekt einer Geographie des Freizeitverhaltens: – In: Informationen, 21. Jg., Nr. 6, 1971, S. 135–157.

Samolewitz, R.: Fremdenverkehr und Geographie, Münster 1957.

II.

METHODOLOGISCHE BEITRÄGE

Josef Stradner: Der Fremdenverkehr. 2. Aufl. 1917, S. 7–12 und 13–15 (Auszüge). Mit Genehmigung der Leykam AG Verlage, Graz.

DER FREMDENVERKEHR

Von JOSEF STRADNER

1.

Die Zeiten sind vorüber, da man den Reisenden, der einen Sack voll Neuigkeiten von fernen Ländern und wichtigen Weltereignissen mitbrachte, in dem stillen Städtchen als willkommenen *Gast* in sein Haus aufnahm, da der Wanderer in Klöstern und Pfarrhöfen, in Burgen und Zunfthäusern Unterkunft und Wegzehrung fand, ohne den Beutel öffnen zu müssen. Lange schon ist die Beherbergung von Fremden ein Gewerbe geworden, das mit der Entwicklung der Verkehrsmittel eine immer größere Bedeutung im Wirtschaftsleben erlangte.

Trotzdem hat diese volkswirtschaftliche Bedeutung des Fremdenverkehrs erst in der allerjüngsten Zeit in den *Schriften der Nationalökonomen* Berücksichtigung gefunden. Früher haben nur nebenbei einzelne diesen Gegenstand berührt, so zum Beispiel Roscher, wenn er zu den Naturgaben, die keinen Tauschwert haben und doch einen wesentlichen Bestandteil des Volksvermögens bilden, das Meer, die „schöne Natur" und das Klima aufzählt; oder Grunzel, wenn er schreibt: „Für einzelne Länder, die durch ihre landschaftlichen Schönheiten, die Heilkraft ihrer Bäder usw. von Fremden gerne besucht werden, ist auch der Reiseverkehr die Quelle reicher Erträgnisse." Einer Untersuchung der volkswirtschaftlichen Wirkung dieses Reiseverkehres begegnete man nirgends.

2.

Nach Roscher bewirken die *Verkehrsmittel* („Die Eisenbahnen") einen besseren Rapport zwischen Bedürfnis und Befriedigungsmittel. Aber je nachdem dieser Verkehr dem Güteraustausche, dem Nachrichtendienste oder der Personenbeförderung gewidmet ist, zeigt er sofort im Hinblick auf die Volkswirtschaft wesentliche Unterschiede. So sehen wir, wie der Güterverkehr je nach seiner Richtung entweder die Einfuhr oder die Ausfuhr befördert, wie er das eine Mal dem Verbrauch (der Konsumtion), das andere Mal der Erzeugung (Produktion) dient und so jedesmal von ganz bestimmtem Einfluß auf die Wirtschaftsbilanz des betreffenden Gebietes ist; wir sehen den Nachrichtenverkehr, in Richtung, Raum und Zeit fast unbeschränkt, alle wirtschaftlichen Beziehungen durchdringen und verknüpfen und wir sehen den Personenverkehr in einer dem Güterverkehr gerade entgegengesetzten Wirkung: anstelle der Ausfuhr der Güter bildet hier die Einfuhr von Verbrauchern (Konsumenten) den Gewinn, das Aktivum der Wirtschaftsbilanz, und auf die Verlustrechnung (das Passivkonto) kommt anstelle der Gütereinfuhr eine Ausfuhr von Verbrauchern.[1] Oder, wie Philippovich[2] die Sache kurz erledigt, die Verkehrsmittel wirken „wie eine Vermehrung der Produzenten und Konsumenten in den bisherigen Verkehrsgebieten".

Mit der Vermehrung oder Verminderung der Verbraucher in einem bestimmten Wirtschaftsgebiet hätte jedoch der Personenverkehr seine wirtschaftliche Wirkung nur in dem Falle vollständig erfüllt, wenn alle beförderten Personen wirklich nur als Verbraucher aufträten. Das ist jedoch nicht der Fall, sondern der Personenverkehr durchdringt geradeso wie der Nachrichtendienst die verschiedenartigsten Beziehungen des Wirtschaftslebens. Der Reisende kann geradeso wie der Brief in vielfacher Art den Wirtschaftsgang beeinflussen und nicht auf das, was er ißt, sondern auf das, was er ist, kommt es vor allem an. Er kann vom Ausland kommend als Einkäufer die Warenausfuhr oder als Verkäufer die Wareneinfuhr vermehren, er kann als Landesangehöriger im Ausland Verkäufer oder Einkäufer sein, er kann als Einwanderer mit seinen persönlichen Fähigkeiten und mit seinem Kapital in den Kreis des heimischen Wirtschaftslebens treten, er kann als Auswanderer unserem Wirtschaftsgebiet seine Arbeitskraft und sein Kapital entziehen.

In allen diesen Fällen wird also die volkswirtschaftliche Wirkung des

[1] Vergleiche J. Stradner: Die Förderung des Fremdenverkehrs. – In: Kulturbilder aus Steiermark, Graz 1890.

[2] Philippovich: Grundriß der politischen Ökonomie, 4. Aufl. Tübingen 1912, S. 195.

Verkehrs aus dem Reisezwecke abzuleiten sein und der Aufwand für den persönlichen Unterhalt wird, wenn dieser Zweck ein wirtschaftlicher ist, nur als eine zu- oder abzuschlagende Nebenpost in der Schlußrechnung erscheinen, da der Erfolg der Reise zum mindesten den Aufwand (den persönlichen Verbrauch) decken muß. Es wird also der Geschäftsreisende nicht als Verbraucher, sondern mit dem Reinerfolge seines Reisezweckes in unserer Wirtschaftsrechnung erscheinen.

3.

Als Fremder wird ein Mensch bezeichnet, der in einen bestimmten Kreis tritt, dem er bisher nicht angehörte. Für das Wirtschaftsleben dieses Kreises bedeutet er, wie bemerkt, in jedem Falle eine Vermehrung der Verbraucher an Gütern und Arbeitsleistungen. Mit dem Umfang des Wirtschaftskreises besteht und verändert sich der Begriff des Fremden. Wer in die Wirtschaft eines Hauses als Fremder eintritt, braucht es darum noch nicht auch im Dorfe zu sein; in diesem aber ist in bezug auf die Wirtschaft schon jeder Bewohner des Nachbardorfes ein Fremder, im Lande ist es aber nur der Ausländer. Die Rechnung der Hauswirtschaft beeinflußt also jeder Hausfremde, die des Dorfes der Ortsfremde, die des Landes aber erst der Landesfremde. Ebenso wie jeder, der aus der Fremde in einen bestimmten Wirtschaftskreis tritt, so bewirkt auch jeder, der in die Fremde geht, eine Veränderung der Wirtschaftsrechnung seines Kreises.

4.

Die *Antriebe* aber, die den Zuzug aus der Fremde oder den Auszug in die Fremde bewirken, können dem Wirtschaftsleben selbst entspringen, dem Handel und Wandel (Marktfahrer, Geschäftsreisende), aus den Bedürfnissen des staatlichen, kulturellen oder gesellschaftlichen Lebens hervorgehen. In diesen Fällen wird man sie als *gebundene* Antriebe bezeichnen müssen. Sie können aber auch aus freier Entschließung hervorgehen, aus der Absicht, „die Welt" zu sehen, in der Fremde Kenntnisse und Erfahrungen zu holen, einer Mode zu folgen. Diese Antriebe werden wir *freie* Antriebe nennen.

Diese freien Antriebe sind es allein, die durch außenliegende
Einflüsse geweckt oder in ihrer Richtung verändert werden können,
und Gegenstand der Fremdenverkehrspflege kann nur dieser *Fremde im
engeren Sinne* sein, der Mensch also, der sich aus freiem Antriebe (eigener Wahl) an einem außerhalb seines gewöhnlichen Wohnsitzes gelegenen Orte aufhält, der Gast, der mit seinem Erscheinen in diesem Lande
keine wirtschaftlichen Zwecke verfolgt, sondern um mit Roscher zu
sprechen, nur die Befriedigung eines Luxusbedürfnisses sucht. Dieser
Luxusreisende tritt in den Kreis unseres Wirtschaftsbetriebes lediglich
als Verbraucher. Es tritt also in diesem Fall ein fremdes Bedürfnis mit
unseren Befriedigungsmitteln in Beziehung, ohne daß unsererseits ein
Bedürfnis nach fremden Befriedigungsmitteln gegenübersteht. Der
Verkehr dieser Luxusreisenden, der Fremdenverkehr in diesem engeren
Sinne ist es, der als besonderer Zweig unseres Wirtschaftslebens den
Gegenstand der nachfolgenden Betrachtungen bilden wird.

5.

Wenn wir auf die *wirtschaftliche Wirkung* dieses Fremdenverkehrs
die Lehren der Nationalökonomie anwenden, so sehen wir zunächst
den Erzeuger (Produzenten) in einer Lage, in der die Möglichkeit einer
Hemmung des Güteraustausches „wegen Verschiedenartigkeit des ge-
genüberstehenden Bedürfnisses"[3] hinwegfällt. Denn der Fremde
„bringt Geld ins Land", und Geld ist die Anweisung auf alle Güter.

Ferner ergeben sich aus diesem Fremdenverkehr besondere Bedingungen der Preisbildung. Der Fremdenverkehr stellt ein einseitiges
wirtschaftliches Verhältnis zwischen dem Erzeuger (Produzenten) und
dem Verbraucher (Konsumenten) dar: jener handelt nach wirtschaftlichen Grundsätzen, dieser aber folgt Antrieben, die nicht wirtschaftlicher Natur sind. Im wirtschaftlichen Verkehr gilt nun für die Preisbildung folgendes: „Der Überschuß, den eine Nation über das Ver-
brauchsvermögen des Volkes hervorbringt, muß offenbar ausländische
Märkte suchen und wird in diesem Falle durch die Fortbringungskosten
und etwaige Zölle am Eingangshafen belastet. Der Preis, zu welchem

---

[3] E. Peshine Smith: Handbuch der politischen Ökonomie, Berlin 1878.

das Erzeugungsland die Ware abläßt, muß um den ganzen Betrag dieser Lasten geringer sein, als der Preis ähnlicher Waren, die auf dem Markte, den es sucht, erzeugt werden."[4]

Beim Fremdenverkehr hingegen trägt der zugereiste Verbraucher (Konsument) die Fortbringungskosten, ohne daß das Erzeugungsland genötigt ist, den Preis um den Betrag dieser Last zu verringern. Denn nicht der Marktpreis, sondern Antriebe, die nicht wirtschaftlicher Natur sind, lassen ihn als Käufer in unserem Erzeugungsgebiete erscheinen. Durch diese Antriebe treten mit unserem Wirtschaftsgebiete Bewohner von Ländern in Güteraustausch, deren Märkte von unseren Erzeugnissen wegen der Höhe der Fortbringungskosten niemals erreicht würden.

Der Fremdenverkehr schafft also unserer Erzeugung *neue Absatzgelegenheiten,* eine Ausdehnung des Marktes. Er erspart ihr den Kampf um Absatzmärkte, das Ringen nach Handelsausdehnung, er befestigt den Handel in den Händen der Inländer, er befreit ihn von dem Wettbewerb und den Schwankungen des Weltmarktes.

6.

Thünen hat mit seinem ›isolierten Staat‹ gezeigt, wie der wirtschaftlich schöpferische Antrieb, den das „konsumierende Zentrum" auf den Bodenbau des flachen Landes ausübt, in einer bestimmten Entfernung seine Kraft verliert. Wie nun der Fremdenverkehr die Nachteile solcher Entfernungen unwirksam machen kann, das läßt sich, die Darstellungsmethode dieses Landwirtschaftlehrers beibehaltend, an dem Beispiele zweier Landgüter darstellen, deren eines, der A-Hof in unmittelbarer Nähe des „konsumierenden Zentrums", das zweite, der B-Hof, aber 10 Kilometer davon entfernt liegt. Der A-Hof-Bauer erzeugt Gemüse, treibt Geflügelzucht und Milchwirtschaft und erzielt bei dieser ergiebigen Landwirtschaft eine hohe Bodenrente. Des Wettbewerbes wegen kann er aber nicht warten, bis die Käufer auf seinen Hof kommen, sondern er muß die Kundschaft aufsuchen, Verzehrungssteuer und Marktgeld zahlen und wohl auch den Nutzen mit dem Zwischen-

---

[4] E. Peshine Smith: Handbuch der politischen Ökonomie, Berlin 1878.

händler teilen. Der B-Hof-Bauer ist in seinem stillen Tale zu weit von
dem „konsumierenden Zentrum" entfernt, um den Markt beschicken
zu können, er muß sich mit einer viel weniger ergiebigen Bewirtschaf-
tung seines Grundes begnügen, da niemand da ist, der ihm Salat, Hüh-
ner oder Milch abkaufen würde. Seine Bodenrente ist darum auch viel
geringer als die des A-Hof-Bauern. Aber eines Tages führt eine Eisenbahn in das von würzigen Wäldern umrauschte Tal, und die Leute in
dem „konsumierenden Zentrum" kennen keine größere Lust, als ihre
Nachmittage da zu verbringen. Nun fängt der B-Hof-Bauer an, Gemüse zu bauen, Hühnerzucht und Milchwirtschaft zu treiben. Und er
braucht gar nicht, wie der A-Hof-Bauer, Marktsitzer und Austräger zu
halten, Verzehrungssteuer und Marktgeld zu zahlen und sich von dem
Zwischenhandel den Preis vorschreiben zu lassen, denn seine Gäste
zahlen ihm für die Backhühner, den Salat und die Milch gerne denselben
Preis, den sie daheim im „konsumierenden Zentrum" zahlen würden.

Wir sehen also, wie infolge einer außerhalb des „konsumierenden
Zentrums" gelegenen Anziehungskraft (in unserem Beispiele die einer
schönen Gegend) die Ringe des Thünenschen Staates auseinanderflie-
ßen, wir sehen die Hemmung der Versendungskosten für den Erzeuger
beseitigt und auf den Verbraucher überwälzt, wir sehen den Güterum-
lauf eine neue Richtung einschlagen.

7.

Dieselbe Wirkung, die in unserem Beispiele von dem waldumrausch-
ten Tale ausging, kann durch andere freie Güter (Klima, Meer) oder
durch besondere, mit dem Wirtschaftsleben in keiner Beziehung stehende Dinge (Museen, Kuranstalten, Orte geschichtlicher Erinnerung
oder religiöser Weihe usw.) herbeigeführt werden. Alle diese freien Güter und besonderen Verhältnisse üben ihren Einfluß auf die Grundrente
ebenso wie etwa eine neue Straße oder Eisenbahn.

Überall, wo der Fremdenverkehr die Erzeugung belebt, vollzieht sich
also eine neue „freie Wertentstehung durch Erweiterung der Einsicht in
die Nutzbarkeit der Dinge"; auch kann man im Ricardoschen Sinne den
Nutzen des Fremdenverkehrs als eine *Grundrente* ansehen, die *aus dem
Vorteil der Lage* entspringt. Sind doch zum Beispiel dieselben schnee-

bedeckten Alpenketten, die dem Handel als ein Hindernis des Güteraustausches erscheinen, durch den Fremdenverkehr zu einem nicht unwichtigen Teil des Volksvermögens geworden.

Der Nutzen des Fremdenverkehrs für die Landwirtschaft steht also außer Zweifel. Der Zuzug von Fremden vergrößert den örtlichen Verbrauch, und dieser erleichtert den Absatz aller landwirtschaftlichen Erzeugnisse. Je weniger der Bauer auf die Ausfuhr angewiesen ist, um so unabhängiger ist er von der Herrschaft des Zwischenhandels und den Preisschwankungen des Weltmarktes. Je größer der Verbrauch im Orte ist, um so lohnender wird der Übergang zu einer ausgiebigeren (intensiveren) Bodenbearbeitung. Wo früher Ackerfrüchte wuchsen, kann man nun Obst- und Gartenpflanzen bauen. Wo aber, um Lists Worte zu gebrauchen, „die vorhandenen Wirtschaftsmittel einer höheren und feineren Gattung von Tätigkeit zugeführt werden, ist auch der größere produktive Ertrag vorhanden".

8.

Daß der Absatz der Erzeugnisse im Lande vorteilhafter sei als deren Ausfuhr, diese Ansicht vertritt auch mit Nachdruck der amerikanische Nationalökonom Erasmus Peshine Smith, indem er sagt: „Das System des auswärtigen Handels hat seiner Natur nach die unvermeidliche Wirkung, das bereits unter Kultur befindliche Land auszusaugen, es auf einen geringeren Fruchtbarkeitsgrad herabzubringen . . . Der Vorgang des Pflanzenwachstums ist nur ein Teil des Stoffumlaufes . . . Der Boden fährt zu erzeugen nur unter der Bedingung fort, daß ihm alles, was seiner Oberfläche entnommen ist, in der einen oder anderen Gestalt zurückgegeben wird. Jede Ernte ist aus dem Stoffe gebildet, den ihre Vorgänger lieferten, und alles, was an dem Dünger fehlt, wird sicherlich früher oder später am Ertrag verschwinden." Er weist darauf hin, daß die Nähe von dem Platz, wo die Umwandlung der Bodenerzeugnisse und der Austausch bewirkt wird, mit anderen Worten von dem Verbraucher, eine unerläßliche Bedingung für den Erzeuger ist, diejenigen Pflanzen zu ziehen, welche die Erde am reichlichsten liefert. Je nach seiner Entfernung vom Verbraucher wirken zwei Ursachen zusammen, um diese Fähigkeit einzuschränken. „Die erste besteht in den Kosten der Versendung der Erzeugnisse auf den Markt, die ihn zwingen, solche

zu wählen, deren Umfang und Gewicht im Verhältnisse zu ihrem Wert
gering ist . . . Die zweite in der Schwierigkeit, die Abgänge der Stoffe . . . von weiter Entfernung her der Erde zurückzuerstatten."
[. . .]

11.

Kann vermöge seiner vielgestaltigen Natur der Ertrag des Fremdenverkehrs in der Handelsbilanz nur insoweit zum Ausdruck gelangen, als
der erhöhte Verbrauch auf die Einfuhr und der Mehrabsatz von Ge-
werbserzeugnissen an die durch den Fremdenverkehr erworbene Kundschaft des Auslandes auf die Ausfuhr einen statistisch allerdings kaum
festzustellenden Einfluß übt, so tritt dieser Ertrag hingegen in der *Zahlungsbilanz* sehr deutlich hervor. Ein Beispiel hierfür bietet uns die
österreichisch-ungarische Zahlungsbilanz, die das österreichische Finanzministerium in seinen ›Tabellen zur Währungsstatistik‹ im Jahr
1904 veröffentlicht hat. In der Einleitung dieser amtlichen Schrift
kommt die wirtschaftliche Bedeutung des Fremdenverkehrs in derselben Form zum Ausdruck, wie in der ersten und in der vorliegenden Studie des Verfassers. Der Fremdenverkehr bildet, heißt es in der Schrift
des Finanzministeriums, „eine reich fließende Quelle des Erwerbes und
Wohlstandes nicht bloß für die an der Beförderung und Beherbergung
der Reisenden unmittelbar beteiligten Unternehmungen, sondern auch
für breitere Schichten der Bevölkerung, denen der Fremdenstrom loh-
nende Beschäftigung oder einen vorteilhaften Absatz ihrer landwirtschaftlichen und gewerblichen Erzeugnisse verbürgt. Namentlich die
von der Natur besonders begünstigten oder mit reichen Kulturschätzen
ausgestatteten Länder, denen sich der Strom der Reisenden mit Vorliebe
zuwendet, danken demselben einen sehr namhaften, nach vielen Millionen berechneten Teil ihres jährlichen Volkseinkommens." Daher kön-
ne, schreibt der amtliche Verfasser weiter, die statistische Untersuchung
über die Faktoren der Zahlungsbilanz auch die Frage nach dem
Einflusse des Fremdenverkehrs auf die Gesamtheit der Forderungen
und Verbindlichkeiten des Landes gegenüber dem Auslande nicht uner-
örtert lassen. „Die Beziehungen des Fremdenverkehrs zu dem Probleme der Zahlungsbilanz liegen klar zutage. Die Güter, welche ausländische Reisende während ihres Aufenthaltes im Inlande konsumie-

ren, einschließlich aller entgeltlichen Leistungen jeglicher Art, welche sie in Anspruch nehmen, stehen – wenn man ihre Wirkung auf die internationale Zahlungsausgleichung ins Auge faßt – dem Exporte gleich, wogegen die Ausgaben der im Auslande reisenden Inländer die Zahlungsbilanz in derselben Richtung wie Importe beeinflussen."[5]

Den Darstellungen dieser Beziehungen schickt das Finanzministerium die Bemerkung voraus, „daß bei dem heutigen Stande der Statistik des Fremdenverkehrs nicht daran gedacht werden kann, exakte Berechnungen über die wirtschaftliche Bedeutung desselben anzustellen". Erst nach Ermittlung von Durchschnittswertziffern und umständlicher Umrechnung der durch die amtliche Statistik gelieferten Unterlagen gelangte der Berichterstatter des Finanzministeriums zu brauchbaren Ziffern. Danach betrug die Zahl der Aufenthaltstage der Ausländer in Österreich im Jahre 1902 4 208 708 und der Ertrag des Ausländerverkehres bei Annahme einer durchschnittlichen Tagesausgabe von 15 Kronen 63 130 620 K. Im Durchschnitt der letzten zehn Jahre beziffert sich dieser Ertrag mit 47 Millionen Kronen jährlich.

Diese Ziffer soll nach dem amtlichen Berichte „bloß Anhaltspunkte bieten, um das Maß des Einflusses des Fremdenverkehrs auf unseren zwischenstaatlichen Zahlungsausgleich annähernd richtig einzuschätzen", ihre volle Bedeutung erfaßt man aber erst durch einen Blick auf den Aktivsaldo der ganzen Bilanz. Dieser Aktivsaldo der österreichisch-ungarischen Zahlungsbilanz beträgt nicht mehr als 46 Millionen, also um eine Million weniger als der Ertrag des Fremdenverkehrs. Das heißt, Österreich-Ungarn wäre ohne den Fremdenverkehr in seiner Zahlungsbilanz passiv.

Die Untersuchung über den Ertrag des Ausländerverkehrs in Österreich wurde auf den gleichen statistischen Grundlagen fortgesetzt und ergab für 1903 67, 1904 74, 1905 78, 1906 81, 1907 87, 1908 94, 1909 99, 1910 111 Millionen Kronen.[6] Der Gesamtertrag des österreichischen Fremdenverkehrs wird im Maiheft 1911 der „Statistischen Monatsschrift" für das Jahr 1908 mit 318 Millionen Kronen berechnet.

[...]

[5] Vgl. J. Stradner: Die Förderung des Fremdenverkehrs. – In: Kulturbilder aus Steiermark, Graz 1890.

[6] Einfluß der Wanderbewegung und des Fremdenverkehrs auf die Zahlungsbilanz Österreich-Ungarns. Von Dr. Franz Bartsch, k. k. Ministerialkonzipist.

Fremdenverkehr, hrsg. von der Industrie- und Handelskammer zu Berlin, 1929, S. 25–52 (gekürzt). Mit Genehmigung des Verlags Georg Stilke, Berlin.

DER FREMDENVERKEHR
IN GEOGRAPHISCHER BETRACHTUNG

Von G. Wegener

[...]

Was ist „geographische Betrachtung"?

Ich verstehe unter Fremdenverkehr das zeitweilige Zureisen, Verweilen an einer Örtlichkeit und Wiederfortreisen Nichteinheimischer in so erheblicher Zahl, daß infolgedessen gewisse hierfür charakteristische Verkehrseinrichtungen erschaffen oder verbessert werden: Wege, Transportmittel, Unterkunfts- und Verpflegungsstätten, besondere diesem Verkehr dienende Organisationen und dergleichen. Die geographische Betrachtung, hierauf angewendet, würde eigentlich in sich schließen, eine Gesamtübersicht über diejenigen Stellen der Erdoberfläche zu geben, wo sich die Erscheinung eines Fremdenverkehrs findet, unter Berücksichtigung seiner örtlichen Verschiedenheit der Formen. Sodann zu untersuchen, aus welchen örtlichen Gründen er gerade dort entsteht, wieweit seine besondere Art und besondere Gestaltung an der betreffenden Stelle sich aus den örtlichen Einflüssen der Umwelt erklären läßt, und endlich, wie der Fremdenverkehr seinerseits wiederum an diesen Stellen auf die örtliche Umgebung zurückwirkt.

Eine ungemein fesselnde Aufgabe, aber so ungeheuer weitausschauend, daß wir sie in diesem Rahmen ganz unmöglich lösen können. Wir können nur nach dem Prinzip der „Allgemeinen Geographie" einige Kategorien aufstellen, nach denen er sich vollzieht; und können auch da nur allergrößte Züge geben, sie nur mit einigen Stichworten bezeichnen und mit Stichproben zu belegen versuchen.

Der Fremdenverkehr ist eine menschliche Einrichtung. Aus den verschiedenen Bedürfnissen des Menschen entsteht er, der Befriedigung dieser Bedürfnise dient er in seinen verschiedenen Formen. Gehen wir daher einige dieser Bedürfnisse durch und betrachten, welche Formen des Fremdenverkehrs sie in verschiedenen Gegenden der Erde hervorrufen. Gewiß greift das ins Völkerkundliche hinüber; allein die Gesichtspunkte des räumlichen Vorkommens und der örtlichen Bedingtheit sind doch geographisch.

Ein ganz elementares Bedürfnis des Menschen ist zweifellos der *Geselligkeitstrieb*, der Herdeninstinkt. Ihm entspringt das reine Vergnügen am Sich-Besuchen, am zeitweiligen Zusammensein mit anderen Menschengruppen. Man ist sich frisch und neu, das Ereignis fällt heraus aus dem gewöhnlichen Alltag, wird von beiden Teilen mehr oder weniger festlich empfunden und gestaltet; man gibt sich Mühe, sich von bester Seite zu zeigen.

[...]

Nicht minder elementar, aber von mächtigster Wirksamkeit treten uns als Erzeuger vom Fremdenverkehr die *materiellen Grundbedürfnisse* des Menschen nach Nahrung, Wohnung, Kleidung entgegen.

Fremdenverkehr zum Zweck ihrer Befriedigung wird sich überall da ausbilden, wo die räumliche Teilung der Arbeit, die Verschiedenheit der Erzeugungsstätte so weit vorgeschritten ist, daß beide in verschiedenen Wohnorten liegen. Dann kommt entweder der fremde Verbraucher und holt sich das Gewünschte, oder der fremde Erzeuger erscheint vorübergehend in dem betreffenden anderen Ort und bringt die Ware dorthin. Oder schließlich, es übernimmt ein Dritter diese Reisen zum Zweck der Vermittlung; der Typus des „Handlungsreisenden" ist geschaffen, der heute einen so bedeutenden Teil des Fremdenverkehrs ausmacht, in vielen kleinen Städten ihn fast ausschließlich unterhält. Das früheste scheint häufig das Reisen des Erzeugers zu sein. In Neuguinea haben einzelne Dörfer besondere Kunstfertigkeit im Herstellen von Töpfereien oder Geflechten; von ihnen aus kommen von Zeit zu Zeit die mit den Waren beladenen Boote zum Verkauf zu den anderen Dörfern, während das Umgekehrte, das Hinreisen zum Erzeugungsort, in den dortigen Kulturverhältnissen noch nicht geschieht.

Das aber kommt dann, wenn die betreffende Siedlung volkreicher und die Mannigfaltigkeit der in ihr erzeugten Güter größer wird. Dann entsteht der Marktort, der zentralisierende Ort des Austauschs von verschiedenen Erzeugnissen für eine Gegend.

Und mit ihm entstehen auch unverzüglich für die vorübergehend hier verkehrenden Fremden die Herbergen, Wege, Schutzvorrichtungen oder auch Fremdenabgaben, Marktbeschränkungen, Verkehrsvorschriften usw. Das ist der Anfang einer ungeheuren Verkehrsentwick

lung quantitativer und qualitativer Art, die, ebenso wie aus den einfachsten Bedürfnissen an Nahrung, Wohnung, Kleidung eine unermeßliche
Vielfältigkeit von Gebrauchs- und Luxuswünschen wurde, heute auch
zu den raffiniertesten Differenzierungen des kommerziellen Fremdenverkehrs und seiner Verkehrseinrichtungen geführt hat und die doch im
Grunde immer noch deutlich auf diese ganz einfachen Wesensgrundlagen zurückzuführen ist. Die urtümliche Karawanserei vor den Toren
einer orientalischen Stadt, mit ihrem offenen Hof, wo der Händler zwischen den Kamelen schläft, das drangvolle Zimmervermietungsgeschäft
während der Leipziger Messe oder die reservierte Eleganz des „Essener
Hofs", den die Firma Krupp für ihre Besucher eingerichtet hat, sind im
Wesen ganz dasselbe; nur in ihren Formen örtlichen Gewohnheiten und
Bedürfnissen angepaßt.

[...]

Die Lage und Art der Stätten dieses auf Warenaustausch, auf der Befriedigung wirtschaftlicher Bedürfnisse beruhenden Fremdenverkehrs
wird geographisch ganz besonders klar bestimmt beim räumlichen Aneinandergrenzen von Gebieten verschiedener Wirtschaftsweisen. Am
einfachsten tritt er uns entgegen in dem üblichen Verhältnis zwischen
Land und Stadt mit der Arbeitsteilung zwischen Landwirtschaft und
Gewerbe. Die verstreute Siedlungsweise der Landbauern, die zusammengeballte der Städter bringt es mit sich, daß der Verkehr sich in der
Stadt lokalisiert, daß dort der Markt entsteht.

Aus der Marktstadt entwickelt sich bei günstiger Lage die Handelsstadt. Der Unterschied ist der, daß nicht nur die Fremden nach der Stadt
kommen, sondern daß auch die Einwohner der Stadt vorzugsweise
handeltreibend hinausgehen, um mit anderen Marktorten Verkehr anzuknüpfen.

Fast in allen Fällen wird sich die Lage der großen Handelsplätze geographisch erklären; zuletzt, auf dem Höhepunkt ihrer Entwicklung, wo
die Verkehrsverbindungen schon so weitreichend geworden sind, daß
die Gestaltung der Umgebung gar keine Rolle mehr dabei zu spielen
scheint, immer noch durch das Schwergewicht der einmal hier lokalisierten Bevölkerungsmenge, der altangesessenen Firmen, der vorhandenen Verkehrseinrichtungen, der bestehenden Industrien usf. Graf
Teleki hat in einer vorbildlichen Studie gezeigt, wie die hauptsächlichen
Marktorte Ungarns in einer bestimmten Linie am Rande des ungari-

schen Tieflandes angeordnet sind. Sie bezeichnet die Gegend des natürlichen Austausches der Produkte der Ebene gegen die der Gebirge. Das
ist typisch für immer wiederkehrende Verhältnisse auf dem Globus.

[...]

Ein weiteres gewaltiges verkehrsschöpferisches Agens, eines, das in
der Kraft, Verkehrsmittel zu erzeugen und ihre Leistungsfähigkeit zu
steigern, alle anderen übertrifft, ist das Bedürfnis der *staatlichen Verwaltung und Landesverteidigung.* Insbesondere dann – und hier haben
wir sofort das ausgesprochen Geographische daran –, wenn der Staat
räumlich groß ist. Eine gute Verwaltung muß alle Teile ihres Gebietes
möglichst rasch und leicht von ihren Zentren aus erreichen können. Wir
sehen deshalb überall die großen Reiche der Erde, sobald sie zu solchen
geworden sind, an die Schaffung von Verkehrsmitteln großen Stils gehen, von Straßen sowohl wie von Verkehrseinrichtungen an und auf
diesen Straßen, um die Schwierigkeiten zu verringern, die in der tren-
nenden Kraft des Raumes an sich liegen und in den speziellen Hindernissen, die die geographische Ausstattung dieses Raumes birgt.

[...]

Verwandt mit dem Verwaltungsbedürfnis ist das der *persönlichen Berührung leitender Persönlichkeiten* miteinander. Eine Erscheinung, die
merkwürdigerweise gerade in den entwickeltsten Kulturländern, wo die
Mittel des Nachrichtenverkehrs eine früher nie geahnte Vollendung erreicht haben, doch trotzdem wichtiger und häufiger geworden ist als je.
Wir erinnern hier an die zahllosen Konferenzen der Neuzeit, an die politischen Zusammenkünfte, die Parlamente, die Friedenskonferenzen,
das Schiedsgericht im Haag, den Völkerbund in Genf, die staatlichen
Kongresse für Post und Telegraphie und dergleichen und an die endlose
Menge der nichtstaatlichen Versammlungen, an die persönlichen Reisen
führender Männer des Wirtschaftslebens, mit all den in ihrem Gefolge
sich bildenden und erhaltenden Verkehrseinrichtungen, den steten Be-
schleunigungen und besseren Ausstattungen der Verkehrsmittel auf
Schiffen, Eisenbahnen und Flugzeugen, der Vervollkommnung des
Hotelwesens und anderes mehr.

Ein neues gewaltiges Kapitel des Fremdenverkehrs schlagen wir auf,
wenn wir an die *religiösen Bedürfnisse* des Menschen denken. Der
Mensch verörtlicht gern seine religiösen Empfindungen; er sieht sie gesteigert an bestimmten Stellen: in Kirchen und Tempeln, an Reliquien-

stätten, an Wunderorten oder sonst irgendwie besonders geheiligten Plätzen. Deshalb sucht er diese auf. Hinzu kommt wieder, und hier ganz besonders, daß er ein geselliges Wesen ist. Er liebt es, in Gemeinschaft mit anderen zu beten. Die Gemeindebildung ist ein Wesenszug aller großen Religionen. In einer Gemeinschaft führt er gern die heiligen Riten seines Glaubens aus, und die psychische Berührung mit der Menge Gleichfühlender steigert ebenfalls seine religiösen Empfindungen; gerade dies oft am allermeisten.

[...]

Nicht so allgemein verbreitet auf der Erde, aber, wo es vorhanden ist, eine sehr kräftige Ursache für Fremdenverkehr ist das *ästhetische Bedürfnis.*

Verhältnismäßig jung dabei ist als solches Agens der besondere Sinn für die Schönheit der reinen Naturlandschaft. Das klassische Altertum hatte höchstens Anflüge davon auf dem Gipfel seiner Kultur. Und selbst hier hatte es z. B. für die Reize einer alpinen Gebirgswelt noch keinerlei Verständnis; man floh das Hochgebirge, statt es aufzusuchen. Heute ist das anders. Aber das ästhetische Naturgefühl ist doch auch nur bei bestimmten Völkergruppen so lebhaft entwickelt, daß es Ursache für einen Fremdenverkehr wird. Von nichtabendländischen Völkern sind mir nur die Japaner als solche ästhetischen Naturfreunde bekannt. Sie sind es aber in hohem Grade und sie bereisen ihr eigenes Land eifrig aus diesem Grunde. Ja, auch unter den weißen Nationen scheinen die romanischen weit weniger mit diesem Sinn ausgestattet zu sein als die germanischen. Letztere sind die eigentlichen Träger dieser Romantik und ihrer uns hier beschäftigenden Konsequenzen.

Älter ist die Empfindung für die ästhetischen Reize der Kunst als Verkehrsursache. Sie tritt uns schon im klassischen Altertum ungemein deutlich entgegen. Zweifellos waren die Pracht und der künstlerische Reiz der Bauten und Bildwerke von Athen und Rom und vielen anderen Glanzstätten des Altertums ein besonderer Anreiz zum Fremdenverkehr dorthin. Auch zu den großen Theater-Aufführungen strömten die Fremden herbei.

Mehr als je sind die gleichen Anziehungsmittel heute wirksam. Die Bauwerke und Denkmäler, die Museen, Theater und Konzertsäle unserer Städte werden ganz bewußt als besondere Erzeuger von Fremdenverkehr empfunden und gepflegt. Oft mit völlig kaufmännischen

Kalkulationen der finanziellen Geldanlegung von seiten der Stadtverwaltungen.

Auch vorübergehende Festwochen mit besonderen Schaustellungen und Aufführungen zu veranstalten, ist ein immer mehr ausgebildetes Mittel, Fremde herbeizuziehen. Was würde die kleine, längst erledigte Fürstenresidenz Bayreuth bedeuten ohne die Wagner-Festspiele? Durch sie aber ist sie eine Weltberühmtheit geworden und ein ästhetischer Fremdenwallfahrtsort ersten Ranges.

[...]

Auch das rein *wissenschaftliche Bedürfnis* kann ein Fremdenverkehrsfaktor werden. Im Altertum war der Besuch von Athen, von Alexandria, von Pergamon wegen der dort lehrenden Philosophen und sonstigen Gelehrten, wegen der Akademien und Bibliotheken zweifellos sehr bedeutend. Das gleiche haben wir heute mit den Stätten unserer Universitäten und sonstigen Hochschulen und Bildungsanstalten. Ähnliche Erscheinungen finden wir auch in anderen Kulturbereichen, in Indien, Innerasien, China, Japan. In China brachten die ehemaligen Mandarinen-Prüfungen in größtem Umfange einen solchen Verkehr hervor, insofern die verschiedenen Grade der Examina in den Hauptstädten der Kreise, der Provinzen und der höchsten in der Landeshauptstadt selbst abgelegt werden mußten.

Minder vornehm, aber nicht minder wirksam als Schöpfer von Fremdenverkehr ist das einfache *Unterhaltungsbedürfnis* des Menschen, das ihn nach den Stätten solcher Unterhaltung hinführt. Es sind – und mehr oder minder überall auf der Erde – die größeren Siedlungen, die solche Unterhaltung reicher bieten als die kleineren und deshalb vom Fremdenverkehr aufgesucht werden. Zwei Attraktionen sind heute mit dem Einfluß des Europäers über die ganze Welt verbreitet: Das Varieté – in einer Gleichförmigkeit, die den Weltreisenden zur Verzweiflung bringen kann – und das Kino.

Hierher gehört auch das *Hazardspiel*. Es ist ein außerordentlich mächtiger Faktor des Fremdenverkehrs. In den meisten europäischen Kulturländern ist es zur Zeit stark zurückgedrängt und mindestens kein öffentliches Anziehungsmittel mehr. Welch eine Rolle es aber bei uns früher in Baden-Baden, in Homburg gespielt hat, welche es heute in Monaco spielt, ist allgemein bekannt.

Mehr in das körperliche Gebiet hinein führt uns das *hygienische Be-*

dürfnis des Menschen. Daraus eröffnet sich ein neuer, ungemein reicher Bereich von Fremdenverkehrs-Erscheinungen. Und sie sind ganz besonders deutlich geographisch bestimmt. Denn an besondere, Heilung spendende Stellen der Natur knüpft dies Bedürfnis an.

Eine Kategorie solcher Stellen sind die mineralischen Heilquellen. Die Mehrzahl sind heiße Quellen, die tief aus dem Innern der Erdrinde kommen. Sie sind keineswegs gleichmäßig über die Erde verteilt, vielmehr an die Gegenden stärkerer Lagerstörungen der Erdschichten und vieler Bruchspalten gebunden. Vulkanische Gebiete sind bevorzugt. So ist das große osteuropäische Tafelland und der feste Urgesteinsschild Nordeuropas arm daran, der Gürtel der alpinen Faltungen, das zerstückte Schollenland Mitteleuropas dagegen reich. Zu großen Teilen waren sie schon den Römern bekannt und von ihnen besucht. Mitteldeutschland und Böhmen durchzieht eine Zone von Thermalquellen, die teilweise zu den berühmtesten und besuchtesten der Welt gehören, wie Wiesbaden, Baden-Baden, Kissingen, Karlsbad, Teplitz, Marienbad. Wie sehr die darauf gegründeten Badeorte Zentren des Fremdenverkehrs geworden sind, wieweit auch ihre landschaftliche Umgebung dadurch beeinflußt wird, ist bekannt.

[...]

Eine zweite Kategorie sind die Seeküsten mit ihrem Wellenschlag und ihrer frischen Salzluft. Auch den Seebäderbesuch kannten die Römer bereits; Bajä bei Neapel war ihr glänzendstes Seebad. Trotzdem ist die heutige Sitte des Seebäderverkehrs eigentlich sehr jung. Sie ist erst im 18. Jahrhundert in England volkstümlich geworden. In Deutschland plädierte der Physiker Lichtenberg für ihre Einführung. Das erste deutsche Seebad wurde 1793 in Doberan eröffnet. Heute ist in der Kulturwelt der weißen Rasse ihr Besuch zu außerordentlichem Umfang angewachsen und geradezu zu einer fluktuierenden Völkerwanderung geworden, die die stärksten Ansprüche an die modernen Verkehrsmittel stellt und die akutesten Veränderungen durch Fremdenverkehr im Aussehen der Siedelungen und ihrer Umgebung und in der Lebensweise der Bevölkerung hervorruft.

Die geographischen Vorbedingungen sind dabei verschieden und schaffen damit auch gewisse Verschiedenheiten des Fremdenpublikums. In Deutschland z. B. besteht ein starker Unterschied zwischen der Ostsee, die ohne Gezeiten ist, schwächeren Wind, Wellenschlag und Salzgehalt hat, als die in all diesem kräftigere Nordsee; dafür aber an vielen Stellen sehr viel größere landschaftliche Schönheit. Auch die aus besonderen Kulturverhältnissen und Gewohnheiten hervorgehenden Preisunterschiede schaffen starke Differenzierungen. Auch an den nordamerikanischen Ufern hat sich ein Badeverkehr unter ganz denselben Formen entwickelt. Diese neuen Bäder Floridas, wie Palm Beach und Miami, scheinen heute zu den luxuriösesten Fremdenverkehrsstätten der Welt zu gehören.

[. . .]

Eine dritte Kategorie sind die Gebirge mit ihrer Romantik und ihrer kräftigenden Wald- und Höhenluft. Es genügt die Nennung der Alpen, um die dem Seebäderverkehr nicht nachstehende Bedeutung der hierhergehörigen Erscheinungen zu kennzeichnen. Der Fremdenbesuch von Gebirgsgegenden ist, wie wir anläßlich der ästhetischen Bedürfnisse schon andeuteten, zwar auch nicht übermäßig alt, aber doch älter als der der Seebäder. Ein Gebiet wie die Schweiz ist durch ihn zu einem Musterland für alles geworden, was mit Fremdenverkehr zusammengehört, und hängt, sonst von der Natur stiefmütterlich bedacht, in seiner Volkswirtschaft sehr weitgehend davon ab.

Ein besonderes Wort sei noch gestattet über das *Aufsuchen klimatisch anderer Erdräume*. Zum Teil fällt das schon mit unter die Begriffe der Seebäder und der Gebirgsgegenden, wo ja das Heilende oder Erfreuende zu nicht geringem Teil mit an der Luftveränderung liegt. Hier meine ich aber jetzt speziell das Aufsuchen eines wärmeren oder kühleren Klimas. Frühere Zeiten mit unentwickelteren Verkehrsverhältnissen konnten sich das nicht leisten. Da wartete man daheim den Sommer ab und erholte sich in ihm vom Winter. Heute sucht man in immer stärkerem Maße während der kühleren Jahreszeit den Sommer anderswo, in wärmeren Landstrichen, auf. Das hat immer weitere Kreise ergriffen. Früher gingen nur die Reichsten an die oberitalienischen Seen oder an die Riviera. Heute trifft man dort schon den Mittelstand; die Wohlhabenderen reisen nach Süditalien, Teneriffa, Ägypten, ja in wachsendem Maße nach dem rein tropischen Ceylon oder, von England und Nordamerika aus, nach den westindischen Gestaden.

Auch das Umgekehrte findet statt, man sucht im Sommer die Kühle auf, geht aus den heißen Tiefländern auf die kühleren Höhen der Gebirge. Ganz besonders ausgebildet worden ist das in den tropischen

Kolonien der Europäer, insbesondere der Engländer. Hier spielen die Höhensanatorien eine außerordentlich große Rolle.

[...]

Verwandt mit all den letztgenannten Fremdenverkehrsarten, von allen ihren Motiven etwas beeinflußt und doch mit einer gewissen eigenen Note versehen ist das, was wir als *„Touristenverkehr"* bezeichnen. Es kommt für diesen als Beweggrund neben dem ästhetischer, wissenschaftlicher, gesundheitlicher Anregung und Förderung noch hinzu die reine Freude am Umherschweifen, zeitweilig losgelöst von der Gleichförmigkeit oder Mühe des Alltags, neuen, wechselnden Eindrücken in behaglicher Muße hingegeben. Dieser Hang und diese Gewohnheit setzen heute außerordentliche Mengen in Bewegung und schaffen eine Fülle von typischen Formen und Einrichtungen des Fremdenverkehrs. Die Bewegung kommt räumlich aus den mehr oder minder wirtschaftlich wohlhabenden Gegenden der Länder und richtet sich hauptsächlich nach den Gegenden von Naturschönheiten, Kunstwerken und geschichtlichen Erinnerungen. Auch sie ist aber einstweilen beschränkt auf die Völker der weißen Rasse, die Japaner etwa wieder ausgenommen. Von anderen Völkern nehmen nur einzelne Individuen daran teil, die europäische Sitten nachahmen.

Auch diese Neigung ist wiederum besonders lebhaft bei den germanischen Völkern, und hier wieder stehen die Engländer obenan, die ja überall die Grundlagen des modernen touristischen Fremdenverkehrs geschaffen haben. Die Romanen dagegen haben weniger entwickelten Sinn dafür. Der Franzose reist überhaupt nicht gern, und Spanien, Italien, Griechenland kann man zwar als erstklassige Touristenländer bezeichnen, aber in der Hauptsache als passive. Ihre Bewohner haben noch weniger als die Germanen Sinn und Verständnis für diese Freude am bloßen ferienhaften, d. h. müßigen und doch lebendig interessierten Reisen von Ort zu Ort.

Zuletzt als Fremdenverkehrsmotiv sei erwähnt der *Sport.* Auch er spielt hinüber in verschiedenes andere: in das Gebiet der Hygiene und das der Unterhaltung; er hat aber seine Besonderheit in der Überwindung von Hindernissen: solchen der eigenen Natur und der Umwelt. Sein ihm eigenes Ziel ist die Freude an den Siegen der eigenen Körper- und Willenskraft.

[...]

Hans Simkowsky: Der Fremdenverkehr. Eine Betrachtung über seine volkswirtschaftliche, soziale und kulturelle Bedeutung und seine Förderung unter besonderer Berücksichtigung österreichischer Verhältnisse, Diss., Wien 1934, S. 8–15 (Auszug).

DER FREMDENVERKEHR
IN SEINEN WIRTSCHAFTLICHEN BEZIEHUNGEN

Von Hans Simkowsky

1. Die Grundlagen des Fremdenverkehrs

Wie jeder Wirtschaftsfaktor, so ist auch der Fremdenverkehr an den Ort gebunden. Der Ort muß so beschaffen sein, daß er den persönlichen Bedürfnissen der Fremden entspricht. Diese Eignung eines Ortes für den Fremdenbesuch kann entweder durch ein günstiges Geschick der Natur gegeben sein, so, wenn sie eine bestimmte Gegend besonders freigebig mit landschaftlicher Schönheit, mit günstigen klimatischen Verhältnissen, mit heilkräftigen Quellen und Bädern, mit Möglichkeiten zu sportlicher Betätigung oder mit sonstigen Anziehungspunkten für fremde Besucher ausgestattet hat, sie kann aber auch in besonders günstigen geographischen Verhältnissen begründet sein.

Wo landschaftliche Schönheit, Gelegenheit zu sportlicher Betätigung oder die Heilkraft natürlicher Quellen eine besondere Anziehungskraft auf fremde Besucher ausüben – es sind dies vorwiegend Gegenden im Gebirge, am Meer, an Seen und in sonstigen von Fremden bevorzugten Lagen –, dort muß durch Anlage moderner Verkehrswege sowie durch Schaffung guter Unterkunfts- und Verpflegungsmöglichkeiten, zweckentsprechender Heileinrichtungen und verschiedener Zerstreuungsmöglichkeiten für die Befriedigung der Bedürfnisse der Besucher gesorgt werden. Größte Bedeutung kommt dem Hotelwesen als Grundlage des Fremdenverkehrs zu, denn Fremdenverkehr und gut ausgestattete Hotels bilden eine unzertrennliche Gemeinschaft. Besonders für den internationalen Verkehr ist das Vorhandensein von Hotels, die den Luxusbedürfnissen eines verwöhnten Publikums gerecht werden, Voraussetzung.[1] Als Konzentrationspunkt für Fremde haben die Hotels die

---

[1] Vgl. K. Knappmann: Hotelwesen. – In: Handbuch des deutschen Fremdenverkehrs, Berlin 1927, S. 36.

heikle Aufgabe, die persönlichsten Bedürfnisse der Reisenden zu befriedigen. Der Umstand, daß die Hotels oft den ersten und entscheidenden Eindruck beim Besucher zurücklassen und die Kritik über Unterkunft und Verpflegung nicht selten für die weitere Beurteilung des ganzen Landes maßgebend ist, macht diese dazu berufen, als Bahnbrecher
der Kultur und des Verkehrs zu wirken.[2] Da das Hotelgewerbe jene
Stelle ist, von welcher aus eigentlich die Befruchtung der Volkswirtschaft erst erfolgt, steht es im Vordergrund aller Fremdenverkehrsgewerbe; nicht sosehr des Gewinnes wegen, sondern vor allem wegen der
großen Kapitalien, die hier festgelegt sind und fortwährend investiert
werden, wegen der großen Zahl der Beschäftigten, ferner wegen der allgemeinen Umsatzbelebung, da gerade die Einnahmen dieses Gewerbes
in besonderem Maße anschließend weiteren Wirtschaftszweigen zugute
kommen.

Wo ein Ort schon infolge seiner geographischen Lage als Schnitt-
punkt von Verkehrsstraßen dazu neigt, Fremde aufzunehmen, dort
werden zur Befriedigung von Kulturbedürfnissen dienliche Momente
entwickelt werden müssen. Historische Denkmäler aus vergangenen
Zeiten, wissenschaftliche und künstlerische Einrichtungen und Darbietungen, technische und sonstige Sehenswürdigkeiten, moderne Kulturpflege, Ausstellungen von Waren, Messen, starke Anziehungskraft
durch Produktions- und Handelsbetriebe bilden hier die Faktoren, die
dem Fremdenverkehr Antrieb und Entwicklungsmöglichkeiten geben.
Man denke an die großen Fremdenstädte Paris, London, Wien, Berlin,
München, Rom, New York usw. mit der ungeheuren Fülle anziehender
Einrichtungen und Darbietungen aller Art.[3]

Neben dem Ort bildet der Mensch einen zweiten wichtigen Faktor,
von dem der Fremdenverkehr seine Daseinsmöglichkeit empfängt. Sowohl die Ortsansässigen als auch die Fremden müssen hierbei in Betracht gezogen werden.

Die Ortsansässigen spielen insofern eine Rolle, als das Vorhandensein

---

[2] P. Damm: Das Hotelwesen. – In: Natur- und Geisteswelt, Band 331, Leipzig 1910, S. 4.
[3] Robert Glücksmann: Die Grundlagen des Fremdenverkehrs. – In: Der
Fremdenverkehr in Theorie und Praxis, herausgegeben vom Bund Deutscher
Verkehrsvereine [e.] V., Berlin, S. 41.

eines Fremdenverkehrs wesentlich von ihrer Eignung zum Wirtsvolk abhängig ist. Länder, deren Bewohner sich den nationalen und individuellen Eigenarten und Wünschen der Fremden nicht anzupassen vermögen, diesen vielleicht gar feindselig gegenüberstehen, oder aus anderen Gründen sich nicht zum Wirtsvolk eignen, werden trotz eventuell vorhandener landschaftlicher Schönheit und sonstiger Anziehungspunkte keinen Fremdenverkehr aufzuweisen haben.

Soweit der Fremde in Frage kommt, sind es vor allem seine körperlichen, geistigen und seelischen Bedürfnisse, die ihn veranlassen, die verschiedenen Fremdenorte aufzusuchen.[4]

Das körperliche Bedürfnis, das Bedürfnis nach Erholung und Gesundheit, ist die mächtige Triebkraft des Erholungsreiseverkehrs, der alljährlich bereits im Frühjahr saisonmäßig einsetzt, um im Hochsommer jeweils den Höhepunkt zu erreichen. Das hastende, nervenerschütternde und gesundheitsgefährdende Erwerbsleben der Großstadtbewohner hat dieses Bedürfnis in hohem Maße gesteigert, und seit die Medizin die gesundheitsfördernde Wirkung des Wintersports erkannt hat, „wiederholt sich die gleiche Strömung nach den Plätzen, welche die Vorbedingung für seine Ausübung erfüllen, nun auch im Winter, wenn auch nicht immer in der gleichen Stärke und meist, vom Wetter besonders abhängig, mehr stoßweise und nur für kürzere Zeit"[5].

Die geistigen Antriebe des Fremdenverkehrs hängen hauptsächlich mit der schulmäßigen Ausbildung (Vorbereitung zum Beruf) zusammen. Der Besuch der Mittel- und Fachschulen, insbesondere aber der Hochschulen, ist in vielen Fällen am ständigen Wohnsitz nicht möglich, die Studierenden sind daher gezwungen, sich an jene Plätze zu begeben, die über die entsprechenden Unterrichtsanstalten verfügen. Solcherart kommt es zur Bewegung nicht unbedeutender Menschenmassen und damit zu einer ebensolchen Belebung des Fremdenverkehrs. An der Wiener Universität waren beispielsweise im Wintersemester 1932/33 insgesamt 12 830 Hörer inskribiert. Davon waren über 2500 Hörer, das sind etwa 20 Prozent, Ausländer. Noch viel stärker ist der Anteil der ausländischen Studierenden an der Universität Innsbruck. Dort waren

---

[4] Vgl. Robert Glücksmann, a. a. O., S. 30.

[5] Xaver Häußler: Fremdenverkehr, Abhandlungen aus dem Staatswissenschaftlichen Seminar an der Universität Erlangen, H. 8, Leipzig 1930, S. 9.

im Sommersemester 1932 über 3000 Hörer inskribiert, davon zwei
Drittel, nämlich etwa 2000, Reichsdeutsche.[6] Aber auch der im Berufs-
leben Stehende hat das geistige Bedürfnis, sein Wissen um Welt und
Menschen zu bereichern. Dem einen gilt es, die antike Architektur
Griechenlands oder die Malerei Italiens zu studieren, dem anderen, die
technischen und sozialen Einrichtungen der Großstädte kennenzulernen, beim Dritten ist es vielleicht der Wunsch, die großen Kunstsamm-
lungen in Wien oder Paris zu sehen. Während die Vorbereitung zum Beruf gewissermaßen eine äußere Notwendigkeit, einen Zwang zur Änderung des Standortes darstellt, liegt hier der Antrieb zum Reisen im
Willen des Menschen. Der Beruf führt überdies seine Angehörigen zu
Tagungen und Kongressen zusammen, wo soziale und wirtschaftliche
Probleme ihres Interessenkreises oder rein geistige Probleme ihrer Wissenschaft behandelt werden. Die Kongresse der akademischen Berufe,
wie der Juristentag und Ärztetag, Hochschultagungen, landwirtschaftliche und gewerbliche Kongresse, Versammlungen der durch Weltan-
schauung verknüpften Menschen, wie zum Beispiel der Katholikentag
und die verschiedenen Parteitagungen, sie alle befruchten den Fremdenverkehr, und um sie bewirbt sich jede Ortschaft, die die Vorbedingungen zur Aufnahme ihrer Teilnehmer erfüllt.

Schließlich wird der Fremdenverkehr noch durch eine Reihe seeli-
scher Bedürfnisse nach verschiedenen Richtungen hin gefördert. Das
der seelischen Unruhe entspringende Bedürfnis nach Ruhe und Entspannung zieht den arbeitenden Menschen in die ruhigen Kurorte und
Sommerfrischen; das fieberhafte Leben unserer Zeit macht eine gele-
gentliche Entspannung geradezu zur unbedingten Notwendigkeit. Dieser Umstand hat in den letzten Jahren auch zur Wochenendbewegung
geführt. Viele Tausende Menschen wandern, vorzugsweise in der wärmeren Jahreszeit, zum Wochenende in die nähere und weitere Umgebung der Städte, um in freier und friedlicher Natur Stunden der Ruhe
und der seelischen Entspannung zu finden. Das gleiche Bedürfnis ist
zum Teil maßgebend für die stets wachsende Anziehungskraft, die Alpinismus und Wintersport, besonders auf die Bewohner der Städte,
ausüben. Es kann aber auch Unruhe wieder mit Unruhe bekämpft werden. So bildet auf der anderen Seite die Seelenverfassung jener Men-

---

schen, die sich zufolge ihres unausgefüllten Lebens nach Unruhe, Abwechslung und Zerstreuung sehnen, ein treibendes Moment für den Besuch der mondänen Kurorte, der Luxusbäder und der Spielkasinos. Hier versammeln sich die kaufkräftigen, höchsten Luxus beanspruchenden Besucher, um ihr ererbtes oder mühelos erworbenes Geld mit leichter Hand auszugeben.

In eine andere Reihe der seelischen Antriebe des Fremdenverkehrs gehören jene Bedürfnisse, die Beziehungen von Mensch zu Mensch zum Inhalt haben, wie Freundschaft, Verwandtschaft, Liebe, Geltungsbedürfnis, Heimweh, Sehnsucht nach der Natur schlechthin, nach Ländern von besonders anziehendem landschaftlichen Typus, nach den Schauplätzen bedeutsamer Begebenheiten oder persönlicher Erlebnisse. Soweit Freundschaft, Verwandtschaft und Liebe eine Antriebskraft des Fremdenverkehrs darstellen, sei unter anderem nur an das gemeinsame Wandern befreundeter Menschen, an die Wandervogelbewegung, an den Austausch von Kindern verschiedener Nationen, an die Reisen zum Zwecke gegenseitigen Besuches, an die Hochzeitsreisen usw. erinnert. Für den Qualitätsfremden spielt das Geltungsbedürfnis eine bedeutende Rolle. Man besucht die teuren Plätze mondänen Lebensgenusses, um zu sehen und gesehen zu werden, um zu jener kaufkräftigen Schicht, von der oben die Rede war, gezählt zu werden, um eben dort gewesen zu sein und mitreden zu können. Die Mode spielt hierbei natürlich eine große Rolle, und es kommt dieses oder jenes Bad in Aufschwung, weil ein besonders kaufkräftiges Publikum sich dort versammelt und die Mitläufer als dazugehörig betrachtet werden wollen. Es kann jedoch das Streben nach Geltung auch altruistisch fundiert sein, etwa um seinem Vaterland oder seiner Vaterstadt einen Namen zu machen. Wir erinnern uns hier an die Wettkämpfe unserer sportlich übersteigerten Zeit, wo Ort gegen Ort, Gau gegen Gau, Land gegen Land zum Sportkampf antritt.

„Das Gefühl, mit der Natur verbunden zu sein, deckt sich fast immer mit dem der Gotteskindschaft. Mag es pantheistische Vorstellung, mag es die metaphysische sein. Gerade aus der letzteren entwickelt sich jener Hang zur Mystik, der bei allen Völkern das Wallfahrtswesen herangebildet hat. Ob es die Wallfahrt nach Lourdes, Kevelaar, Tschenstochau, nach Mekka oder zum Wunderrabbi, zum Papst oder Dalai Lama ist, die Sehnsucht nach dem Übermenschlichen, nach dem Wunder, der

Hang, hinter den Vorhang des leiblichen Todes zu sehen, wirkt sich hier aus. In welchem ungeheuren Ausmaße der Fremdenverkehr durch religiöse Impulse befruchtet wird, mögen die Zahlen sagen, die Italien veröffentlicht. Das anno santo brachte dem Lande 200 000 ausländische Pilger. In Deutschland beziffert man die Zahl der Wallfahrtsteilnehmer nach Kevelaar auf jährlich 800 000 Personen, in Frankreich die Pilger nach Lourdes auf 600 000." [7]

2. Die Bedeutung des Fremdenverkehrs für eine Volkswirtschaft in ihrer Gesamtheit

Die Bedeutung des Fremdenverkehrs für die Volkswirtschaft liegt vor allem darin, daß der Fremdenverkehr in seinen Gebieten neben den bereits nutzbar gemachten Grundlagen der Erwerbstätigkeit und Lebensexistenz neue Möglichkeiten schafft, indem er produktive Kräfte belebt, die ohne ihn geschlummert hätten, gleichzeitig aber auch auf die gegebene Produktionsgrundlage befruchtend einwirkt, also als dynamischer Faktor die ganze Wirtschaft anregt und damit zur Hebung des Volkswohlstandes beiträgt.

Die Fremden geben durch ihre Nachfrage, die sie in den von ihnen besuchten Gebieten als Verbraucher von Wirtschafts- und Kulturgütern entfalten, Anlaß zu intensiverer Wirtschaftstätigkeit. Sie bringen Geld ins Land und schaffen damit Arbeits- und Verdienstmöglichkeit für viele Menschen, die sonst mangels ausreichender Produktionsgrundlagen gezwungen wären, in der Fremde ihren Lebensunterhalt zu suchen, oder vielleicht bei mühevoller Heimarbeit und ihren Hungerlöhnen ein unsicheres und kärgliches Dasein zu fristen. Der Fremdenverkehr läßt tausendfältige Arme sich regen und schafft durchschnittlich gute Verdienste, er hält und ernährt somit die Bewohner im eigenen Lande, ja in der Saisonzeit können sogar vielfach noch Arbeitswillige von auswärts Beschäftigung finden.

Die wirtschaftliche Lage eines Fremdengebietes wird natürlich dann in besonderem Maße gebessert werden, wenn der aus dem Fremdenverkehr sich ergebende Mehrbedarf durch Produktion an Ort und Stelle

[7] Robert Glücksmann, a. a. O., S. 35 f.

gedeckt werden kann. Wo eine intensivere Bodenausnützung oder der
Übergang zu einem anderen Anbau, etwa zu Gartenkultur, möglich ist,
wird daher die Gelegenheit nicht lange unbeachtet bleiben.[8] Aber auch
dort, wo die Möglichkeit nicht besteht, wird der Fremdenverkehr bessere Erträge abwerfen als so manche andere Beschäftigung, denn der
Fremde zahlt, besonders in Gebieten des Qualitätsfremdenverkehrs,
wesentlich mehr, als er dafür an Werten für Unterkunft und
Verpflegung erhält. Er schätzt eben die Möglichkeit, mitten in auserle-
sener Natur einige Zeit verbringen zu können, so hoch ein, daß er zu jener Überzahlung der von ihm verbrauchten Wirtschaftswerte gerne bereit ist. Die Bewohner erhalten auf diese Weise für etwas einen realen
Gegenwert, was sie tatsächlich nichts kostet und was sie früher nicht zu
nützen wußten. Sie beziehen eine Art Rente; die Schönheit der Natur
wird zur Quelle dieser Rente.

Ist nun in einem bestimmten Gebiet die Aussicht vorhanden, daß der
Fremdenbesuch zunehmen wird, dann wird sich die Verbesserung beziehungsweise Neuanlage von Unterkunfts- und Verkehrsgelegenhei-
ten als notwendig und rentabel erweisen. Selbst unwirtschaftliche
Grundstücke können nun als Baugelände erheblichen Wertzuwachs erfahren, wobei dann eine Ansiedlung weitere anlockt und die Rentenbil-
dung auch auf die Nachbargründe übergreift. Dadurch erhält einerseits
die Produktionssteigerung, andererseits der Fremdenverkehr selbst
neue Impulse. Erfüllen sich dann die Hoffnungen und wächst der
Fremdenverkehr tatsächlich an, dann kann er unter Umständen so um-
wälzend auf die Einkommens- und Wirtschaftsverhältnisse wirken, daß
aus einem ursprünglich armseligen Gebirgsdorf ein ansehnlicher Kurort
wird, aus einem sonst verlassenen Gebiet ein solches mit lebhaftem Verkehr.[9]

Neuerungen auf dem Gebiete der Unterkunftsmöglichkeiten und des
Verkehrswesens stehen mit der Intensität des Fremdenverkehrs in eng-
ster Wechselbeziehung; beide fördern sich gegenseitig, beide gedeihen
miteinander. Gut ausgestattete Hotels bilden eine der Hauptgrundlagen

---

[8] Vgl. Xaver Häußler, a. a. O., S. 4 f.
[9] v. Schullern zu Schrattenhofen: Fremdenverkehr und Volkswirtschaft. – In:
Jahrbuch für Nationalökonomie und Statistik, 3. Folge, Band 42, Jena 1911,
S. 440.

eines gedeihlichen Fremdenverkehrs, denn guter Unterkunft und
Verpflegung gelten auf Reisen die ersten Sorgen. Ohne geeignete Un-
terkunfts- und Verpflegungsstätten wird sich daher auch in jenen Gegenden, die eventuell die sonstigen Voraussetzungen erfüllen würden,
kein stärkerer Fremdenverkehr entfalten können. Ihr Entstehen tritt
mit dessen Entwicklung in den engsten wechselseitigen Zusammenhang.

„Wie überall im Wirtschaftsleben der gewaltige Aufschwung der letzten Jahrhunderte sich in einer starken – den Bedarf oft sogar überholen-
den – Zunahme von Unternehmungen aller Art äußerte, so konnte
vielen auch die Gewinnchance nicht verborgen bleiben, welche mit der
Erstellung und dem Betrieb von Unterkunfts- und Verpflegungsstätten
an den vom Verkehr bevorzugten Plätzen verbunden schien. Hotels,
Gasthöfe und Pensionen entstanden in großer Zahl, und je mehr der
Sinn für Naturschönheiten erwachte, der Drang nach Erholung und
Ruhe sich regte, um so weniger wurde das Risiko gescheut, allen Bau-
schwierigkeiten zum Trotz als Standort die hintersten Winkel der Ge-
birgstäler und schöne Aussichtspunkte zu wählen. Auf diese Weise
waren viele Unternehmungen nicht immer erst die Folge, sondern im
Gegenteil die Ursache des Verkehrs und damit der wirtschaftlichen Hebung einzelner Gegenden. Das Erstehen neuer Betriebe brachte aber
auch für die reisende Welt selbst Vorteile, da sie neue Stätten gewann,
welche für die Erholung und Stärkung der Volkswirtschaft dienstbar
wurden. Der zunehmenden Nachfrage stellte sich somit ein stärkeres
Angebot gegenüber, was Preissteigerungen entgegenwirkte, bisherige
Monopolbetriebe aus ihrer Sorglosigkeit herausriß und sie zu besseren
Leistungen anspornte. Dieser Zwang der Konkurrenz sowie die steigenden Bedürfnisse des modernen Reiseverkehrs haben in hohem Maße
mitgewirkt, die Kurorte und die Hotels zu immer weiterer Vervollkommnung ihrer Einrichtungen anzuregen. Gerade die Vergnügungs-
und Erholungsreisenden sind in der Regel sehr anspruchsvoll, dazu
haben sie bei der scharfen Konkurrenz auch ein gewisses Recht, und je
mehr besonders das Ausland sich bemüht, sie an sich zu ziehen, um so
mehr ist das Schritthalten mit den Neuerungen der Zeit und Kultur gerade im Hotelgewerbe ein Gebot wirtschaftlicher Entwicklung." [10]

[10] Xaver Häußler, a. a. O., S. 31 f.

In ähnlicher Weise steht der Fremdenverkehr und aller sonstige Verkehr in inniger Wechselbeziehung. Einerseits erfolgt durch den Fremdenverkehr eine starke Mehrbeanspruchung der Verkehrsmittel und verdanken viele Verkehrseinrichtungen dem Fremdenverkehr überhaupt ihr Entstehen, andererseits erfährt wieder der Fremdenverkehr durch das Vorhandensein günstiger Verkehrsverhältnisse einen mächtigen Antrieb. Die engste Wechselbeziehung zum Fremdenverkehr besteht bei dem am meisten benützten Verkehrsmittel, der Eisenbahn. Wie eng der Zusammenhang ist, zeigt nicht nur das Anschwellen der Einnahmen aus dem Personenverkehr in den Hauptreisemonaten Mai bis August, die dann rapide sinken, während die Einnahmen aus dem Güterverkehr stabiler bleiben, sondern auch die Tatsache, daß die Bahneinnahmen der Fremdenverkehrsorte jene der übrigen mit gleicher Größe um ein beträchtliches übertreffen.[11]

Der Fremdenverkehr unterhält und hebt aber nicht nur die wirtschaftlichen Verhältnisse der eigentlichen Fremdenverkehrsgebiete, denn die aus dem Fremdenverkehr sich ergebenden Einnahmen kommen nicht nur den nächststehenden Wirtschaftsgruppen, wie z. B. dem Gastgewerbe, der Andenkenindustrie, den vornehmlich an Fremde verkaufenden Händlern usw. zugute, sondern sie ergießen sich vielmehr durch ein weitverzweigtes Kanalnetz über das ganze Volk. Aus dem Fremdenverkehr ziehen neben der großen Kategorie von Berufszugehörigen des Gastgewerbes und durch sie alle Erwerbsgruppen der Erzeugungs- und Handelsgewerbe sowie die wichtigsten Industriezweige wirtschaftlichen Nutzen, aber auch die Landwirtschaft nimmt in hohem Maße Anteil an den Fremdenverkehrseinnahmen und nicht minder auch ein Großteil der freien Berufe (Ärzte, Künstler, Fuhrwerksunternehmer, Dienstmänner usw.), was für das gesamte Wirtschaftsleben des Landes von hervorragender Bedeutung ist. Durch die alljährlich notwendigen Reparaturen sowie durch die Erweiterungs-, Neu- und Umbauten erfährt ferner das Baugewerbe rege Belebung. Mehr oder minder ist in den Fremdenorten die gesamte Einwohnerschaft am Fremdenverkehr interessiert. Wer nur kann, auch der Beamte,

---

[11] Vgl. Zollinger: Bilanz der internationalen Wertübertragungen. – In: Probleme der Weltwirtschaft, Jena 1917, Nr. 18, S. 7; und Xaver Häußler, a. a. O., S. 37.

der Angestellte und der Arbeiter, vermietet freistehende Zimmer und gewinnt so eine erwünschte Einkommenszulage.

Alle diese Einnahmen bewirken eine Hebung der Lebenshaltung der Bevölkerung, sie erleichtern den Absatz von Gütern und Diensten und beleben die Wirtschaft nicht nur für die Saisonzeit, sondern auch weiterhin. Sie laufen entweder von Hand zu Hand, sofern gesteigerte Bedarfsdeckung Platz greift, oder sie werden gespart und stehen dann unter Umständen auf dem Darlehenswege anderen Wirtschaftssubjekten zur Verfügung. Das rege Wirtschaftsleben steigert die Rentabilitätschance aller Kapitalanlagen, und in der Aussicht auf Gewinn liegt an sich schon ein Ansporn für Arbeitsgeist und Unternehmungslust.[12]

[...]

---

[12] Vgl. Morgenroth, W.: Fremdenverkehr. – In: Handwörterbuch der Staatswissenschaften, 4. Auflage, Bd. 4, Jena 1927, S. 399 (Seite 28 f. in diesem Band).

Adolf Grünthal: Probleme der Fremdenverkehrsgeographie. Diss. Berlin 1934, S. 14–23 (Auszug).

DIE FREMDENVERKEHRSKARTE

Von ADOLF GRÜNTHAL

Die *Aufgabe der Fremdenverkehrskarte* besteht darin, die Verbreitung und Struktur des Fremdenverkehrs sowie seine Beziehungen zu anderen geographischen Faktoren darzustellen. Durch die Verbindung dieser Aufgaben soll aus der Fremdenverkehrskarte der Charakter des Fremdenverkehrs in einem bestimmten Orte oder Lande erkannt werden können. Damit wird Tiessens Forderung[1] erfüllt, daß die Karte über die Aufzählung der Tabelle hinaus *Erkenntnisse der Zusammenhänge* vermittele.

Alle bisher bekanntgewordenen Fremdenverkehrskarten sind Statistiken in kartographischer Darstellung. Teils handelt es sich um die Wiedergabe absoluter, teils um die relativer Fremdenverkehrszahlen.

Mit absoluten Zahlen arbeitet Engelmann.[2] Er stellt den Fremdenverkehr im Jahre 1922 in wichtigen Fremdenorten Österreichs dar, und zwar gegliedert nach der Herkunft der Fremden (Wien, übriges Österreich, Deutschland, übriges Ausland). Die Form der Darstellung sind nach der Fremdenverkehrsstärke verschieden große Kreise, deren Sektoren die Herkunft der Fremden anzeigen.

Mariotti[3] stellt den Fremdenverkehr der einzelnen Regionen Italiens dar, und zwar nach Aufenthaltstagen teils für italienische, teils auch für ausländische Reisende in den Jahren 1925 und 1926 sowie für einzelne Monate und Vierteljahre 1926. Die Stärke des Fremdenverkehrs ist durch mehr oder minder starke Schraffierung der Regionen angezeigt.

---

[1] Tiessen: Die wesentlichen Forderungen an wirtschaftsgeographische Karten. – In: Hermann-Wagner-Gedächtnisschrift, Gotha 1930, S. 265 ff.

[2] Engelmann: Zur Geographie des Fremdenverkehrs in Österreich. – In: Mitt. d. Geogr. Ges. in Wien, 67. Band, 1924.

[3] Mariotti: Considerazioni Geografiche sul Movimento Turistico in Italia, Mailand 1927.

Eine andere Karte veröffentlichte die ENIT 1930,[4] in der die Übernachtungszahlen der Fremden durch Kreise in acht verschiedenen Größen dargestellt wurden. Die Größenordnung bedeutete weniger als 50 000, 50 000–100 000, 100 000–200 000, 200 000–400 000, 400 000–600 000, 600 000–800 000, 800 000–1 000 000 und mehr als eine Million Übernachtungen. Der Anteil der Ausländer am Fremdenverkehr jedes Ortes wurde durch Schwarzdruck eines entsprechenden Kreissektors gekennzeichnet. Die Karte gibt schon einen recht guten Überblick, doch kann man die verschiedenen Kreisgrößen schwer auseinanderhalten.

Ganz ähnlich, aber mit neun Abstufungen der Fremdenverkehrsziffern, ist eine Karte der ENIT „Statistico delle Stazioni di Cura, Soggiorno e Turismo 1930", Rom 1931. Hier ist außerdem die Gesamtfrequenz der einzelnen Fremdenverkehrsregionen durch Kreisbogenabschnitte angegeben. Der Anteil der Ausländer wurde durch Schwarzdruck angedeutet.

Das Bayerische Statistische Landesamt bearbeitete auf Grund der Statistik 1924 eine Karte der bayerischen Fremdenverkehrsorte und führte sie auf der Deutschen Verkehrsausstellung 1925 vor. Es wurden alle an der Statistik beteiligten Orte aufgenommen. Die wichtigeren wurden entsprechend dem Umfang ihres Fremdenverkehrs mit verschieden großen farbigen Kreisen eingetragen, wobei nach der Herkunft aus Bayern, dem übrigen Deutschen Reich und dem Ausland gegliedert wurde. Auf Grund der Jahresergebnisse 1928 wurde die Karte neu angefertigt, aber nicht veröffentlicht.

Eine Karte mit *relativen* Zahlen zeichnete Freudiger.[5] Hier ist für einen einzelnen Ort – Bern – der Auslandsfremdenverkehr 1927 dargestellt. Auf einer Karte von Europa und einer Erdkarte wurden die Zahlen der Gäste Berns aus den einzelnen Ländern bzw. Erdteilen, auf je 100 000 Einwohner des betreffenden Landes oder Erdteiles bezogen, eingetragen.

Durch die Tiessenschen Einheitslinien ist ein neues Mittel der kartographischen Methode gegeben, und es ist bereits versucht worden, es auf den Fremdenverkehr anzuwenden, wie aus Fremdenverkehrskarten

[4] Statistica delle Stazioni di Cura, Soggiorno e Turismo 1929.
[5] Freudiger: Der Fremdenverkehr in der Stadt Bern, Bern 1928.

von Bayern und von Hunsrück und Taunus zu ersehen ist.* Beide Karten sind Wiedergaben aus dem Archiv für den Fremdenverkehr, April 1930 und Januar 1931.

Die Karte von Bayern ist nach Regionen geliedert, die im einzelnen ohne weiteres aus der Karte zu ersehen sind. Dargestellt sind die Übernachtungszahlen des Sommerhalbjahres 1929, und zwar wurden die Orte berücksichtigt, die in dieser Zeit mehr als 5000 Übernachtungen gemeldet hatten. Eine genaue Aufstellung dieser Orte ist im Archiv, April 1930, enthalten. Die Zahl der Übernachtungen in jedem Gebiet wurde durch Linien dargestellt: Eine einfache Linie bedeutet 50 000, eine Doppellinie 100 000, eine Balkenlinie 500 000 Übernachtungen. Wegen der Einzelheiten kann auf die Ausführungen im Archiv verwiesen werden.

Das Prinzip der Darstellung in der Fremdenverkehrskarte von Hunsrück und Taunus ist ganz ähnlich, nur beruhen die Angaben auf der Zahl der Fremden, die die einzelnen Orte im Sommer 1929 besucht haben, nicht auf der Zahl der Übernachtungen. Hier ist auch schon versucht worden, die spezifische Bedeutung jedes Ortes als Bad oder Luftkurort und seine besonderen Heilmittel zu kennzeichnen. Diese Versuche befriedigen aber noch nicht, weil auch diese Karten nur als eine kartographische Statistik anzusehen sind und die geographischen Zusammenhänge nicht deutlich werden.

Es kommt bei der Fremdenverkehrskarte mit der Darstellung der lokalen Verbreitung des Fremdenverkehrs darauf an, *die ausschlaggebenden geographischen Faktoren herauszuarbeiten, die den Fremdenverkehr jedes Ortes bedingen*. Solche Faktoren können sein:

1. Großformen der festen Erdoberfläche
2. Gewässer
   a) Meer
   b) Seen
   c) Flüsse
   d) Quellen (warme, mineralhaltige, radioaktive usw.)
3. klimatische Verhältnisse
4. Vegetationsformationen
5. Tiere

* Diese Karten werden hier nicht wiedergegeben. [Anm. d. Red.]

6. Siedlungen
   a) als Ansammlungen von Menschen mit all ihren soziologischen
      Wirkungen in der Ferne
   b) als Stätten mit religiösen Mittelpunkten
   c) als Stätten mit besonders hervorragenden Kunst- und Altertums-
      schätzen sowie mit sonstigen Sehenswürdigkeiten
   d) als Stätten der Pflege von Kunst und Wissenschaft
   e) als Wirtschafts- und Verwaltungszentren
   f) als Stätten mit Vergnügungsgelegenheiten und Veranstaltungen
      aller Art
7. Verkehrslage.

Eine Anzahl von Faktoren gehen aus den üblichen Kartenzeichen bereits hervor (1, 2, 3, 4, 6 a, 7), für die anderen müssen bestimmte Zeichen
eingeführt werden, um die Fremdenverkehrsorte zu charakterisieren.
Oft werden mehrere Faktoren zugleich ausschlaggebend sein, dann
können mehrere Zeichen eingesetzt werden.

Aus der praktischen Anwendung dieser Methode wird allmählich
hervorgehen, ob es nicht angebracht sein wird, mehrere Zeichen zu einem einzigen zu verbinden, weil sie meist gemeinsam als ausschlagge-
bendes Charakteristikum vorkommen. Dazu dürften z. B. Orte mit
landschaftlichen Schönheiten gehören, die nicht Bade- oder Luftkurorte sind und die im allgemeinen als Sommerfrischen bezeichnet werden.

Dient bis hierher die Fremdenverkehrskarte sowohl der Fremdenverkehrswissenschaft als auch der Geographie, so schlägt sie in das rein
geographische Gebiet, wenn der Fremdenverkehr neben anderen geographischen Faktoren als das Charakteristikum einzelner Orte, Landschaften oder Staaten in die Karte aufgenommen werden soll. Hierzu
bedarf es aber einmal der Erkenntnis, daß ein Ort überhaupt als typischer Fremdenverkehrsort anzusprechen ist, und zum anderen der Erkenntnis der besonderen Art des Fremdenverkehrs an diesem Orte.
Dasselbe gilt entsprechend für einzelne Landschaften und Staaten.

Beide Erkenntnisse sind bis zu einem bestimmten Grade mit Hilfe der
Statistik zu gewinnen. Die Statistik versagt jedoch vielfach, wie weiter
unten genauer ausgeführt werden soll, und deshalb muß die Beobachtung des Fremdenverkehrs an einem Orte oder in einem Lande aus
eigener Anschauung, in gewissem Maße auch die Erkundung durch

Befragung sowie das Literatur- und Bilderstudium hinzutreten. Für das Literaturstudium kommen Länder- und Städtemonographien, Reisebeschreibungen, Heimatzeitschriften, Kur- und Badeblätter, Reisebeilagen der Tageszeitungen und Reiseführer in Betracht. Auch die Tageszeitungen, die zuweilen Landschaftsschilderungen bringen, können als Materialquellen dienen.[6]

Man ist sich allgemein darüber klar, daß die meisten Statistiken nicht absolut sichere Zahlen, sondern Annäherungs- oder Wahrscheinlichkeitswerte ergeben.[7] Das gilt auch für die Fremdenverkehrsstatistik, die besonders stark mit Fehlerquellen belastet ist.

Darüber ist schon viel geschrieben und gesprochen worden, so daß auf die einschlägigen Schriften verwiesen werden kann.[8] Es genügt daher, wenn hier die wichtigsten und für die Geographie notwendigen Gesichtspunkte herausgegriffen werden.

[6] Vgl. Grünthal: Geographie des Fremdenverkehrs. – In: Hotelbetrieb, 1929, Nr. 1.

[7] Eckert: Die Kartenwissenschaft, II, Berlin/Leipzig 1928, S. 144.

[8] Berichte über die Tagungen des Verbandes der Deutschen Städtestatistiker, insbesondere XX., XXV., XXVI., XXXIV. u. XXXV. Konferenz.
Klafkowski: Methode einer Fremdenverkehrsanalyse, Berlin 1931, S. 4, 8, 9, 11.
Bormann: Die Lehre vom Fremdenverkehr, Berlin 1930, S. 46 ff.
Eckert: Die Entwicklung des modernen Reise- und Fremdenverkehrs im Gebiet des Vierwaldstätter Sees, Basel/Lörrach 1933, S. 119.
Grünthal: Fremdenverkehrsanalyse d. Provinz Oberschlesien, Berlin 1932, S. 23 ff.
Zahn: Nationale und internationale Fremdenverkehrsstatistik. – In: Archiv für den Fremdenverkehr, April 1930.
Büchner: Fremdenverkehrsstatistik und Meldewesen in Preußen. – In: Archiv für den Fremdenverkehr, April 1930.
Simon: Gedanken über den Ausbau der Fremdenverkehrsstatistik mit Hilfe der neuen preußischen Meldeverordnung vom 4. April 1930. – In: Archiv für den Fremdenverkehr, April 1930.
Schuhwerk: Die Methodik in der deutschen und österreichischen Fremdenverkehrsstatistik. – In: Archiv für den Fremdenverkehr, Oktober 1930.
Meyer: Genügt unsere Fremdenverkehrsstatistik den Anforderungen, die man an sie zu stellen hat. – In: Archiv für den Fremdenverkehr, Juli 1931.
Büchner: Wege zur Vereinheitlichung der deutschen Fremdenverkehrsstatistik. – In: Archiv für den Fremdenverkehr, Juli 1931.

Am wichtigsten ist wohl die Angabe der *Zahl der Fremden,* durch die
überhaupt erst der Umfang des Fremdenverkehrs an einem Orte gekennzeichnet wird. Erforderlich ist die Zahlangabe für bestimmte Zeit-
punkte oder Zeiträume. Die Zeiträume können nach Tagen, Wochen,
Monaten, Vierteljahren, Jahreszeiten und Jahren bestimmt sein. Dabei
wäre auch zwischen Ankunfts- und Abreisetagen zu unterscheiden, um
die temporären Verschiedenheiten aufzudecken.

Ebenso wichtig ist die Erfassung der *Aufenthaltsdauer* der Fremden,
und zwar einmal als absolute Zahl der *Aufenthaltstage aller Fremden,*
zum anderen als relative Zahl der *durchschnittlichen Aufenthaltsdauer*
des einzelnen Fremden.

Es sind nur verhältnismäßig wenige Länder der Erde, hauptsächlich
europäische, die solche Fremdenverkehrszahlen erfassen, und unter ihnen bestehen noch sehr erhebliche Abweichungen in der Methode. Die
internationalen statistischen Kongresse bemühen sich um Vereinheitli-
chung, aber es ist bisher noch nicht sehr viel erreicht worden, wenn auch
Ansätze bemerkbar sind.[9]

Die Erfassung der Fremden geschieht auf Grund von polizeilichen
Meldezetteln, von Zählungen in den Hotels und sonstigen Beherber-
gungsstätten,[10] auf Grund erteilter Passiva, von ausgegebenen Kurkar-
ten und Zählungen beim Grenzübergang. Die beiden letzten Methoden
können nur den Fremdenverkehr im ganzen Staate erfassen, und zwar
nur die Zahl der vom Ausland eingereisten Personen.

Mit den übrigen Methoden lassen sich in den meisten Fällen nur diejenigen Fremden erfassen, die mindestens eine Nacht in dem betreffen-

---

Vinzl: Die Ergebnisse der tschechoslowakischen Fremdenverkehrsstatistik, eine
Kritik und Abänderungsvorschläge. – In Archiv für den Fremdenverkehr, April,
Okt. 1931, Januar 1932.
Simon: Die Frage nach der Herkunft in der Fremdenverkehrsstatistik. – In: Archiv für den Fremdenverkehr, Juli 1931.
Ferner viele Aufsätze in Verkehr und Bäder, im Deutschen Statistischen Zentral-
blatt und in den Hotelzeitschriften. Besonders beachtenswert ist die ›Bibliographie der deutschsprachigen Literatur über Fremdenverkehr und Fremdenverkehrsstatistik‹ von W. Bloch im Archiv, die fortgesetzt wird.
[9] Zahn: Zur Frage der Fremdenverkehrsstatistik. Referat, gehalten auf der
XVIII. Tagung des Internationalen Statistischen Amtes 1929 in Warschau.
[10] Zum Beispiel zum Zwecke der Erhebung von Aufenthaltssteuern.

den Orte verbleiben. Einige Kurorte geben Tagesfremdenkarten aus, und hiernach ließe sich für diese Orte ein Anhaltspunkt für die Zahl der Tagesfremden finden. Da aber viele Fremde solche Karten nicht lösen, ist die errechnete Zahl ungenau. Alle Fremden, die sich nur kurze Zeit in einem Orte aufhalten und nicht übernachten, fallen aus der wirtschaftlich zu rechtfertigenden Erfaßbarkeit heraus. Von den übernachtenden Fremden können z. B. in Deutschland die bei Verwandten, Bekannten oder in sonstigen Privatquartieren nur für kurze Zeit wohnenden nicht gezählt werden, weil sie nicht meldepflichtig sind.[11] Eine Ausnahme hiervon bilden die Orte, die Kurtaxen erheben, aber auch hier fallen vielfach Fremde nicht unter die Meldebestimmungen, weil die Kurtaxpflicht erst nach einem oder mehreren Tagen eintritt, oder weil Reisende, die nicht zu Kurzwecken am Orte weilen, von der Kurtaxpflicht nicht betroffen werden.

Die Gliederung der Fremden nach der Dauer ihres Aufenthaltes am Wirtsort wird in der Praxis außerordentlich verschieden gehandhabt. Nach dem Charakter der Orte ist hier zwischen Kurorten und Nichtkurorten zu unterscheiden. In Orten, die nicht Kurorte sind, ist die Aufenthaltszeit des einzelnen Reisenden meist nicht sehr lang, und deshalb werden Unterscheidungen nicht getroffen. Eine besondere Stellung nehmen dabei allerdings die Orte mit Hochschulen oder sonstigen bedeutenden Lehrinstituten ein, die regelmäßig Zuzug durch eine größere Zahl Studierender und Schüler von anderwärts haben. Die Anzahl dieser Fremden auf den bedeutenderen Lehranstalten läßt sich durch Umfrage bei diesen ermitteln und kann mithin von der Zahl der übrigen Ortsfremden getrennt werden.

Anders ist es bei den Kurorten. Hier ist grundsätzlich zu unterscheiden zwischen den Gästen, die eine Kur gebrauchen oder längere Zeit zur Erholung verweilen, sowie ihren Begleitern und den Gästen, die nur auf kurze Zeit den Ort zu irgend welchen Zwecken aufsuchen. Natürlich fließen die einzelnen Fristen der Aufenthalte ineinander über, aber der grundsätzliche Unterschied zwischen Gästen mit langfristigem und Gästen mit kurzfristigem Aufenthalt besteht. In der Praxis werden die

[11] Der Versuch einer solchen Zählung ist in Nürnberg gemacht worden. Vgl. Meyer: Erweiterung der Fremdenverkehrsstatistik durch Erfassung der in Privatquartieren abgestiegenen Fremden, Stat. Zentralbl., 1930, 7.

Fremden mit längerem Aufenthalt meist als Kurgäste bezeichnet. Die
Bezeichnung der Fremden mit kürzeren Aufenthaltszeiten sowie die
Begrenzung zwischen kurz- und langfristigem Aufenthalt ist verschie-
den. Hauptsächlich wird das Wort „Passant" gebraucht, doch auch die
Bezeichnungen „Nachtfremde", „Durchreisende", „Fremde mit weni-
gen Tagen Aufenthalt" kommen vor. Für das Wort „Passant" im Sinne
eines Fremden mit kürzerer Aufenthaltsdauer wurden folgende Defini-
tionen gefunden [12]:
Fremde mit einmaliger Übernachtung
Fremde mit zweimaliger Übernachtung
Fremde mit Aufenthalt bis zu drei Tagen
Fremde mit dreimaliger Übernachtung
Fremde mit Aufenthalt bis zu vier Tagen
Fremde mit viermaliger Übernachtung
Fremde mit fünfmaliger Übernachtung
Fremde mit Aufenthalt von weniger als einer Woche
Fremde mit Aufenthalt bis zu einer Woche
Fremde mit Aufenthalt von wenigen Tagen
Nicht übernachtende Gäste
Durchreisende ohne Aufenthalt
Durchreisende bis zu drei Übernachtungen.
   Es ist klar, daß solche Uneinheitlichkeit die Vergleichbarkeit in sehr
erheblichem Maße stört.
   Weiterhin ist von Bedeutung die Feststellung der *Herkunftsgebiete*
der Fremden. Dabei muß unterschieden werden zwischen Staatsange-
hörigkeit und ständigem Wohnsitz der Fremden, denn in sehr vielen
Fällen stimmen diese beiden Angaben nicht überein. Es kommt nun
hauptsächlich darauf an, festzustellen, wo der fremde Gast den Mittelpunkt seiner wirtschaftlichen Tätigkeit hat, der in der Regel mit dem
ständigen Wohnsitz zusammenfällt. Vielerorts werden die Fremden
nicht nach dem ständigen Wohnsitz, sondern nach der Staatsangehörigkeit ausgegliedert, so daß diese Angabe als dürftiger Ersatz für jene
dienen muß.
   In Deutschland trennt man in den Fremdenverkehrsstatistiken auch
vielfach die Gäste aus den verschiedenen deutschen Ländern voneinan-

----

[12] Umfrage des Forschungsinstituts für den Fremdenverkehr (1929).

der. Zur Vereinfachung werden oft Länder- oder Staatengruppen, auch ganze Erdteile in einer Rubrik zusammengefaßt.

Über den Rahmen des an den Ort gebundenen eigentlichen Fremdenverkehrs hinaus greift die Erfassung der *Reisewege* der Fremden und der Verkehrsmittel, die sie benutzten, und zwar sowohl für die Zureise als auch für die Weiter- oder Rückreise. Die Untersuchung der Reisewege und Verkehrsmittel fällt in den Bereich der Reiseverkehrskunde,[13] steht aber in wichtiger Beziehung zur Fremdenverkehrskunde. Dabei kommt es darauf an, welche Wege und Verkehrsmittel und in welchem Umfange sie benutzt werden.

Für die Erfassung dieser Zahlen gibt es eigentlich nur eine Möglichkeit, nämlich die Befragung der Fremden nach dem letzten Übernachtungsort, nach dem Reiseweg und nach dem benutzten Verkehrsmittel. Solche Befragung wird aber von den Fremden als lästig empfunden. In vielen Fällen werden auch für den Fremden Gründe entstehen, die ihn veranlassen, die Angaben falsch oder ungenau zu machen; auf diese Weise wird das Bild verfälscht.

Eine Zählung der Reisenden auf den Verkehrsmitteln und Landstraßen zwischen je zwei Haltestellen bzw. Straßenabzweigungen führt zu einer Reiseverkehrstatistik in Form von Streckenbelastungsübersichten, die sicherlich unter dem Gesichtspunkt des Reiseverkehrs sehr aufschlußreich sein würden, aber außerordentlich hohe Kosten verursachen.

Die Zahl der verkauften Fahrkarten von jeder Station nach jeder anderen z. B. auf der Eisenbahn gibt nur in verhältnismäßig wenigen Fällen die Möglichkeit zur Erkenntnis der Streckenbelastung, weil es oft und gerade auf den wichtigsten Strecken mehrere wahlweise benutzbare Reisewege gibt.

Auf einer Tagung des Reichsausschusses für den Fremdenverkehr sowie in Besprechungen zwischen zentralen statistischen Ämtern, Spitzenorganisationen und anderen am Fremdenverkehr interessierten Stellen über die Durchführung einer Reichsfremdenverkehrsstatistik in Deutschland durch das Statistische Reichsamt wurde die Frage erörtert, ob nicht die von den angekommenen Fremden benutzten Verkehrs-

---

[13] Grünthal: Personenverkehr – Fremdenverkehr – Reiseverkehr: Eine Begriffsstudie. – In: Archiv für den Fremdenverkehr, 1 (1931) 4, S. 145–170.

mittel durch die Hotels festgestellt werden könnten. Diese sollten dann
zusammen mit den Übernachtungsanmeldungen auch angeben, wieviel
Fremde mit der Eisenbahn, mit dem Kraftwagen, mit dem Flugzeug,
mit dem Schiff oder zu Fuß angekommen sind. Die Feststellungen wurden als wünschenswert bezeichnet, aber vorläufig zurückgestellt.

Die Gliederung der Fremdenverkehrsstatistiken unter *soziologischen
Gesichtspunkten* ist verhältnismäßig selten und in den gegebenen Fällen
uneinheitlich durchgeführt.

Die Trennung der Fremden nach dem Geschlecht erfolgt beispielsweise in Thüringen und – früher – auch in Sachsen. Das Thüringische
Statistische Landesamt gibt an, daß diese Gliederung erfolgt, „weil bei
der grundlegenden Verschiedenheit in dem Verhalten der beiden Ge-
schlechter auf allen Gebieten des Standes und in der Bewegung in der
Bevölkerungsstatistik auch sonst allenthalben Zahlen für die beiden Ge-
schlechter getrennt angegeben werden". Für die Geographie scheint
diese Gliederung bedeutungslos. Das gleiche gilt für die Gliederung
nach dem Alter, wie sie z. B. vom Thüringischen Statistischen Landesamt vorgenommen wird.

Wichtiger ist die Gliederung der Fremden nach ihrer *Berufszugehö-
rigkeit*. Aus ihr kann man auf die Hauptzwecke schließen, die die
Fremden nach dem Wirtsort führen. Die Berufsangaben sind ziemlich
selten statistisch zusammengestellt, obwohl z. B. in Preußen die Melde-
zettel eine Rubrik dafür haben. Statistische Veröffentlichungen liegen
beispielsweise von den Städten Duisburg-Hamborn [14] und Ludwigshafen [15] sowie für Oberschlesien [16] vor. Ludwigshafen gliedert in 1) Kaufleute, 2) Gewerbetreibende und Fabrikbesitzer, 3) Handwerker, 4) Ingenieure, Architekten, Chemiker, 5) freie Berufe wie Ärzte, Apotheker, Künstler, 6) Beamte, 7) sonstige Berufe, 8) Besatzungssoldaten und
deren Angehörige, 9) ohne Berufsangabe. Gruppe 8 fällt nach der Aufhebung der Besatzung natürlich fort. Duisburg-Hamborn weist folgende Spalten aus: 1) Kaufleute, 2) Ingenieure, Architekten, Chemiker,
3) Beamte, 4) Handwerker, 5) Arbeiter, 6) Schiffer, 7) sonstige Berufe,
8) freie Berufe, 9) ohne Berufsangabe. Für Oberschlesien sind zusam-

---

[14] Statistische Monatsberichte.
[15] Statistische Vierteljahresberichte.
[16] Grünthal, Fremdenverkehrsanalyse, Berlin 1932, S. 35.

mengefaßt: 1) Freie Berufe, Landwirte, Ingenieure, 2) Kaufleute, Fabrikanten, Direktoren, Reisende, 3) Beamte, 4) Angestellte, 5) Arbeiter, 6) Handwerker, 7) Frauen, Kinder, Schüler, 8) Sonstige und ohne Angabe.

Außerdem gliedern eine Reihe von Badeverwaltungen die Fremden ihres Ortes nach Berufen auf, z. B. Warmbrunn, Westerland.

Allgemein ist das Interesse an der *Schichtung* der Fremden nach ihrer wirtschaftlichen Potenz, denn aus ihr kann man Schlüsse auf die wirtschaftliche Bedeutung des Fremdenverkehrs für den Wirtsort ziehen. Die direkte Methode der Befragung der Fremden kommt jedoch aus verständlichen Gründen nicht in Betracht. Als beste hat sich die Unterscheidung der Fremden nach den verschiedenen Rangklassen der Unterkunftsstätten, in denen sie Wohnung genommen hatten, erwiesen. Fast allerorts in Deutschland unterscheidet man Fremde in Gasthöfen und Hotels von Fremden in Krankenhäusern, Herbergen, Jugendherbergen, Asylen usw. Diese Scheidung sagt aber noch nicht viel, weil die Gasthöfe und Hotels unterschiedlichen Charakters sind, und auch die Schichtung innerhalb der Jugendherbergen (Studenten, Volksschüler) erst näher untersucht werden muß. Am weitestgehenden ist bisher eine Klassifizierung der Gäste entsprechend dem Range der Unterkunftsstätte in der Schweiz vorgenommen worden.[17] Zürich unterscheidet Hotels 1. Ranges, Hotels 2. Ranges, Klasse A, B und C, Gasthöfe, schließlich Pensionen. Der Schweizer Hotelier-Verein hat für seine Preiskonvention folgende Gliederung vorgenommen[18]: Luxusklasse, I a, I b, I c, II a, II b, II c, III a und III b. Die Abgrenzung der einzelnen Klassen voneinander läßt an Schärfe aber noch zu wünschen. Die *gei-*

[17] Berichte d. Volkswirtschaftskammer d. Berner Oberlandes. Sitz: Interlaken, Halbjahresberichte.
Vierteljahrsberichte d. Stat. Amtes d. Stadt Bern.
Züricher Statistische Nachrichten, Stat. Amt d. Stadt Zürich, Vierteljahresberichte.
Statistische Monatsberichte des Kantons Basel-Stadt.
Relativzahlen sind enthalten in den monatlich erscheinenden Berichten ›Der Beschäftigungsgrad im Hotelgewerbe‹ in den Wirtschaftl. u. Sozialstat. Mitteilungen, Bern.
[18] Glücksmann, Gaststättenwesen, Stuttgart 1927, S. 59 ff.

stige Schichtung läßt sich bis zu einem gewissen Grade aus der Gliederung nach Berufen, im übrigen aber praktisch gar nicht erfassen. Es ist zu berücksichtigen, daß man, um auf dem oben gezeigten Wege die Schichtung festzustellen, auch die Nationalität in Betracht ziehen muß, denn der wirtschaftliche Wohlstand der Völker ist verschieden hoch.

Auf Grund von Statistiken kann die *Typenbildung* der Fremdenverkehrsorte und -länder erfolgen. Dabei kommt es einmal darauf an, festzustellen, wann ein Ort oder ein Land als typischer Fremdenverkehrsort oder als typisches Fremdenverkehrsland anzusprechen ist, zum anderen darauf, den typischen Charakter des Fremdenverkehrs in einem Orte oder Lande zu erkennen.

Für die Anwendung der Statistik zur Erkenntnis eines Gebietes (Ort, Landschaft, Staat) als typischen Fremdenverkehrsgebietes und zur Erkenntnis des typischen Charakters des Fremdenverkehrs in einem Gebiete gilt folgendes:

Ein Gebiet ist dann als typisches Fremdenverkehrsgebiet anzusprechen, wenn seine Struktur vom Fremdenverkehr entscheidend beeinflußt wird. Maßstab für die Beurteilung der entscheidenden Beeinflussung der Struktur des Ortes ist einmal das *Ortsbild* mit der mehr oder weniger großen Fülle der dem Fremdenverkehr dienenden Einrichtungen, zum anderen die *wirtschaftliche Bedeutung,* die der Fremdenverkehr für das betreffende Gebiet hat. Das Ortsbild wird durch Anschauung gewonnen, die wirtschaftliche Bedeutung durch die Statistik festgestellt oder wenigstens festzustellen versucht. Ist die Beurteilung des Ortsbildes von der subjektiven Wertung des Beschauers abhängig und zudem für den Geographen praktisch oft nur aus Bildern oder gar nicht möglich, so lassen sich aus den Statistiken bestimmte Relationen errechnen, die die Beurteilung der Subjektivität entziehen, indem sie ihr gewisse mathematische Grundlagen geben.

Demgemäß muß man die Fremdenzahlen zu anderen Werten in Beziehung setzen. Möglich ist die Relation von Fremdenzahl zum Areal, also die Zahl der Fremden pro Quadratkilometer des untersuchten Gebietes. Günstiger scheint noch die Beziehung zwischen Fremden und ortsansässiger Bevölkerung, also die Zahl der Fremden pro 1000 Einwohner des in Betracht gezogenen Gebietes. Weil aber die Übernachtungszahlen einen noch besseren Einblick in die wirtschaftliche Bedeutung des Fremdenverkehrs für ein Gebiet geben, ist es am besten, diese zur Bevölkerung in Beziehung zu setzen, so daß man die Zahl der Fremdenübernachtungen pro 1000 Einwohner oder pro 1000 Einwohner × 365 des herangezogenen Gebietes erhält. Für die Beurteilung eines größeren Gebietes, etwa eines ganzen Landes oder eines Staates, bietet auch das Verhältnis der Zahl der typischen Fremdenverkehrsorte zum Areal, also Fremdenverkehrsorte pro 1000 qkm einen geeigneten Maßstab.

Die Erkenntnis des typischen Charakters des einzelnen Fremdenverkehrsgebietes, sei es eines Ortes, eines Landesteils oder eines ganzen Staates, ist am besten möglich durch die Feststellung der Häufigkeit der Aufenthaltszwecke der Gäste. Abgesehen aber von Kurorten, die Kurtaxe erheben, wo also die Kurmittel gebrauchenden Fremden gezwungen sind, eine Kurkarte zu erwerben, abgesehen ferner von Orten mit Studienanstalten und von vereinzelten Sondererhebungen [19] ist die statistische Feststellung der Aufenthaltszwecke nicht möglich. Schlüsse lassen sich aus der beruflichen Zusammensetzung der Fremden ziehen, aber ein ganz einwandfreies Mittel der Erkenntnis des typischen Charakters eines Fremdenverkehrsgebietes ist die Statistik nur in verhältnismäßig wenigen Fällen. *Hier leistet die Landkarte entscheidende Hilfestellung.* Gerade durch die anschauliche Verbindung der Fremdenverkehrsziffern mit den übrigen geographischen Faktoren eines bestimmten Ortes läßt sich der Charakter des Fremdenverkehrs an diesem Orte erkennen.

[19] z. B. Klafkowski, Methode, Berlin 1931, S. 69.

Deutsche Geographische Blätter, Bd. 42. (= Schriften der Bremer Wissenschaftlichen Gesellschaft, Reihe C) 1939, S. 177–189.

DIE FREMDENVERKEHRSGEOGRAPHISCHEN BEZIEHUNGEN DES NORDDEUTSCHEN TIEFLANDES ZUM RIESENGEBIRGE, IHRE GRUNDLAGEN UND AUSWIRKUNGEN*

Ein Beitrag zur Fragestellung und Methode
der Fremdenverkehrsgeographie

Von Hans Poser

Vorbemerkungen. Wenden wir uns im folgenden geographischen Fragen des Fremdenverkehrs zu, so bedeutet das in gewisser Weise das Betreten geographischen Neulandes; denn obgleich der Fremdenverkehr schon seit langem eine wichtige Rolle im Verkehrs-, Wirtschafts- und Kulturleben spielt, so hat sich um ihn die Geographie im Gegensatz zu anderen Wissenschaften wie der Wirtschaftswissenschaft, der Angewandten Meteorologie und auch der Medizin doch noch sehr wenig bemüht. Der Grund hierfür liegt z. T. sicher darin, daß es bisher an einem Versuch fehlte, den so außerordentlich spröde anmutenden Stoff so in die moderne geographische Fragestellung einzufangen, daß daraus der Anreiz zur Fortsetzung der Arbeit hätte resultieren können. Es liegt daher meinen Ausführungen der Wunsch zugrunde, einen Beitrag zur Methode der geographischen Betrachtung des Fremdenverkehrs zu liefern und durch geeignete Fragestellung das geographische Interesse am Fremdenverkehr zu beleben. Eine nur statistische Behandlung des

* Als Vortrag gehalten am 6. Juni 1938 auf dem Niederdeutschen Geographentag in Bremen. Das Material wurde folgender Studie entnommen, in der weitere Ausführungen zu den hier anzusprechenden Problemen erfolgen: H. Poser: Geographische Studien über den Fremdenverkehr im Riesengebirge. Ein Beitrag zur geographischen Betrachtung des Fremdenverkehrs, Göttingen 1939 (Abhandlg. d. Ges. d. Wiss. Göttingen. Math.-Phys. Kl., Dritte Folge, H. 20, 173 S.).

Fremdenverkehrs, wie sie gelegentlich in länderkundlichen oder wirtschaftsgeographischen Werken gefunden werden kann, ist dazu ebensowenig angetan wie die Beschränkung der geographischen Betrachtung auf das Aufweisen und Ausfindigmachen der natürlichen Grundlagen des Fremdenverkehrs. Der Blick muß vielmehr auf das Ganze gerichtet sein; erst so wird uns das Wesen und die geographische Bedeutung des Fremdenverkehrs offenkundig, erst so zeigt sich die Mannigfaltigkeit der Zusammenhänge und Probleme und der innere Wert eines jeden einzelnen Problems. Ich behandle daher auch nicht das mir gestellte Thema über die fremdenverkehrsgeographischen Beziehungen des Norddeutschen Tieflandes zum Riesengebirge in seiner Isolierung als Sonderproblem, sondern umrahme dieses – ohne mich auf Einzelheiten einlassen zu dürfen – mit solchen Fragen, die mit ihm sinngemäß verbunden sind und als Ganzes *eine* Möglichkeit der geographischen Betrachtung des Fremdenverkehrs überhaupt andeuten sollen. Dankbar erwähnen möchte ich noch, daß den vielen in der Literatur enthaltenen theoretischen Erörterungen über die Aufgabenstellung der Wirtschaftsgeographie manche wertvolle Anregung entnommen werden konnte.

1.

Wenn nicht auch aus anderen Gründen, so müßte die Geographie dem Fremdenverkehr schon allein darum ein größeres Interesse als bisher entgegenbringen, als alle Gebiete, die sich durch einen stärkeren Fremdenverkehr auszeichnen, in der Regel genausosehr einen *Sondertyp der Kulturlandschaft* darstellen wie etwa die Industrielandschaft oder die Agrarlandschaft. Aus der Existenz dieses Sondertyps ergeben sich im Grunde genommen die meisten weiteren Aufgaben, wobei es als eine der ersten Aufgaben gelten muß, durch vergleichende Analyse jene spezifischen Merkmale und Eigenschaften herauszuarbeiten, die diesen Kulturlandschaftstyp bestimmen. Innerhalb der Siedlungen des Riesengebirges – Waldhufendörfer und Streusiedlungen einst rein dörflichen Charakters – sind dies einmal die vielen Hotels und Gasthäuser, Fremdenheime und Villen, Sanatorien und Kurhäuser, alle wiederum bezeichnend reich an großen Fenstern, Veranden, Erkern und Balkons, die einem verstärkten Licht- und Luftbedürfnis entsprechen. Diese sind auch sehr oft – unter Außerachtlassung aller Harmonie und Schönheit – den alten heimischen Gebirgshäusern aufgepfropft, die ebenfalls fast alle durch Zimmervermietung im Dienste des Fremdenverkehrs stehen. Bezeichnend für das Ortsbild sind oft auch Sportplätze, Parkanlagen und Liegewiesen. Alle diese Erscheinungen sind zumindest nach Häufigkeit und Größe dörflichen oder gebirgsländlichen Siedlungen normalerweise nicht eigen. Dasselbe gilt von den modernen Verkehrseinrichtungen, den Großgaragen, Parkplätzen und Großtankstellen, den Verkehrsbüros, Auskunfteien usw., vor allem auch von den geradezu städtisch differenzierten Geschäften und Verkaufsbuden, die besonders durch ihre vornehmliche Einstellung auf die Bedürfnisse des nur vorübergehend am Orte weilenden Fremden zu einem recht charakteristischen Moment werden. Alle diese und ähnliche Erscheinungen vereinigen sich mit den immer noch hier und da hervorlugenden Elementen des ursprünglich rein ländlichen Siedlungswesens zu einem Ortsbilde, das weder rein dörflich noch rein städtisch ist und nicht selten der Harmonie entbehrt, aber recht bezeichnend ist für Fremdenverkehrsorte.

Auch außerhalb der Siedlungen charakterisieren bestimmte Erscheinungen das Fremdenverkehrsgebiet, so die große Dichte der Promenaden- und Wanderwege, der Skiwege und Rodelbahnen, die Häufigkeit der Aussichtstürme und einzeln gelegener Rast- und Gasthäuser. Wenn wir uns vom Norden oder Süden dem Riesengebirge nähern, dann hebt sich in der Tat das Fremdenverkehrsgebiet in aller Deutlichkeit als physiognomische Ganzheit von seinen Nachbarräumen ab. Dringen wir noch weiter in die Eigenschaften dieser Raumeinheit, dann offenbaren sich auch noch viele andere, weniger sichtbare Eigentümlichkeiten. Von ihnen seien nur zwei hier beispielsweise angeführt, die Berufsstruktur und der Güterverkehr. Die Berufsstruktur ist vielfach von fast städtischer Vielgliedrigkeit, weist aber manche Berufe in charakteristischer Häufigkeit auf, nämlich Vertreter der Hotel- und Gaststättenberufe, der Verkehrsberufe, Bedienungspersonal, Ärzte, Zahnärzte, Apotheker usw.; und der Güterverkehr führt uns das Fremdenverkehrsgebiet als ein ausgesprochenes Güterempfangsgebiet vor, ohne nennenswerten Güterversand.

Mannigfaltige Erscheinungen, die nach einer systematischen Untersuchung verlangen, geben also unserem besonderen Kulturlandschaftstyp Ausdruck und Gepräge. Daß dieses Gepräge mit dem im Gesamtgebiet heute nach Millionen von Besuchern zählenden Fremdenverkehr gewissermaßen steht und fällt, ist überall ganz offensichtlich, wird aber dadurch eindeutig erhärtet, daß die hervorgehobenen Eigentümlichkeiten dort am weitesten entwickelt sind, wo der Fremdenverkehr in Vergangenheit und Gegenwart am stärksten war. Diese Tatsache führt zur Erwägung, das Fremdenverkehrsgebiet als Einheit auch mit Hilfe der Fremdenverkehrsstatistik zu erfassen und zu umgrenzen. Dies stößt aber auf erhebliche Schwierigkeiten, da heute fast jeder Ort und fast jedes Gebiet in Kulturländern einen gewissen Fremdenverkehr hat, ohne doch gleich als Fremdenverkehrsort oder Fremdenverkehrsgebiet empfunden zu werden, und da nicht ohne weiteres eine bestimmte Zahl der Fremden oder Fremdenübernachtungen als untere Grenze für eine allgemeine statistische Fixierung des Begriffes „Fremdenverkehrsort" angegeben werden kann. Wir müssen auch feststellen, daß eine solche einwandfreie Zahl durch nur statistische Betrachtung schwerlich zu finden sein wird. Statt der absoluten Besucher- oder Übernachtungszahlen bedient man sich bei der Behandlung des Abgrenzungsproblems deshalb mit größerem Vorteil der Verhältniswerte aus den Fremdenzahlen und den Einwohnerziffern der betreffenden Orte. Setzt man die Einwohnerzahl zu 100, dann ergibt sich die Beziehung Einwohnerzahl : Übernachtungsfremde = 100 : Index. Je höher der zu errechnende Index ausfällt, desto größer darf auch in der Regel die Zahl der Einwohner angenommen werden, die an der Fremdenverkehrswirtschaft beteiligt sind. Für die Riesengebirgsorte trifft dies insofern besonders zu, als die Mehrzahl der Fremden in Privatwohnungen übernachtet, die weitaus mehr Fremdenbetten zur Verfügung stellen als die Hotels und Gasthäuser. Im Riesengebirge haben die Indizes ein starkes Gefälle von über 1200 in den höheren Gebirgsorten auf 100 in den Bergfußorten und auf 50 in den gebirgsnahen Vorlandsorten. Noch weiter hinaus im Vorlande sinken die Indizes unter 50 und entfallen hier auf Orte, die ortsphysiognomisch keine nennenswerten Einflüsse des Fremdenverkehrs mehr aufweisen. Der Index von 50 ist in unserem Falle also ein Schwell- und Grenzwert, gefunden aber – und das ist wesentlich – nur mit Hilfe der Ortsbildanalyse. Dieser ist somit bei der Abgrenzung des Fremdenverkehrsgebietes ein größerer Wert beizumessen als der statistischen Methode.

Es ist nun beachtenswert, daß sich die erkannte physiognomische

Ganzheit ohne Rücksicht auf die einstige politische Grenze über das ganze Riesengebirge ausbreitet und sich in ihrer Ausdehnung auch nicht auf eine einzelne natürliche Landschaft beschränkt, sondern in einer scheinbaren Disharmonie zur Naturausstattung der Räume drei verschiedene, z. T. recht gegensätzliche natürliche Landschaften überdeckt, nämlich das Riesengebirge, das Isergebirge und den Hirschberger Kessel. Auf dem Hintergrunde dieser beiden Tatsachen hebt sich nochmals sehr deutlich die besondere Eigenheit und besondere Problematik der fremdenverkehrsgeographischen Raumeinheit ab.

2.

Es erleichtert nicht nur das Verständnis für die Lage des Fremdenverkehrsraumes in ihrer scheinbaren Disharmonie zu den natürlichen Räumen, sondern bringt uns auch dem Wesen des Fremdenverkehrs näher, wenn wir diesen nicht als ein Ganzes auffassen, sondern ihn in *Fremdenverkehrsarten* zergliedern. Der schlesische Riesengebirgsteil, dem unsere weiteren Ausführungen allein gelten, kennt fünf solcher Fremdenverkehrsarten: den Heilbäderverkehr, den Wanderverkehr, den Sommerfrischenverkehr, den Wintersportverkehr und den Durchgangs-Fremdenverkehr.

Indem jede dieser Fremdenverkehrsarten für ihre Lokalisierung und Ausbreitung ihre eigenen Bedingungen an Landschaft und Klima stellt, diese Bedingungen aber oft nur lokal oder zeitlich beschränkt erfüllt findet, kommt es im Gesamtgebiet zu einem räumlichen Neben- oder Übereinander oder zur zeitlichen Nachfolge der verschiedenen Fremdenverkehrsarten. Ich muß in notwendiger Beschränkung meiner Ausführungen davon absehen, hier auf das reizvolle Lokalisationsproblem der einzelnen Fremdenverkehrsarten, d. h. auf die Erörterung der die einzelnen Fremdenverkehrsarten zwangsläufig lokalisierenden Grundlagen näher einzugehen; doch sei der echt geographische Charakter dieses Problems nachdrücklich betont. Die Abb. 1 führt uns als Ergebnis der Lokalisation die räumliche Anordnung der verschiedenen Fremdenverkehrsarten vor Augen. Der Wanderverkehr ist am weitesten ausgebreitet; seine Voraussetzungen sind im Gebirge wie im Hirschberger Kessel erfüllt. Der Sommerfrischenverkehr hat seine günstigsten land-

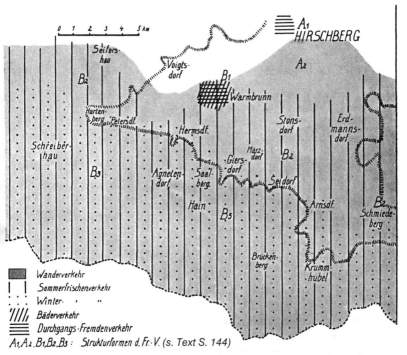

Abb. 1: Die räumliche Anordnung der Fremdenverkehrsarten und die Strukturformen des Fremdenverkehrs im schlesischen Teile des Riesengebirges.

schaftlichen und klimatischen Grundlagen im Gebirge und reicht von
hier nur noch wenig in den tieferen Hirschberger Kessel hinein. Noch
kleiner ist das Verbreitungsgebiet des Wintersportverkehrs. Ihm bietet
nur das Gebirge mit seiner längeren Schneedeckendauer und größeren
Schneesicherheit die erforderlichen Grundlagen. Eine geradezu punkt-
förmige Bindung weist der Bäderverkehr im Anschluß an die Thermen
von Warmbrunn auf. Im Gegensatz zu diesen Fremdenverkehrsarten,
deren Lokalisation in erster Linie durch natürliche geographische
Faktoren bedingt wird, beruht der Durchgangs-Fremdenverkehr auf
kulturgeographischen Momenten, indem mancherlei kulturhistorische
Sehenswürdigkeiten viele Durchreisende in den beiden verkehrsgünstig-

sten Durchgangsorten Hirschberg und Warmbrunn zu kurzem Aufenthalt veranlassen.

Durch die Verschiedenartigkeit der räumlichen Anordnung und
Ausbreitung der Fremdenverkehrsarten entstehen im Gesamtgebiet
Teillandschaften mit jeweils besonderer Struktur des Fremdenverkehrs
(Abb. 1 – A_1, A_2, B_1, B_2, B_3). Von der Zahl der Fremdenverkehrsarten,
die das jeweilige Gefüge aufbauen, hängt z. T. die Jahressumme der
Besucher mit ab; und von dem Charakter der am Gefüge beteiligten
Fremdenverkehrsarten wird ganz wesentlich der Rhythmus des Fremdenverkehrs und damit auch der Rhythmus des ganzen Wirtschaftslebens bestimmt. Eine kombinierte Betrachtung der Abbildungen 1 und 2
erleichtert die Erkenntnis dieser Zusammenhänge. In den Orten der
höheren Gebirgsteile, in welchen Wanderverkehr, Sommer- und Win-
terfrischenverkehr ihre optimalen Grundlagen haben, ist der gesamte
Fremdenverkehr, gemessen an Übernachtungsfremden, über das ganze
Jahr verteilt und weist ein nur relativ kleines Minimum der Besucherzahlen in Frühjahr und Herbst auf (Abb. 2). In Bad Warmbrunn, ausgezeichnet durch Bäderverkehr, Sommerfrischen-, Wander- und Durchgangs-Fremdenverkehr, sind ebenfalls noch hohe Besucherziffern anzutreffen, ist aber der Ablauf des Fremdenverkehrs bereits durch ein
sehr überragendes Sommermaximum gekennzeichnet. Dieser Rhythmus wird noch ausgeprägter im übrigen Vorlande des Riesengebirges,
wo nur mehr Sommerfrischen- und Wanderverkehr getrieben werden
können (vgl. Hartenberg). Hier bleibt der Fremdenverkehr auf die
Sommer- und Spätsommermonate beschränkt und ist auch die Zahl der
Besucher wesentlich kleiner (vgl. auch Abb. 4). Sehr charakteristisch ist
die Verteilung der Fremden auf die einzelnen Monate in Hirschberg, das
im wesentlichen nur den Durchgangs-Fremdenverkehr kennt; indem
sich dieser gewissermaßen aus allen übrigen Fremdenverkehrsarten ergibt, resultiert daraus die für Hirschberg bezeichnend geringe Ver-
kehrsschwankung.

Es scheint mir, daß die Zerlegung des Fremdenverkehrs in Fremdenverkehrsarten und die Unterscheidung von Strukturformen des Fremdenverkehrs in der angedeuteten Richtung nicht nur lokale Bedeutung
hat. Schon allein in den deutschen Mittelgebirgen und an den deutschen
Küsten stellen wir Fremdenverkehrsräume fest, die sämtlich auf Grund
der Einheitlichkeit ihres äußeren Erscheinungsbildes als physiognomi-

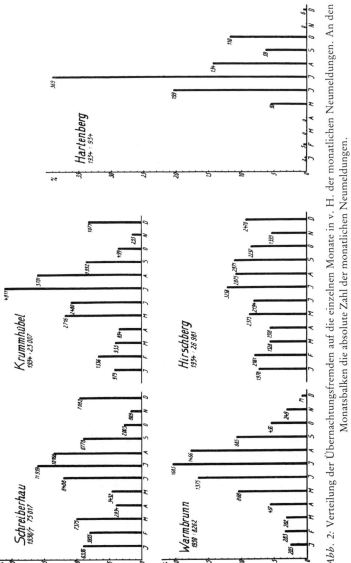

Abb. 2: Verteilung der Übernachtungsfremden auf die einzelnen Monate in v. H. der monatlichen Neumeldungen. An den Monatsbalken die absolute Zahl der monatlichen Neumeldungen.

sche Ganzheiten zu gelten haben und sich in ihrem Gepräge oft nicht prinzipiell unterscheiden, aber vielfach sehr erheblich voneinander durch die Struktur ihres Fremdenverkehrs abweichen. So wird die Strukturartenuntersuchung zu einem Hilfsmittel, den Kulturlandschaftstyp Fremdenverkehrsraum in Untertypen zu untergliedern. Im großen Überblick erkennen wir einstweilen deren zwei: Gebiete, die ähnlich dem Riesengebirge durch einen mannigfaltig zusammengesetzten Fremdenverkehr charakterisiert sind, so der Harz, der Schwarzwald, der Thüringer Wald und viele andere, dann Gebiete, welchen nur ein einfacher, durch eine einzelne Fremdenverkehrsart bestimmter Fremdenverkehr eigen ist, vor allem anzutreffen in manchen Heilbädern, einzelnen Fremdenverkehrsstädten und am reinsten auf den Inseln mit Seebäderverkehr. Jedenfalls deutet sich in dieser Richtung ein Weg an zu einer bald notwendig werdenden Unterscheidung und Ordnung der Fremdenverkehrsräume, in der auch der staatliche Fremdenverkehrsraum mit seiner durchaus eigenen Problematik nicht fehlen darf. Die Theorien über den Wirtschaftsraum, namentlich die von Kraus und Schrepfer hierüber geäußerten Gedanken, enthalten meines Erachtens auch wesentliche Anregung für die Gliederung der Fremdenverkehrsräume.[1]

3.

Wenn Wirtschaftsräume autark sein können, so müssen wir für die Fremdenverkehrsräume – mit Ausnahme höchstens des staatlichen Fremdenverkehrsraumes – feststellen, daß sie hinsichtlich ihres Fremdenverkehrs außer von den eigenen Fremdenverkehrsmöglichkeiten stets noch abhängig sind von einem ihnen meist nachbarlich zugeordneten *Fremdeneinzugsgebiet,* d. h. von einer Ergänzungslandschaft, aus der die Fremden kommen. Fremdenverkehrsgebiet und Fremdeneinzugsgebiet bilden zusammen eine fremdenverkehrsgeographische Raumeinheit höherer Ordnung, und die Beziehungen beider Teile stellen wiederum echt geographische Probleme dar.

---

[1] Kraus, Th.: Der Wirtschaftsraum, Köln 1933. – Schrepfer, H.: Über Wirtschaftsgebiete und ihre Bedeutung für die Wirtschaftsgeographie. – In: Geogr. Wochenschrift 1935, S. 497 ff.

Das Einzugsgebiet des Riesengebirges umfaßt das Deutsche Reich und Teile des sich anlehnenden Auslandes; andere europäische Länder spielen für den Riesengebirgsfremdenverkehr keine Rolle. Diesen Umfang hat das Fremdeneinzugsgebiet des schlesischen Riesengebirgsteiles schon seit dem 17. Jahrhundert gehabt, was die bemerkenswerte Tatsache bedeutet, daß die modernen Verkehrsmittel, die sehr wohl eine bessere Erschließung des Einzugsgebietes erbrachten, auf seinen Umfang aber keinen erweiternden Einfluß mehr hatten, während sie in vielen anderen Fällen die Anknüpfung von Fremdenverkehrsbeziehungen überhaupt erst herbeiführten.

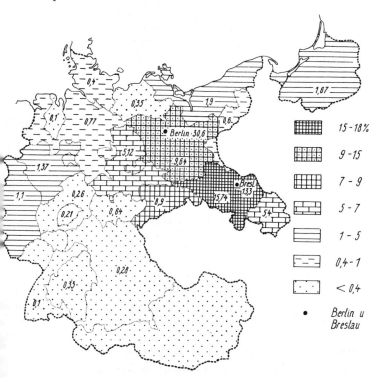

Abb. 3a: Herkunft der Inlandsfremden in Agnetendorf, Seidorf, Arnsdorf, Schreiberhau, Krummhübel und Brückenberg in v. H. der Gesamtdurchschnittszahl von 158 805 Übernachtungsfremden der Jahre 1935 und 1936.

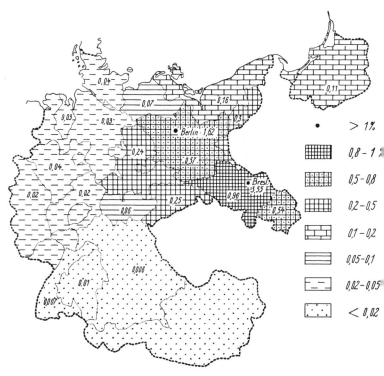

Abb. 3 b: Beteiligung der Einzelteile des Fremdeneinzugsgebietes am Fremdenverkehr des schlesischen Riesengebirgsteiles in v. H. der Bevölkerung der Länder und Provinzen.

Von der Betrachtung des Ausländerverkehrs, der im schlesischen
Riesengebirgsteil immer sehr gering gewesen ist, kann hier abgesehen
werden. Die beiden Kartogramme (Abb. 3) beziehen sich somit nur auf
das inländische Einzugsgebiet. Bringt das eine den Anteil der Bevölkerung der Länder und Provinzen in v. H. der gesamten Übernachtungsfremden zur Darstellung, so veranschaulicht das andere die Beteiligung
der einzelnen Teile des Einzugsgebietes am Riesengebirgsverkehr in
v. H. der Bevölkerung der Länder und Provinzen. Dies letzte Karto-
gramm kann man auch als einen zahlenmäßigen Ausdruck für das verschieden große Riesengebirgsinteresse der Bevölkerung nehmen.

Daß die östlichen Tieflandsprovinzen uns aus beiden Kartogrammen als wichtigste Teile des Fremdeneinzugsgebietes entgegentreten, entspricht im wesentlichen der *Lage* des Riesengebirges als nordöstlichem Eckpfeiler der deutschen Mittelgebirgsschwelle. Fragen wir aber nach der Hauptgrundlage aller Fremdenverkehrsspannungen zwischen dem Riesengebirge und seinem Fremdeneinzugsgebiet, dann muß als solche der *landschaftliche Gegensatz* zwischen beiden Gebieten betont werden. Wir dürfen diese Erkenntnis verallgemeinern und den landschaftlichen Gegensatz im weitesten Sinne vielleicht als die primäre Voraussetzung jeglichen Fremdenverkehrs bezeichnen. Das gilt auch für einen episodischen Fremdenverkehr, der an einem Orte etwa durch eine vorübergehende Tagung oder einen Kongreß hervorgerufen wird. Die Gegensätzlichkeit kann in naturgeographischen, kulturgeographischen oder kulturellen Momenten gegeben sein. In unserem Falle stehen die naturgeographischen Gegensätze im Vordergrunde: das tiefe Norddeutsche Flachland auf der einen Seite und das ins Große, vom Fremden her gesehen sogar ins Hochgebirgsartige gesteigerte Riesengebirge mit seinen Wäldern, seinem Heil- und Wintersportklima und seinen Thermen auf der anderen Seite.

Obgleich nun dieser Landschaftsgegensatz in prinzipiell gleicher Stärke für den ganzen ostdeutschen Tieflandsraum besteht, zeigen unsere Kartogramme eine Abnahme des Riesengebirgsinteresses und der Riesengebirgsbesucher mit zunehmender Entfernung vom Riesengebirge. Die Kraft selbst des stärksten Landschaftsgegensatzes, Fremdenverkehrsspannungen zu erzeugen, nimmt also mit der Entfernung vom Fremdenverkehrsgebiet ab. Die weitaus meisten Fremden kommen ins Riesengebirge aus Orten bis zu 6 Eisenbahnreisestunden Entfernung. Das Gebiet, das von dieser Zeitlinie umgrenzt wird, ist gewissermaßen der Kern des Einzugsgebietes. Er umfaßt Schlesien, Brandenburg und Teile beider Sachsen und wird in seiner Ausdehnung durch die Struktur des Verkehrsnetzes mit bestimmt, die – vom Riesengebirge aus beurteilt – für schnelle Verbindungen eigentlich nur in nordsüdlicher Richtung gut ist.

Ist der Landschaftsgegensatz seitens des Riesengebirges am stärksten gegenüber dem Norddeutschen Tieflande, so wird er bei gleichen Entfernungen schwächer gegenüber den mit Mittelgebirge ausgestatteten Räumen Mittel-, West- und Süddeutschlands, wo bereits Gebirgsteile wie der Harz, das Erzgebirge, der Schwarzwald und viele andere durch Höhe, Relief und Klima ähnliche Erholungs- und Sportmöglichkeiten bieten, ja als ähnlich strukturierte Fremdenverkehrsgebiete gegenüber dem Riesengebirge wie auch unter sich *Konkurrenzlandschaften* darstellen, die sich gegenseitig die Fremdeneinzugsgebiete streitig machen. So fängt beispielsweise der Harz bereits die meisten Gebirgsreisenden aus den nordwestdeutschen und norddeutschen Tieflandsprovinzen ab und schränkt deren Bedeutung für das Riesengebirge sehr erheblich ein und macht sich als Konkurrenzlandschaft gegenüber dem Riesengebirge auch noch in den mittel- und ostdeutschen Provinzen bis weit nach Brandenburg hinein merklich geltend.

Wir haben bei diesen Betrachtungen stillschweigend eine Voraussetzung gemacht, nämlich die Bevölkerung im Einzugsgebiet. Ohne sie käme es ja nicht zur Auslösung der Fremdenverkehrsspannungen. Im Jahre 1936 betrug die Bevölkerung des Deutschen Reiches (ohne Österreich) rund 67 Mill.; davon wohnten mehr als 30 % in Großstädten, rund 13 % in Mittelstädten, über 24 % in Land- und Kleinstädten und rund 33 % in ländlichen Siedlungen. Demgegenüber ergab eine Stichprobe für 10 000 Fremde in Schreiberhau im gleichen Jahre, daß von ihnen rund 60 % aus Großstädten kamen, rund 18 % aus Mittelstädten, rund 15 % aus Klein- und Landstädten und 7 bis 8 % aus Siedlungen unter 2000 Einwohnern. Danach werden die Fremdenverkehrsspannungen vorzüglich von der städtischen, insbesondere großstädtischen Bevölkerungsmenge im Einzugsgebiet bestimmt, und zwar im stärkeren Maße, als es ihrem prozentualen Anteil an der Gesamtbevölkerung entspricht. Es kann schon allein hieraus verständlich werden, daß z. B. aus den an städtischer Bevölkerung besonders reichen Provinzen Westfalen und Rheinland trotz größerer Entfernung mehr Besucher ins Riesengebirge kommen als aus manchen dem Riesengebirge näher gelegenen Provinzen und Ländern.

Andere, aber weniger geographische und hier auch nicht mehr näher behandelte Momente von sehr merklichem Einfluß auf die Besucherzahlen aus den einzelnen Gebieten sind die Berufsunterschiede, die Unterschiedlichkeit der Einkommen und Spareinlagen in den verschiedenen Teilen des Einzugsgebietes, dann auch die Fremdenverkehrswerbung und Propaganda, und möglicherweise auch eine Unterschiedlichkeit in der Reiselust und Beweglichkeit der Bevölkerung.

Aus dem Zusammenspiel und Widerspiel aller dieser Faktoren resultieren die Intensitätsunterschiede in den Beziehungen zwischen dem Fremdenverkehrsgebiet und den einzelnen Teilen seines Fremdeneinzugsgebietes, wie sie aus unseren Kartogrammen hervorgehen.

4.

Eine weitere Aufgabe ist es nunmehr, der *zeitlichen* und *räumlichen Entwicklung* des Fremdenverkehrs nachzugehen, da deren Kenntnis Voraussetzung für ein tieferes Verstehen der Fremdenverkehrsarten und des Fremdenverkehrsgebietes als besonderer Kulturlandschaft ist. In unserem Gebiete ist das Früheste der Bäderverkehr von Warmbrunn, der bereits im Ausgang des 13. Jahrhunderts begann. Erst Jahrhunderte später entwickelte sich der Fremdenverkehr auch ins eigentliche Gebirge hinein, und zwar zuerst als Wanderverkehr seit etwa der Mitte des 17. Jahrhunderts. Ihm folgte der Sommerfrischenverkehr erst um die Mitte des 19. Jahrhunderts, während der Wintersportverkehr schon seit dem Anfang des 19. Jahrhunderts betrieben wurde. Seine Träger waren aber lange Zeit ausschließlich die Einwohner der Bergfußstädte Hirschberg und Schmiedeberg; und erst nachdem Rodel, Rennwolf und Skier als Sportmittel bekannt wurden, setzte ein größerer Umfang des Wintersportverkehrs ein.

Es ist von besonderem geographischen Interesse, daß mit Ausnahme des Bäderverkehrs, der von vornherein zwangsläufig lokalisiert war, ebenso auch mit Ausnahme des Durchgangs-Fremdenverkehrs, alle anderen Fremdenverkehrsarten im Laufe der Zeit unter mannigfaltigen Einflüssen eine Verlagerung im Raum durchmachten. Was den Wanderverkehr angeht, so war er in seinen Zielen und Richtungen immer vom wandelbaren Landschaftsgefühl der Fremden bestimmt. Noch bis über die Mitte des 18. Jahrhunderts hinaus war dem Menschen die Kunstlandschaft und Zwecklandschaft das Ideal, das Gebirge aber schrecklich und rauh, und man bereiste es in raschen expeditionsartigen Unternehmungen nur der Kuriositäten halber. Das Ziel war allein die Schneekoppe als höchster Berg, besonders nachdem oben eine Kapelle errichtet war. Die Romantik dagegen hatte für alle Landschaftserscheinungen ein offeneres Auge als die Zeiten zuvor. Sie findet ihre Freude an

der lieblichen Kulturlandschaft des Hirschberger Kessels, an den
Schlössern, Burgen und Aussichten, entdeckt die wildromantischen
Felsszenerien in den Gebirgstälern und in der Kammregion und findet
Freude an dem naturhaften Leben der Baudner. Sie weitet das Wander-
gebiet in gleicher Weise über das ganze Gebirge wie über das Vorland
aus, ein Prozeß, der ungefähr um 1800 abgeschlossen ist. In späterer
Zeit beherrscht den Wanderverkehr ein Drang in die Höhe, bald unterstützt durch den Ausbau der modernen Verkehrsmittel bis ans Gebirge
heran, so daß heute das Vorland nur einen sehr schwachen Wanderverkehr im Vergleich zum Gebirge aufweist.

In ganz ähnlicher Weise macht sich der Zug in die höheren Gebirgsteile seit der Mitte des vorigen Jahrhunderts auch auf die räumliche
Fortentwicklung des Sommerfrischenverkehrs geltend. Dieser war vorher ganz auf Warmbrunn beschränkt gewesen, suchte dann aber unter
Überspringung der an sich leicht erreichbaren Orte des Vorlandes seine
nächsten Ansatzpunkte im Gebirge, hier überall in seinem Fortschreiten den guten Straßenverbindungen oder den seit Mitte des Jahrhunderts in etappenweisem Ausbau befindlichen Postverbindungen von
Hirschberg oder Warmbrunn aus folgend. So erhielten am frühesten
Schreiberhau und dann die Bergfußorte Hermsdorf, Seidorf, Giersdorf,
Arnsdorf und auch Krummhübel ihren Sommerfrischenverkehr. Wei-
tere Orte der höheren Gebirgsteile folgten erst, nachdem auch sie an den
Verkehr angeschlossen waren.

Durch diese räumliche Entwicklung in Anlehnung an das vorhandene
oder entstehende Verkehrsnetz wurde eine starke Differenzierung der
Orte hinsichtlich der Zahl ihrer Besucher zugunsten der verkehrsnahen
Siedlungen eingeleitet. Es ist verständlich, daß diese Differenzierung
durch die Eröffnung der Eisenbahn nach Krummhübel im Jahre 1885,
nach Petersdorf – Schreiberhau im Jahre 1891 bzw. 1902 und durch die
Eröffnung der Straßenbahnverbindung von Warmbrunn nach Giersdorf im Jahre 1914 weitergeführt wurde. Aber das Moment der besseren
Verkehrslage war in dieser letzten Phase der Entwicklung doch nicht
allein mehr ausschlaggebend. Wohl stieg der Fremdenverkehr nach den
Bahneröffnungen sehr erheblich in den Bahnorten des Gebirges, er
nahm aber noch größeren Umfang in den den Bahnorten benachbarten,
höher gelegenen Siedlungen an, die dank günstigerer Naturgegebenhei-
ten für den Sommerfrischenverkehr zu Konkurrenzorten ihrer Bahn-

orte wurden. Das Moment der besseren natürlichen Grundlagen des Fremdenverkehrs setzte sich also letztlich doch gegenüber dem Faktor der besseren Eisenbahnverkehrslage durch. Brückenberg überflügelte bald seinen tiefer gelegenen Bahnort Krummhübel, Hain und Saalberg ihren Bahnort Giersdorf, Agnetendorf den Bahnort Hermsdorf und Kiesewald seinen Bahnort Petersdorf (Abb. 4). Gewiß hat die Verbesserung der Gebirgsstraßen und die Steigerung des Autoverkehrs diesen Prozeß gefördert. Schreiberhau war solchen Konkurrenzverhältnissen entzogen. Ohne einen höher gelegenen Nachbarort genoß es die Vorteile des Bahnanschlusses ganz für sich allein; dazu ausgezeichnet durch eine hervorragende Landschaftslage zwischen den beiden Wandergebieten des Riesengebirges und des Isergebirges, ausgezeichnet auch durch ein größeres Fremdenfassungsvermögen, das ihm als größte Gebirgssiedlung von jeher eigen war, war es nach allem dazu vorbestimmt, die größte Sommerfrische des Riesengebirges zu werden.

Ähnlich waren die Verlagerungen im Wintersportverkehr. Da das Gebirge ohne den modernen Verkehr winters besonders schwer zugänglich war, hatte sich der Wintersport ursprünglich nur von den leicht erreichbaren Bergfußorten aus abgespielt, war also nach Dauer und Umfang von den wenig günstigen Schneeverhältnissen und dem geringeren Fremdenfassungsvermögen der unteren Gebirgszone abhängig. Erst nach der Eröffnung der Bahnen verlagerte er sich höhenwärts, wobei stärker noch als im Sommerfrischenverkehr die jeweils höher gelegenen Siedlungen aus begreiflichen klimatischen Gründen den Vorzug vor den tieferen Bahnorten erhielten.

Alles in allem hatten diese Verlagerungen mehrfache Bedeutung. Ihrem Wesen nach waren sie das Hineinwachsen der verschiedenen Fremdenverkehrsarten in solche Räume, die ihnen nach Landschaft und Klima am meisten entsprechen, so daß jede Fremdenverkehrsart gewissermaßen ihren Optimalraum eingenommen hat. Zugleich bedeutete dieser ganze Vorgang die Herausbildung jener oben besprochenen Strukturgebiete des Fremdenverkehrs (Abb. 1). Ein anderes Ergebnis war eine neue quantitative Ordnung zugunsten der höheren Gebirgssiedlungen (Abb. 4), wo nunmehr das Schwergewicht des Fremdenverkehrs und der Fremdenverkehrswirtschaft liegt.

Was die quantitative Entwicklung des Fremdenverkehrs im Riesengebirge allgemein anbelangt, so ist sie im ganzen gesehen eine dauernde

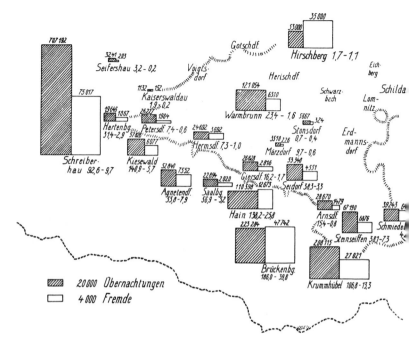

Abb. 4: Übernachtungen und Fremde in den Fremdenverkehrsorten des Riesengebirges. Die Zahlen neben oder unter den Ortsnamen bedeuten: Erster Wert = Zahl der Fremdenübernachtungen, die 1936/37 auf einen Ortseinwohner entfielen; zweiter Wert: Zahl der Fremden, die auf einen Ortseinwohner entfielen.

Aufwärtsentwicklung gewesen, nur vorübergehend gehemmt oder gar unterbrochen durch Kriegs-, Krisen- und Schlechtwetterjahre. Bis gegen die Mitte des vorigen Jahrhunderts nahm die Zahl der Besucher des Riesengebirges relativ langsam zu; dann aber setzte ein recht spontaner Aufschwung ein, der der Anfang des Massenverkehrs unserer Tage war. Er war nicht allein auf das Riesengebirge beschränkt, sondern ein allgemeines Phänomen, für das man entsprechend der obigen Feststellung des überwiegenden Anteils der städtischen Bevölkerung am Fremdenverkehr die in der ersten Hälfte des letzten Jahrhunderts einsetzende und dann fortdauernde gewaltige Zunahme der städtischen Bevölkerung als Hauptursache ansehen muß. Der Ausbau der modernen Verkehrsmittel, Eisenbahnen wie Straßen, der in die gleiche Zeit fällt, erschloß das Fremdeneinzugsgebiet in allen seinen Teilen, schlug neue Brücken zum Fremdenverkehrsgebiet und erfüllte die wichtigste der technischen Voraussetzungen eines Massenverkehrs.

5.

Innerhalb dieser letzten Entwicklungsphase, die, wie wir sahen, zugleich auch die höhenwärtige Verlagerung verschiedener Fremdenverkehrsarten brachte, erhielt das Fremdenverkehrsgebiet erst sein heutiges Gesicht. Wohl haben frühere Abschnitte der Entwicklung des Fremdenverkehrs mancherlei Spuren im Landschaftsbilde hinterlassen, vor allem dem Bad Warmbrunn Gepräge verliehen, den höheren Riesengebirgsteilen die Gastbauden beschert; aber es vermochte doch erst der Großverkehr seit der Mitte des vorigen Jahrhunderts eine solche Dynamik zu entfalten, die durch schnelle und gründliche Veränderung der einst ganz dörflichen Siedlungen, der Wirtschaft und des Landschaftsbildes das Fremdenverkehrsgebiet zu jener physiognomischen Ganzheit machen konnte, von der wir unseren Ausgang nahmen. Diese kulturlandschaftliche Ganzheit als Auswirkung des Fremdenverkehrs im einzelnen zu erfassen und zu erklären, umschließt weitere Probleme, auf die hier nur hingewiesen werden kann.[2]

[2] Die fremdenstatistischen Grundlagen meiner Ausführungen verdanke ich dem Statistischen Amt in Breslau und den Kur- und Gemeindeverwaltungen der Riesengebirgsorte.

Erdkunde, Bd. IX, Febr. 1955, S. 1–7 (gekürzt).

BEITRÄGE
ZU EINER GEOGRAPHIE DES FREMDENVERKEHRS

Von Walter Christaller

I. Zur allgemeinen Geographie des Fremdenverkehrs

1. Die Stellung
der Geographie des Fremdenverkehrs im Gebäude
der Wirtschaftsgeographie

In der Regel wird die Wirtschaftsgeographie untergliedert nach den gleichen Gesichtspunkten, nach denen die Wirtschaft eingeteilt wird in Land- und Forstwirtschaft einschließlich Fischerei, Industrie einschließlich Bergbau und Handwerk, Handel einschließlich Gaststättenwesen, Banken und Versicherungen, und Verkehr. Es sind also Merkmale, die der Wirtschaft anhaften und mit Geographie an sich nichts zu tun haben. Lediglich der Verkehr wird von der Wirtschaftsgeographie abgeteilt als Verkehrsgeographie, da er geographisch eine ganz andere Kategorie darstellt als die Wirtschaft. Wenn man die Wirtschaftsgeographie nach wirklich geographischen Gesichtspunkten untergliedern will, dann müßte die Art der Verhaftung der einzelnen Wirtschaftsarten am Raum, und zwar sowohl am abstrakt gemeinten wie auch am erfüllten wirklichen Raum (der Landschaft), d. h., es müßte die Stellung der Wirtschaft im räumlichen Funktionsgefüge das Prinzip der Untergliederung abgeben. Danach wäre die Wirtschaftsgeographie wie folgt zu untergliedern:

1. Die die Fläche nutzende Wirtschaft, und zwar a) die das Feldland nutzende Landbauwirtschaft, b) die das Weideland nutzende Viehwirtschaft, und c) die das Waldland nutzende Waldwirtschaft wird in der Agrar- und Forstgeographie behandelt.

2. Die die Bodenschätze nutzende Bergbauwirtschaft, die je nach der räumlichen Verteilung der Bodenschätze punkt-, band- oder revier-

artige Standorte einnimmt, wird, in enger Verbindung mit der Lager-
stättengeographie, in der Bergbaugeographie abgehandelt.

3. Die das Wasser des Binnenlandes in weitestem Sinne nutzende
Wirtschaft, vor allem also die Energiewirtschaft, aber auch die Wasser-
versorgungswirtschaft ist in ihren Standorten an die Wasservorkommen
gebunden, sie wird in der Wasser- und Energiewirtschaftsgeographie
behandelt.

4. Die an das Meer und seine Küsten gebundene Wirtschaft – die
Seefischerei und die Seehafenwirtschaft – wird in der Wirtschaftsgeographie der Häfen und Meere behandelt.

5. Die Industrie bevorzugt punkt-, band- oder revierartige Standorte,
ähnlich wie der Bergbau, jedoch ist sie nicht ausschließlich an Lagerstät-
ten gebunden, sondern ebenso an Verkehrsvorteile, an Arbeitsmärkte,
an Konsumzentren. Eine Untergliederung der Industriegeographie
hätte demnach nicht nach Industriearten wie Metall-, Holz-, chemische usw. Industrie zu erfolgen, sondern nach den typischen Standorten
der Industrien innerhalb des Raumgefüges.

6. Die zentralen Orte sind typische Standorte des Handels, des Geld-
und Versicherungswesens, des Handwerks, der Verkehrswirtschaft,
der Verwaltung, der kulturellen und sanitären Einrichtungen, die in der
Regel an Mittelpunkte der Siedlungslandschaft gebunden sind. Diese
Wirtschaftszweige werden in der Wirtschaftsgeographie der zentralen
Orte behandelt. Der Verkehr selbst wie auch die Siedlungen für sich
werden nicht in der Wirtschaftsgeographie behandelt, sondern in eigenen Disziplinen.

7. Es gibt auch einen Wirtschaftszweig, der geradezu die zentralen
Orte und die Agglomerationen flieht und die Peripherie der Siedlungslandschaft aufsucht: das ist die Fremdenverkehrswirtschaft, sofern sie
ihre Standorte auf die höchsten Berge, in die einsamsten Wälder, an den
sonst nicht nutzbaren Meeresstrand verlegt. Erholung und mannigfaltige Sportmöglichkeiten findet man am ehesten in solchen „peripheren
Gebieten" – von den zentralen Orten und den Industrieagglomeratio-
nen aus gesehen. Gemeint ist hierbei der Fremdenverkehr als Erho-
lungs- und Ferienreiseverkehr. Gewiß werden auch die Städte oft sehr
stark von Fremden besucht, es handelt sich hierbei jedoch vor allem um
Berufs- oder Bildungsreisen. Die Heilbäder können, wenn auch nicht
ganz unserem Postulat der echt geographischen Untergliederung der

Wirtschaftsgeographie entsprechend, hier eingeordnet werden, wenn man sie nicht, der Logik folgend, in der Lagerstätten- und Bergbaugeographie behandeln will. Ähnlich geartet wie die Standorte des Fremdenverkehrs sind die Standorte des „frei gewählten Wohnens": Künstlern, Schriftstellern, oder auch Rentnern und Pensionären steht es frei, ihren Wohnort da zu wählen, wo es ihnen gefällt, sie suchen dabei häufig klimatisch oder landschaftlich bevorzugte Orte zur Niederlassung aus, etwa einen ihnen aus früheren Ferienaufenthalten liebgewordenen Ort.[1]

So würde also eine Wirtschaftsgeographie des Fremdenverkehrs und des frei gewählten Wohnens als gleichberechtigte Untergliederung der Wirtschaftsgeographie neben der Agrar- und Forstgeographie, der Industriegeographie usw. stehen. Man wird allerdings den gesamten Fremdenverkehr, auch denjenigen, der sich in den zentralen Orten abwickelt, einheitlich in der Geographie des Fremdenverkehrs behandeln. Die Einordnung des Fremdenverkehrs in die Verkehrsgeographie scheint logisch nicht richtig zu sein. Seine Verkehrswege sind gar nicht die Hauptsache am Fremdenverkehr; sie sind überdies bereits in den Kapiteln über die Eisenbahnen, die Straßen, den Wasserverkehr und den Luftverkehr abgehandelt.

2. Die Untergliederung der Wirtschaftsgeographie des Fremdenverkehrs nach Standorten

Die Standorte des Fremdenverkehrs sind der wichtigste Gegenstand der Fremdenverkehrsgeographie. Die deutsche Statistik gliedert sie in: Großstädte, Heilbäder, Luftkurorte, Seebäder und sonstige. Für eine wissenschaftliche Analyse genügt diese Gliederung nicht. Es wird daher die folgende vorgeschlagen, wobei soweit als möglich geographische Gesichtspunkte das Gliederungsprinzip abgeben:

1. Klimatische Vorzüge als Standortfaktor, a) für Winteraufenthalte, b) für Sommeraufenthalte (Sommerfrischen), c) für Aufenthalte im Frühling und Herbst, d) Heilklimate.

---

[1] Vgl. Edward L. Ullman: Amenities as a factor in regional growth. – In: The Geographical Review, Vol. XLIV, No. 1, Jan. 1954, S. 119–132.

2. Landschaftliche Vorzüge, a) die schöne Landschaft allgemein, z. B. Gebirge, Seen, b) die Vegetation, z. B. Walddistrikte, auch in der Ebene, oder südländische Vegetation, c) besondere landschaftliche Erscheinungen wie Wasserfälle, Felspartien, Vulkane, Höhlen, Aussichtsberge.

3. Sportliche Möglichkeiten, a) Alpinismus, b) Wintersport, c) Wassersport und Sportfischerei, d) Jagd und Reiten, e) Golf, Tennis usw.

4. Seebadeorte, an das Vorhandensein von Badestrand gebunden.

5. Heilbäder und Kurorte, an Salinen, heiße Quellen oder sonstige Heilfaktoren gebunden, aber auch Kneipp- und Diätkurorte.

6. Kunst, Altertümer und schöne Stadtbilder, z. B. Rothenburg oder Zwiefalten, antike Tempelruinen oder Burgruinen, Städte mit Museen oder Ausstellungen.

7. Geschichtliche Denkstätten, Schlachtenorte, Geburtshäuser berühmter Persönlichkeiten.

8. Urtümliches Volksleben, Volksfeste, Wallfahrten.

9. Kulturelle Einrichtungen wie Festspielwochen, Freilichttheater, Ferienkurse, Bildungsstätten (meist jedoch nicht primär Ursache, sondern mehr Folge der Entwicklung einer Örtlichkeit zum Fremdenverkehrsort).

10. Wirtschaftliche Anlagen und Einrichtungen wie Häfen (Hafenrundfahrt), Talsperren, Flugplätze, kühne Brücken, Messen, interessante Gewinnungs- oder Verarbeitungsstätten (z. B. Salzbergwerke, Achatschleifereien).

11. Verkehrszentren und Verkehrsknotenpunkte, insbesondere solche Orte, wo ein Übergang von einem Verkehrsmittel auf ein anderes erfolgt.

12. Zentrale Orte mit ihren vielfältigen Bildungs- und Vergnügungsmöglichkeiten, sie sind jedoch in erster Linie in der Geographie der zentralen Orte zu behandeln.

Viele Standorte des Fremdenverkehrs erfüllen gleichzeitig mehrere der angeführten Standortbedingungen, z. B. des Klimas und der Landschaft, vielleicht dazu noch die der sportlichen Möglichkeiten. Für statistische Zwecke wäre dann der Ort da einzureihen, wo er nach seinem wichtigsten Standortvorteil hingehört.

Der Fremdenverkehr selbst ist überdies nach seiner Dauer zu gliedern in 1. Daueraufenthalte (Sommerfrischen-, Heilbäder-, Seebäder-, z. T.

auch Wintersportverkehr), 2. Tourismus, bei dem die Gesamtreise längere Dauer hat, der Aufenthalt in den einzelnen Orten jedoch kurzfristig ist und meist nur eine Nacht umfaßt, und 3. Kurzaufenthalte, insbesondere der Wochenendverkehr.

Ernst Winkler gliedert die Standorte des gesamten Reiseverkehrs in 1. Kurorte, 2. Sportplätze, 3. Kulturzentren, 4. Geschäftszentren und 5. Vergnügungszentren.[2] Hierbei scheint der Sommerfrischenverkehr ganz außer acht gelassen zu sein. Hans Poser unterscheidet in seiner richtungweisenden Studie über den Fremdenverkehr im Riesengebirge nicht die Standorte, sondern die Arten des Fremdenverkehrs, und führt auf 1. Heilbäderverkehr, 2. Sommerfrischenverkehr, 3. Wintersportverkehr, 4. Wanderverkehr und 5. Durchgangsverkehr.[3] Logisch richtiger ist es wohl, den Fremdenverkehr einmal nach der Örtlichkeit, und zum andernmal nach der Dauer zu gliedern, und nicht das räumliche und zeitliche Prinzip durcheinanderzumischen.

Wie aus obiger Aufstellung zu ersehen ist, wird der Reiseverkehr zu privaten Zwecken (Familienbesuch, zur Ausbildung), und der dienstliche, geschäftliche oder berufliche Reiseverkehr nicht als zur Geographie des Fremdenverkehrs gehörend angesehen[4] – solche Reisen sind nicht standortbildend, sie sind vielmehr nur das Mittel, einen privaten oder geschäftlichen Zweck zu erreichen. Unter Fremdenverkehr soll

[2] E. Winkler: Die Landschaft der Schweiz als Voraussetzung des Fremdenverkehrs, 1944 (Eidgenöss. Techn. Hochschule Zürich, Arbeiten aus dem Geogr. Inst., Nr. 2), S. 13.

[3] H. Poser: Geographische Studien über den Fremdenverkehr im Riesengebirge, 1939 (Abh. d. Ges. d. Wissenschaften zu Göttingen, Math.-phys. Klasse, Dritte Folge, Heft 20), S. 14.

[4] Anders H. Poser, der ausdrücklich auch den Geschäfts- und Berufsreiseverkehr einschließt (a. a. O., S. 170), wenngleich er ihn unter den Fremdenverkehrsarten (S. 14) nicht besonders aufführt – dem „Durchgangsreiseverkehr" kann er nicht gut zugerechnet werden, da er ja meist Zielortverkehr ist. G. Hirschberg hingegen scheidet den „alltäglichen" Fremdenverkehr ebenso aus wie Ch. Jost den Fremdenverkehr des Handlungsreisenden. (Gustav Hirschberg: Grundlagen, Entwicklung und geographische Auswirkungen des Fremdenverkehrs im Gebiet zwischen Teutoburger Wald und Weser, (Diss.) Bonn 1954, S. 8, und Christian Jost: Der Einfluß des Fremdenverkehrs auf Wirtschaft und Bevölkerung in der Landschaft Davos, Beitr. z. Verkehrswiss., H. 40, Bern 1952, S. 10 f.)

hier vorzugsweise der freie Reiseverkehr verstanden werden, wie er auch von der Fremdenverkehrswirtschaft gemeint ist, wenn man von „Fremdenverkehrswerbung" spricht. Hierbei ist das Reisen gewissermaßen Selbstzweck, ob es der Ausspannung und Erholung dient, der Heilung oder Vergnügung, dem Studium oder der Erbauung, und die Motive, einen bestimmten Ort aufzusuchen, sind in der Örtlichkeit begründet und nicht in den Personen, die dort wohnen.

3. Die geschichtliche Entwicklung des Fremdenverkehrs

Für die geographische Untersuchung des Fremdenverkehrs ist eine Darstellung seiner geschichtlichen Entwicklung nicht unbedingt erforderlich. Wohl aber ist es wichtig, die im Laufe der Zeit sich verändernden Wertungen der Standorte zu kennen, also Perioden des Fremdenverkehrs im Hinblick auf die Wahl der Standorte aufzustellen. Die Reisehandbücher spiegeln den Wandel in der Bevorzugung bestimmter Reiseziele gut wider.

Die frühen Formen des Fremdenverkehrs sind mehr nur für eine historische Geographie von Bedeutung, da sie mit dem heutigen Funktionsgefüge der Landschaft kaum eine Beziehung haben. Am wichtigsten in diesem älteren Stadium des Fremdenverkehrs sind wohl die Wallfahrten, in deren Gefolge bereits sehr früh Hospize und Herbergen entstanden. Wir können daher mit einer 1. Periode beginnen, die etwa vom Aufstieg des Bürgertums in der Französischen Revolution bis zum Einsetzen der Massenverkehrsmittel Dampfschiff und Eisenbahn reicht, also bis etwa 1840. Es war damals nur einer kleinen Elite vergönnt, Reisen im Sinne des heutigen Fremdenverkehrs zu machen. Als Unterkünfte dienten in den größeren Städten Gasthöfe, auf dem Lande einfache Herbergen oder auch Privatquartiere auf Empfehlung hin, so etwa beim Pfarrer. Schon bald nach 1760 dienten die Pfarrhäuser in Lauterbrunnen und Grindelwald als Standquartiere für die ersten englischen Pioniere in der Welt des Hochgebirges.[5] Die Verkehrsmittel waren Postwagen, Schiffe, Reisewagen oder Reittiere. Man denke etwa an Goethes Reisen in Deutschland und Italien. Die ersten Reiseführer

---

[5] Vgl. J. Früh: Geographie der Schweiz, II. Bd., S. 468, St. Gallen 1932.

von Baedeker erschienen 1839 (Rheinlande, als dritte Auflage von
Kleins „Rheinreise", die 1828 erstmals erschienen war), 1839 (Belgien
und Holland), 1842 (›Handbuch für Reisende durch Deutschland und
den österreichischen Kaiserstaat‹), 1844 (Schweiz), 1855 (Paris und
Umgebung). Aus diesen Angaben ist zweierlei zu erkennen: einmal,
daß das „romantische" Rheintal als erstes das Interesse des Publikums
genoß – in der Zeit der Romantik sehr verständlich –, und zum anderen,
daß die Reisehandbücher offenbar einem Bedürfnis entgegenkamen,
sonst wären nicht in so rascher Folge Neuerscheinungen möglich gewesen. Übrigens hatte schon seit 1829 der englische Verlagsbuchhändler
John Murray ›Handbooks for Travellers‹ herausgebracht, vielleicht ein
Zeichen, daß die neue Art, Bildungs- und Vergnügungsreisen zu unternehmen, in England noch früher aufgekommen war als auf dem Kontinent. Die Engländer sind ja bis heute wohl das reiselustigste Volk
geblieben.

Die 2. Periode des Fremdenverkehrs umfaßt die Anfänge des eigentlichen modernen Reiseverkehrs, der Ferienreisen. Die Unterbringung
der Reisenden erfolgt in den üblichen Landgasthäusern sowie vielfach in
Bauernhäusern, wo die Beherbergung nebenberuflich als Saisonge-
werbe betrieben wird. Vereinzelt gehen bereits ganze Familien in Ferien. Eisenbahnen, Schiffe und für die letzten Strecken bis zum Reiseziel
Post- oder Stellwagen oder auch Landauer waren die Beförderungsmit-
tel. Diese Periode, die etwa bis 1870 reicht, entspricht ihrem Charakter
nach ungefähr der Periode des Hausgewerbes im Sektor der Industrie.
Vereinzelt werden jedoch schon ausschließlich dem Tourismus dienende Herbergen errichtet, die also ein Merkmal der 3. Periode vor-
wegnehmen, so 1839 die erste Fremdenherberge in Zermatt, 1852 das
erste Touristenhotel ebenda durch Alexander Seiler. Als erster Berg-
gasthof gilt die 1816 eröffnete Touristenunterkunft auf dem Rigi.[6]

In der 3. Periode werden bereits allgemein Hotels gebaut, die nur dem
Fremdenverkehr (in dem hier gemeinten engeren Sinn) dienen und
häufig bloß in der Reisesaison geöffnet sind. Das Reisen hat inzwischen
weitere Schichten von mittelständischem Publikum erfaßt. In dieser
Zeit werden auch in den Zentren des Fremdenverkehrs (solche „Zentren" haben sich bereits herangebildet!) wie Interlaken, Montreux,

---

[6] Ebenda, S. 468f.

Nizza die ersten Grand- und Palace-Hotels errichtet. Dieses Stadium der Entwicklung des Fremdenverkehrs kann schon der fabrikmäßig betriebenen Industrie zur Seite gestellt werden.

Erst nachdem das Reisen zur Massenerscheinung wird, etwa seit 1900, in der Schweiz auch schon früher – wie ja überhaupt diese Perioden in den verschiedenen Reisegebieten unterschiedlich abzugrenzen sind –, kann man von einer 4. Periode des Fremdenverkehrs sprechen. Gleichzeitig findet eine stärkere Hinwendung zur Natur statt, beeinflußt durch die Wandervogel-Bewegung, die Jugendherbergen, das Aufkommen des Wintersports und die weitere Ausbreitung des Alpinismus. Nunmehr siedeln sich in größerem Umfang Gasthöfe und Touristenheime auch außerhalb der Siedlungen an landschaftlich hervorragenden Stellen an, Zahnrad- und Seilbahnen erschließen fast alle bekannteren Aussichtsberge – die Rigibahn wurde bereits 1871 eröffnet – und über die Hochgebirge spannt sich ein dichtes Netz von Unterkunftshütten, die an besonders bevorzugten Örtlichkeiten zu richtigen Hotels ausgebaut werden. In den Gebirgen entwickelt sich eine eigene Wintersaison zur Ausübung des Wintersports.

Die beiden Weltkriege haben dann gezeigt, daß es sich auch in Zelten, abseits des immer mehr angeschwollenen Stroms der Feriengäste, gut und erholsam leben läßt; und das immer mehr verbreitete Auto und das Motorrad haben eine größere Unabhängigkeit in der Wahl der Reisewege und Reiseziele gebracht, womit der „Drang zur Peripherie" immer stärker zur Geltung kommt. Man mag etwa mit dem Jahre 1930 diese jüngste, die 5. Periode des Fremdenverkehrs ansetzen. Gleichzeitig entwickelt sich das Gesellschaftsreisen immer mehr, im Autobus oder im Sonderzug, neuestens sogar im Flugzeug, mit Pauschalpreisen „alles inbegriffen". Die Urlaubsordnungen in allen Angestellten- und Arbeitertarifen ziehen eine neue Masse von Ferienreisenden aus den Städten heraus, das Reisen erstreckt sich auf alle Schichten des Volkes. Die Folge ist, daß die bekanntesten und beliebtesten Reiseziele durch den Fremdenstrom fast überschwemmt werden und in raschem Tempo zu richtigen Städten auswachsen. In dieser Periode zeichnet sich auch eine neue Entwicklung deutlicher ab: die preislich sehr begünstigte Unterbringung in betriebseigenen Ferienheimen. Eine noch schwer abschätzbare Bedeutung hat die Camping-Bewegung erlangt, die zur Entstehung ganzer Zeltdörfer führt.

4. Hilfsbetriebe des Fremdenverkehrs
und Ausbau der Verkehrsmöglichkeiten

In den Standorten des Fremdenverkehrs siedeln sich natürlich auch zahlreiche Hilfsbetriebe an, die ebenfalls fast ganz auf diesen Verkehr eingestellt sind: Restaurants, Cafés, in der Umgebung die „Jausenstationen", weiterhin Kaufläden, besonders für Reiseandenken, Kunstgewerbe und Sportartikel, Friseure, Postämter, Verkehrsbüros – in neuerer Zeit vor allem auch Garagen und Reparaturwerkstätten. Zuweilen blühen in Fremdenverkehrsorten alte Heimindustrien wieder auf, die ihre Holz- oder Elfenbein- oder Webereiartikel speziell für den Verkauf an die Fremden anfertigen.

Auch das Netz der Verkehrswege erfährt einen Wandel. Waren es in früheren Perioden des Fremdenverkehrs nur Landwege, auf denen die Fremden in Postwagen oder Landauern von den entfernt gelegenen Eisenbahnstationen herangebracht wurden, so mußten bald Stichbahnen und Gebirgsbahnen zur Bewältigung des wachsenden Verkehrs gebaut werden. Ergänzt wurde dies Netz noch durch Bergbahnen, die die Aussichtsberge auch Nichtbergsteigern zugänglich machten. In den letzten Jahrzehnten wurden vor allem die Straßen ausgebaut, die die Reisenden in Autos und Omnibussen heranbringen. Auch reine Aussichtsstraßen werden gebaut, die für den allgemeinen Wirtschaftsverkehr an sich nicht notwendig sind. In den Wintersportgebieten dient eine Unzahl von Sesselbahnen der erleichterten Ausübung des Skisports, und Sessel-Lifts führen neuerdings auch zu Aussichtspunkten.

In diesem Kapitel sollten nur einige wenige Hinweise gegeben werden, da diese Entwicklungen ja allgemein bekannt sind.

5. Die Standorte des Fremdenverkehrs

Der interessanteste Abschnitt der Fremdenverkehrsgeographie ist wohl die Stellung des Fremdenverkehrs im räumlichen Funktionsgefüge der Wirtschaft und des gesellschaftlichen Lebens. Das Kennzeichen des Fremdenverkehrsstandortes ist es geradezu, daß er die Peripherie aufsucht. So erlangen oft Landschaften, die sonst fast keine wirtschaftliche Ausnutzung gestatten – wie Hochgebirge, Felslandschaften, Heideflächen, sterile Dünengebiete am Meeresstrand –, einen oft hohen wirtschaftlichen Wert. Die fruchtbaren Feld- und Gartenlandschaften, meist die Kerngebiete dichter Besiedlung, werden vom Fremdenverkehr offensichtlich gemieden. So kommt es dahin, daß die Verkehrsströme nicht mehr an der Peripherie versickern, sondern daß die peripheren Orte, wenigstens für die Dauer der Reisesaison, zu wichtigen Zielpunkten des Verkehrs und selbst zu Mittelpunkten eines eigenen saisonmäßigen Verkehrssystems von Ausflugsfahrten und Wanderungen werden.

Es findet dabei ein stetiges Vordringen der äußersten Front der Fremdenverkehrsorte in noch nicht oder kaum erschlossenes Neuland der Peripherie statt.[7] Der typische Gang der Entwicklung verläuft etwa so: Maler suchen ein Stück unberührter eigenartiger Natur auf, um hier zu malen. Es entsteht allmählich eine sogenannte Künstlerkolonie. Es folgt alsbald eine dem Malervolk verwandte Eliteschicht der Dichter, der Filmwelt, der Feinschmecker und der Jeunesse dorée. Dann wird der Ort Mode, der Geschäftsmann interessiert sich für ihn, aus den Fischerkaten oder Almhütten werden Hotels. Die Maler jedoch haben inzwischen bereits die Flucht ergriffen, sie sind weiter hinaus an die Peripherie gezogen – an die Peripherie im strengen räumlichen Sinn wie im übertragenen als „vergessene" Orte und Landschaften gemeint. Nur die Malgeschäftemacher sind geblieben oder haben sich eingefunden und leben vom guten Ruf des Künstlerwinkels und von den Fremden. Immer breitere Schichten der Stadtbewohner wählen den durch zahlreiche Presseartikel bekanntgewordenen Modeort für ihren Ferienaufenthalt, in der Folge bleiben die Reisefeinschmecker aus. Und schließlich kommen die Reisebüros mit ihren lauten Massenfahrten zu billigen Pauschalpreisen, und das verwöhntere Publikum meidet nunmehr solche Aufenthalte. In anderen Orten hat sich inzwischen der gleiche Zyklus wiederholt, immer neue Modeorte entstehen so, wandeln ihren Charakter und werden zu Allerweltsorten.

Charakteristisch ist dabei der Geschmackswandel. Während man

---

[7] Vgl. hierzu die Darstellung der Entwicklung des Kleinen Walsertals zum bedeutenden Fremdenverkehrsgebiet in: Heinrich Jäger: Der kulturgeographische Strukturwandel des Kleinen Walsertales, Regensburg 1953 (Münchner Geogr. Hefte, hrsg. v. W. Hartke u. H. Louis, H. 1).

früher die Romantik der efeuumsponnenen Burgen, der klappernden Mühlen im Tal, der „kühlen Gründe", der Wasserfälle usw. gepriesen und gesucht hat, sind es heute die Sonnhalden, die freien Höhen mit dem „Haus in der Sonne", die bevorzugt werden. Es ist auch nicht mehr nur das „mittelalterliche Stadtbild", das den Fremdenverkehrsstrom anzieht, sondern jetzt auch das „technische Wunder" der Talsperren, der Schleusen, der Brücken über Meeresarme. In den Städten werden nicht mehr nur die Dome und die alten Patrizierhäuser bewundert, sondern auch die neuen Rathäuser aus Glas und Beton, die Flughäfen und die modernen Wohnsiedlungen. Der Begriff „Kurort", der früher mit Kurpromenaden und Kurorchester Inbegriff des Fremdenverkehrs und die Sehnsucht aller Reisenden war, so daß sich zahlreiche Orte danach drängten, diesen Titel – mit mehr oder weniger gutem Recht – zu erlangen, ist im Verblassen, die Orte mit einer großen Natur und mit idealen Sportmöglichkeiten stellen heute die Gipfelgruppe in der Pyramide der nach Besucherzahl geordneten Fremdenverkehrsorte dar. 1951/52 hatten Berchtesgaden 1 100 000, Oberstdorf 600 000, Westerland 500 000 und Mittenwald 450 000 Übernachtungen, dagegen Wiesbaden nur 500 000, Kissingen 500 000, Bad Nauheim 400 000, und Baden-Baden gar nur 350 000.[8]

Wenn man die Standorte der Fremdenverkehrswirtschaft etwas pauschal und im Einzelfall nicht immer zutreffend als die „peripheren Orte" bezeichnen kann, so wird die Polarität zu den „zentralen Orten" deutlich. Konnte man jedoch für die zentralen Orte exakte Standortgesetze aufstellen,[9] so ist dies bei den peripheren Orten in der gleichen mathematischen Genauigkeit nicht möglich. Man könnte höchstens aussagen, daß diejenigen Zonen, die am weitesten entfernt von zentralen Orten und auch industriellen Agglomerationen liegen, die günstigsten Standortbedingungen für Orte des Fremdenverkehrs abgeben. Diese finden sich also nicht in den Kerngebieten der Siedlungslandschaft, sondern in den Randgebieten. Das gilt sowohl im engsten Rah-

---

[8] Nach: Statistisches Jahrbuch für die Bundesrepublik Deutschland, 1953, S. 395.

[9] Siehe: W. Christaller: Die zentralen Orte in Süddeutschland, eine ökonomisch-geographische Untersuchung über die Gesetzmäßigkeit der Verbreitung und Entwicklung der Siedlungen mit städtischen Funktionen, Jena 1933.

men, indem die Ziele der Nachmittagsspaziergänge und der Tagesausflüge von einer Stadt aus in die „Peripherie" gehen, wie auch im kleinen Maßstab eines Gebietes, etwa Württembergs, wo die Fremdenverkehrsorte im Schwarzwald, auf der Alb, im Hohenloher Land oder am
Bodensee und im Allgäu liegen, und schließlich auch im größeren Maßstab von Europa, wo die norwegischen Fjorde, die Waldlandschaften
Nordschwedens, die Seen von Finnland, die Inseln von Dalmatien, weiter Sizilien, die Pyrenäen, die Bretagne, Irland, Wales, Schottland – und
natürlich die Alpen – besonders bevorzugte Gebiete des Reiseverkehrs
darstellen, fast durchweg dünn besiedelte Landschaften am Rande der
europäischen Verkehrslandschaften.

6. Die räumliche Verflechtung des Fremdenverkehrs

Die großen Ströme des Fremdenverkehrs bewegen sich also vornehmlich von den zentralen Orten und den Industriegebieten, den An-
häufungen von Menschen, nach der Peripherie, in die Einsamkeiten des
Hochgebirges, der Meeresufer, der Waldlandschaften. Es ist dies der
umgekehrte Strom, der sonst allgemein in der Wirtschaft vorherrscht,
wo die Wanderungen zumeist von den kärglichen, dünn besiedelten und
dennoch übervölkerten Landschaften in die Städte und in die Industrie-
ballungsräume erfolgen. Während die Ballungsräume im Wege der
Selbstverstärkung immer mehr anwachsen, wandern die Ziele des
Fremdenverkehrs in immer abseitigere Landstriche, sobald sich Ver-
städterungstendenzen in den bisherigen „Zentren" des Fremdenverkehrs zeigen – eine dem Prinzip der Selbstverstärkung genau entgegengesetzte Tendenz.

Die Standorte des Fremdenverkehrs werden in ihrer Bedeutung charakterisiert durch die Anzahl der Gastbetten, die zur Verfügung der
Reisenden stehen, oder durch die Zahl der angekommenen Fremden,
oder noch besser durch die Zahl der Übernachtungen. Die räumliche
Verflechtung des Fremdenverkehrs hingegen wird am besten demonstriert durch die Herkunftsorte der Fremden. Die Statistik bietet hier
recht gutes Material. Allerdings richtet sich das geographische Interesse
nicht nur darauf, die Ausländer nach ihren Herkunftsländern zu unterscheiden – wofür die Statistik die Zahlen gibt –, sondern vor allem auch

darauf, die Ströme der inländischen Reisenden zu erfassen. In dieser
Hinsicht reicht unsere Statistik nicht aus. Aus der Erfahrung weiß man
jedoch, daß z. B. das Allgäu besonders stark aus Württemberg besucht
wird, während die weiter entfernt wohnenden Gäste aus Nordrhein-
Westfalen mehr die weiter entfernten oberbayrischen Ferienorte aufsuchen. Vor dem Krieg gingen die Sachsen z. B. besonders gern in das
Fichtelgebirge und den Bayrischen Wald, die Berliner in den Harz und
das Riesengebirge. Es wäre eine dankbare Aufgabe, in einer Spezialstu-
die diesen Verflechtungserscheinungen nachzugehen und sie kartogra-
phisch darzustellen.

Als Beispiel für die Ausländerübernachtungen soll das Land Hessen
angeführt werden. Im Sommerhalbjahr 1953 [10] standen mit 137409
Übernachtungen die Vereinigten Staaten von Amerika bei weitem an
erster Stelle. Es folgten mit 49813 die Niederlande, mit 44563 Belgien-
Luxemburg und mit 41492 überraschenderweise Dänemark. Dann
kamen Schweden, die Schweiz, Großbritannien und Nordirland, Frankreich, und in weiterem Abstand Österreich und Italien. Im Winterhalbjahr 1953/54 [11] stellten die Vereinigten Staaten 83196 Übernachtungen,
die Niederlande 19471, die Schweiz 18103 und Großbritannien 15991,
es folgten Frankreich, Österreich, Belgien-Luxemburg, Italien, Schweden und Dänemark. Im gesamten Bundesgebiet war die Reihenfolge der
10 wichtigsten Herkunftsländer im Sommerhalbjahr 1952 [12] Vereinigte
Staaten, Niederlande, Schweiz, Dänemark, Belgien-Luxemburg,
Großbritannien und Nordirland, Schweden, Frankreich, Österreich
und Italien, also genau die gleichen Länder umfassend, nur in etwas anderer Reihenfolge und mit nicht so starkem Übergewicht der Vereinigten Staaten.

In Dänemark war 1951 [13] die Reihenfolge der Länder nach der Anzahl
der Übernachtungen: Schweden (339762), Deutschland (315044),
Norwegen (226133), Großbritannien, Vereinigte Staaten von Amerika,

---

[10] Mitteilungen des Hessischen Statistischen Landesamts, B III h/8/53/6 vom
24. 3. 54.

[11] Ebenda, B III h/8/54/4 vom 22. 7. 54.

[12] Statistisches Jahrbuch der Bundesrepublik Deutschland 1953, S. 394.

[13] Nach Statistisk Årbog 1952, Uitg. af der Statistiske Departement, Køben-
havn 1952, S. 143.

Finnland, Niederlande, Frankreich, Schweiz, Italien, weiter mit Abstand Island und Belgien-Luxemburg. Bringt man die Übernachtungen in Beziehung zu der Einwohnerzahl der betreffenden Länder, so kommen in Island 10, in Norwegen 14, in Schweden 21 und in Finnland 53 Einwohner auf eine Übernachtung in Dänemark, es folgen die Schweiz mit 180, Deutschland mit 219, die Niederlande mit 220, Großbritannien mit 360, Belgien-Luxemburg mit 700, Frankreich mit 970, die Vereinigten Staaten mit 1358 und Italien mit 2570 Einwohnern auf eine Übernachtung. Außerordentlich deutlich werden hier Verwandtschaften und Nachbarschaften erkennbar.

Man könnte auch in kleinerem Maßstab interessante Ergebnisse erzielen, wenn man z. B. feststellen würde, wohin die Frankfurter im Sommer- bzw. im Winterhalbjahr eines bestimmten Jahres in die Ferien fahren. Oder woher sich z. B. im Odenwald die Feriengäste rekrutieren.[14] Und man könnte verschiedene Stichjahre miteinander vergleichen, um der Dynamik des Modewechsels nachzugehen.

Auch die jahreszeitliche Aufgliederung der Fremdenübernachtungen hat geographische Bedeutung.[15] Der Bodensee wird eine ganz andere Jahreskurve der Übernachtungen aufweisen als etwa der Bayrische Wald. Geringeres Interesse hat es hingegen, die durchschnittliche Aufenthaltsdauer der Fremden in verschiedenen Fremdenverkehrsorten miteinander zu vergleichen, sie vermag jedoch gut zur Charakterisierung dieser Orte zu dienen. Kurze Aufenthaltsdauern finden sich in den Städten und Verkehrszentren, die längsten in den Heilbädern. Z. B. hatte König im Odenwald im Winter 19, im Sommer 18 Tage durchschnittliche Aufenthaltsdauer der Fremden, Darmstadt hingegen nur 1,7 bzw. 1,5 Tage.[16]

[...]

ᚱ

---

[14] Vgl. die Kartogramme bei H. Poser, a. a. O., S. 85, und H. Jäger, a. a. O., S. 51, sowie die Angaben bei G. Hirschberg, a. a. O., S. 94 ff.

[15] Vgl. hierzu die sehr instruktiven Diagramme bei H. Poser, a. a. O., S. 19.

[16] Siehe Anm. 10 und 11.

Festschrift Leopold G. Scheidl zum 60. Geburtstag, I. Teil, Wien 1965, S. 56–67 (gekürzt).

PRAKTISCHE HINWEISE
FÜR WISSENSCHAFTLICHE ARBEITEN
IN DER FREMDENVERKEHRSGEOGRAPHIE

Von FELIX JÜLG

[. . .]

Obwohl der Fremdenverkehr sicher schon so alt wie die Menschheit ist, hat eine wirtschaftswissenschaftliche Betrachtung [1] des Fremdenverkehrs erst in jüngster Vergangenheit begonnen, als er nämlich, begünstigt durch den starken Anstieg der Bevölkerung, die Industrialisierung und den technischen Stand des Verkehrswesens, ein ausschlaggebender Wirtschaftsfaktor wurde. Zuerst untersuchte die Volkswirtschaft den Fremdenverkehr genauer und wies auf die Möglichkeit hin, durch seinen „unsichtbaren Export" eine passive Zahlungsbilanz auszugleichen. [2] Die Betriebswirtschaftslehre hat sich erst später dem Fremdenverkehr zugewendet, eigentlich erst dann, als in der ersten Hälfte unseres Jahrhunderts durch z. T. politische Einflüsse große, nichtstrukturelle Schwankungen des Fremdenverkehrs auftraten, welche seine Institutionen in Notlage brachten, deren Ursachen für Sanierungsmaßnahmen geklärt werden mußten. Seither sind besonders in

---

[1] Es wird hier die Fremdenverkehrsgeographie zum Bereich der Wirtschaftsgeographie und somit auch zu den Wirtschaftswissenschaften gezählt. Diese Zuordnung ist sicher berechtigt, sowohl dem Untersuchungsobjekt als auch den Untersuchungsmethoden gemäß.

Es muß aber darauf hingewiesen werden, daß dem Fremdenverkehr mit nur wirtschaftlicher Betrachtung nicht Genüge getan wird. Man ist zu leicht dazu verleitet, besonders die irrationalen Werte des Fremdenverkehrs in der Praxis und in der Theorie ganz zu Unrecht außer acht zu lassen.

[2] Z. B.: Bartsch, F.: Einfluß der Wanderbewegung und des Fremdenverkehrs auf die Zahlungsbilanz Österreich-Ungarns, Wien 1911.

Schullern zu Schrattenhofen, H. v.: Fremdenverkehr und Volkswirtschaft. In: Jahrbuch für Nationalökonomie und Statistik, Jena 1911.

Stradner, J.: Der Fremdenverkehr, Graz 1905 und 1917.

europäischen Fremdenverkehrsländern auf diesem Sektor interessante Forschungen durchgeführt worden, die der Fremdenverkehrswirtschaft sehr zu Nutzen kamen. Es hat sich jedoch auch gezeigt, daß dem Phänomen des Fremdenverkehrs durch betriebswirtschaftliche oder einzelwirtschaftliche Untersuchungen nicht beizukommen ist, sondern eine Gesamterforschung des Fremdenverkehrs nur universell, d. h. unter Mitarbeit aller beteiligten Zweige der Wissenschaft durchgeführt werden kann, da dieses Phänomen sehr komplex ist. Darum ist es auch bis heute nicht möglich, die Wissenschaft vom Fremdenverkehr eindeutig in das System der Wirtschaftswissenschaften einzuordnen.

In diesen Rahmen fällt nun das große Aufgabengebiet der Fremdenverkehrsgeographie. „Es gibt wenige Erscheinungen im wirtschaftlichen und gesellschaftlichen Bereich, die so eng mit dem Phänomen Raum verknüpft sind, wie der Fremdenverkehr" schreibt Pfister.[3] „Um so mehr muß es wundernehmen, daß Forschung und Lehre immer noch weit davon entfernt sind, diesen Zusammenhang in angemessener Weise zu berücksichtigen." An der Bedeutung der Geographie für den Fremdenverkehr kann gar kein Zweifel bestehen, denn fast jede Definition des Fremdenverkehrs beinhaltet den Begriff der Ortsveränderung. Trotzdem neigt die Fremdenverkehrswissenschaft und auch die -praxis dazu, diese Bedeutung zu vernachlässigen. Dies – so will es scheinen – nicht zuletzt deswegen, weil die Geographie diesen Bereich bislang so wenig erforscht hat, daß Volks- und Betriebswirtschaft gezwungen waren, mit ihren z. T. wesentlich weniger geeigneten Methoden räumliche Untersuchungen durchzuführen, um den Fremdenverkehr überhaupt bearbeiten zu können.

Es gibt also keine „Allgemeine Fremdenverkehrsgeographie". Methodische Arbeiten aus Teilgebieten existieren nur in sehr spärlicher

---

[3] Geigant, F.: Die Standorte des Fremdenverkehrs. Eine sozialökonomische Studie über die Bedingungen und Formen der räumlichen Entfaltung des Fremdenverkehrs. Schriftenreihe des Deutschen Wirtschaftswiss. Inst. für Fremdenverkehr, Universität München, Heft 17/1962 (Vorwort: Prof. B. Pfister).
Die folgenden Ausführungen über Fremdenverkehrsgeographie gehen weit über den bei Geigant verwendeten Begriff hinaus und beinhalten bereits viel von seiner „Raumwirtschaftslehre", da meiner Meinung nach die Aufgabe der Angewandten Geographie weit über eine bloße Beschreibung hinausgeht.

Anzahl,[4] so daß der Bearbeiter einer fremdenverkehrsgeographischen Arbeit keine geeignete Grundlage vorfindet. Er muß sich sein Arbeitsgerüst selbst schaffen. Das bedingt – vom Standpunkt des Geographen aus gesehen – eine möglichst genaue Kenntnis der Fremdenverkehrswissenschaft. Für den Anfang sei hier verwiesen auf eine „Allgemeine Fremdenverkehrslehre". Zur volkswirtschaftlichen Betrachtung eignet sich gut das Werk von Pöschl, welches meines Erachtens einen Fortschritt in der so sehr angestrebten ganzheitlichen Betrachtung des Fremdenverkehrs ermöglicht. Die soziologischen Erscheinungen des Fremdenverkehrs behandelt Knebel, der aber bewußt der Aufgabe aus dem Wege geht, eine Lösung der exakt erforschten und aufgeworfenen Probleme zu zeigen.[5]

Der so erhaltene bescheidene Überblick über das Phänomen Fremdenverkehr ist geographisch jedoch nur beschränkt brauchbar. Dies, weil der gegebene Bereich des Fremdenverkehrs nach *Definition* (Fremdenverkehr ist der Inbegriff der Beziehungen und Erscheinungen, die sich aus Reise und Aufenthalt Ortsfremder ergeben, sofern durch den Aufenthalt keine Niederlassung zur Ausübung einer dauernden und

---

[4] Z. B.: Grünthal, A.: Probleme der Fremdenverkehrsgeographie, Berlin 1934 (Heft 9 der Schriftenreihe des Forschungsinst. für Fremdenverkehr).
Poser, H.: Geographische Studien über den Fremdenverkehr im Riesengebirge. Ein Beitrag zur geographischen Betrachtung des Fremdenverkehrs, Göttingen 1939 (Abh. der Ges. der Wiss. zu Göttingen, Mathem.-physikal. Klasse, 3. Folge, Heft 20). (Eine Arbeit, die weit über den Rahmen einer lokalen fremdenverkehrsgeographischen Beschreibung hinausgeht.)
Defert, P.: Structure économique et localisation dans les régions touristiques. Application á quelques régions-types d'Europe, Genf 1955.
Rungaldier, R.: Fremdenverkehr und Geographie. – In: Der österreichische Betriebswirt, Wien 1960/2, S. 85–92.
[5] Hunziker u. Krapf: Allgemeine Fremdenverkehrslehre, Zürich 1942.
Bernecker, P.: Die Stellung des Fremdenverkehrs im Leistungssystem der Wirtschaft, Wien 1956.
Bernecker, P.: Fremdenverkehrslehre und Fremdenverkehrspolitik, bisher erschienen Band 1: Grundlagenlehre des Fremdenverkehrs, Wien 1962.
Pöschl, A. E.: Fremdenverkehr und Fremdenverkehrspolitik, Berlin 1962.
Knebel, H.-J.: Soziologische Strukturwandlungen im modernen Tourismus, Stuttgart 1960.

zeitweiligen hauptsächlichen Erwerbstätigkeit begründet wird)[6] sich
weder mit den geographischen Erscheinungen noch mit den statistischen Angaben deckt. Es wird hier der Berufsfremdenverkehr ausgegliedert, dessen Erscheinungsform betriebswirtschaftlich wie geographisch als Fremdenverkehr zu bezeichnen ist. Die Abgrenzung erfolgt
nur aus volkswirtschaftlichen Motiven, und Bernecker, ja selbst Hunziker[7] können sich nicht ganz der Ansicht verschließen, daß diese Ausgliederung in der Praxis überhaupt nicht, in der Theorie der Betriebswirtschaft und Geographie aber nur beschränkt aufrechtzuerhalten ist.
[. . .]

Fremdenverkehr wäre hiermit im Sinne der geographischen Betrachtung: *der Inbegriff der (geographischen) Beziehungen und Erscheinungen, die sich aus Reise und Aufenthalt Ortsfremder ergeben, sofern durch den Aufenthalt keine dauernde Niederlassung begründet
wird.*

*Inhalt einer fremdenverkehrsgeographischen Untersuchung ist somit,
die Eignung bzw. die Eigenheiten von Räumen für den Fremdenverkehr und die Wirkung des Fremdenverkehrs auf Gestaltung und Umformung dieser Räume zu erforschen und festzustellen.*

Es werden *Zielräume, Herkunftsräume* (Ausströmungsräume) und
Durchreiseräume des Fremdenverkehrs unterschieden. Daraus ergibt
sich, daß geographische Erscheinungen des Fremdenverkehrs fast überall auf der Erde zu beobachten sind und somit jeder wirtschaftsgeographischen Untersuchung, die die Gesamtwirtschaft eines Raumes erfaßt,
ein Abschnitt über die Fremdenverkehrsgeographie hinzuzufügen
wäre. [. . .]

Wenn im kommenden nun versucht wird, die geographischen *Faktoren* zu behandeln, *die einen Raum* für den (Erholungs-)Fremdenver-
kehr *geeignet machen,* so darf man auch die großen Unterschiede nicht
vergessen, die zwischen den Erholungswünschen der einzelnen Fremden bestehen, und muß jeweils die Zusatzfrage stellen: geeignet für
wen? Es kommen dann Abstufungen der Eignung heraus, die von der

---

[6] Definition der AIEST (Association Internationale d'Expertes Scientifiques
du Tourisme).
[7] Bernecker, P.: Grundlagenlehre des Fremdenverkehrs, Wien 1962.
Hunziker, W.: Betriebswirtschaftslehre des Fremdenverkehrs, Bern 1959.

allgemeinen bis zur Eignung für einen ganz bestimmten Personenkreis reichen.

Es soll zwischen naturgeographischen und kulturgeographischen Faktoren unterschieden werden. Unter den *naturgeographischen* Faktoren sind im wesentlichen Bau und Gestalt, Gewässer, Klima, Pflanzenwelt und Tierwelt zu betrachten.[8]

Es gibt keinen objektiven Maßstab, um festzustellen, wann *Bau und Gestalt* für den Fremdenverkehr attraktiv sind. Man hat versucht, mit Werten der Reliefenergie[9] dies zu begrenzen, doch erscheint dieser Weg nicht gangbar. Im Rahmen dieses Aufsatzes genügt es, festzustellen, daß die Abwechslung im Gelände bevorzugt wird, wobei Größe und Form der einzelnen Terrainunterschiede eine geringere Bedeutung haben. Besonders bizarre und ausgefallene Formen sind jedoch von starker Wirkung. Für den Winterfremdenverkehr sind die Neigungsverhältnisse zu beachten, da die gute Ausübung des Skisportes (derzeit Hauptziel des Winterurlaubes) eine Mindestneigung bedingt, aber auch bei einer gewissen Steilheit unmöglich wird. In Zusammenhang mit

---

[8] Strzygowski, W.: Europa braucht Naturparke, Bremen-Horn 1955, schreibt S. 22 f.: „Vergleicht man die Landschaften, die schon jetzt von Erholung suchenden Städtern geschätzt werden, dann kommt man auf drei Wesenszüge: Berg, Wald und Wasser in natürlichem Zustand. Mindestens eine dieser drei Komponenten muß gegeben sein. . . . . Die stärkste Anziehungskraft aber haben solche Landschaften, in denen alle drei Komponenten zusammenwirken."

[9] So z. B. das Österreichische Institut für Raumplanung in: Fremdenverkehrsplanung Waldviertel, 1. Teil, die Eignung des Waldviertels für den Fremdenverkehr auf Grund der natürlichen Ausstattung und des Landschaftsbildes, Wien 1960.

Das Österreichische Institut für Raumplanung hat eine Anzahl weiterer Untersuchungen über die Fremdenverkehrseignung von Landschaften durchgeführt, bei denen Grundlagen für fremdenverkehrsgeographische Arbeiten erstellt wurden, so z. B.:

Der Wiener Wald, Erholungsbedeutung, Wirtschaftsstruktur und Siedlungsdynamik, 1959.

Fremdenverkehrsplanung Waldviertel, 2. Teil, 1962.

Fremdenverkehrsplanung Südöstliches Niederösterreich, 1962.

Auch Stöhr, W.: Fremdenverkehrsplanung und Raumordnung. – In: Aufbau, Heft 6/7, Wien 1963.

Klima und Vegetation ist hier die Höhe des geeigneten Geländes interessant. Man darf nicht vergessen, daß durch die moderne Technik auch ungeeignete und lawinengefährdete Flächen dem Skilauf erschlossen werden können.

Die Bedeutung der *Gewässer* für den Sommerfremdenverkehr beweist jede Fremdenverkehrsstatistik. Fast jeder Urlauber verlangt in seiner Sommerfrische irgendeine künstliche oder natürliche Möglichkeit zur Ausübung des Wassersportes. Wassertemperatur, Reinheit usw. sind wichtige Angaben für den Fremdenverkehr. Hierzu kommt noch zusätzlich die Heilwirkung einzelner Quellen als bedeutender Standortfaktor des Kurverkehrs. Die Gewässer tragen wesentlich zum Gesamtbild der Landschaft bei.

Das *Klima* ist für den Fremdenverkehr von überragender Bedeutung. Angaben über Temperatur, Sonnenscheindauer, Niederschlagsmenge und -häufigkeit, Schneemenge und -dauer, Windstärke bestimmen wesentlich die Eignung als Erholungsraum. In den Alpentälern ist besonders die Verbreitung der Kälteseen und die Föhnwirkung für den Wintererholungsverkehr wichtig.[10] Man unterscheidet Reiz- und Schonklima, die je nach Veranlagung von den Fremden verschieden vertragen werden. Meistens ist ein Klimaunterschied zum Heimatraum günstig.

Die natürliche *Pflanzendecke* ist kaum mehr erhalten. Fast überall ist sie vom Menschen beeinflußt, nur sind Art und Grad der Beeinflussung verschieden. Der Fremde schätzt eine möglichst wenig veränderte, artenreiche und abwechslungsreiche Pflanzendecke und die Möglichkeit, selbst Beeren und Pilze zu sammeln. Wald wird vor Wiese und Wiese vor Acker vorgezogen. Lediglich für den Wintersport ist eine zu dichte Bewaldung ohne Abfahrtsschneisen hinderlich. Dem Wunsch nach Abwechslung steht das Streben der Landwirtschaft gegenüber, zur Erhöhung der Rentabilität möglichst große, einheitlich bewirtschaftbare Flächen zu schaffen.

[10] Undt, W.: Erholung und Klima. – In: Wetter und Leben, 7. Jg., Wien 1955, u. a.
Karten über Sonnenscheindauer, Niederschlagsmengen, Schneedecke und Windhäufigkeit, bearbeitet von Prof. F. Steinhauser, hrsg. von der Zentralanstalt für Meteorologie und Geodynamik in Wien, o. J.

Auch die ursprüngliche *Tierwelt* ist nicht mehr vorhanden. Es gehört jedoch zu den größten Urlaubserlebnissen, Tiere auf freier Wildbahn beobachten zu können. Jagd und Fischerei sind ein weiterer Anziehungspunkt. Auch sollte die Bedeutung des Haustieres nicht vergessen werden. Der Kontakt mit dem Tier ist dem Städter verlorengegangen, und er entbehrt ihn. Er und vor allem seine Kinder wollen lernen, die Haustiere als Lebewesen zu betrachten. Reiten ist ein in letzter Zeit immer mehr an Umfang gewinnender Fremdenverkehrssport.

Als *kulturgeographische* Faktoren sollen in diesem Zusammenhang Besiedlung, Bevölkerung, Religion, Geschichte, politische Verwaltung und die Wirtschaft genannt werden.

Die Bedeutung der *Besiedlung* für den Fremdenverkehr ist allgemein bekannt. Ziel des Erholungsfremdenverkehrs ist im allgemeinen ein schwach besiedelter Raum. Doch besteht auch hier ein Unterschied zum Herkunftsraum; es wird der Großstädter eher dünn besiedelte Gebiete anstreben, während der Landbewohner mitunter ganz gern Städte für seinen Urlaub aufsucht.

Außer der *Bevölkerung*sdichte sind auch noch die Eigenheiten der Bevölkerung zu studieren. Nicht jedes Volk ist gastfreundlich. Manche Völker vertragen sich nicht, sogar dann nicht, wenn sie sich in einem neutralen Fremdenverkehrsort treffen. Sitten und Kultur eines Volkes sind oft für den Fremdenverkehr sehr förderlich, können aber auch das Gegenteil bewirken.

Die *Religionen* können den Fremdenverkehr sehr unterschiedlich beeinflussen. Wallfahrtsorte sind seit alter Zeit Zentren des Fremdenverkehrs, andererseits kann religiöse Intoleranz zu sehr ungünstigen Fremdenverkehrsaussichten führen. Die Religion bestimmt auch die Gebräuche eines Volkes.

Die *geschichtliche Vergangenheit*, die sich in Kultur, Prunkbauten, Ruinen, Denkmälern, Überlieferung und Gebräuchen eines Landes offenbart, ist für den Fremdenverkehr von außerordentlicher Bedeutung. Orte und Gebiete, die sonst kaum einen Anziehungsfaktor aufweisen, werden zu Fremdenzentren ersten Ranges.

Die *politische Verwaltung* ist ein leider oft negativer Fremdenverkehrsfaktor. Der stolzen Behauptung des Fremden, im Ausland gewesen zu sein, und hätte er auch nur fünf Minuten über die Grenze in den Nachbarstaat geschaut, stehen die Schwierigkeiten gegenüber, die durch Vorschriften und Verbote beim Grenzübertritt, durch ungünstige Wechselkurse und dergleichen mehr entstehen. So fließt der Fremdenstrom mitunter ganz anders und wesentlich ungünstiger als bei normalen politischen Verhältnissen auf Grund geographischer und anderer Gegebenheiten. Es sollte hier nicht nur aufgezeigt werden, wie der Fremdenstrom heute verläuft, sondern auch wie er verlaufen würde, wenn es keine administrativen Hindernisse gäbe. Denn die Zeit lehrt uns, mit politischen Änderungen bei wissenschaftlichen Untersuchungen rechnen zu müssen.

Letzter, aber für den Wirtschaftsgeographen überaus wichtiger Faktor ist die Untersuchung der *Wirtschaft* des Raumes, und zwar im besonderen der Fremdenverkehrswirtschaft und der korrespondierenden Wirtschaftszweige. Diese erstreckt sich zuerst auf die *Institutionen des Fremdenverkehrs* (Beherbergungsbetriebe, Privatzimmer, Camping; Kur- und Heilbetriebe; besondere Verkehrsbetriebe, z. B. Seilbahnen; weniger interessant schon besondere Fabrikationsbetriebe und Handelsbetriebe, z. B. für Andenken; Dienstleistungsbetriebe, z. B. Skischulen und Fremdenverkehrsförderungsbetriebe) als Betriebe des primären Bereichs. Hierzu kommen in allen genannten Sparten noch Betriebe des sekundären Bereichs, doch ist vom wirtschaftsgeographischen Standpunkt deren Zurechnung zu den Fremdenverkehrsbetrieben fraglich. Sie wären eher den anderen Wirtschaftszweigen zuzurechnen.

Unter den anderen Wirtschaftszweigen, die eine enge Verbindung zum Fremdenverkehr haben, steht an erster Stelle der *Verkehr*. Denn der Fremde kommt als Verkehrsteilnehmer in den Ort und bleibt es in vielen Fällen auch während seines Aufenthaltes, also überhaupt während der ganzen Zeit, in der er Fremder ist. Fremdenverkehrsräume müssen vom Verkehr erschlossen sein, damit überhaupt eine Anreise möglich ist. Eine „Über"erschließung jedoch kann den Erholungscharakter eines Raumes wieder zerstören, eine Tatsache, die angesichts der verhältnismäßig geringen Zahl verkehrsmäßig günstiger Erholungsräume bedenklich ist.

Die *Land- und Forstwirtschaft* hat sehr vielfältige Beziehungen zum Fremdenverkehr, die am ehesten noch in direkte und indirekte gegliedert werden können. Direkt heißt in diesem Zusammenhang: unmittelbar am Fremdenverkehr teilnehmend, z. B. das Unterbringen von Privat-

gästen in Bauernhäusern; indirekt: in mittelbarem Zusammenhange,
z. B. durch Steigerung des Absatzes an die Fremdenverkehrsbetriebe.
Es darf nicht vergessen werden, daß die Hauptsaison des Fremdenverkehrs mit der Hauptarbeitszeit der Landwirtschaft zusammenfällt. Da
die Ziele von Landwirtschaft und Fremdenverkehr durchaus nicht immer in Einklang zu bringen sind, bleibt letztlich zu entscheiden, wem in
einem Raum der Vorrang einzuräumen sei, der Landwirtschaft oder
dem Fremdenverkehr.

Sehr intensiv sind die Beziehungen zur *Energiewirtschaft.* Wenn auch
die Elektrifizierung in Österreich bereits so weit fortgeschritten ist, daß
der früher zitierte Zusammenhang mit dem Fremdenverkehr wegfällt,[11]
so greift die Energiewirtschaft durch ihre den Landschaftscharakter verändernden Einrichtungen intensiv in den Fremdenverkehr ein. Oft wirken sich Stauwerke sehr positiv aus; sie werden gerne besichtigt. An den
Stauseen entstehen neue Erholungsflächen. Die für Kraftwerksbauten
notwendigen Verkehrsanlagen kommen dem Fremdenverkehr meist
zugute.

Die *Industrie* ist infolge ihrer Abgase, Lärmentwicklung und dergleichen in vielen Fällen ein negativer Fremdenverkehrsfaktor. Sie ist jedoch wirtschaftlich stärker als der Fremdenverkehr. Sie drängt daher
immer mehr in Standorte vor, deren Eignung für den Fremdenverkehr,
aber nicht für den Industriebetrieb erwiesen ist und die dem Fremdenverkehr erhalten bleiben müßten. Im Geschäftsreiseverkehr dagegen
verzeichnet mancher große Industriebetrieb im Jahre ebenso viele Besucher wie die größeren Kurorte Österreichs, wenngleich diese Besucher
nicht lange im Ort verweilen, aber in der Regel pro Tag mehr ausgeben
als der Erholungsgast.

Auf weitere Wirtschaftszweige, deren Anwesenheit die Fremdenverkehrseignung beeinflußt, soll in diesem Rahmen nicht eingegangen
werden.

Es ist nun nicht nur jeder einzelne Faktor, sondern auch *das Zusammenspiel einzelner Faktoren zu einem schönen Landschaftsbild bzw. das
Zusammenspiel aller genannten Faktoren zu einem harmonischen Ganzen,* das die Fremdenverkehrseignung ausmacht. Diese Faktoren be-

---

[11] Der Zeitpunkt der Elektrifizierung einer Ortschaft war von ihrer Bedeutung für den Fremdenverkehr abhängig.

einflussen teilweise einander, und darum ist ihre Wirkung *absolut und relativ im zeitlichen Ablauf variabel*. Ihre Bedeutung für die Fremdenverkehrseignung kann darum nie generell beurteilt werden, sie ist in jedem Raum verschieden.

Wenn man nun im besonderen die Faktoren für den Erholungsverkehr betrachtet, so muß man feststellen, daß der Raumanspruch dieser Erscheinungsform des Fremdenverkehrs auch viele Gebiete betrifft, die von anderen Wirtschaftszweigen und besonders von denen, die dem Fremdenverkehr hinderlich sind, gar nicht oder nur extensiv genützt werden. Es handelt sich dann meistens um sogenannte *strukturschwache Räume*, und der Fremdenverkehr scheint ideal berufen, ihnen durch die Verlagerung des Konsums aus den Wirtschaftszentren eine *Wirtschaftshilfe* zu bringen. Diese Erkenntnis führt leider in der Praxis dazu, den Fremdenverkehr als Allheilmittel für Notstandsgebiete zu betrachten und zu versuchen, ihn auch in Gebieten zu entwickeln, die keine geographische Eignung hierzu haben.

Es wurde bisher versucht, in Kürze die Faktoren zu erwähnen, die zu einer Fremdenverkehrseignung führen. Bevor wir uns mit dem zweiten geographischen Anliegen, der Wirkung des Fremdenverkehrs auf Gestaltung und Umformung von Räumen beschäftigen, muß erst einiges über den Fremdenverkehr selbst gesagt werden. Es gilt festzustellen, wieweit die Fremdenverkehrseignung tatsächlich von ihm ausgenützt wird bzw. wieweit man durch Beeinflussung der kulturgeographischen Faktoren diese Nutzung gefördert hat. Der Fremdenverkehr hat sehr vielseitige *Erscheinungsformen*, und jede von ihnen verdient, auf ihre geographische Eigenheit betrachtet zu werden. [...]

Der Gliederung des Fremdenverkehrs nach Erscheinungsformen muß deswegen eine so große Aufmerksamkeit zugewandt werden, weil es nur mit ihrer Hilfe möglich ist, die *Wirkung* des Fremdenverkehrs *auf den Zielraum* zu untersuchen, denn das finanzielle Ergebnis des Fremdenverkehrs richtet sich nach der Erscheinungsform und nach der Qualität des Fremden (z. B. gibt der Geschäftsreisende in der Regel mehr pro Tag aus als der Erholungsreisende, der Ausländer mehr als der Inländer und so fort).

Diese Wirkung erstreckt sich zum ersten auf die *Fremdenverkehrsbetriebe* selbst. Als – meistens – Dienstleistungsbetriebe sind sie von den Saisonschwankungen, wie sie bei den oben angeführten Erscheinungs-

formen verschieden auftreten, besonders betroffen; *Kapazitätsauslastung* ist hier ein Grundbegriff zur Berechnung der Rentabilität. Die
Zusammensetzung des Fremdenstromes läßt Folgerungen auf die Wünsche und den Konsum der Fremden zu. Den Fremdenverkehrsgeographen wird vor allem der *Standort* der einzelnen Fremdenverkehrseinrichtungen im Raum interessieren. Bei Untersuchungen im lokalen
Raum z. B. wird er nach Katasterplan und Luftbildern arbeiten. Er wird
Veränderungen feststellen, eventuell auf notwendige Veränderungen
aufmerksam machen und auf Grund seiner geographischen Untersuchungen Vorschläge für neue Standorte machen.

   Die *Änderungen im Landschaftsbild und in der Wirtschaft,* die durch
den Fremdenverkehr entstehen, sind sehr weitläufig. Boustedt[12] muß
feststellen, daß „es praktisch unmöglich ist, den ganzen Komplex dieser
vielfachen Wechselbeziehungen zu durchleuchten". Oft ist es die Initiative nur eines Mannes, die den ganzen Entwicklungsvorgang in die
Wege leitet. Um eine geeignete Landschaftsgestaltung bemühen sich in
der Regel die Fremdenverkehrsvereine durch Anlage von Spazier-
wegen, Bänken u. ä. Manche Wirtschaftszweige haben eine Verviel-
fachung ihres Geschäftsvolumens zu verzeichnen (Postautoverkehr,
Einzelhandel), während andere, bisher im Raum noch nicht vertretene,
neu entstehen (Banken, Spezialgeschäfte, Taxiunternehmungen usw.).
Andere wieder unterliegen einer vollständigen Umstrukturierung, wie

[12] Boustedt, O.: Wirtschaftsbelebung durch Fremdenverkehr, Studie über
die Möglichkeiten und Grenzen der Entwicklung ländlicher Gewerbezentren
durch den Fremdenverkehr, dargestellt am Beispiel der Gemeinde Bodenmais im
Bayrischen Wald, Bremen-Horn 1956.
   Ferner soll unter vielen anderen verwiesen werden auf:
Bernatzik, E.: Die Entwicklung des Fremdenverkehrs im Montafon, Wien 1961,
(Dipl. Arbeit, Hochschule für Welthandel).
Jäger, H.: Der kulturgeographische Strukturwandel des Kleinen Walsertals, Re-
gensburg 1953. (Münchner Geographische Hefte, Heft 1).
Jost, Ch.: Der Einfluß des Fremdenverkehrs auf Wirtschaft und Bevölkerung
der Landschaft Davos, Schweizerische Beiträge zur Verkehrswissenschaft, Heft
40, Bern 1955.
Punz, F.: Die wirtschaftliche Entwicklung der Gemeinde Saalbach, Wien 1962,
(Dipl. Arb., Hochschule für Welthandel).
Ferner: Arbeiten des Institut de Géographie Alpine in Grenoble.

z. B. bei der Landwirtschaft die Bevorzugung der Nutzviehhaltung im Heimbetrieb infolge höheren Absatzes. Das Kulturleben erlebt durch Austausch und erhöhte Nachfrage einen Aufschwung (Volkstumsveranstaltungen, Kino, Konzerte, Festspiele usw.). So entsteht mancher *neue Faktor,* der sich wieder auf eine *erhöhte Eignung* und damit auf eine Steigerung und Änderung des Fremdenverkehrs auswirkt. Die Erfassung dieser Änderungen bleibt meist einer Untersuchung an Ort und Stelle vorbehalten.[. . .]

Geographische Berichte, 13. Jg., 1968, S. 51–57.

MODELL ZUR REGIONALEN GEOGRAPHIE
DES FREMDENVERKEHRS

Von Günther Jacob

Im Herbst 1965 führte das Institut für Verkehrsgeographie der Hochschule für Verkehrswesen „Friedrich List" in Dresden eine internationale Informationstagung zur Geographie des Fremdenverkehrs durch.

Der Einladung zu dieser Tagung waren über 200 Wissenschaftler und Praktiker aus zahlreichen sozialistischen und kapitalistischen Ländern Europas gefolgt. Auf dieser Tagung wurde eine Vielzahl von Problemen zur Geographie des Fremdenverkehrs diskutiert, und es ist heute festzustellen, daß diese Tagung stimulierend auf die fremdenverkehrsgeographische Forschung auch der Länder gewirkt hat, die bisher keine oder nur ungenügende fremdenverkehrsgeographische Forschung durchgeführt hatten.

Auf dieser Tagung wurde festgestellt, daß der Hauptmangel bei der Bestimmung des Gegenstandes der Geographie des Fremdenverkehrs, unabhängig von den vielen Diskussionen um den Gegenstand der geographischen Diszplinen, in der Tatsache besteht, daß bisher nur ungenügende wissenschaftlich fundierte und allseitig anerkannte Definitionen des Begriffs Fremdenverkehr selbst vorliegen. Jede wissenschaftliche Disziplin muß eine klar faßbare Aufgabenstellung im Rahmen der wissenschaftlichen Arbeitsteilung innerhalb des Gesamtgebäudes der Wissenschaften haben. Das gilt um so mehr bei einer so weitreichenden wissenschaftlichen Disziplin wie der Geographie oder besser gesagt den geographischen Disziplinen.

Da es eine Fülle von Definitionen der Geographie des Fremdenverkehrs gibt, die fast so zahlreich sind wie die größeren Arbeiten zur Geographie des Fremdenverkehrs selbst, wurde auf der Tagung in Dresden gefordert, eine Geschichte der fremdenverkehrsgeographischen Lehrmeinungen zu schreiben, die es bisher nach unserer Kenntnis nicht gibt. Dadurch würde den Autoren fremdenverkehrsgeographischer Arbeiten erspart bleiben, sich immer wieder mit früher geäußerten Anschauungen auseinanderzusetzen und mehr Zeit für Strukturanalysen gegenwärtiger fremdenverkehrsgeographischer Verhältnisse zu gewinnen.

Die Darstellung der Entwicklung fremdenverkehrsgeographischer Lehrmeinungen wurde deswegen für erforderlich gehalten, weil sich herausstellte, daß in früheren Arbeiten bereits viele wertvolle Gedanken über den Gegenstand der Geographie des Fremdenverkehrs geäußert wurden, die auch heute noch ohne weiteres, gegebenenfalls modifiziert, verwendbar sind, ohne daß der einzelne Autor immer wieder versuchen muß, von Grund auf das Gebäude der Geographie des Fremdenverkehrs selbst aufzubauen.

Auf der Tagung in Dresden wurde weitgehend Einigung darüber erzielt, daß die Geographie des Fremdenverkehrs einen Teil der ökonomischen Geographie darstellt. Wenn wir von der Aufgabenstellung der ökonomischen Geographie ausgehen, daß sie Struktur und Dynamik von Wirtschaftsräumen untersucht, können wir feststellen: „Die Geographie des Fremdenverkehrs untersucht die räumliche Verbreitung des Fremdenverkehrs, seine natürlichen und gesellschaftlichen Grundlagen und Voraussetzungen und die zwischen dem Fremdenverkehr und den Fremdenverkehrsorten und -gebieten bestehenden Wechselwirkungen und -beziehungen. Die Geographie des Fremdenverkehrs ist somit in erster Linie eine Geographie der Fremdenverkehrsorte und -gebiete." Es läßt sich auch kürzer formulieren: „Die Geographie des Fremdenverkehrs untersucht die räumliche Struktur des Fremdenverkehrs, die Bedingungen und Besonderheiten seiner Entwicklung in den einzelnen Ländern, Gebieten und Orten" oder, um es noch kürzer zu sagen: „Die Geographie des Fremdenverkehrs untersucht den Fremdenverkehr als Faktor territorialer Produktionskomplexe (Wirtschaftsräume bzw. -gebiete)."

Soweit konnte in Dresden über den Gegenstand der Geographie des Fremdenverkehrs Einigung erzielt werden.

Doch als offenes Problem blieb die Frage, welche Stellung die verschiedenen Teildisziplinen der ökonomischen Geographie zur Geographie des Fremdenverkehrs einnehmen.

Wir haben uns in letzter Zeit wiederholt mit diesen Fragen beschäftigt und zu diesem Zweck ein vereinfachtes Strukturmodell eines territoria-

len Produktionskomplexes (Wirtschaftsgebiet, Fremdenverkehrsgebiet) entwickelt. An diesem Modell werden die Beziehungen innerhalb
eines territorialen Produktionskomplexes, wie sie von der Geographie
zu untersuchen sind, deutlich. An diesem Modell wird aber auch das
Verhältnis zwischen den gesellschaftlichen Faktoren und den Naturfaktoren hinreichend verständlich, so daß es uns anhand dieses Modells
nicht schwerfallen wird, das Verhältnis der ökonomisch-geographischen Teildisziplinen untereinander, als auch die Aufgabenstellung der
Geographie des Fremdenverkehrs selbst deutlich herauszuarbeiten.

Gehen wir von folgender Überlegung aus: Die ökonomische Geographie untersucht die räumliche Verteilung der Produktion und die
Bedingungen und Besonderheiten ihrer Entwicklung in den einzelnen
Ländern und Gebieten. Dabei geht sie von den drei Faktoren der Bedingungen des materiellen Lebens der Gesellschaft aus: Produktionsweise
(im engeren Sinne Produktionsverhältnisse), Naturmilieu, Bevölke-
rungsstruktur. Nach der Analyse dieser Faktoren der Bedingungen des
materiellen Lebens der Gesellschaft, wie sie ganz allgemein in der zu un-
tersuchenden territorialen Einheit wirksam werden, wird differenziert
untersucht, welchen Einfluß diese drei Faktoren auf die industrielle und
auf die agrarische Produktion, auf das Bauwesen und auf das Verkehrswesen – das im Sinne der politischen Ökonomie ebenfalls als materielle
Produktion gilt – ausüben.

Da jedoch der Handel (Außenhandel) einen notwendigen Bestandteil
des territorialen Produktionskomplexes darstellt, ist zu untersuchen,
welche Wechselwirkungen zwischen ihm, den obengenannten drei Faktoren der Bedingungen des materiellen Lebens der Gesellschaft und den
übrigen Faktoren des territorialen Produktionskomplexes bestehen. Da
das gleiche auch für die Dienstleistungen gilt, sind darüber hinaus die
Wechselwirkungen zwischen allen vorgenannten Faktoren und den
Dienstleistungen zu untersuchen. Da der Fremdenverkehr sich aus verschiedenen Elementen der Bereiche und Zweige der Volkswirtschaft
und anderer Faktoren zusammensetzt, ist seine besondere Stellung im
Rahmen dieses Modells deutlich zu kennzeichnen.

Das Naturmilieu bzw. die Naturfaktoren unterliegen naturwissen-
schaftlichen Gesetzmäßigkeiten. Der Einfluß dieser Naturfaktoren auf
die menschliche Gesellschaft unterliegt dagegen gesellschaftswissenschaftlicher Fragestellung. Da die Naturfaktoren im Fremdenverkehr

eine große Rolle spielen, sind sie ebenfalls in Modellform dargestellt. Der Naturkomplex, in dem die Naturfaktoren zusammenwirken, wird gewöhnlich als Landschaft bezeichnet. Diese Naturfaktoren unterliegen innerhalb der Landschaft ebenfalls bestimmten Wechselwirkungen, die aus dem Modell ablesbar sind.[1]

Nun erfolgt der Einfluß der Naturfaktoren auf den Fremdenverkehr als gesellschaftliche Erscheinung nicht in dieser im Modell vereinfacht dargestellten „gebündelten" Form, sondern wirkt zum Teil über die übrigen gesellschaftlichen Faktoren in der vielfältigsten Form auf den Fremdenverkehr ein. Um die Übersichtlichkeit zu gewährleisten, wurde die vereinfachte Darstellung gewählt.

Das gleiche gilt auch für die Faktoren des Überbaues, die in vielfältigster Form über die materielle Produktion wirksam werden. Daß die geographische Fragestellung im Fremdenverkehr auch die Problematik der Sprachen berücksichtigen muß, muß nicht ausführlicher erläutert werden.

Natürlich haben diese Wechselwirkungen, das gilt für den territorialen Produktionskomplex, d. h. für die gesellschaftlich wirkenden Faktoren, das gilt weiterhin für den Naturkomplex hinsichtlich der naturwissenschaftlich erfaßbaren Faktoren als auch zwischen den gesellschaftlichen und natürlichen Faktoren, jeweils ein unterschiedliches qualitatives als auch quantitatives Gewicht.

Aufgabe der wissenschaftlichen Forschung im Rahmen der geographischen Disziplinen ist es, die unterschiedliche qualitative bzw. quantitative Bedeutung dieser Beziehungen herauszuarbeiten.

Wenn wir dieses Strukturmodell vor Augen haben, ist es nicht schwer, die Aufgabenstellung der Teildisziplinen der ökonomischen Geographie herauszuarbeiten und ihre Stellung im Gesamtsystem der geographischen Wissenschaften als auch untereinander zu bestimmen. Keine der Untersuchungen der ökonomisch-geographischen Teildisziplinen kann losgelöst vom territorialen Produktionskomplex erfolgen. Der territoriale Produktionskomplex bleibt die Grundlage aller Untersuchungen der ökonomisch-geographischen Teildisziplinen. Doch sind bei komplexen ökonomisch-geographischen Untersuchungen alle Faktoren und Beziehungen gegeneinander abzuwägen.

---

[1] Nach Herz, Karl, Zeitschrift für den Erdkundeunterricht 18/1966/3.

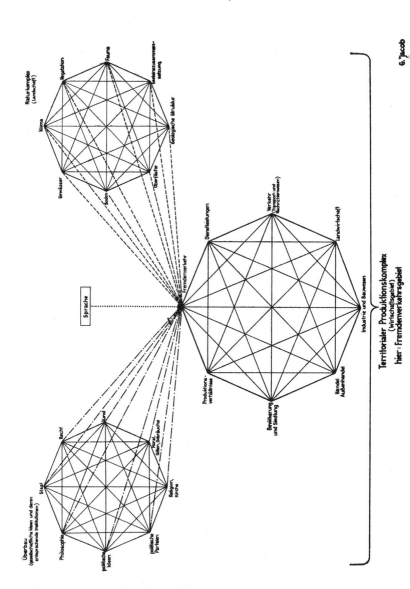

Wenn auch der territoriale Produktionskomplex immer der Ausgangspunkt ökonomisch-geographischer Untersuchungen bleibt, so hängt es doch vom Zweck der Untersuchungen ab, ob nicht jeweils ein Faktor in den Mittelpunkt der Untersuchungen zu stellen ist. Untersuchen wir Fragen der Bevölkerung als Faktor territorialer Produktionskomplexe, handelt es sich um eine bevölkerungsgeographische Untersuchung, bei Fragen der Siedlungen als Wohn- und Produktionsstätten der Bevölkerung um eine siedlungs- oder stadtgeographische Untersuchung. In gleicher Weise lassen sich die Aufgabenstellungen der Industrie-, Agrar- und Verkehrsgeographie als Teildisziplinen der ökonomischen Geographie bestimmen. Bei der Handelsgeographie, der Geographie der Dienstleistungen oder der Geographie des Fremdenverkehrs ist der territoriale Produktionskomplex in gleicher Weise die Grundlage der Untersuchungen wie bei der politischen Geographie, die die Produktions- und politischen Verhältnisse eines Landes auf der Grundlage der territorialen Produktionskomplexe untersucht.

Befassen wir uns auf Grund dieses Strukturschemas näher mit der Geographie des Fremdenverkehrs. Generell handelt es sich bei den Beziehungen zwischen dem Fremdenverkehr und den einzelnen Faktoren um Wechselbeziehungen, um sich gegenseitig bedingende Wirkungen und Rückwirkungen.

Dabei sollte differenziert werden in

a) direkte Zusammenhänge

b) indirekte Zusammenhänge.

Der Rahmen dieser Arbeit gestattet es nicht, alle möglichen Beziehungen darzustellen, sondern nur einige typische herauszuarbeiten, um dadurch unser Anliegen besser deutlich zu machen. Dies soll stichwortartig geschehen.[2]

---

[2] Erarbeitet von Dipl.-Ing. oec. Klaus Hübel.

1. Fremdenverkehr Fremdenverkehrspolitik	direkt ⟶ indirekt	**Produktionsverhältnisse** a) Recht auf Urlaub b) soziale Maßnahmen (Feriendienst, Sozialversicherung, Kinderferienlager u. a.) c) Wirtschaftspolitik Förderung des Fremdenverkehrs, Investitionen, Valutabereitstellung für Fremdenverkehr ins Ausland u. a.
2. Fremdenverkehr a) Reproduktion der Arbeitskraft der Bevölkerung b) Bildungs- und Erziehungsfunktion für die Bevölkerung (kulturell, historisch, politisch usw.)	direkt ⟶	**Bevölkerung** a) Konsument des Fremdenverkehrs b) Arbeitskräftepotential für die Fremdenverkehrswirtschaft
3. Fremdenverkehr a) Schaffung neuer Fremdenverkehrssiedlungen als Folge der Fremdenverkehrsentwicklung b) aktive Beeinflussung der Siedlungsstruktur, Bebauung, Ausdehnung, Gestaltung des Siedlungsbildes c) spezifische Fremdenverkehrseinrichtungen im Siedlungskörper eines Fremdenverkehrsortes	direkt ⟶	**Siedlung** a) Voraussetzung für stationären Aufenthalt des Fremdenverkehrs in den Fremdenverkehrsgebieten (Unterkunft, Versorgung usw.) b) Siedlungsstruktur, Siedlungsform und -bild als fördernder bzw. hemmender Faktor des Fremdenverkehrs c) Verkehrslage der Siedlung, Höhenlage, Lage zur Bevölkerungsballung können fördernd oder hemmend auf Fremdenverkehrsentwicklung wirken

d) Verkehrserschließung der Siedlung
e) Einfluß auf funktionale Stellung der Siedlung im Territorium

4. Fremdenverkehr
a) Schutz- und Sperrzonen gegen negative Einflüsse der Industrie auf die Erholungsgebiete
b) Erschließung von Naherholungsgebieten in der Nähe von Industrieschwerpunkten
c) Bauwesen als Voraussetzung für Ausbau, Neubau und Rekonstruktion von Fremdenverkehrsobjekten

direkt ⟶

Industrie und Bauwesen
a) Gefährdung und Einengung von Erholungsgebieten durch neue Industriestandorte bzw. durch Folgen des Bergbaus
b) negative Einflüsse auf Erholungswert (Abgase, Luft- und Wasserverunreinigung, Lärm usw.)
c) Großstandorte der Industrie bzw. Industrieballungen als bedeutende Aufkommensschwerpunkte für den Fremdenverkehr

5. Fremdenverkehr
a) teilweise Arbeitskräfte in Wintersportgebieten bindend

vorwiegend indirekt ⟶

Landwirtschaft
a) Versorgungssicherung in Fremdenverkehrsgebieten (teilweise Spezialisierung auf Produkte des täglichen Bedarfs im Fremdenverkehr: Milch, Gemüse usw.)

6. Fremdenverkehr
a) Belastung der Verkehrsmittel und -wege
b) spezifische Anforderungen an den Verkehr: Schnelligkeit, Bequemlichkeit, zeitliche Lage der Verkehrsverbindungen

direkt ⟶

Verkehr
a) Realisierung der Beförderungsbedürfnisse im Fremdenverkehr (Zubringer- und Abbringerverkehr, Rund- und Zielfahrten)
b) Erschließung der Fremdenverkehrsorte und -gebiete

c) Auswirkungen der Saisonschwankungen, zeitbedingten Schwankungen auf das Verkehrswesen

d) Anwachsen des Fremdenverkehrs zum Massentourismus erfordert neue Formen der Verkehrsrealisierung (Sonderzüge, Autoreisezüge, Verkehrshäufigkeit nach spezifischer zeitlicher Lage)

e) Fremdenverkehr erfordert spezifische Verkehrsanlagen und -mittel: Seilbahnen, Lifte, Parkplätze, Serviceeinrichtungen

7. *Fremdenverkehr*

a) steigender Fremdenverkehr erfordert steigende Handelsleistungen nach Quantität und Qualität

b) regionale Verteilung des Fremdenverkehrs erfordert regionale Streuung der Produkte

c) Ausländer als wichtige Absatzpotenz für spezifische „Landesprodukte" und Fremdenverkehrsartikel

d) Deviseneinnahme von Ausländern stärken materielle Valutabasis für Außenhandelsaufgaben und Außenhandelspolitik

direkt ⟶

c) Verkehrserschließung und -bedienung als fördernder Faktor des Fremdenverkehrs, Verkehrswege als Leitwege der Verkehrsströme

d) Verteilerfunktion in regionaler Hinsicht

e) Störfaktoren des Verkehrs: Lärm, Staub, Abgase, Straßenverstopfungen

Handel
(Binnen- und Außenhandel)

a) Realisierung der Versorgungsbedürfnisse der Fremdenverkehrseinrichtungen

b) spezifische Artikel des Fremdenverkehrs vielfältigster Art

c) Abschöpfung der Kaufkraft der Bevölkerung über den Fremdenverkehr

d) Fremdenverkehrsgebiete als ausgesprochene Konsumtionsgebiete

e) Auslandtourismus als aktiver Absatzmarkt inländischer Produkte (unsichtbarer Export)

e) Außenhandelssphäre des Landes, gleichzeitig als Fremdenverkehrseinflußsphäre für den einströmenden Fremdenverkehr, Werbung

f) Außenhandel – Außenpolitik und Auslandsfremdenverkehr als Einheit politischer und ökonomischer Anerkennung und Wegbereiter internationaler Beziehungen

indirekt ⟷

8. Fremdenverkehr

a) Nutzung des Naturmilieus (aktiv oder passiv)

b) Erschließung und Gestaltung des natürlichen Erholungspotentials

c) Gefahr der negativen Beeinflussung, Beeinträchtigung, Überlastung, Minderung des Erholungswertes des Naturmilieus

Naturmilieu

a) Voraussetzung für Erholungs-Fremdenverkehr

b) günstige Verhältnisse fördern den Fremdenverkehr, ungünstige wirken hemmend

c) bildet das natürliche Erholungspotential eines Landes

Zum Verhältnis der Faktoren des Überbaus zum Fremdenverkehr

Sie wirken direkt und indirekt auf den Fremdenverkehr
a) indirekt: Wirkung vor allem über die Produktionsverhältnisse und
   Bevölkerung
b) direkt:

Staat	aktive Rolle im Fremdenverkehr durch Förderung der Entwicklung des Fremdenverkehrs mittels gesetzlicher Maßnahmen und Festlegungen (Verfassung des Staates: Recht auf Urlaub als wesentlichste Voraussetzung).

Gesetze: Vergrößerung des Freizeitfonds der Mitglieder
der Gesellschaft: Verkürzung der Arbeitszeit, Erhöhung des Grundurlaubs, Verbesserung des Lebens-
standards der Bevölkerung – Erhöhung der Mindest-
löhne und Renten – als entscheidende Voraussetzungen
für Teilnahme am Fremdenverkehr

staatliche Institutionen erarbeiten Entwicklungspro-
gramme für Fremdenverkehr, Fremdenverkehrsgebiete – Mittelbereitstellung für Erschließung und Ausbau der Fremdenverkehrsgebiete

Freundschaftsbeziehungen und -verträge zwischen den
Staaten sowie Bereitstellung von Valuta = Voraussetzung für Entwicklung des internationalen Fremdenverkehrs

Recht	Widerspiegelung im *Fremdenverkehrsrecht* (vertragliche Beziehungen der Fremdenverkehrsmittler und deren Erfüllungsgehilfen, zwischen den Ländern international wirksam werdend)
politische Ideen und Parteien, Philosophie	politisch-erzieherische und bildende Funktion des Fremdenverkehrs, aktive Beeinflussung der Teilnehmer am Fremdenverkehr (Gruppenreisen), Fremdenverkehr als Mittler der Menschen und Staaten untereinander im Auslandstourismus, Repräsentation des eigenen Staates im Ausland durch Ansichten, Meinungen und Auftreten sowie in Bewährungssituationen (Staatsbürger)
Moral, Sitten und Gebräuche	Wahrung der moralischen Grundsätze und Prinzipien im Fremdenverkehr, Unterkunftsgewerbe, Sitten und Gebräuche in bestimmten Gebieten werden zu Anziehungs-

	faktoren und Attraktionen im Fremdenverkehr (Folklore usw., Veranstaltungen)
Kunst	dem gesamten Volk zugänglich, Fremdenverkehr als Vermittler der Kunstschätze, die wiederum selbst im Fremdenverkehr bedeutender Anziehungsfaktor sind (Besuch, Erklärung), kulturell-bildende Funktion des Fremdenverkehrs
Religion/Kirche	selbst Organisator fremdenverkehrsartiger Aktionen, religiöse Veranstaltungen als Anziehungsfaktor im Fremdenverkehr (Wallfahrten, Wallfahrtsorte), kirchliche Bauten als kulturhistorische Sehenswürdigkeiten im Fremdenverkehr
Die Bedeutung der Sprache im Fremdenverkehr	Bedeutung im Auslandsfremdenverkehr, Verständigung zwischen den Touristen, zwischen Gastgeberland und Gästen. Wichtigstes Instrument im Fremdenverkehr zur Vermittlung der Werte des anderen Landes und Volkes, völkerverständigende Wirkung

Das vorliegende Strukturmodell und die stichwortartig herausgearbeiteten Beziehungen zwischen dem Fremdenverkehr, den übrigen Faktoren des territorialen Produktionskomplexes, dem Naturmilieu, den Faktoren des Überbaus und der Sprache stellten für unsere fremdenverkehrsgeographischen Arbeiten bisher ein brauchbares methodisches Hilfsmittel dar, das zugleich zur Klärung wissenschaftstheoretischer Probleme der geographischen Disziplinen geeignet erscheint.

Karl Ruppert und Jörg Maier: Zum Standort der Fremdenverkehrsgeographie – Versuch eines Konzepts. In: Zur Geographie des Freizeitverhaltens. Beiträge zur Fremdenverkehrsgeographie, Hrsg. K. Ruppert und J. Maier (= Münchner Studien zur Sozial- und Wirtschaftsgeographie, Band 6) 1970, S. 14–27 (Auszug).

AUFGABEN UND ZIELE
DER FREMDENVERKEHRSGEOGRAPHIE

Von Karl Ruppert und Jörg Maier

[. . .]

Gegenstand und Aufgabe der Fremdenverkehrsgeographie ist das Studium räumlicher Organisationsformen menschlicher Gruppen unter dem speziellen Einfluß der Daseinsfunktion „sich erholen". Die von den Trägern dieser Funktion ausgelösten raumbildenden Vorgänge werden in dem Prozeßfeld Landschaft beobachtet und als Basis für die zukünftige Entwicklung analysiert.

Räumliche Aspekte stehen bei allen fremdenverkehrsgeographischen Arbeiten im Vordergrund. Bereits bei Grünthal[1] hatte die Fremdenverkehrsgeographie die Aufgabe, die räumliche Verteilung und die natürlichen Grundlagen des Fremdenverkehrs in den für Erholungszwecke geeigneten Orten und Gebieten zu untersuchen. Ein weiterer Aufgabenbereich ist die Erfassung der zwischen dem Fremdenverkehr und den Fremdenverkehrsorten bzw. -gebieten bestehenden Wechselwirkungen und -beziehungen, d. h., die Analyse der Lage und Verflechtung der Fremdenverkehrsströme nach Umfang, Struktur und Richtung sowie die Darstellung der regionalen Beziehungen zwischen Fremdenverkehr und der gesamten geographischen Substanz. Neben der Erfassung vorwiegend statischer Kriterien bestehen heute folgende Aufgaben:

– Strukturanalyse der Eignung und der natur- und kulturgeographischen Eigenheiten eines Fremdenverkehrsortes bzw. -gebietes in Verbindung mit den raumrelevanten Strukturen der anderen Grunddaseinsfunktionen menschlicher Existenz.

[1] Grünthal, A.: Probleme der Fremdenverkehrsgeographie (Schriftenreihe des Forschungsinstituts für Fremdenverkehr, H. 9), Berlin 1934. Vgl. auch Jacob, G.: Der gegenwärtige Stand und die Aufgaben der Geographie des Fremdenverkehrs. – In: Wiss. Abh. d. Geogr. Ges. d. DDR, Bd. 6, Leipzig 1968, S. 17–27.

– Gegenwartsbezogene Prozeßanalyse der Auswirkungen des Fremdenverkehrsverhaltens der verschiedenen sozialen Gruppen auf die Gestaltung und Umwandlung der Fremdenverkehrsräume im Zeitverlauf. Dazu ist eine Betrachtung unter historisch-geographischen Aspekten notwendig, sie sollte jedoch nicht zum zentralen Thema der Prozeßanalyse werden.[2]

Struktur- und Prozeßanalyse bilden die Grundlage für die Anwendung der Erkenntnisse der Fremdenverkehrsgeographie und damit für die Raum- und Fremdenverkehrsplanung. Nach wie vor steht der regionale Aspekt im Mittelpunkt geographischer Studien über den Fremdenverkehr. Einen guten Überblick über die Verteilung der Fremdenverkehrsorte, in Verbindung mit statistischen Unterlagen, gab z. B. Hahn[3] für die Bundesrepublik, ohne allerdings die Bedeutung des Fremdenverkehrs für die einzelnen Landschaften erfassen zu können. Damit sind wir bereits bei einem zentralen Problem der empirischen Fremdenverkehrsgeographie. Neben einer Zahl vorwiegend traditionell geographischer Monographien von Fremdenverkehrsorten und -gebieten fehlt es vor allem an Übersichtsarbeiten, die sich der Differenzierung und Typisierung größerer Gebiete widmen. Die von Grötzbach[4] veröffentlichte Studie über den bayerischen Alpenraum stellt einen Versuch in dieser Richtung dar, ohne jedoch in der Typisierung und Gebietsabgrenzung befriedigen zu können. Ferner zeigt sich in zahlreichen Regionalstudien bei der Strukturanalyse ein Mangel in der Nichtbeachtung der interdependenten Verbindungen der Funktion „sich erholen" mit den anderen

---

[2] Vgl. Ruppert, K.: Das Tegernseer Tal. Sozialgeographische Studien im oberbayerischen Fremdenverkehrsgebiet, Kallmünz-Regensburg 1962 (Münchner Geographische Hefte, H. 23) S. 11/12 und ders., Beiträge zu einer Fremdenverkehrsgeographie, Beispiel: Deutsche Alpen. – In: Wiss. Abh. d. Geogr. Ges. d. DDR, Bd. 6, Leipzig 1967, S. 157/158 sowie Jülg, F.: Praktische Hinweise für wissenschaftliche Arbeiten in der Fremdenverkehrsgeographie. – In: Festschrift L. G. Scheidl zum 60. Geb., I. Teil, Wien 1965, S. 58.

[3] Hahn, H.: Die Erholungsgebiete der Bundesrepublik, Erläuterungen zu einer Karte der Fremdenverkehrsorte in der deutschen Bundesrepublik. – In: Bonner Geographische Abhandlungen, H. 25, Bonn 1958.

[4] Grötzbach, E.: Die Entwicklung der bayerischen Fremdenverkehrsgebiete in den letzten 40 Jahren. – In: Mitt. d. Geograph. Ges. München, 53. Bd., 1968, S. 267–292.

Grunddaseinsfunktionen. Ebenso wird in der Prozeßanalyse nur in wenigen Spezialarbeiten auf die räumlichen Auswirkungen der Verhaltensweisen der einzelnen sozialen Gruppen Bezug genommen. Es wäre deshalb von wissenschaftlichem Interesse, aufbauend auf modernen fremdenverkehrsgeographischen Regionalstudien, eine Koordination dieser Arbeiten in einer Übersichtsuntersuchung durchzuführen. Aus den Erkenntnissen der vorliegenden Studien sollte dann versucht werden, eine allgemeine Fremdenverkehrsgeographie zu entwickeln.[5]

III. Methoden und Verfahren der Fremdenverkehrsgeographie

Obwohl jede der Grunddaseinsfunktionen der Funktionsgesellschaft ihre spezifischen Raumansprüche besitzt, ist es nicht möglich, alle Anforderungen, die die „Erholungsfunktion" an den Raum stellt, auf einen Nenner zu bringen. Jede soziale Gruppe innerhalb der Gesellschaft stellt ihre eigenen Anforderungen an den Raum. Die verschiedenartigen Verhaltensweisen der einzelnen Gruppen bewirken, daß diese Anforderungen verschiedener Bewertung unterliegen, die aber auch innerhalb eines Raumes und innerhalb einer sozialen Gruppe im Zeitablauf nicht als konstant anzusehen ist. Sie unterliegt Veränderungen, die sich meist auch in der Physiognomie der Landschaft zeigen.[6]

Innerhalb der fremdenverkehrsgeographischen Literatur liegen die Schwerpunkte bei älteren Arbeiten vielfach bei der formalen Betrachtungsweise, um das Bild der Landschaft zu erfassen, während in den neueren Arbeiten den Funktionsfeldern stärkere Aufmerksamkeit gewidmet wird. In fast allen Fällen steht die Entwicklung der Landschaft im Mittelpunkt der Betrachtungen. Bei einer stärker wirtschaftsgeographisch ausgerichteten Arbeitsweise dürfte es angebracht sein, andere Gesichtspunkte als Ordnungsschema zu verwenden. Besonders große Bedeutung haben die analytischen Verfahren. Wir wollen daher einen kurzen Überblick über die Bestandteile einer fremdenverkehrsgeographischen Analyse geben.

[5] Vgl. auch Samolewitz, R.: Fremdenverkehr und Geographie. – In: Der Fremdenverkehr 1960, H. 5, S. 35–36.

[6] Ruppert, K.: Der Wandel der sozialgeographischen Struktur im Bilde der Landschaft. – In: Die Erde, 7. Jg., 1955, S. 53–62.

1. Analyse des räumlichen Fremdenverkehrspotentials (Angebotsseite)

Bei der Frage nach der Eignung eines Ortes oder Gebietes für den Fremdenverkehr kann man zwei Gruppen geographischer Grundlagen unterscheiden: natur- und kulturgeographische. Von Bedeutung ist bei der Untersuchung der Wertigkeit der einzelnen Komponenten jedoch die Frage, welche soziale Gruppe jeweils die Bewertung vorgenommen hat. Jülg[7] formuliert dieses Problem so, daß der Grad der Eignung eines Fremdenverkehrsraumes sich objektiv nach den natur- und kulturgeographischen Faktoren richtet, die subjektiv aber entsprechend den Wünschen und Bedürfnissen der Reisenden verschiedenartig bewertet werden. Dabei spielen soziale Strukturwandlungen der Gesellschaft ebenso eine Rolle wie Veränderungen in der Mode.

a) physisch-geographische Grundlagen

Aus der Reihe der Grundlagen, die vom naturgeographischen Aspekt aus für einen Erholungsraum relevant sind, wollen wir besonders auf die Oberflächengestalt, die Gewässer, das Klima und die Tier- und Pflanzenwelt hinweisen. Bei der Oberflächenform werden Gebiete mit großer Abwechslung in den Formen bevorzugt. Im Winterfremdenverkehr spielen die Schneesicherheit und Neigungsverhältnisse eine große Rolle, während im Sommerfremdenverkehr Gewässer bzw. Gewässerränder eine höhere Bewertung erfahren.

Gerade bei der Planung neuer Fremdenverkehrsgebiete, aber auch bei den jahreszeitlich wechselnden Empfehlungen der Reisebüros ist eine genaue Kenntnis der physisch-geographischen Situation von Bedeutung. Oft sind solche kleinräumlichen klimatischen Besonderheiten noch nicht genügend bekannt. Als Beispiel für ein bisher noch nicht voll ausgenutztes Potential sei hier bezüglich der Sonnenscheindauer auf die Bevorzugung des nördlichen Alpenrandes hingewiesen, die bisher nur im Spätwinter, aber weniger im Spätherbst genutzt wird.

Das Klima, das man nach seinen Auswirkungen auf die Reisenden allgemein in Reiz- und Schonklima[8] einteilen kann, besitzt mit seinen

---

[7] Jülg, F.: a. a. O., S. 64.
[8] Ders.: a. a. O., S. 60.

Komponenten Temperatur, Sonnenscheindauer, Niederschlagsmenge und -häufigkeit, Schneesicherheit und Windverhältnisse ein breites Spektrum für die Bewertung eines Teils des Erholungspotentials.

b) kulturgeographische Situation

Wichtiger für die Bewertung eines Erholungsraumes sind im heutigen Fremdenverkehr jedoch die kulturgeographischen Faktoren. Sie sollen deshalb bei einer fremdenverkehrsgeographischen Analyse unter Berücksichtigung der wirtschafts- und sozialgeographischen Aspekte besonders hervorgehoben werden. Als Komponenten werden unter anderem die Bevölkerung und Besiedlung, die historische Entwicklung, vor allem aber die unmittelbaren und mittelbaren Institutionen des Fremdenverkehrs, des Verkehrs und der sonstigen Infrastruktur von Bedeutung sein. Besondere Beachtung verdient auch der Charakter der Bodennutzung in dem Fremdenverkehrsgebiet. Auch diesbezüglich gilt, daß ein häufiger Wechsel zwischen Vegetationsformen positiv bewertet wird. Man spricht geradezu von einem Randeffekt, der z. B. bei dem Wechsel von Wiese und Wald, von Acker und Grünland auftritt.

Dies ist besonders wichtig für ein Gebiet, das innerhalb der natürlichen Waldzone liegt. Hier müssen z. B. bei der Aufgabe der landwirtschaftlichen Nutzung von seiten der öffentlichen Hand hohe Ausgaben in Kauf genommen werden, um die Landschaft „fremdenverkehrsgerecht" zu erhalten. Andererseits wird die „tertiäre Aufgabe" der Landwirtschaft in den letzten Jahren immer deutlicher sichtbar. Auf lange Sicht werden zahlreiche Gemeinden nicht um die Einrichtung eines „Landschaftsdienstes" in irgendeiner Form herumkommen. Völlig geschlossene Waldflächen werden von der Mehrzahl der Touristen nicht gern aufgesucht.

Die Anforderungen der Reisenden führen außerdem zu einem Überbesatz an Dienstleistungsbetrieben, der nicht aus der Nachfrage der im Fremdenverkehrsgebiet lebenden Bevölkerung zu erklären ist. Die Verkehrserschließung zwischen Quell- und Zielgebiet, aber auch im Zielgebiet des Fremdenverkehrs ist eine wichtige Anforderung an die Eignung des Raumes.

In der Prozeßanalyse muß den Auswirkungen des Fremdenverkehrs auf die im Raum anzutreffenden sozialen Strukturen und den verursachten Wandel besondere Beachtung geschenkt werden. Der Einfluß auf die einzelnen Wirtschaftszweige, auf die Reaktions- und Funktionsfelder der einzelnen originären Gruppen im Fremdenverkehrsgebiet steht im Vordergrund der Analyse. Dabei ist die Konsistenz[9] der vorhandenen Strukturen gleichsam als stabilisierende Gegenkraft zu den Veränderungstendenzen zu untersuchen.

Als methodisches Hilfsmittel zur Erfassung räumlicher Prozesse kann sich die Fremdenverkehrsgeographie dabei bestimmter Indikatoren als Anzeiger solcher Prozesse bedienen (u. a. Wandel der Eigentumsverhältnisse, Zweitwohnsitze, Überbesatz im tertiären Sektor).

Durch die räumlichen Anforderungen der verschiedenen sozialen Gruppen ergeben sich insgesamt Überlagerungen der natur- und kulturgeographischen Gegebenheiten. Die Gewichtung der einzelnen Faktoren wird im Laufe der Zeit einerseits durch den Wandel der Verhaltensweisen innerhalb der Gruppen und andererseits durch die Ansprüche neuer dominanter Gruppen verändert. Ein Beispiel dafür ist das Tegernseer Tal.[10] In historischer Reihenfolge wurde die Entwicklung des Tales von außen zuerst durch den Adel, später durch Finanziers, Politiker und heute durch die Industriellen stark beeinflußt. Eine soziale Gruppe trat das funktionale Erbe der vorhergehenden an und wirkte entsprechend ihren Ansprüchen gestaltend auf die Landschaft ein, deren spezifische Formung heute sehr oft durch den Wunsch nach Bauland für Zweitwohnsitze geprägt ist.

Faßt man sämtliche für diese Grundfunktion relevanten Gegebenheiten zusammen, so erhält man das Gesamtangebot oder Potential einer Fremdenverkehrslandschaft. Für welche Art von Fremdenverkehr sie geeignet ist, hängt stark von der Bewertung der einzelnen sozialen Gruppen ab.

---

[9] Vries-Reilingh, H. D. de: Gedanken über die Konsistenz in der Sozialgeographie. – In: Zum Standort der Sozialgeographie, hrsg. v. K. Ruppert (Münchner Studien zur Sozial- und Wirtschaftsgeographie, Bd. 4), Kallmünz-Regensburg 1968, S. 109–117; wobei wir allerdings darauf hinweisen möchten, daß der vom Autor mit dem Begriff Konsistenz beschriebene Sachverhalt sprachlich besser als Persistenz bezeichnet wird.

[10] Ruppert, K.: Das Tegernseer Tal, a. a. O.

c) Bewertung des landschaftlichen Erholungspotentials

Der Wunsch zur Erfassung des Wertes einer Landschaft ist in aller Regel erst jüngeren Datums. Es handelt sich dabei um ein schwieriges methodisches Problem. Eine qualitativ-deskriptive Bewertung wird in den meisten fremdenverkehrsgeographischen Studien vorgenommen. Eine quantitative Bewertung, die Aussagen über den Erholungswert eines Fremdenverkehrsraumes erlaubt, wurde unseres Wissens bisher nur in wenigen Arbeiten versucht. Die Durchführung einer solchen Bewertung ist deshalb so schwierig, weil zahlreiche unabhängige Variable sich einer objektiven Gewichtung entziehen. Subjektive Wertmaßstäbe helfen zwar weiter, sind dafür aber meist regional gebunden und scheiden im Rahmen eines Analogverfahrens für andere Gebiete aus. Der Erholungswert eines Ortes oder Gebietes läßt sich nach den bisherigen Ausführungen fassen als

Erholungswert W

$$= f \text{ (n, naturgeographische Faktoren)}$$
$$+ f \text{ (s, kultur- bzw. sozialgeographische Faktoren)}.$$

Wenn es auch bisher keine Methoden gibt, die diese Funktion quantitativ exakt dargestellt haben, so sind in den Untersuchungen von Kiemstedt und Hartsch jedoch brauchbare Ansätze dazu vorhanden. Kiemstedt[11] widmet sich, abgesehen vom Faktor Bodennutzungsarten, insbesondere den naturgeographischen Faktoren, die ihren Ausdruck in Schönheit, Kontrasten, Vielfalt und Harmonie der Landschaft finden. Er führt dieses Ausdruckspotential zurück auf die Bestandteile Formen, Farben und Beleuchtung und den geistig-kulturellen Gehalt der Ausdrucksträger. Als besonders erholungswirksame Faktoren erweisen sich nach Kiemstedt[12]:

> Wald- und Gewässerränder
>
> Relief bzw. Reliefenergie
>
> Klima
>
> Nutzungsarten

---

[11] Kiemstedt, H.: Zur Bewertung der Landschaft für die Erholung, Stuttgart 1967 (Beiträge zur Landespflege, Sonderheft 1).

[12] Vgl. auch Jülg, F.: a. a. O., S. 59, sowie Strzygowski, W.: Europa braucht Naturparke, Bremen-Horn 1955, S. 22 ff.

Das Gewichtungsproblem, d. h. die Einbeziehung dieser heterogenen Größen in eine Wertskala bereitet die ersten Schwierigkeiten. Kiemstedt stellt dabei u. a. fest, daß Gewässerränder dreimal so beliebt sind wie Waldränder. Durch empirisch am Beispiel des Naherholungsraumes von Hannover festgestellte Wertziffern erhält er einen V-Wert für die natürliche Vielfalt der Landschaft. Verkehrs- und sonstige infrastrukturelle Fremdenverkehrseinrichtungen im Erholungsgebiet werden dabei ebenso wie wirtschafts- und sozialgeographische Faktoren nicht mitbewertet. Das Ergebnis ist auch nicht eine quantitative Größe, sondern die Eignung eines Gebietes wird anhand einer relativen Rangordnung vorgestellt. Ein ähnliches Ergebnis, allerdings nur für die unmittelbaren und mittelbaren Fremdenverkehrseinrichtungen, bringt Menke,[13] wobei er die einzelnen Einrichtungen nach einer subjektiven Punktbewertung einstuft. Den Versuch, die wirtschafts- und sozialgeographischen Faktoren in die Bewertung mit aufzunehmen, unternimmt Hartsch,[14] allerdings ohne empirischen Nachweis. Er definiert das Potential eines Gebietes (P) in Anlehnung an Neef als die Summe des gebietswirtschaftlichen Aufwandes (A) und des gebietswirtschaftlichen Nutzens (N):

$$P_{Erholung} = A_{Erholung} + N_{Erholung}$$

Er beschreitet also den methodischen Weg einer regionalen „cost-benefit-Analyse",[15] ein Verfahren, das sich bei der zukünftigen Planung von Fremdenverkehrsstandorten verstärkt anbietet.

Bei der Bestimmung der einzelnen Komponenten der Summanden

[13] Menke, A.: Der Einfluß des Fremdenverkehrs auf die Entwicklung ländlicher Räume, Hannover 1965 (Diss.).

[14] Hartsch, E.: Gedanken zur Frage der Bewertung des landschaftlichen Erholungspotentials. – In: Petermanns Geograph. Mitt., 1968. Ergänzungsheft Nr. 271; Wehner, W.: Zur Bewertung potentieller Naherholungsbereiche der Agglomerationen der DDR. – In: Wiss. Z. d. Päd. Hochschule Dresden, 3/1966, S. 53–61.

[15] Vgl. zu diesem Themenkreis die neuere regionalwissenschaftliche Literatur, u. a. Eckstein, O.: Benefit-Cost-Analysis and Regional Development. – In: Regional Economic Planning, Techniques of Analysis, hrsg. v. Isard and Cumberland, Paris 1961, S. 359–368.

geht Hartsch von der Prämisse aus, daß der wertmäßige Erholungseffekt für die Gesellschaft mindestens so groß sein muß wie die Summe
aller Aufwendungen ($P_E \geqq A_E$). Zu diesen Aufwendungen gehören die
Investitionen für den Fremdenverkehr, die laufenden Kosten zur Aufrechterhaltung der Fremdenverkehrsbetriebe und die individuellen Kosten der Erholungsuchenden, ferner der durch die Erholungszeit einge-
tretene Nationaleinkommensverlust des Fremdenverkehrs-Quell-
gebietes und der Freizeitwert.

Als Komponenten des Erholungspotentials sieht er den Reproduk-
tionskostenwert der menschlichen Arbeitskraft und die damit zusammenhängenden Einsparungen der Folgekosten an, ferner bezieht er
auch die klimatischen Verhältnisse als Teil der naturgeographischen
Faktoren mit ein.

Ob diese theoretisch formulierten Funktionen einen Anspruch auf
Allgemeingültigkeit besitzen, kann erst nach Beendigung der empirischen Studien festgestellt werden. Zu erkennen ist bisher nur, daß
Hartsch das Problem der Nutzenbewertung auf mathematisch-geogra-
phische Weise angeht und daß sein Ergebnis durch die Vorrangstellung
der ökonomischen Tatbestände eine gute Ergänzung zur Methode von
Kiemstedt darstellt. Beide Verfahren sind als erste Versuche zu würdigen, den Wert eines Fremdenverkehrsraumes zu erfassen.

2. Analyse des räumlichen Fremdenverkehrspotentials
(Nachfrageseite)

Eine Bewertung eines bestehenden Fremdenverkehrsgebietes kann
auch anhand der Nachfrage nach den Fremdenverkehrsleistungen eines
Gebietes vorgenommen werden. Aus der Zahl der anwesenden Personen oder der Zahl der Übernachtungen und einer zusätzlichen Schätzung der Größe des Ausflugsverkehrs kann eine relative Überlegenheit
oder Bevorzugung eines Ortes bzw. Gebietes gegenüber einem anderen
abgelesen werden, einen absoluten Ausdruck für den Erholungswert
erhält man aber dadurch nicht.

Wie bereits erwähnt, hängt die subjektive Bewertung der Nachfra-
genden von den Motiven und Zwecken ab, aus denen sie ein bestimmtes
Fremdenverkehrsgebiet aufsuchen. Ferner wird die Bewertung be-

einflußt von der Struktur und Zusammensetzung der sozialen Nachfragegruppen, d. h. von der regionalen Herkunft der Nachfrager, ihrem Alter und Geschlecht, ihrem Beruf und der sozialen Stellung, ihrem Familienstand und ihren Freizeitpräferenzen.

a) Arten des Fremdenverkehrs

Wenden wir uns zunächst den Nachfragemotiven und den daraus resultierenden Fremdenverkehrsarten zu. Schon vor dem 1. Weltkrieg kam es aufgrund der Differenzierung der gesellschaftlichen Schichten zur Bildung gruppenspezifischer Fremdenverkehrsarten. Zu weiteren heute deutlich sich abzeichnenden Fremdenverkehrsarten kommt man bei Benutzung weiterer Kriterien:

- Temporales Kriterium: Nach der Dauer der Reise bzw. der Aufenthaltsdauer im Fremdenverkehrsgebiet kann man den Naherholungsverkehr, den Passantenverkehr bis einschließlich drei Tagen vom längerfristigen Urlaubsverkehr unterscheiden.
- Kausales Kriterium: Das Motiv der Reise erlaubt eine Trennung in Freizeit- und Geschäfts- bzw. Berufsreise.
- Modales Kriterium: Hier bietet sich eine Unterteilung nach der Art der Unterkunft im Hotel- und Gaststättengewerbe, in Privatquartieren, Hütten und Chalets, Zweitwohnsitzen und Campingplätzen an sowie nach der Art der benutzten Verkehrsmittel.
- Saisonales Kriterium: Die Verteilung des Fremdenverkehrs über das Jahr kann getrennt werden in eine Wintersaison und eine Sommersaison (1. 11.–30. 4. bzw. 1. 5.–31. 10.). Beide lassen sich nach der Auslastung der Bettenkapazität in Vor-, Haupt- und Nachsaison aufteilen.
- Organisatorisches Kriterium: Danach lassen sich Individualreisen von Gesellschaftsreisen unterscheiden.

Diese Kriterien, denen man sicherlich noch weitere hinzufügen könnte, kennzeichnen jeweils eine bestimmte Eigenschaft des Fremdenverkehrs. Aus der Überlagerung und Verbindung mehrerer Kriterien entstehen die für eine geographische Analyse interessanten Erscheinungsformen des Fremdenverkehrs mit ihren verschieden wirkenden Einflüssen auf die Landschaft.

Für viele Fremdenverkehrsgebiete steht der mittel- bis langfristige *Urlaubs- oder Erholungsverkehr* im Vordergrund. Die Nachfrager dieses Typs suchen bevorzugt die Zentren der Fremdenverkehrsgebiete, überwiegend während der Sommersaison, auf. Für die Entfernung zwischen Quell- und Zielgebiet dieses Fremdenverkehrs gilt das sogenannte Lillsche Theorem der Distanzempfindlichkeit, d. h., die Nachfrager versuchen, diese Entfernung oder besser die Reisezeit bzw. Reisekosten möglichst gering zu halten.[16] Für weiter entfernte Gebiete bedeutet dies, daß sie mit größeren Attraktionen im Erholungspotential aufwarten müssen, um eine Nachfrage zu verursachen.

Eine im Durchschnitt längere Aufenthaltsdauer weist der *Kurverkehr* auf, ohne allerdings durch ähnlich starke zyklische Schwankungen charakterisiert zu sein.

Sowohl während der Urlaubsreise als auch im Rahmen des Naherholungsverkehrs ist der *Besichtigungsverkehr* als dritter Typ des Freizeitverkehrs zu nennen. Der *Naherholungsverkehr*[17] unterscheidet sich durch seine relativ kurze Dauer und seine relativ kurze Entfernung zwischen Quell- und Zielgebiet vom Urlaubsverkehr. Er kann deshalb in Wochenend- und Tagesausflugsverkehr unterteilt werden.

Als weitere Form des Freizeitverkehrs ist auch der *Durchgangsverkehr* zu nennen, der ein Gebiet auf seinem Weg zum Zielgebiet durchquert, wobei seine Standorte durch eine besonders günstige Lage zu den großen Verkehrsverbindungen ausgestattet sein müssen.

Gegenüber den Erholungsmotiven besitzt der *Geschäfts- oder Berufsverkehr* Motive, die mehr im wirtschaftlichen, administrativen oder kulturellen Bereich liegen. Gekennzeichnet von einer meist kurzfristigen Aufenthaltsdauer, sucht dieser saisonunabhängige Fremdenverkehrstyp neben den vom Fremdenverkehr stark beeinflußten Orten und Gebieten vor allem Standorte der Bevölkerungs- und Gewerbekonzentration auf.

[16] Vgl. Geigant, F.: Die Standorte des Fremdenverkehrs. Eine sozialökonomische Studie über die Bedingungen und Formen der räumlichen Entfaltung des Fremdenverkehrs, München 1962 (Diss.).

[17] Vgl. dazu Ruppert, K., und J. Maier: Der Naherholungsraum einer Großstadtbevölkerung, dargestellt am Beispiel Münchens. – In: Informationen, Bad Godesberg, 1969, H. 2, S. 23–46.

Jede dieser Fremdenverkehrsarten besitzt ihre spezifische Auswirkung auf die Landschaft. Vielfach ist in stärker vom Fremdenverkehr geprägten Gebieten bei den verschiedenen Formen des Freizeitverkehrs ein Rückgang der Landwirtschaft festzustellen, bis hin zur Sozialbrache landwirtschaftlich genutzter Flächen. Dabei entstehen zwischen der Wirtschaftlichkeit landwirtschaftlicher Betriebe und den Ansprüchen der Fremdenverkehrsnachfrager an eine „schöne" Landschaft die heute bereits in vielen Fremdenverkehrsgebieten zu beobachtenden Zielkonflikte der Wunschskala. So müssen z. B. im Schwarzwald zur Zeit über 1000 ha brachliegenden landwirtschaftlichen Bodens von den Fremdenverkehrsinstitutionen für die einzelnen Nachfragegruppen und ihre landschaftlichen Ansprüche „fremdenverkehrsgerecht" erhalten (gemäht) werden. Verschiedentlich bemühen sich auch Forstämter mit ihren Arbeitstrupps in dieser Richtung. Einzelne Gemeinden zahlen Mähgeld für das Freihalten der Wiesenflächen. Eine weitere ins Auge fallende Veränderung der Landschaft hat sich durch den Anspruch der Touristen an die regionale Infrastruktur der Verkehrswege und Fremdenverkehrseinrichtungen (Wanderwege, Seilbahnen, Lifte und Lifttrassen) ergeben, insbesondere im Rahmen des Wintersportverkehrs. Je nach der Fremdenverkehrsart stellen die Touristen neben den Ansprüchen an die Erschließung des Fremdenverkehrsortes auch ihre Ansprüche an die Erschließung der Landschaft.

b) Herkunfts- und Sozialstruktur der Gäste

Die Unterscheidung zwischen Herkunfts- und Zielräumen des Fremdenverkehrs und ihre jeweilige Analyse ist für eine fremdenverkehrsgeographische Betrachtung notwendig. Aufgrund der Reisemotive bestehen Unterschiede zwischen den beiden Landschaftspotentialen, wobei die Eigenarten des Herkunftsraumes landschaftsgestaltenden Einfluß auf den Zielraum besitzen.[18] So kann man aus bevölkerungs- und wirtschaftsgeographischen Daten des Herkunftsraumes auf die Entwicklung und Struktur des Zielraumes schließen. Denn die Motive und Wünsche der Nachfrager im Herkunftsgebiet entscheiden über die

[18] Vgl. Jülg, F.: a. a. O., S. 59.

räumlichen Beziehungen des Fremdenverkehrs zum Zielgebiet. Vor
allem in Verbindung mit Prognosen und Projektionen gewinnt dieser
Aspekt immer mehr an Bedeutung. Da die Herkunftsstruktur der inländischen Gäste in einem Fremdenverkehrsgebiet der Bundesrepublik
nur sehr global in der Statistik erscheint, ist man gezwungen, dieses Datum zu ermitteln. Um nicht die Gesamtheit der Gäste analysieren zu
müssen, zieht man ein repräsentatives Stichprobenverfahren unter den
vorhandenen Meldezetteln zur Hilfe heran. Für die Prozeßanalyse muß
dann neben der Querschnittszählung noch eine Zeitreihenanalyse mehrerer Jahre erfolgen. Mit dieser Methode können in der Bundesrepublik
auch die Grunddaten der Sozialstruktur (Alter, Geschlecht, Familienstand) erfaßt werden. Weitere wichtige Merkmale der Sozialstruktur,
wie der Beruf und das Einkommen, die ebenso die Nachfragegruppen
im Fremdenverkehrsgebiet prägen, können nur an Hand von Befragungen und Interviews festgestellt werden.

Rein optisch kann man unter Umständen die Zusammensetzung der
Sozialstruktur des touristischen Publikums im Straßenbild, in der Kleidung der Passanten, vor allem aber in den Urlaubsgewohnheiten erkennen.[19] Diese Faktoren führen nicht nur zur Bildung bestimmter sozialer
Gruppen, sondern prägen entscheidend den Charakter eines Fremdenverkehrsortes oder -gebietes.

Nach der Durchführung der Analyse des räumlichen Fremdenverkehrspotentials auf der Angebots- und auf der Nachfrageseite ist es erst
möglich, eine umfassende Synthese der Faktoren, Erscheinungsformen
und Auswirkungen des Fremdenverkehrs auf die Landschaft in einem
bestimmten Raum zu erstellen.

3. Aspekte der geschichtlichen Entwicklung
des Fremdenverkehrs

Zahlreiche Arbeiten orientieren sich in ihrem Aufbau an genetischen
Leitlinien. Ein kurzer Hinweis auf die Entwicklung des Fremdenverkehrs erscheint außerdem angebracht, weil sich in der Prozeßanalyse
zahlreicher Fremdenverkehrsorte und -gebiete, insbesondere in tradi-

---

[19] Ruppert, K.: Das Tegernseer Tal, a. a. O., S. 18 ff.

tionellen Kur- und Badeorten, die einzelnen historischen Abschnitte der allgemeinen Entwicklung widerspiegeln.

Eine Vorstufe des Fremdenverkehrs waren die „traditionsgeleiteten" Reisen junger Adliger sowie die Wallfahrten des Volkes, in deren Folge Hospize und Herbergen entstanden.[20] Durch den beginnenden Wandel der Sozialstruktur im 18. und 19. Jahrhundert trat nun an die Seite der mehr zur beruflichen Fortbildungsreise sich verändernden „grand tour" des Adels eine dem Vergnügen, der Entspannung und Erholung dienende Bäderreise des gehobenen Bürgertums.

Mitte des 19. Jahrhunderts erfuhr der internationale Tourismus durch die von romantischen Idealen getragenen Reisen der Maler und Dichter einen großen Aufschwung, unterstützt durch die Entdeckervorstellungen des beginnenden Alpinismus.

Dies führte zu den ersten Formen des organisierten Tourismus, der allerdings noch von einer sozial privilegierten Schicht getragen war, während sich unter der breiten Schicht der Bevölkerung die Naherholung in der Umgebung der Städte entwickelte. Erst in diesem Jahrhundert wurde die Erholung durch die gesetzlichen Regelungen des Urlaubs und der Freizeit zu einem alle Bevölkerungsschichten umfassenden Tatbestand. Die „touristische Emanzipation"[21] kam für die Angestellten in den zwanziger Jahren, für die Arbeiterschaft jedoch erst nach dem 2. Weltkrieg voll zum Tragen. Von einem Sozialtourismus kann man demnach frühestens seit dem Ende der zwanziger Jahre sprechen.

Nach dem Bau von Landgasthäusern und der zusätzlichen Beherbergung in Bauernhäusern wurden nun Hotels und Gaststättenbetriebe eröffnet, die nur Fremdenverkehrszwecken dienten.

Nach der Überwindung der wirtschaftlichen Schwierigkeiten nach dem 2. Weltkrieg erwachte der Fremdenverkehr in allen Industriestaaten zur Größe eines massenstatistisch erfaßbaren Prozesses.[22]

---

[20] Knebel, H.-J.: Soziologische Strukturwandlungen im modernen Tourismus, Stuttgart 1960, S. 140 ff.; vgl. auch Christaller, W.: Beiträge zu einer Geographie des Fremdenverkehrs. – In: Erdkunde, 9 (1955) 1, S. 4 f.

[21] Knebel, H.-J.: a. a. O., S. 38.

[22] Hunziker, W.: Fremdenverkehr. – In: Handwörterbuch der Sozialwissenschaften, Bd. 4, S. 152–159.

Durch die ökonomische Prosperität erhöhten sich die Individualein-
kommen und führten in Verbindung mit einer größeren Freizeit und
einer zunehmenden Motorisierung zur Mobilität unserer heutigen Gesellschaft. Dieser Prozeß, der in weiten Gebieten zu einem landschaftsgestaltenden Faktor großen Ausmaßes wurde, stellte an die Landschaft
die Forderung, neben ihrer bisherigen Aufgabe als Wohnplatz und als
Produktionsraum für die Landwirtschaft und Industrie auch der Erholung des Menschen zu dienen.

4. Zur Verwendung statistischer Daten

Zu den Problemen der Fremdenverkehrsstatistik haben sich eine
große Zahl von Autoren aller Wissenschaftsbereiche bereits ausführlich
geäußert. Wir wollen deshalb nur kurz darauf hinweisen, daß die heutigen Erfassungsmethoden die für eine fremdenverkehrsgeographische
Analyse notwendigen Daten nur ungenügend zur Verfügung stellen.
Zwar läßt die Statistik durch die Erfassung der Zahl der Übernachtungen in ausgewählten Fremdenverkehrsorten eine Aussage über die
regionale Verteilung eines Teils des Fremdenverkehrs zu (des Reiseverkehrs mit Übernachtung), jedoch wird der Tagesausflugsverkehr
dadurch nicht miteinbezogen. Grundsätzlich ist dabei für eine fremdenverkehrsgeographische Analyse die lokale statistische Erfassungs-
methode im Fremdenverkehrsort aussagefähiger als die Grenzzäh-
lungsmethode, die nur die Ein- und Ausreisenden an der Grenze eines
Landes erfaßt. Aber auch die lokale Methode beinhaltet Fehlerquellen,
so bedingt z. B. ein Quartierwechsel innerhalb desselben Ortes eine
Mehrfachzählung. Andererseits schwankt je nach Unterkunftsart und
Fremdenverkehrsgebiet die Zahl der Nichtmeldungen von Gästen zwischen 5 und 30 %. Der Geograph ist also gezwungen, eigene Erhebungen, Verkehrszählungen und Befragungen durchzuführen, sowie sich
mit Hilfe einer Reihe von Indikatoren Instrumente zu erarbeiten, die
ihm bei der Analyse der landschaftsverändernden Auswirkungen des
Fremdenverkehrs behilflich sind, die prozeßhaften Abläufe zu erkennen. Ergänzend wollen wir noch erwähnen, daß Frankreich und Italien
aufgrund der detaillierten regionalen Konsumstatistiken methodische
Hilfsmittel zur Kontrolle der Übernachtungsangaben besitzen. Wenn

auch der während der Saison steigende Verbrauch von Mehl, Tabak, Zigaretten und Zündhölzern sowie die Zahl der geführten Ferngespräche eine quantitative Kontrolle versagen, so bieten sie jedoch gute Ansätze für einen orientierenden Vergleich.[23] Obwohl die heutige Fremdenverkehrsgeographie nicht mehr nur eine Geographie der Fremdenverkehrsorte und -gebiete ist, sondern die gesamte Wirtschafts- und Sozialstruktur im betroffenen Raum und die Wechselbeziehungen zwischen Herkunfts- und Zielgebiet analysiert, bleibt das Fremdenverkehrsgebiet mit seinen örtlichen Eigenheiten doch im Schwerpunkt der Untersuchungen.

IV. Charakterisierung und Typisierung
der Fremdenverkehrsorte bzw. -gebiete

Das Problem der Typisierung von Gemeinden stellt seit langem ein Anliegen geographischer Forschung dar. Groß ist die Zahl der Publikationen zu diesem Thema, angefangen von Hettner (1902) bis in die jüngste Zeit hinein. In diesem Rahmen stellt die Kennzeichnung der Fremdenverkehrsorte ein Spezialproblem dar, das erst in den letzten Jahren intensiv in Angriff genommen wurde. Dies hängt nicht zuletzt damit zusammen, daß man den Fremdenverkehr meist als etwas „Außergewöhnliches" ansah und ihm am Rande den Charakter eines typisierenden Merkmals zubilligte.

Hinzu kommt noch, daß erst in neuerer Zeit der Fremdenverkehr als massenstatistisch erfaßbare Erscheinung eine gebietsbestimmende Funktion übernimmt.

Bis zum Beginn des 20. Jahrhunderts konnte man noch von dem Stadium punktueller Vorkommen von Fremdenverkehrsorten sprechen. In der Folge sehen wir eine starke Ausweitung des Erholungsbedürfnisses im weitesten Sinne als Teil der Lebens- und Konsumgewohnheiten. Damit veränderten sich die Fremdenverkehrsorte verstärkt zu Frem-

---

[23] Vgl. dazu Boyer, M.: Problèmes de mesures statistiques du phénomène touristique. – In: Géographie et Tourisme, hrsg. vom Institut de Géographie d'Université de Paris, 1963, S. 7–15, in derselben Veröffentlichung noch Cribier, F.: Variations de consommation de farine et migration touristique d'été en France, S. 19–22.

denverkehrsgebieten bzw. -räumen. Den Mittelpunkt dieser Gebiete kann sowohl ein einzelner dominanter Fremdenverkehrsort durch seinen Umfang an Fremdenmeldungen, seine historische Entwicklung oder seinen Charakter als Zentrum, wie auch eine Gruppe gleichwertiger Gemeinden darstellen.[24] Mit der Frage, welche Aufwertung dabei die peripher gelegenen Orte im räumlichen Funktions- und Siedlungsgefüge durch den Fremdenverkehr erfahren, befaßte sich insbesondere Christaller.[25]

Wenn wir uns nun der Frage zuwenden, in welcher Weise der Fremdenverkehr zur prozeßhaften Umgestaltung der Landschaft beiträgt, so muß zuerst geklärt werden, durch welche Faktoren Fremdenverkehrsorte bzw. -gebiete charakterisiert werden. Wir wollen deswegen aus der Vielzahl der Erscheinungsformen einige Komponenten herausgreifen, die unseres Erachtens zur Analyse des Fremdenverkehrs als landschaftsgestaltendem Faktor die Grundlage bieten können.

Zwar ist die Bedeutung des Fremdenverkehrs für eine Gemeinde in vielen Fällen bereits an den Veränderungen im Ortsbild erkennbar, wir wollen jedoch, da die Einflüsse von Ort zu Ort wechseln, versuchen, allgemeingültige Indikatoren vorzustellen, die in allen Fremdenverkehrsorten auftreten.

Neben den für eine wirtschaftsgeographische Betrachtung einer Fremdenverkehrsgemeinde wichtigen Größen wie den Übernachtungszahlen, der Bettenkapazität, der Sozialstruktur der Gäste, der Wertschöpfung des Fremdenverkehrs und den vergleichweise hohen Steuereinnahmen der Gemeinde stellen sozialgeographisch vor allem
– der ausgeprägte saisonale Rhythmus
– der Überbesatz zentraler Dienstleistungen niederer Ordnung
– der relativ hohe Anteil ausmärkischen Grundbesitzes
aussagefähige Indikatoren für die Strukturen und Prozesse im Fremdenverkehrsgebiet dar. Jeder dieser und der noch anzuführenden Indi-

---

[24] Ruppert, K.: Beiträge zur einer Fremdenverkehrsgeographie, a. a. O., S. 157–165, sowie ders., Almwirtschaft und Fremdenverkehr in den Bayerischen Alpen. Ein Beitrag zum kulturgeographischen Entwicklungsproblem im Hochgebirge. – In: Tagungsbericht und wiss. Abh. d. Deutschen Geographentages in Heidelberg 1963, Wiesbaden 1964, S. 325–331.
[25] Christaller, W.: Beiträge zu einer Geographie des Fremdenverkehrs, a. a. O.

katoren weist auf einen Aspekt des komplexen Kausalzusammenhangs hin. Die Sicherheit der wissenschaftlichen Aussage wird dabei erleichtert, wenn die verschiedenen Indikatoren vereint auftreten.[26]

1. Charakterisierung der Fremdenverkehrsorte und -gebiete

a) Saisonaler Rhythmus

Der saisonale Rhythmus zahlreicher Vorgänge innerhalb einer Fremdenverkehrsgemeinde ist trotz der Bemühungen um einen Saisonausgleich in nahezu allen fremdenverkehrsbestimmten Gemeinden auch heute noch ein typisches Kennzeichen. Die in den Monaten Oktober und November meist geschlossenen Betriebe gehören ebenso zum Bild der Fremdenverkehrsgemeinde wie die Zeit der Hochsaison.

Der saisonale Rhythmus zeigt sich nicht nur in der Zahl der Gästeübernachtungen, sondern auch in der Fluktuation der im tertiären Sektor beschäftigten Arbeitskräfte und ist im gesamten Wirtschaftsleben der Gemeinde bemerkbar:

α) in der Zahl der Übernachtungen

Die monatlichen Schwankungen der Übernachtungszahlen sind ein wichtiges Indiz zur Bestimmung des Fremdenverkehrstyps der Gemeinde, wobei eine Veränderung des Rhythmus' auf eine Veränderung im Fremdenverkehrstyp hindeuten kann. Heilbäderorte zeigen die geringsten monatlichen Schwankungen, trotzdem lassen sich saisonale Maxima und Minima feststellen, wenn auch nicht so ausgeprägt wie bei Erholungsorten. Durch die in den letzten Jahren äußerst dynamische Entwicklung im Wintersportverkehr wird in manchen Fremdenverkehrsorten die bisher anzutreffende eingipfelige Übernachtungskurve mit ihrem Sommermaximum nun durch eine ausgeglichenere Verteilung mit ihren Maxima im Juli bis September und im Februar bis April ersetzt. Durch Anwerben von

---

[26] Ruppert, K., Das Tegernseer Tal, a. a. O., S. 48 sowie ders.: Die Bedeutung des Weinbaues und seiner Nachfolgekulturen für die sozialgeographische Differenzierung der Agrarlandschaft in Bayern, Kallmünz-Regensburg 1960, (Münchner Geograph. Hefte, H. 19).

Kongressen und Tagungen versuchen die meisten Gemeinden im Sinne eines Saisonausgleichs eine gleichmäßigere Auslastung zu erreichen.

β) In der Zahl der Arbeitskräfte

Bereits in der Physiognomie eines Ortes kann man die Auswirkungen des saisonalen Rhythmus' erkennen. Neben dem Hochbetrieb im tertiären Sektor in der Sommer- bzw. Wintersaison sind geschlossene Hotels, Pensionen und Geschäfte im November und teilweise im April ein weiteres Kennzeichen für einen Fremdenverkehrsort.[27] Besonders die Fluktuation der Arbeitskräfte im tertiären Sektor, speziell im Hotel- und Gaststättengewerbe, spiegelt den jahreszeitlichen Wandel gut wider.

Leider stehen für eine quantitative Analyse dazu nur wenige und oft nicht ausreichende Unterlagen zur Verfügung. Ein Weg bietet sich in Gestalt der Auswertung der An- und Abmeldungen der Beschäftigten mit zweitem Wohnsitz in der Fremdenverkehrsgemeinde an. Als zusätzliche Möglichkeit kann ferner eine Auswertung der Lohnsteuer-Unterlagen oder der Krankenkassenmeldungen herangezogen werden. Die Arbeitskräfte zeigen nach unseren Studien im bayerischen Raum bei einer dominierenden Sommersaison eine ausgeprägte Anmeldungsspitze ein bis zwei Monate *vor* Beginn der Saison (April–Mai), entsprechend dazu verhält sich die Abmeldungsspitze der Arbeitskräfte. Je mehr es einem Fremdenverkehrsort mit Hilfe saisonverlängernder Maßnahmen gelingt, die saisonalen Spitzen abzubauen, um so weniger macht sich die Fluktuation in der Zahl der Arbeitskräfte bemerkbar.

Neben der zeitlichen Analyse der Aufenthaltsdauer der Arbeitskräfte im tertiären Sektor gibt die Herkunftsstruktur der Arbeitskräfte ein gutes Bild über den Umfang und die Bedeutung der Gemeinde als Fremdenverkehrsort. Aufgrund der Herkunft und der Reaktionsweiten bestimmter Berufsgruppen ergibt sich der Einzugsbereich und die Struktur der Arbeitskräfte in Abhängigkeit vom Typ der Fremdenverkehrsgemeinde. So kamen im Jahre 1960 in Rottach-Egern die mit zweitem Wohnsitz angemeldeten männlichen Arbeitskräfte überwiegend aus anderen Fremdenverkehrsgebieten

---

[27] Ruppert, K.: Das Tegernseer Tal, a. a. O., S. 33.

und aus wenig industrialisierten Gebieten, die weiblichen Arbeitskräfte vor allem aus den agrarischen Räumen Oberbayerns und Niederbayerns.[28]

b) Überbesatz im tertiären Sektor

Versucht man weiter typische Kennzeichen für den landschaftsgestaltenden Einfluß des Fremdenverkehrs zu erarbeiten, so stellt man fest, daß in den Fremdenverkehrsorten in der Regel ein Überbesatz an Geschäften und Dienstleistungseinrichtungen in bezug auf die Konsumwünsche der Wohnbevölkerung der Gemeinde vorhanden ist. Dieser Überbesatz an zentralen Einrichtungen niederer Ordnung kann als weiteres Kennzeichen angesehen werden.[29] Am Beispiel des Tegernseer Tales konnten wir nachweisen, daß eine Vielzahl von Einrichtungen des tertiären Sektors in den Fremdenverkehrsorten fast ausschließlich vom Konsumbedürfnis der Gäste lebt. Hier zeigte es sich auch, daß der Besatz an Geschäften ausreichen würde, den Bedarf einer um ein mehrfaches größeren Einwohnerzahl zu befriedigen. Ferner führte die Konzentration zentraler Dienstleistungsbetriebe sogar zur Herausbildung kleiner Tagespendlerbereiche mit einer Reichweite bis zu 20 km.

Daraus kann man ersehen, daß die moderne Fremdenverkehrsgeographie sich nicht nur mit den Erscheinungen des Fremdenverkehrs an sich beschäftigen, sondern auch die Erkenntnisse und Methoden der übrigen geographischen Teildisziplinen berücksichtigen muß. So ist es notwendig, bei der sozialen Differenzierung und sozialräumlichen Gliederung der Fremdenverkehrsorte die in der Stadtgeographie angewandten Arbeitsweisen heranzuziehen.

Die Anhäufung von Geschäften führt in vielen Fremdenverkehrsorten zu einem Auftreten von „Cityeffekten", was sich in geringeren Hotelbelegungszahlen an zentralen, verkehrsreichen Standorten und dem Abwandern von Hotels in ruhigere Seitenstraßen ausdrückt, während besonders tertiäre Dienste an den verkehrsreicheren Straßen gehäuft auftreten.[30]

---

[28] Ruppert, K.: Das Tegernseer Tal, a. a. O., S. 34/35.
[29] Ders.: ebenda, a. a. O., S. 33.
[30] Ruppert, K.: Das Tegernseer Tal, a. a. O., S. 41.

Ein weiteres Beispiel für den Funktionswandel innerhalb des gemeindlichen Siedlungsgefüges zeigt die vielerorts zu beobachtende große Zahl von Bauernhöfen, die in Gasthäuser, Pensionen und Geschäftshäuser umgewandelt wurden. Hierfür hat eine stärker physiognomisch ausgerichtete Arbeitsweise schon genügend Belege gebracht.

c) Strukturwandel der Eigentumsverhältnisse

Die Bedeutung des Wandels der Eigentumsverhältnisse an Grund und Boden wollen wir als dritten Indikator für Fremdenverkehrsgebiete anführen. Mit zunehmender Bedeutung des Fremdenverkehrs in einer Gemeinde geht in der Regel ein wachsender Anteil am Grundeigentum in die Verfügung Ortsfremder, sogenannter Ausmärker, über.[31] Mit dem Indikator „Wandel in der Besitz- bzw. Eigentumsstruktur" besitzt die Fremdenverkehrsgeographie ein wichtiges Element zur Analyse des landschaftsgestaltenden Einflusses des Fremdenverkehrs, insbesondere bei der langfristigen Ex-post-Analyse unter Betrachtung sozialgruppenmäßiger Zusammenhänge. Die gruppentypischen Interessen spiegeln sich in der Art und Weise wider, in der über den Grund und Boden verfügt wird. Die Motive des Erwerbs können dabei, je nach den spezifischen Verhaltensweisen der einzelnen Sozialgruppen, sehr unterschiedlich sein. Neben dem Alterssitz, der Kapitalanlage oder dem Sozialprestige kann der Wunsch genannt werden, eine Freizeitwohnung zu besitzen. Im Verlauf der Prozeßanalyse ist besonders der Veränderung in der Motivskala und im Einzugsbereich der Grundbesitzer Beachtung zu schenken. Steht eine genügend lange Beobachtungszeitdauer zur Verfügung, dann zeigen sich häufig „Nachfolgesituationen" innerhalb der landschaftsgestaltenden Sozialgruppen. Diese sind in der Regel durch besonders hohe Kapitalkraft ausgezeichnet und gehören zur sozialen Oberschicht. Dabei läßt sich zeigen, wie von den Reisen der Adligen über Gruppen aus der Finanzwelt und Politik zu den heute einflußreichen Industriellen eine deutliche Nachfolge in der Funktion eintritt.

Eine Analyse der Herkunftsbereiche und der sozialen Struktur der

---

[31] Ders.: Beiträge zu einer Fremdenverkehrsgeographie, a. a. O., S. 160.

ortsfremden Grunderwerber kann am einfachsten mit Hilfe der nach außerhalb der Gemeinde versandten Grundsteuerbescheide erfolgen. Danach zeigt es sich, daß in den Schwerpunkten des Fremdenverkehrs im bayerischen Alpenraum dieser Anteil zwischen 15–20 % der gesamten Grundsteuerbescheide der einzelnen Gemeinden ausmacht und in einzelnen Zentren sogar bis auf 30 % und mehr ansteigt.[32] Eine ähnliche Variante hat Voigt[33] für die Insel Amrum aufgezeigt.

Der hohe Wert des Indikators Grundeigentum bzw. -besitz für die Beurteilung der fremdenverkehrsgeographischen Entwicklung eines Gebietes beruht vor allem auf dem Kausalzusammenhang Erholungsaufenthalt – Grunderwerbswunsch und Baulandsuche – Bodenerwerb.

Neben dem Grundeigentum gewinnt der Grundbesitz bzw. die Besitzbeteiligung in Form gemieteter oder gepachteter Wohnräume für Erholungszwecke eine immer größere Bedeutung. Diese Freizeitwohnsitze stellen einen besonders guten Indikator für die räumlich wirksam werdenden Prozesse dar. Ihre Erfassung im Erholungsraum bereitet allerdings einige Schwierigkeiten, da bisher statistische Erhebungen nur vereinzelt (z. B. in der Wohnungszählung 1968) vorgenommen wurden. Es bleibt dann in vielen Fällen nur die Befragung der Besitzer von Freizeitwohnsitzen oder ausgewählter Kontaktpersonen (z. B. des Schornsteinfegers wegen seiner genauen Kenntnis über die Belegungsdauer der Gebäude).

Im Zusammenhang damit bietet im Alpenraum die ganzjährige oder zeitweise Vermietung bzw. Verpachtung von Almhütten einen zusätzlichen Indikator für die landschaftsgestaltende Funktion des Fremdenverkehrs.[34]

Von Interesse für die sozialgeographische Analyse ist dabei auch die Differenzierung zwischen den sozialen Gruppen der Nachfrager nach Dauerwohnmöglichkeiten. Sowohl nach dem Herkunftsgebiet als auch nach ihrer sozialen Struktur und ihrer Motivskala unterscheiden sich die Pächter von Almen von der Schicht der Interessenten von Freizeitwohnsitzen im Tal.

[32] Ruppert, K.: Das Tegernseer Tal, a. a. O., S. 32 und 42.
[33] Voigt, H.: Die Insel Amrum, Landschaft und Entwicklung, Itzehoe 1964, S. 11–54.
[34] Ruppert, K.: Beiträge zu einer Fremdenverkehrsgeographie, a. a. O., S. 161.

d) Weitere Merkmale zur Charakterisierung

Als zusätzliche Indikatoren wollen wir noch u. a.
– eine gewisse Überalterung in der demographischen Struktur,
– den Rückgang der Rindviehhalter während der agrargesellschaftlichen Übergangsphase,
– die Preisspanne zwischen den Bodenpreisen für Bauland und für landwirtschaftlich genutzten Boden erwähnen.

Die Aussage dieser Indikatoren in Verbindung mit den bereits genannten charakteristischen Kennzeichen ergänzt die Analyse über die Auswirkungen des Fremdenverkehrs in der Landschaft. Einzeln betrachtet geben sie allerdings nur bedingt eine Auskunft über Einflüsse des Fremdenverkehrs.

Zahlreiche Fremdenverkehrsorte zeigen eine Überbesetzung der älteren Altersgruppen durch die überdurchschnittliche Anwesenheit von Rentnern und Pensionären. Zu einem großen Teil wird diese Überalterung durch den Funktionswandel bisher nur zeitweise besuchter Freizeitwohnsitze in Hauptwohnsitze mit überwiegender Anwesenheit (Alterswohnsitze) hervorgerufen.

In ländlichen Gebieten besteht in den Veränderungen des agrarischen Sektors eine weitere Möglichkeit, den durch den Fremdenverkehr hervorgerufenen Strukturwandel zu erfassen. Dabei stellt der Rückgang der Rindviehhalter einen wichtigen Prozeßindikator dar, weil die Abschaffung der Rindviehhaltung als eine entscheidende Veränderung in der Einstellung zur Betriebsführung und zum Betriebssystem angesehen werden kann. Je nach Umfang und Zeitraum der Umstellung gibt dieser Indikator Hinweise für eine regionale Gliederung nach Gebieten bestimmten sozialgeographischen Verhaltens. Deutlich lassen sich die vom Fremdenverkehr oder von der industriellen Ansiedlung beeinflußten Gebiete von den stärker agrarisch orientierten Gebieten unterscheiden.[35] Jedoch sei darauf hingewiesen, daß der Wert dieses Indikators nur in einer gewissen Übergangsphase existiert. Er verliert ebenso wie z. B. die Agrarquote zur Abgrenzung von Verdichtungsräumen seine Aussagekraft, wenn im Verlauf des Strukturwandels die Zahl der primär Tätigen unter eine gewisse Schwelle absinkt.

---

[35] Ruppert, K.: Das Tegernseer Tal, a. a. O., S. 45/46.

Einen zusätzlichen Hinweis auf den Einfluß des Fremdenverkehrs kann das Verhältnis zwischen den Preisen des landwirtschaftlich genutzten Bodens und den Baulandpreisen geben. Dabei deutet die Preisdifferenz zugunsten der Baulandpreise insbesondere im ländlichen Raum auf eine verstärkte Nachfrage Ortsfremder nach Bauland hin. Nachdem wir verschiedene Indikatoren zur Charakterisierung der Fremdenverkehrsorte bzw. -gebiete diskutiert haben, soll nun das Problem der Typisierung dieser Räume behandelt werden. Allein auf Grund der zahlreichen Erscheinungsformen der verschiedenen Fremdenverkehrsarten ist eine generelle Typisierung von einzelnen Gebieten sehr schwierig. Selbst innerhalb einzelner Fremdenverkehrsorte überlagern sich die spezifischen Fremdenverkehrsarten und erlauben nur bedingt eine Zuordnung zu einem ausgewählten Typus.

2. Typisierung der Fremdenverkehrsorte und -gebiete

a) Qualitativ-deskriptive Analyse

Die amtliche Statistik gliedert die Fremdenverkehrsorte, die mindestens 3000 Übernachtungen im Jahr nachweisen müssen, nach der in einer Gemeinde überwiegenden Erholungsart bzw. Größe des Ortes in: Großstädte, Heilbäder, heilklimatische Kurorte, Luftkurorte, Erholungsorte, Mittel- und Kleinstädte und übrige Berichtsgemeinden. Diese formale Einteilung weist zwar auf einzelne Angebotsspezifika von Fremdenverkehrsorten hin, für eine fremdenverkehrsgeographische Analyse können diese Kriterien allerdings nur als zusätzliche Information herangezogen werden. Wie problematisch diese Gliederung für einzelne Gemeinden sein kann, zeigt das Beispiel der Marktgemeinde Hindelang im bayerischen Allgäu.[36] Auf Grund des Vorhandenseins einer schwefelhaltigen Heilquelle und sonstiger heilklimatischer Faktoren durch Verwaltungsakt zum Heilbad erhoben, vereinigt diese Marktgemeinde in den einzelnen Gemeindeteilen fast das gesamte

---

[36] Maier, J.: Die Leistungskraft einer Fremdenverkehrs-Gemeinde, Modellanalyse des Marktes Hindelang/bayer. Allgäu, München 1970 (Bd. 3. der WGI-Berichte zur Regionalforschung).

Spektrum an Fremdenverkehrsarten und -typen. Neben dem traditionellen Kurortzentrum Hindelang mit einem charakteristischen Überbesatz an Dienstleistungen besitzt die Gemeinde in Oberjoch einen ausgeprägten Wintersportort. Demgegenüber haben die Ortsteile Hinterstein und Vorderhindelang mehr den Charakter von Sommerfrischen auf der Basis landwirtschaftlicher Nebenerwerbsbetriebe.

Trotz der speziellen kleinräumlichen Betrachtungsweise ist deshalb eine globale Zusammenfassung der Vielfalt der Erscheinungen in den Fremdenverkehrsorten nicht vermeidbar. Es erscheint uns aus diesem Grunde im Rahmen einer Typisierung der Fremdenverkehrsräume sinnvoller, nicht eine Bildung von Prototypen nach einem einzigen Merkmal zu unterstützen,[37] sondern eine Zuordnung nach dem Verhältnis der verschiedenen Erscheinungsformen des Fremdenverkehrs durchzuführen. Für eine allgemeine Differenzierung der Fremdenverkehrsorte dürfte die Zahl der Übernachtungen, getrennt nach Sommer- und Wintersaison, das wichtigste Datum sein. Diese Daten sind besonders geeignet, die Bedeutung des Fremdenverkehrs als Wirtschaftsfaktor abschätzen zu können, insbesondere im Zusammenhang mit der unten erwähnten Fremdenverkehrsintensität.

Da die statistische Erfassung der Übernachtungen, zumindest nach dem 2. Weltkrieg, in fortlaufender Zeitreihe vorhanden ist, eignen sich diese Daten für eine dynamische Ex-post-Analyse.[38]

Neben der bereits erwähnten Trennung in Sommer- und Winterfremdenverkehr stellt die durchschnittliche Aufenthaltsdauer einen weiteren wesentlichen Typisierungsfaktor dar. Diese beiden Komponenten erlauben in den meisten Fällen ein differenzierteres Bild der Fremdenverkehrstypen als die Einteilung der Fremdenverkehrsstatistik. Ein zusätzliches Kriterium, das in der Bundesrepublik allerdings

[37] Poser, H.: Geographische Studien über den Fremdenverkehr im Riesengebirge, H. 20 d. Abh. d. Ges. d. Wiss. zu Göttingen, 1939, S. 14; Winkler, E.: Die Landschaft der Schweiz als Voraussetzung des Fremdenverkehrs, Zürich 1944 (Arbeiten aus dem Geograph. Institut der ETH), S. 13; Christaller, W.: Beiträge zu einer Geographie des Fremdenverkehrs, a. a. O., S. 3.

[38] Das Wirtschaftsgeographische Institut der Universität München hat in den Fremdenverkehrskarten für den Deutschen Planungsatlas, Band Bayern, versucht, auch die Wachstumskomponenten der Fremdenverkehrsorte für die Typisierung heranzuziehen.

nur in wenigen Orten aussagefähige Anwendung finden kann, besteht im Anteil der Ausländerübernachtungen an den Gesamtübernachtungen in einer Gemeinde.

Ergänzend zu diesen statistisch erfaßten Daten der Nachfrageseite sind die Herkunftsbereiche der Gäste und ihre soziale und wirtschaftliche Struktur ebenso von Bedeutung wie der Umfang des Ausflugsverkehrs (Naherholungsverkehr).

Ein Kennzeichen für den Einfluß des Fremdenverkehrs in den Gemeinden besteht in der Fremdenverkehrsintensität, d. h. in dem Verhältnis von Übernachtungen und Wohnbevölkerung. Dabei liegt eine enge Korrelation zwischen dem Intensitätsgrad und der wirtschaftlichen Abhängigkeit der Gemeinde vom Fremdenverkehr vor, z. B. im Jahre 1966/67 Bad Tölz mit 5118 FÜ/100 Einw., Bad Wiessee mit 20271 FÜ/100 Einw., Tegernsee mit 7041 FÜ/100 Einw., Garmisch-Partenkirchen mit 5074 FÜ/100 Einw., Bayrischzell mit 15830 FÜ/100 Einw., Inzell mit 13683 FÜ/100 Einw., Oberstdorf mit 15174 FÜ/100 Einw. und Hindelang mit 15017 FÜ/100 Einw.

Auf der Angebotsseite eignen sich als Komponenten für eine Typisierung vor allem das in der Gemeinde vorhandene Bettenangebot und seine Struktur (Hotels, Privatquartiere, Sanatorien usw.). Die Entwicklung der privaten Zimmervermietung gibt nicht nur ein Indiz für den Trend des Fremdenverkehrs in einer Gemeinde, sondern verdeutlicht auch die Breitenwirkung des wirtschaftlichen Einflusses des Fremdenverkehrs. Diese Komponente spielt insbesondere bei den Beschäftigungs- und Einkommenswirkungen neuer Fremdenverkehrsinvestitionen von seiten der Raumplanungsinstitutionen eine große Rolle. Nach unseren Studien scheint diese Art des Nebenerwerbs in den bedeutenden Fremdenverkehrsorten in jüngster Zeit allerdings zu einer Stagnation und teilweise sogar zu einer rückläufigen Bewegung zu führen, während in Bereichen bäuerlicher Fremdenverkehrsgemeinden dieser Trend noch nicht zu beobachten ist.[39]

Ebenfalls statistisch erfaßt, stellt der Grad der Auslastung des Bettenangebotes eine weitere Komponente zur Typisierung eines Fremdenverkehrsortes dar. Er gibt gerade für eine Planung wichtigste Hinweise.

[39] Ruppert, K.: Beiträge zu einer Fremdenverkehrsgeographie, a. a. O., S. 160.

Mit Hilfe dieser Daten ist es möglich, eine allgemeine Typisierung durchzuführen, wobei jedoch nicht unbedingt alle geographisch relevanten Eigenarten der einzelnen Fremdenverkehrsorte erfaßt werden, die einen unmittelbaren Bezug auf das räumliche Phänomen der Landschaftsgestaltung durch den Fremdenverkehr besitzen. Für eine sozialgeographische Analyse wäre es notwendig, Unterlagen über die Verhaltensweisen der einzelnen sozialen Gruppen und die gruppentypischen Reaktionsweiten zur Verfügung zu haben.[40] Leider erfaßt aber die Statistik weder diese Daten noch die zur Charakterisierung von Fremdenverkehrsorten angeführten Indikatoren, wie z. B. den Anteil der ausmärkischen Grundbesitzer bzw. den Anteil der Freizeitwohnsitze. Mit Hilfe dieser raumrelevanten Indikatoren könnte eine funktionale Abgrenzung einzelner Räume bestimmten sozialgeographischen Verhaltens erfolgen.[41]

[...]

[40] Rosa, D.: Der Einfluß des Fremdenverkehrs auf ausgewählte Branchen des tertiären Sektors im Bayerischen Alpenvorland. Ein Beitrag zur wirtschaftsgeographischen Betrachtung von Fremdenverkehrsorten, München 1970 (Bd. 2 der WGI-Berichte zur Regionalforschung).

[41] Hartke, W.: Gedanken über die Bestimmung von Räumen gleichen sozialgeographischen Verhaltens. – In: Erdkunde, 1959, S. 426–436.

Recreational Demands and the Environment. (Report on the European Regional Conference of IGU) V. S. Preobrazhensky, Yu. A. Vedenin, A. V. Antipova. Moskau 1971. Akademie der Wissenschaften der UdSSR, Geographisches Institut. Übersetzt von Klaus-Dieter Hartig.

ANFORDERUNGEN DER ERHOLUNG UND DIE UMWELT

Von V. S. Preobrazhensky, Yu. A. Vedenin und A. V. Antipova

Die Nutzung der Freizeit wird in der modernen Gesellschaft zu einem der wichtigsten sozialen Probleme. In diesem Zusammenhang tritt eine Reihe von neuen sozialen, technischen und wissenschaftlichen Problemen hervor, die bisher noch nicht befriedigend gelöst wurden. Einen besonderen Stellenwert haben die Schwierigkeiten der Beziehungen der Erholungsaktivitäten der Bevölkerung und der natürlichen Umwelt.

Soziale Funktionen der Freizeit und Anforderungen an die Umwelt

Die qualitativen und quantitativen Merkmale der Freizeit werden charakterisiert durch das Niveau des sozioökonomischen Entwicklungsstands der Gesellschaft. K. Marx schrieb, daß in Zukunft nicht die Arbeitszeit das Maß des Reichtums sein werde, sondern die Freizeit. Er wies als erster auf die Heterogenität der Freizeitfunktionen hin.

Sowjetische Soziologen stellen zwei Hauptfunktionen der Freizeit heraus: „Eine Funktion der Wiederherstellung der menschlichen Arbeitskraft, die von der Arbeitssphäre und anderen Verpflichtungen beansprucht wird, und eine Funktion der geistig/kulturellen, ideologischen sowie ästhetischen und physischen Entwicklung des Menschen ... Und in der modernen Gesellschaft erreicht die zweite Funktion allmählich größere Bedeutung ..." (Grušin, 1968, S. 16–17).

Die sozialistische Gesellschaft hat Interesse an einem hohen intellektuellen Niveau ihrer Bürger, an ihrer harmonischen Entwicklung als Individuen. Deshalb ist sie bemüht, ihre Entwicklung zu lenken und ihre Interessen an Ereignissen und Phänomenen zu unterstützen, die ihre schöpferischen Fähigkeiten fördern. Somit erlangt die Funktion der physischen und geistigen Entwicklung eines Individuums bei der Organisation der Freizeitaktivitäten in der sozialistischen Gesellschaft eine vorrangige Bedeutung.

Dies wird bereits verdeutlicht durch praktische Aktivitäten der sozialistischen Gesellschaft, die nicht nur „das Recht auf Erholung" in der Verfassung der UdSSR verankerte, sondern auch aktiv Maßnahmen ergreift, die auf eine Entwicklung des Massentourismus im Bildungs- und Sportbereich zielen, die Ausflüge einschließlich des örtlichen Freizeitverkehrs, die Erholungsfahrten, einen umfangreichen Kindertourismus, die Fort- und Weiterbildung, Studien der Natur und örtlichen Geschichte fördern.

Die Erholungsaktivitäten der Menschen finden vor dem Hintergrund eines globalen Prozesses der Urbanisierung und des Anwachsens der Bevölkerungsmobilität statt.

Ständige Kontakte mit einer Vielzahl von Menschen, ein großer Informationsfluß, Lärmbelastung, bequeme Lebensbedingungen in Verbindung mit körperlicher Passivität, das tägliche Leben in einer künstlichen, monotonen Umwelt fern der Natur, dies sind die besonderen Merkmale der modernen Lebensweise des Großstädters, die seine Beziehung zur Natur, besonders in der Freizeit, bestimmen.

Die Zunahme der allgemeinen Bevölkerungsmobilität erfolgt vor allem in der Freizeit, während gleichzeitig die Rolle der Automatisierung und der Gewöhnung des modernen Menschen an ein umfangreiches Informationsangebot besonders offensichtlich wird – obwohl sich diese Informationen von denjenigen unterscheiden, die er an Arbeitstagen erhält.

Besonderheiten der gegenwärtigen Erholungsaktivitäten

Als ein Ergebnis der oben genannten Faktoren entwickeln sich folgende Tendenzen:

1. eine Zunahme der Differenzierung und Integration von Erholungsaktivitäten,

2. eine Bedeutungszunahme der mobilen Formen der Aktivitäten.

Das Anwachsen der Freizeit, vor allem innerhalb der Woche und in den Ferien, hat in Verbindung mit dem Anstieg des kulturellen Niveaus und der Zunahme der Möglichkeiten, individuelle Bedürfnisse zu befriedigen, eine Differenzierung und Integration der Erholungsaktivitäten zur Folge gehabt. Wir sind Zeugen der raschen Zunahme einer Vielzahl von Erholungsaktivitäten und der Bildung ihrer neuen Kombinationen (während eines Tages und der gesamten Ferienzeit). Der Vorrang wird jenen Aktivitäten gegeben, die verbunden sind mit Bildungsprozessen und der Entwicklung des Menschen als Individuum, aber auch den Aktivitäten, die in Verbindung mit der Nutzung von natürlichen und kulturellen Werten stehen.

Gleichzeitig zur Differenzierung entwickelt sich eine Integration der Aktivitäten. Eine Person versucht in den Ferien ein Maximum ihrer verschiedenen Bedürfnisse zu befriedigen: es ergibt sich die Notwendigkeit, im System der Ferienaktivitäten jene einzubauen, die zu ganz unterschiedlichen Kategorien gehören – körperliche Betätigungen und Hobbys, die Nutzung von Kultur und Natur; eine Gruppe der Aktivitäten ergänzt die andere, indem sie gleichzeitig zusammen ein einziges Ganzes bilden.

Die zweite, sehr wichtige Tendenz ist eine Zunahme der Rolle mobiler Aktivitäten (Freizeitsport, Reisen usw.).

Die Zunahme der Erholungsaktivitäten und der Bedeutungszuwachs der mobilen Arten führen zu einer deutlichen Ausdehnung der Flächen, die die Gesellschaft benötigt, um die Anforderungen der Erholung erfüllen zu können.

Räumliche Erholungssysteme und ihre wesentlichen Bestandteile

Die Berücksichtigung des Bedarfs im Erholungsbereich erfolgt in komplexen, viele Komponenten umfassenden Raumsystemen, die viele Elemente vereinen, vor allem Menschen mit natürlichen und kulturellen Raumkomplexen, mit technischen Systemen und Dienstleistungspersonal. In diesem Zusammenhang wurde eine Hypothese entwickelt, die das räumliche System als ein komplex kontrollierbares, sich teilweise selbst regulierendes System betrachtet. Das Hauptelement eines räumlichen Erholungssystems ist das Subsystem einer „Gruppe von Urlaubern". Die gesamte Entwicklung und Funktion des Systems als Ganzes wird bedingt durch das Bedürfnis der Menschen, bestimmte Arten von Aktivitäten zu betreiben. Und es besteht schon als eine Form der Realisierung dieses Bedürfnisses eine Verbindung von den Urlaubern zu den natürlichen und kulturellen Raumkomplexen, zu technischer Ausstattung und Dienstleistungspersonal.

Bei der Untersuchung von Erholungssystemen haben geographische Aspekte eine große Bedeutung. Dies wird bedingt durch die geographische Selektivität von Erholungsaktivitäten der Menschen, durch eine Heterogenität der natürlichen Komplexe und ihre unterschiedliche Stabilität bezüglich der Auswirkungen von Erholungsverkehr sowie durch eine komplizierte Wechselbeziehung dieser Systeme mit Raumkomplexen der Produktionsstandorte (die zu den Erholungssystemen entweder als Regionen der Nachfrage in Beziehung stehen oder als konkurrierende Regionen hinsichtlich der Nutzung der natürlichen Grundlagen eines Landes fungieren können).

Ein Erholungssystem kann und muß auch als ein ökonomisches System betrachtet werden. In diesem Fall müssen alle Merkmale in Kostenindizes umgewandelt werden. Für das Zeitbudget der Urlauber und Ausnutzungsmerkmale von technischen Systemen sind Ausgaben- und Einkommenskonten einzusetzen.

Alle Besonderheiten bei der Bildung von Erholungsbedürfnissen erfahren ihre Reflexion in dem Inhalt des Erholungssystems und seiner Subsysteme.

Das erste der Subsysteme, die Urlauber, besteht aus verschiedenen Menschengruppen. Die Eigenschaften dieses Subsystems spiegeln eine soziale und altersmäßige Struktur sowie nationale, regionale und psychische Besonderheiten bestimmter Gruppen von Menschen und Individuen wider. Die Beziehungen zu anderen Subsystemen hängen ab von der Nachfrage der Menschen und der Selektivität der Aktivitäten, die in der Freizeit unternommen werden.

Das zweite Subsystem – natürliche und kulturelle, räumliche und aquatische Komplexe – ist sehr wichtig für das Funktionieren des Systems. Die Eigenschaften dieser Komplexe müssen den individuellen Erholungsansprüchen der Urlauber als auch den Erfordernissen der Organisation des Erholungssystems als Ganzes entsprechen.

Das dritte Subsystem, hier wird der technische Komplex angesprochen, soll auf der einen Seite die Befriedigung von spezifischen Erholungsbedürfnissen fördern und auf der anderen Seite für normale Lebensbedingungen von Urlaubern und Dienstpersonal sorgen.

Das vierte Subsystem, eine Gruppe von Beschäftigten im Dienstleistungs- und Versorgungsbereich, hat die folgenden Aufgaben: einerseits Konsumgüter für Urlauber besorgen, sammeln, erhalten und transportieren (Produkte der Information, der natürlichen und kulturellen Werte), und andererseits Abfälle zu beseitigen.

Einen wichtigen Teil des Systems bildet der Management-Apparat. Er vergleicht erhaltene Informationen über die Befriedigung der Urlauberbedürfnisse mit den Informationen über Bestand und Kapazitäten von natürlichen Komplexen, den Zustand von technischen Systemen und Dienstleistungspersonal. Erst dann trifft er Entscheidungen über Veränderungen von Beziehungen zwischen den Subsystemen.

Die wichtigsten Eigenschaften von räumlichen Erholungssystemen (Spatial Recreational Systems = SRS)

Folgende Eigenschaften bestimmen den Charakter der SRS: Vollständigkeit, Dynamik, Stabilität und Zuverlässigkeit.

Die Untersuchung dieser Eigenschaften ermöglicht es, Probleme zu lösen, die mit der Festlegung der optimalen Varianten im Funktionsablauf der SRS, den Möglichkeiten der Vorhersage, der Ausarbeitung optimaler räumlicher Strukturen usw. verbunden sind.

Die *Vollständigkeit* setzt das Bestehen einer engen Wechselbeziehung zwischen Subsystemen voraus, wenn eine Veränderung in einem der Subsysteme den Zustand des gesamten Systems verändert. Sie erfordert sorgfältige Erwägungen bei dem Vorhaben, Veränderungen bei irgendeinem Element des SRS vorzunehmen.

Die *Dynamik*. Wir sind Zeugen eines Veränderungsprozesses bei den Funktionen von Erholungsgebieten.

Als ein Beispiel für einen solchen Prozeß können wir die dreißigjährige Geschichte der Herausbildung eines SRS in der Moskauer Region auf der Grundlage des Wasserreservoirs am Moskwa-Wolga-Kanal anführen. Gebiete, die vor 1950 hauptsächlich von Fischern und „wilden" Touristen besucht wurden, werden heute an Sonntagen bei Massenausflügen von ganzen Betriebsbelegschaften genutzt. Die nächste Stufe in dem Entwicklungsprozeß ist der Beginn des Baues von Anlagen am Kanalufer, verbunden mit der Gründung von Zeltlagern für Touristen und Herbergen.

Gegenwärtig besteht die Tendenz des Zusammenwachsens von bebauten Gebieten in den wassernahen Bereichen, da der Wunsch der Menschen, sich am Wasser aufzuhalten, sehr stark ist; in solchen Fällen wird die Nutzung der Naturkomplexe durch Urlauber, bedingt durch die Bebauung des Geländes, beschränkt sein auf Baden, und ihre Aktivitäten werden hauptsächlich aus Besuchen von Kinos, Konzerten, Sportveranstaltungen usw. bestehen.

Die *Stabilität* von SRS-Funktionen wird charakterisiert durch die Stabilität der Bandbreite der Erholungsaktivitäten und wird festgelegt durch die Stabilität der einzelnen Subsysteme des SRS.

Die Stabilität von Naturkomplexen ist sehr wichtig. Sie ist sehr eng verbunden mit der Festlegung der Belastungsstandards für verschiedene Naturkomplexe, während gleichzeitig eine allgemeine Kapazität von Erholungsgebieten errechnet und ihre Planungsstrukturen sowie funktionale Zonierung ausgearbeitet werden müssen. Um eine zulässige Belastung festzulegen, müssen wir zunächst vor allem die Art der Nutzung von Naturkomplexen bestimmen. Wenn man sich auf eine extensive Richtung einlassen will, muß man, um den Druck zu reduzieren, die Bedürfnisse einer ständig wachsenden Zahl von Menschen durch eine kontinuierliche Expansion der Gebiete des SRS befriedigen. In diesem Fall werden wir sehr bald auf große Schwierigkeiten stoßen, die uns logischerweise zu Entscheidungen folgender Art führen werden: alle brauchbaren Flächen und Gewässer zur Grundlage der Erholung zu machen, das Anwachsen der Erholungsansprüche der menschlichen Gesellschaft zu reduzieren und schließlich zu beschränken, das Bevölkerungswachstum zu begrenzen.

In diesem Zusammenhang lohnt es sich, die Möglichkeit einer intensiven Erholungsentwicklung zu erwägen – den Weg der Schaffung kultivierter Naturkomplexe, die durch die gesteigerte Stabilität und die folgenden strukturellen Veränderungen gekennzeichnet sind: die Ströme der Urlauber werden auf bestimmte Verkehrswege und begrenzte Flächen gelenkt, eine Belastungsgrenze wird für einige der Gebiete festgelegt, die Zusammensetzung und Struktur der Vegetation wird verbessert usw.

Um die Stabilität von SRS als Ganzes zu bestimmen, muß man nicht nur die Stabilität der natürlichen Komplexe untersuchen, sondern auch jene der Subsysteme. Sehr wichtig ist zum Beispiel das Problem der Untersuchung der Stabilität von technischen Anlagen. Ingenieurwissenschaften betrachten das Phänomen der „Stabilität" jedenfalls nur vom Gesichtspunkt der Physik aus. Es ist aber genauso wichtig, die Mechanismen „einer moralischen Stabilität" zu verstehen, d. h. den Grad der Eignung von technischen Anlagen in der Natur und der sich verändernden Erfordernisse. Hier haben wir ein bedeutendes praktisches Problem und die Möglichkeit, ein und dieselbe Konstruktion oder einen Komplex von Konstruktionen für die Durchführung nicht nur der laufenden, sondern auch der perspektivischen Funktionen zu nutzen.

Zuverlässigkeit. Die Untersuchung der Bedürfnisse hat gezeigt, daß die beliebtesten Gebiete diejenigen sind, die einen angenehmen Aufenthalt garantieren. Das zuverlässige Funktionieren eines SRS wird zum Beispiel zu einem großen Teil durch die Stabilität und Unveränderlichkeit von klimatischen Verhältnissen bedingt. So wollen 24 Prozent der Urlauber ihre Ferien am Schwarzen Meer verbringen, während die baltische Küste mit ihrem instabilen Wetter nur 5,6 Prozent anzieht.

Funktionale Typen der räumlichen Erholungssysteme

Da SRS bestimmte Kategorien der Bedürfnisse von Menschen befriedigen sollen, müssen sie spezialisiert sein. Diese Spezialisierung der SRS wird ausgedrückt durch die Selektivität der Urlauber bezüglich der Umwelt bei der Ausübung ihrer Aktivitäten; diese Selektivität ist festgelegt als eine spezifische Beziehung zwischen dem Subsystem „eine Gruppe von Menschen" und anderen Subsystemen der SRS.

Einerseits hängt die Selektivität der Urlauber hinsichtlich der geographischen Umwelt von den unterschiedlichen Erholungsbedürfnissen der sozialen und demographischen Gruppen der Bevölkerung ab. Diesen Anforderungen kann nur durch bestimmte Merkmale der übrigen Subsysteme des SRS entsprochen werden. Andererseits ist die Selektivität verbunden mit einer räumlichen Heterogenität bei den Eigenschaften der natürlichen Umwelt, die von Bedeutung ist, wenn wir eine Bewertung der Naturräume der UdSSR für die Zwecke der Erholung vornehmen.

Die Differenzierung und Integration von Erholungsaktivitäten setzt eine Vielzahl von Formen der Befriedigung der Erholungsbedürfnisse voraus, sowie eine enge räumliche und technische Koppelung zwischen ihnen. Die Vielfalt der Formen von Befriedigung von Erholungsbedürfnissen führt wegen der Bevölkerungsmobilität und Unvereinbarkeit einiger Erholungsaktivitäten zu einer Entwicklung von zahlreichen, räumlich getrennten, monofunktionalen Systemtypen. Polyfunktionale Systemtypen werden auch wichtig sein.

Bei einer genaueren typologischen Betrachtung erfordert jedes Erholungssystem einen höheren Grad an Individualität. Die Notwendigkeit, jedes SRS einzigartig zu gestalten, ist gegenwärtig besonders groß, weil Urlauber sich mit zunehmender Mobilität an Aktivitäten beteiligen. Die Konstruktion wird industrialisiert, und die Menschen kämpfen darum, gleich angenehme Bedingungen zu erreichen. Somit ist es notwendig, die Vielfalt der Umwelt als wichtigste Grundlage der Erholung zu erhalten, für den Schutz wenig veränderter Naturkomplexe zu sorgen, die lokalen Eigenheiten bei der Architektur neuer Gebäude zu berücksichtigen, sich um Monumente der Kultur und Geschichte zu kümmern und nationales Kunsthandwerk zu erhalten.

Mit zunehmender Zahl von SRS-Typen und zunehmenden Anforderungen an ihre Individualität werden die Verknüpfungen zwischen unterschiedlichen SRS, mit dem Ergebnis eines Netzwerkes von Erholungsgebieten, enger. Es wird bedingt durch den Prozeß der Integration im Bereich der Erholungsaktivitäten, die oben bereits angesprochen wurden. Den Erholungsanforderungen kann durch getrennte Institutionen oder gar Regionen nicht völlig entsprochen werden, aber durch eine Kombination von Erholungssystemen mit spezialisierten Funktionen, die durch Verkehrsnetze und Touristenrouten zu einem Netzwerk verbunden werden. Innerhalb dieses Netzwerkes muß jeder Urlauber die Möglichkeit der freien Wahl zwischen den einzelnen räumlichen Bestandteilen haben.

So reflektiert der Prozeß der funktionalen und räumlichen Differenzierung und Integration der SRS jene Veränderungen, die im Bereich der Erholungsaktivitäten erfolgen – die komplizierter werdenden Bedürfnisse, die Zunahme der Mobilität von Urlaubern und das Bestreben der Menschen, sowohl physische als auch geistige Fähigkeiten zu entwickeln.

Eine besondere Rolle des Managements

Wir haben bereits herausgestellt, daß das SRS ein kontrolliertes Regelsystem ist. Nur durch das Management der SRS und ihres Netzwerkes ist es möglich, die wesentlichen Probleme zu lösen, die entstehen, um ein Versorgungssystem zu schaffen, um bestehende Eigenschaften zu erhalten, neue zu schaffen und gleichzeitig die Natur zu schützen, Konflikte zu lösen usw. Das Management, die Kontrolle und Steuerung des Wachstums sowie der Entwicklung von Erholungsgebieten haben ihre komplizierte Besonderheit. Das mannigfache Wesen des letzteren hängt von der Tatsache ab, daß große Zahlen von Menschen zu dirigieren sind, die unterschiedliche und sich ständig verändernde Bedürfnisse aufweisen. Und das Funktionieren des Systems selbst wird vorherbestimmt durch die Notwendigkeit, diesen Bedürfnissen zu entsprechen. Somit müssen die Anweisungen eines Management-Apparates auf eine Art eingesetzt werden, daß, wenn in einer Region die Voraussetzungen fehlen, um bestimmten Bedürfnissen zu entsprechen, diese in einer anderen Region befriedigt werden, vorausgesetzt, sie weist ähnliche Parameter auf. Begrenzungen können entweder durch Maßnahmen im Erziehungsbereich erreicht werden, oder mit Hilfe der bekannten architektonischen Methoden der funktionalen Zonierung von Flächen beim Ausbau des Systems. Verwaltungsmäßige Begrenzungen, die die Urlauber direkt betreffen, müssen auf ein Minimum beschränkt werden. Der Besuch von geschützten Zonen in Nationalparks wird zum Beispiel nicht wesentlich durch das Verbot ihres Betretens reguliert; das Fehlen von Schnellstraßen vermindert die Zugänglichkeit zu den zentralen Bereichen eines Parks, da Wanderwege nur von einer kleinen Gruppe von Besuchern genutzt werden; geeignete Plätze für Lagerfeuer und das Zelten, die Zugänglichkeit von speziell vorbereitetem Brennholz und günstig ausgewählte Zeltplätze für die Autotouristen schaffen Bedingungen für eine kontrollierte und nicht willkürliche Nutzung eines Gebiets.

Ein Beobachtungssystem muß auf allen Ebenen entwickelt sein – zuerst bei den staatlichen Apparaten, das gesamte Netz der SRS umfassend, bis hin zu den einzelnen Erholungseinrichtungen.

Für die Aufgabe der Organisation der rationellsten und vielfältigsten Nutzungen eines Gebiets in Verbindung mit verschiedenen Nutzungsformen ist ein Management-System besonders wichtig. Ein und dieselben Komplexe können fast immer von verschiedenen Aktivitätsarten genutzt werden. Viele Flächen, die sich für Erholungsnutzungen eignen, erfüllen bereits eine bestimmte Funktion in der Land- oder Forstwirtschaft.

Es gibt verschiedene Möglichkeiten, das Problem der wechselseitigen Abhängigkeit von unterschiedlichen Funktionen zu lösen.

Der erste Weg ist eine kooperative Nutzung eines Gebiets. Seen und Stauseen können als ein Beispiel herangezogen werden. Normalerweise dienen sie den Zwecken der Industrie und der Hobbyangler. Der Planungsansatz einer Erholungsnutzung von gewerblich genutzten Wäldern ist in Europa weit verbreitet.

Der zweite Weg wird gewählt, wenn einige Typen von Erholungsaktivitäten auftreten, die unvereinbar sind mit anderen Gewerbenutzungen (z. B. Behandlung in einem Sanatorium oder Besichtigungsfahrten in Gebieten mit Naturwundern). Deshalb entsteht ein Problem der Kontrolle von Nachfrage und ihrer Regulierung durch die Reservierung von Flächen, die nachher durch Erholungsaktivitäten genutzt werden.

Es ist nicht notwendig, hervorzuheben, daß Erholungsaktivitäten zu jenen Arten von Aktivitäten gehören, die mit einem Interesse an allen Maßnahmen des Naturschutzes verbunden sind, die sowohl günstige gesundheitlich-ökologische Eigenschaften der Umwelt als auch ihre Informationsvielfalt liefern. Die Tatsache, daß *Naturschutz als eines der wichtigsten Mittel zur Erhaltung der sozialen Funktion von Erholungssystemen erscheint*, bedingt, daß wir mit dem Schutz des Subsystems „natürliche Komplexe" gleichzeitig für ein kontinuierliches Funktionieren des ganzen Systems sorgen.

Es lohnt sich, noch einmal zu erwähnen, daß das Management des Naturschutzes mit dem Vorgang des Entwurfs beginnt und ständig im Prozeß des Baus und der Nutzung von SRS durchgeführt werden muß.

Die Regulierung der Erholungsaktivitäten kann als eine der Arten des Managements eingestuft werden, die die größte Informationskapazität aufweisen. Sie muß Daten über eine Menge von sich verändernden sozialen, ökonomischen, geographischen, medizinisch-biologischen, technischen und organisatorischen Parametern enthalten. Entsprechend ist das Management des Systems „Erholungsaktivitäten – Umwelt" besonders an der Entwicklung von grundlegenden interdisziplinären und wissenschaftlich-technischen Untersuchungen interessiert, verbunden durch den Ansatz der Systemforschung auf der Grundlage eines gründlichen Wissens über objektive Gesetze der Entwicklung von Gesellschaft und Natur.

Die sozialistische Wirtschaft bietet mit ihren umfassenden Prinzipien der Planung, ihrem Staatseigentum an Boden, Wasser, Bodenschätzen und Wäldern hervorragende Möglichkeiten für die Organisation der rationellen Kontrolle von Erholungssystemen auf einer planvolleren Grundlage, unter Berücksichtigung des Schutzes jener natürlichen Objekte und natürlichen Bedingungen, die, vom Standpunkt der Inwertsetzung eines Gebiets aus, den größten Wert darstellen.

Literatur

1. Iz neopublikovannych rukopisej K. Marksa. (Aus den unveröffentlichten Manuskripten von K. Marx) Boch'ževich 1939. 11–12.
2. B. Grušin: Svobodnoe vremja. Aktual'nye problemy. (Freizeit. Aktuelle Probleme) Moskau. Izdatel'stvo „Mysl" (Verlag ,Mysl') 1967.

Studies in the Geography of Tourism. Papers read and submitted for the Working Conference of the IGU
Working Group, Geography of Tourism and Recreation. Salzburg, 2nd–5th May, 1973 (= Frankfurter
Wirtschafts- und Sozialgeographische Schriften, Heft 17) 1974, S. 13–16.

GEGENSTAND, WESEN UND PROBLEME
DER GEOGRAPHIE DES TOURISMUS

Von Ljubomir Dinev

Der Tourismus als sozialökonomische Erscheinung und als Wirtschaftszweig ist seinem Wesen und Inhalt nach wie folgt bestimmt: Einerseits ist er von ausgeprägter wirtschaftlicher Natur. Zum anderen hat
er ausgesprochen geographischen Charakter. Beide Aspekte heben sich
klar voneinander ab, bedingen sich jedoch in hohem Maße gegenseitig.

Die wirtschaftliche Natur des Tourismus besteht, ganz allgemein
ausgedrückt, in der Produktion und Überlassung von Waren und
Dienstleistungen, um den materiellen und kulturellen Bedarf der Touristen zu decken. Dies erhellt nicht nur die wirtschaftliche Natur des Tourismus, sondern auch seinen Produktions- und Konsumtionscharakter.

Die Produktionsnatur des Tourismus wirkt sich auf alle Gebiete der
materiellen und nichtmateriellen Produktion aus. Der Tourismus erfordert die Entwicklung und Erweiterung der einzelnen Industriezweige, die seiner Bedarfsdeckung dienen. Er ruft die für seine Entwicklung
notwendigen neuen Industrieproduktionen ins Leben. Ferner richtet er
die Landwirtschaft auf die Produktion von Erzeugnissen aus, für die
durch das Konsumverhalten der Touristen spezielle Nachfrage besteht.
Der Tourismus bedingt die Entwicklung und Modernisierung aller
Verkehrszweige. Er regt die Bautätigkeit an, die mit der Errichtung der
für ihn notwendigen materiell-technischen Basis und Infrastruktur verbunden ist.

Mit der Entwicklung des Tourismus wird die Nachfrage und der Verbrauch nicht nur von Waren, sondern auch von Dienstleistungen verschiedenster Art gesteigert. Dies kennzeichnet die Konsumtionsnatur
des Tourismus.

Produktions- und Konsumtionsnatur des Tourismus als Wirtschaftszweig sind mit der Klärung einer Reihe von ökonomischen Kategorien,
Erscheinungen und Prozessen verbunden, von denen Entwicklung und

finanzielles Ergebnis abhängen. Dies bestimmt die besonderen Fragestellungen der *Ökonomie des Tourismus.*

Die geographische Natur des Tourismus ist aufs engste an die territorialen Besonderheiten, Faktoren und Voraussetzungen, die seine Entwicklung beeinflussen, gebunden. Sie bedingt Entstehen und Gestaltung einer neuen Disziplin innerhalb der geographischen Wissenschaft: die *Geographie des Tourismus,* die noch immer nicht eindeutig definiert und noch nicht völlig gefestigt ist. Eine der gegenwärtig wichtigsten Aufgaben der Geographen, die sich mit den Problemen des Tourismus befassen, ist es daher, Gegenstand und Wesen dieser Disziplin zu bestimmen. Davon hängt nicht nur ihre Bestätigung im System der geographischen Wissenschaft ab, sondern auch ihre wissenschaftliche Problematik und praktische Anwendbarkeit.

Die Geographie des Tourismus untersucht die territorialen Gegebenheiten der touristischen Wirtschaft, den Standort der relevanten Produktion und Dienstleistungen, die Voraussetzungen, Faktoren und Ressourcen, welche die Entwicklung dieses Wirtschaftszweiges in den verschiedenen Ländern und Gebieten bedingen. Sie fördert das Studium des Tourismus als sozialökonomisches Phänomen. Derartige Untersuchungen sind für die Darstellung der Entwicklung des Tourismus sowohl im Weltmaßstab als auch in den einzelnen Ländern und Gebieten von großer Bedeutung.

Die naturgeographischen und sozialökonomischen Bedingungen, Voraussetzungen und Ressourcen spielen für die Entwicklung des Tourismus eine große Rolle. Die Kenntnis ihrer territorialen Verschiedenheiten und ihrer Verteilung ermöglicht es, das gesamte touristische Potential und die Erholungsmöglichkeiten eines bestimmten Landes oder Gebietes zu erschließen und sie in der touristischen Wirtschaft optimal zu nutzen.

Die Aufgabe der Geographie des Tourismus besteht somit darin, die territorialen Besonderheiten, die Entwicklung und räumliche Verteilung der Bevölkerung und der Arbeitskräfte darzulegen. Sie trägt dazu bei, die für die touristische Wirtschaft nötigen Arbeitskräfte bereitzustellen. Das Studium der Touristenströme klärt nicht nur deren Richtung, Dynamik sowie die Faktoren, die sie bedingen, sondern auch die geographische Natur der touristischen Märkte.

Zur Geographie des Tourismus gehört das Studium der einzelnen

Ortschaften und ihrer Geographie. Dadurch werden die örtlichen Beziehungen klar, die als ein wichtiger Faktor für die Entwicklung des Tourismus zu bewerten sind und als Grundlage für die richtige Lenkung planerischer Eingriffe, für den Aufbau neuer Ortschaften und der eng mit dem Tourismus verbundenen Infrastruktur dienen können. Dies trägt zwangsläufig zur Klärung der notwendigen Änderungen und Umgestaltungen des Siedlungsnetzes bei.

Die Geographie des Tourismus erleichtert das Studium der verschiedenen Landschaften und erschließt ihr Potential für die touristische Wirtschaft; sie schafft die besten Voraussetzungen, die Landschaft kennenzulernen, sie zu erhalten bzw. zu revalorisieren.

Ihr Ziel ist es, den räumlichen Bezug der naturgeographischen, sozialökonomischen und kulturgeschichtlichen Bedingung, Ressourcen und Rekreationssysteme zu umreißen und dabei die funktionalen Besonderheiten aufzuzeigen, die zur Entwicklung der verschiedenen Tourismusarten beitragen.

Aus dem bisher Gesagten, das unseres Erachtens das Wesen der Geographie des Tourismus sowie ihren Gegenstand und Inhalt erfaßt, wird klar, daß diese Disziplin auf einer breiten wirtschaftlichen und geographischen Grundlage fußt und in enger Verbindung mit der Wirtschafts-, Bevölkerungs- und Siedlungsgeographie steht. In bezug auf das Studium der natürlichen Rekreationsressourcen und ihrer Bewertung für die Entwicklung des Tourismus ist die Geographie des Tourismus auch mit der Physischen Geographie verknüpft, deren Forschungsmethoden hierbei weitgehend herangezogen werden können.

Die Grundprobleme, vor die sich die Geographie des Tourismus gestellt sieht, sind vornehmlich mit dem Studium des gesamten Komplexes der natürlichen, sozialen und kulturellen Rekreationsressourcen und -systeme, mit ihrer geographischen Verteilung, ihrer gebietsmäßigen Gliederung und ihrer funktionalen Bedeutung verbunden. Einen wichtigen Platz nimmt hierbei die räumliche Analyse des Touristenstromes sowie die Herkunft und die territoriale, saisonbedingte und berufliche Verteilung der Arbeitskräfte in der touristischen Wirtschaft ein. Von Bedeutung ist ferner die geographische Erforschung der einzelnen Siedlungen und Siedlungskomplexe, sowohl unter dem Gesichtspunkt der Organisation der Erholung ihrer Bevölkerung, als auch in bezug auf die mit der Entwicklung des Tourismus verbundene Infrastruktur. Die geographische Analyse der materiellen Basis in struktureller und territorialer Hinsicht stellt ein weiteres Problem dar. Die wesentlichen Aufgaben der Geographie des Tourismus sind die Einteilung in touristische Gebiete, das Studium der Möglichkeiten für die Entwicklung der verschiedenen Arten von Tourismus, die Abgrenzung der einzelnen taxonomischen Einheiten und die Prognostizierung der weiteren Fremdenverkehrsentwicklung.

40. Deutscher Geographentag Innsbruck. 19. bis 25. Mai 1975. Tagungsbericht und wissenschaftliche Abhandlungen (= Verhandlungen des Deutschen Geographentages, Band 40) 1976, S. 661–671. Steiner, Wiesbaden.

DIFFERENZEN IN DER AUFFASSUNG EINER GEOGRAPHIE DES TOURISMUS UND DER ERHOLUNG

Von Josef Matznetter

Mit der Errichtung der Arbeitsgruppe "Geography of Tourism and Recreation" der Internationalen Geographischen Union, bei Gelegenheit des Kongresses von Montreal im August 1972, ist es erstmalig auf einer sehr breiten, im Grunde weltweiten Basis zu einer gemeinsamen Beschäftigung mit diesem relativ jungen Zweig der Geographie gekommen. Dabei sind nun freilich sowohl die sehr unterschiedliche Intensität in der Aufnahme der Forschung daran, wie ebenso die beachtlichen Differenzen zu der Auffassung vom Wesen und den damit gestellten Aufgaben dieses Wissenschaftszweiges in den einzelnen Ländern überaus deutlich zutage getreten. Diese Tatsache geht auf eine ganze Reihe von Ursachen zurück.

Die geographische Untersuchung der in unserer Zeit so maßgeblich gewordenen Phänomene des Tourismus und des Erholungswesens hat zwar nicht ganz gleichzeitig, aber doch einigermaßen unabhängig voneinander, in drei verschiedenen Räumen eingesetzt, nämlich einmal in Mittel- und Westeuropa, dann in den sozialistischen Ländern Europas und ebenso in Nord-Amerika. Die in den genannten Gebieten betriebene diesbezügliche Forschung, theoretisch, wie beispielhaft raumbezogen, ist auch auf absehbare Zeit hinaus noch als ausschlaggebend für die weitere Entwicklung dieses speziellen Faches anzusehen, welches in den übrigen Ländern erst allmählich als eigenständig erkannt und in den Kreis der Forschungsbereiche miteinbezogen wird. Diese gegenwärtige Ungleichmäßigkeit der Beschäftigung mit dem Tourismus und der Erholung und der Auffassung von ihnen als raumbedingter und gleichermaßen raumgestaltender Erscheinungen geht allerdings nicht alleine, ja vielleicht gar nicht einmal so sehr auf die geographische Wissenschaft selbst zurück – die übrigens bis dato noch nicht ein einziges allgemeines Lehrbuch einer Fremdenverkehrs- und/oder Erholungsgeographie vorzulegen vermochte –, sondern wird wohl mehr noch durch das Wesen dieses Phänomens verursacht. Ungeachtet gewisser Grundtypen ist dieses in den verschiedenen Teilen der Erde nicht bloß nach Gesamtbedeutung und Ausmaß sehr unterschiedlich stark entwickelt, sondern auch in den Formen seiner Ausprägung außerordentlich mannigfaltig. Hinzu kommt aber noch, daß Tourismus und Erholungswesen, noch immer in voller Entfaltung befindlich, Jahr für Jahr Innovationen in Gestalt neuer Spielarten hervorbringen. Es kann daher bei dieser Sachlage nicht verwundern, wenn gerade auf diesem Felde das generelle Übel jeder Art gesellschaftswissenschaftlicher Forschung, und zwar die Schwierigkeit eindeutig klarer begrifflicher Abgrenzungen, besonders auffallend wird. Namentlich die Überschneidungen bei den zahlreichen Varianten und die sich dabei herausbildenden Zwischenformen einerseits und die Korrelation der einzelnen in verschiedenen Gebieten auftretenden Formen des Fremdenverkehrs und der Erholungssuche untereinander andererseits werden hier zum Problem. Die Unterschiede bei den Benennungen in den einzelnen Sprachen bringen schließlich noch weitere Verwirrung mit herein. In diesem Zusammenhang sei etwa daran erinnert, daß z. B. die nunmehr synonyme Verwendung der Begriffe „Tourismus" und „Fremdenverkehr" im Deutschen erst verhältnismäßig jungen Datums ist. Bis über den Zweiten Weltkrieg hinaus bezog sich nämlich in ganz Mitteleuropa, und zwar nicht nur im Deutsch-, sondern auch im Slawischsprachigen, der Ausdruck „Turist" vornehmlich auf den sportmäßigen Wanderer, wobei der Bergsteiger als „Hochturist" noch speziell ausgesondert wurde. In begrifflicher Abgrenzung dazu wurden alle übrigen Reisenden, soweit sie nicht allenfalls unter die heute im Gebrauch stark zurückgegangene Bezeichnung „Sommerfrischler" fielen, einfach als ortsfremde Personen „Fremde" genannt, woraus sich dann wiederum für die Gesamtunterscheidung der Terminus „Fremdenverkehr" ableitete. Erst das Vordringen des Englischen, das, so wie auch das Französische und andere Sprachen, diesen Unterschied nicht kannte, genauso aber auch die Motorisierung und sonstige Mechanisierung (Seilbahnen, Lifte usw.) des Reise- und Erholungsverkehrs, die den früheren Wanderer fast verschwinden ließen, führten zur Gleichstellung der ursprünglich verschiedenen Begriffe.

Die soeben geschilderten Gegebenheiten, die unter anderem auch wesentlich mit dazu beitragen, daß etwa die Fremdenverkehrsstatistiken der einzelnen Länder nur ganz schwer miteinander vergleichbar sind, greifen von der Wurzel her in die Grundauffassung einer Geographie des Tourismus und der Erholung herein. Schon allein die Tatsache der Doppelbenennung – bei der Gründung der IGU-Arbeitsgruppe nach längeren Diskussionen endlich als ein Kompromiß herausgekommen – für einen, eine letzten Endes doch in sich zusammenhängende große Erscheinung behandelnden Wissenschaftszweig läßt das bereits deutlich erkennen. Die anfängliche Benennung der Behandlung hier einschlägiger Fragen durch unsere Wissenschaft – die Spuren gehen ja, wie K. Ruppert heute an dieser Stelle schon ausführte*, bis zum Jahrhundertbeginn zurück – war „Fremdenverkehrsgeographie" und blieb dies auch im deutschen Sprachgebrauch lange Zeit ausschließlich. Die etwa seit dem Anfang der 60er Jahre nicht nur stark ausgeweitete, sondern gleichermaßen auch sehr vertiefte Beschäftigung mit dieser Materie ließ dann neben den bisherigen Begriff „Fremdenverkehr" bzw. „Tourismus" jene der „Erholung" und der „Freizeit" immer mehr in den Vordergrund der Diskussion und des Gebrauchs treten. Die augenblickliche Situation erscheint nun dadurch gekennzeichnet, daß innerhalb des Gesamtrahmens unseres Wissenschaftszweiges alle drei, nämlich „Fremdenverkehr/Tourismus", „Erholung" und „Freizeit", zu begrifflichen Ausgangsbasen der Forschung nebeneinander geworden sind. Der für unsere Betrachtung ausschlaggebende Umstand liegt nun darin, daß diese drei Termini keine Synonyma darstellen und auch von den einzelnen Autoren durchaus nicht für solche gehalten werden. In der Tat überlagern sich diese Begriffe wohl auf einem verhältnismäßig ausgedehnten Kernbereich, ohne dabei aber zu einer Deckung zu kommen. Auch unter der selbstverständlichen Voraussetzung des ausschließlichen Bezuges auf raumrelevante Vorgänge und Erscheinungen – bei „Erholung" und „Freizeit" ist hier eine solche inhaltliche Abgrenzung absolut unerläßlich – verbleiben in jedem Fall zumindest mehr oder weniger große Randzonen, die wenigstens unter einem der beiden anderen Begriffe nicht eingeordnet werden können. So bilden etwa Kongreßreisen oder Studentenexkursionen und ähnliche verpflichtete

---

* Der Verfasser bezieht sich auf den Vortrag „Von der Fremdenverkehrsgeographie zur Geographie des Freizeitverhaltens", den K. Ruppert auf dem 40. Deutschen Geographentag (Mai 1975) in Innsbruck hielt [Anm. d. Red.].

kollektive Studienfahrten jeweils eine eigene Gattung des Tourismus, sind aber keine Freizeit und wohl auch nur bedingt eine Erholung. Auch der Kuraufenthalt eines Arbeitnehmers fällt zwar zweifelsohne unter die Kategorien von Tourismus und Erholung, stellt aber zumindest im rechtlichen Sinn keine Freizeit dar. Andererseits wird z. B. Schrebergartenarbeit in der Regel als eine durchaus auch raumwirksam werdende Freizeitbeschäftigung ausgeübt und mag individuell sogar eine Erholung sein, hat aber mit Fremdenverkehr nichts zu tun. Schließlich sei auch noch darauf verwiesen, daß Massenarbeitslosigkeit – eine zwar erzwungene Freizeit – häufig zur Entstehung wilder Siedlungen und ähnlicher Erscheinungen führt, wobei die beiden anderen Begriffe aber nicht anwendbar sind. Diese Beispiele wären „x"-fach zu erweitern.

Hat sich also jemand bei einer in den hier abgesteckten Bereich hereingehörenden Forschungsarbeit seiner Auffassung entsprechend auf einen der genannten Termini festgelegt, so wird zugleich eine gewisse Vorentscheidung getroffen, unter welchen speziellen Vorzeichen und in welcher Richtung hin die Untersuchung und Darstellung verlaufen soll. Damit ist aber schon von allem Anfang an eine Abgrenzung und Differenzierung gegenüber den auf einen der beiden anderen Begriffe fundierten Abhandlungen gegeben, die um so mehr zutage tritt, als es sich dabei ja nicht bloß um eine Schwerpunktbildung in einem bestimmten Bereich, sondern gleichermaßen auch um einen Ausschluß verschiedener anderer, an sich durchaus in den Gesamtrahmen mit hereinfallender Erscheinungen handelt. Es ist demnach festzustellen, daß in unserem Wissenschaftszweig schon von der Basis her verschiedentlich an sich gar nicht so unwesentliche Unterschiede in der Konzeption der Forschung bestehen. Diese Tatsache wird endlich noch dadurch augenfälliger, daß hier nicht nur – wie ja in jeder Wissenschaft – die voneinander abweichenden Vorstellungen einzelner Autoren oder auch „Schulen", wie noch zu zeigen sein wird, sondern ganzer Länder, ja Kontinente sichtbar werden. Schließlich sei diesbezüglich aber auch noch auf das Vorhandensein eines weiteren, hier ziemlich mit hereinspielenden, unter dem Begriff „Sport" zu umschreibenden Bereich verwiesen, der sich ebenfalls in beachtlichem Ausmaß mit den drei anderen überschneidet. In unserem bisherigen – hier als Gesamtausdruck gebraucht – fremdenverkehrsgeographischen Schrifttum taucht diese Bezugsbasis expressis verbis wenn auch schon seit längerem, so doch nur gelegent-

lich auf. Mit der fortschreitenden Intensivierung der Forschungsarbeit
auf unserem Zweig der Geographie ist aber mit einiger Wahrscheinlichkeit zu erwarten, daß das in Zukunft wohl verstärkt der Fall sein wird.
Das könnte dann freilich im weiteren Verlauf eine Ausdehnung anstelle
der anzustrebenden Einengung der Basisdifferenzierungen mit sich
bringen.

Die Grundanlage und die Art der Untersuchungen werden ihrerseits
auch entscheidend von den in den einzelnen Ländern und Regionen
herrschenden prinzipiellen Voraussetzungen für den Tourismus und
das Erholungswesen mitbestimmt. Es sind dies, wie Verfasser schon
andernorts dargelegt hat (J. Matznetter, Chairman's Address, 1975), im
wesentlichen die folgenden fünf Basis-Gegebenheiten:

1. Freizügigkeit des Sich-Bewegens innerhalb eines bestimmten Gebietes (Staates), einschließlich des Überschreitens der Grenzen.
2. Die Möglichkeiten des Ortswechsels durch die jeweils gegebenen
   Verkehrsverhältnisse.
3. Vorherrschende Individualität oder Kollektivität im Tourismus und
   Erholungswesen bzw. die freie Wahl desselben.
4. Organisationswesen und -formen nach Qualität, Vielfalt und Moda-
   litäten.
5. Qualität und Quantität der touristischen und der Erholungseinrichtungen, insbesondere des Beherbergungswesens.

Mittels dieser Kriterien können nun Rahmen von Gebieten mit mehr
oder weniger gleichen oder auch ähnlichen Grundbedingungen, denen
der Tourismus und das Erholungswesen jeweils unterworfen sind, gezogen werden. Deren Ausmaß und Intensität wird dabei, die Größe dieser Rahmen festlegend, durch zwei weitere Merkmale bestimmt, und
zwar:

X) Die in etwa abschätzbare Anzahl „touristischer Aktionen", wobei –
   zumindest theoretisch – jede einzelne Reise, sei sie individuell oder
   als Gruppe, und jede Erholungsfahrt ins Freie als eine derartige
   Aktion gelten. Motorisierungsgrad, Ein- oder Zweisaisonalität,
   Anzahl verkaufter Fahrkarten, Zahl der einreisenden Ausländer
   bzw. Kraftwagen, Bettenkapazität des Beherbergungswesens u. ä.
   steuern dabei gewisse Eckdaten bei.

Y) Die „touristische Rate", d. h. die etwaige Prozentzahl der Gesamtbevölkerung, die aktiv am Tourismus und Erholungsverkehr teil-

nimmt. Auch hier spielen der Motorisierungsgrad, ferner das diesbezügliche Verhalten bzw. die Möglichkeiten der landwirtschaftlichen Bevölkerung u. a. eine Rolle. Die Quote ausländischer Touristen zur Bevölkerungszahl ist außerdem miteinzukalkulieren.

Als solche können nun an Hand dieser Kriterien drei Hauptrahmen voneinander abgegrenzt werden (siehe Abbildung 1), nämlich:

A Die Industrieländer westlichen Typs

B Die sozialistischen Länder, vor allem jene in Europa

C Die Entwicklungs- und Tropenländer

Bei den unter A zusammengefaßten Ländern kann als wesentliches Charakteristikum die kaum behinderte Freizügigkeit der Einreise und des Aufsuchens jeder gewünschten Örtlichkeit, die durch ein im großen ganzen auf allen Ebenen ausgebautes und leistungsfähiges Verkehrssystem noch sehr erleichtert wird, genannt werden. Ferner ist es bei im allgemeinen wohl vorherrschender Individualität im Reise- und Erholungsverkehr auch jederzeit möglich, die kollektive Form frei zu wählen. Dabei wird wiederum eine sehr entwickelte, auf eine Vielfalt konkurrierender Träger aufgebaute Organisation mit einem überaus reichhaltigen Angebot nützlich. Die sonstigen, dem Tourismus und der Erholung dienenden Einrichtungen sind in der Regel mannigfaltig und gut, wobei das Bettenangebot nicht nur ziemlich ausreichend, sondern auch in allen Preislagen zu finden ist: Insgesamt bilden in diesen Ländern die individuelle Verfügbarkeit von Zeit und Geld das primäre Regulativ des Fremdenverkehrs und Erholungswesens. Diesem bietet sich hier wiederum in den zum Rahmen B zu rechnenden Staaten nicht in jedem ganz die gleiche Freizügigkeit, was insbesondere für die ausländischen Touristen gilt, deren Einreise zudem meistens an bestimmte Formalitäten gebunden ist. Bei dem im ganzen guten Verkehrswesen fällt allerdings nicht nur der niedrige Grad der Motorisierung, sondern ebenso – bei fast allen dieser Länder – eine gewisse noch bestehende Defizienz im Straßenausbau auf. Obwohl im Gesamtbereich des Tourismus und des Erholungswesens grundsätzlich die individuelle wie die kollektive Form gewählt werden kann, so besteht doch eine ausgesprochene, von oben her gelenkte Tendenz zur letzteren hin. Dies wird wohl dadurch sehr gefördert, daß es jeweils nur einige ganz wenige, innerhalb ihrer Bereiche beinahe monopolhafte, staatliche oder staatlich kontrollierte Organisationsträger gibt. Die sonstigen Einrichtungen sind sekto-

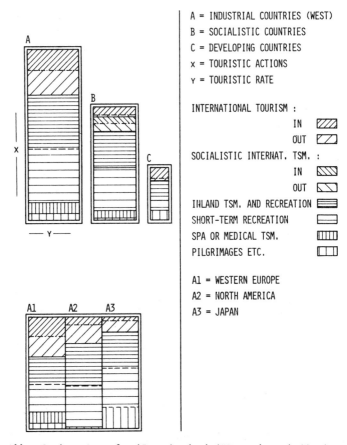

Abb. 1: Struktur, Ausmaß und Intensität der drei Hauptrahmen des Tourismus.
(Quelle: Matznetter 1975)

ral, so z. B. für den Naherholungsverkehr im Umkreis der großen Agglomerationen, recht ausgebaut, doch besteht ein genereller Engpaß bei der Bettenkapazität sowie eine geringe Auswahlmöglichkeit nach Unterbringungsarten. Im Vergleich zu den westlichen Ländern beginnt sich außerdem die allgemeine Zweisaisonalität erst jetzt stärker zu entwickeln. Alles in allem erscheinen bei B der Tourismus und der Erholungsverkehr in merklicher Weise dirigistisch gebunden. Gegenüber A und B fällt der Rahmen C in seinem durch touristische Aktionen und Rate bestimmten Ausmaß außerordentlich ab. Er unterscheidet sich genauso auch von beiden in den ihn charakterisierenden Kriterien. Die Freizügigkeit ist in den ihm zugehörigen Ländern wohl sehr unterschiedlich, doch sind erstlinig nicht diese, sondern viel mehr die durch die Verkehrsverhältnisse gebotenen Möglichkeiten, zu einer bestimmten Zeit an einen bestimmten Ort zu gelangen, entscheidend. Von einzelnen entwickelten Landstrichen innerhalb dieser Staaten abgesehen, können diese mit denen in den westlichen und in den sozialistischen Ländern überhaupt nicht verglichen werden. Hinsichtlich der Form ergibt sich aus den bestehenden Allgemeinverhältnissen heraus die kollektive in Gestalt kleiner Gruppen von wenigen Personen wohl als die geeignetste. Die Organisationsträgerschaft liegt weitgehend noch in den Händen großer ausländischer bzw. internationaler Unternehmen. Die sonstigen Einrichtungen sind in der Regel nur punktuell vorhanden, wobei die Bettenkapazität meist sehr klein ist und krasse Unterschiede in der Qualität und im Preis der Unterbringungen auffallend sind. Im Grund genommen wird der Tourismus und Erholungsverkehr dieser Länder auf der Grundlage der speziell in ihnen herrschenden sozialökonomischen Verhältnisse durch die gebotenen Gelegenheiten und Möglichkeiten bestimmt.

In sich selbst wird nun jeder dieser drei Rahmen durch ganz bestimmte Strukturmerkmale charakterisiert, die auch wiederum seine jeweilige Gliederung in verschiedene Ländergruppen ermöglichen. Diese Strukturmerkmale werden nun ihrerseits nach Art und Ausmaß in beträchtlichem Maß von den jeweiligen Rahmenbedingungen mit beeinflußt. Folgende sind dabei im wesentlichen zu benennen:

a) Der internationale Tourismus, wobei nicht nur der eingehende, sondern als ein sehr wesentlich aufgliederndes Kriterium auch der ausgehende in Betracht zu ziehen ist. Bei den sozialistischen Ländern ist der internationale Fremdenverkehr außerdem in einen mit den sogenannten „kapitalistischen" sich abspielenden und einen innerhalb der sozialistischen selbst verbleibenden zu unterscheiden, da diese beiden jeweils ihnen spezielle Besonderheiten aufweisen.

b) Der Binnentourismus bzw. langfristige Erholungsverkehr.

c) Der kurzfristige und/oder Wochenenderholungsverkehr.

Als zusätzliche Unterscheidungsmerkmale sind weiters, obschon sie sich gegebenenfalls mit den drei erstgenannten überschneiden können, noch hinzuzufügen:

d) Der Heilbäder- und Kurverkehr.

e) Wallfahrten, Kriegsgräber- oder Memorialbesuche u. ä.

Auf Grund dieser Merkmale lassen sich, wie schon gesagt, die großen Rahmen ihrerseits in weitere Gruppen und diese wiederum in Untergruppen aufteilen. Freilich kann das nur soweit geschehen, wie die gegebene Materiallage dies ermöglicht, was selbst in einer Reihe von Fällen nur sehr bedingt und schätzungsweise der Fall ist. Innerhalb der westlichen Industrieländer ist es möglich, mit einiger Genauigkeit immerhin drei wichtige Gruppen mit ganz speziellen Charakteristika voneinander abzusondern. Es sind das einmal das – im politischen Sinne – westliche Europa, dann Nordamerika und Japan. Das letztgenannte betreffend, verdankt der Verfasser seinem leider inzwischen verstorbenen Wiener Kollegen L. Scheidl maßgebliche Hinweise über die dortigen Verhältnisse des Tourismus und Erholungsverkehrs, so daß er dieses hier mit einbeziehen kann. Nicht kann er dies dagegen – vorläufig wenigstens – mangels ausreichender, ihm zur Verfügung stehender Unterlagen hinsichtlich Australiens, welches mutmaßlich in dem hier behandelten Bereich gewisse Ähnlichkeiten mit Nordamerika aufweisen dürfte. Außerhalb der Betrachtung muß ebenfalls, um nur große Ländereinheiten zu nennen, China bleiben. Bezüglich einer Untergliederung der sozialistischen Länder wird man wohl mindestens die Länder des östlichen Mitteleuropa zwischen Ostsee und dem Balkan von der Sowjetunion abgrenzen können. Was endlich die touristischen Verhältnisse der Tropen- und Entwicklungsländer angeht, so wird man mit Wahrscheinlichkeit wenigstens folgende Gruppen zu bilden vermögen: Lateinamerika, die islamischen Länder Nordafrikas und Vorderasiens, das tropische Afrika und schließlich die Monsunländer Süd- und Südostasiens.

Unter nochmaligem Verweis auf die schon oben zitierte Veröffentlichung des Verfassers seien hier noch einige besonders auffallende Züge in der Struktur der auf Abbildung 1 skizzierten Rahmen und Gruppen kurz aufgezeigt. Für das westliche Europa erscheint namentlich die große Mannigfaltigkeit, d. h. das in jedem Fall zahlenmäßig bemerkenswerte Vorkommen beinahe aller Spielarten des Fremdenverkehrs

und des Erholungswesens – soweit sie nicht etwa durch tropische Verhältnisse u. ä. bedingt sind – charakteristisch. Der internationale Tourismus erreicht hier seinen höchsten Anteil, wobei sich, in der Gesamtheit dieser Gruppe gesehen, ein- und ausgehender in etwa die Waage
halten. In Nordamerika hinwiederum besteht im Vergleich dazu eine
gewisse Artenarmut, die sowohl in der ausgesprochenen Dominanz des
reinen Erholungsverkehrs – kurz- wie ebenso langfristig – als auch in
dem So-gut-wie-Fehlen ganzer Kategorien, wie z. B. dem Heilbäder-
und Kurverkehr zum Ausdruck kommt. Weiters werden die Wallfahrten im wesentlichen durch Memorialbesuche ersetzt, und schließlich ist
auch der expressis verbis Besichtigungstourismus weniger ausgeprägt
als bei allen anderen Rahmen und Gruppen. Hinsichtlich des an sich
starken internationalen Tourismus ist auf das Vorherrschen des ausgehenden zu verweisen. Das letztere gilt auch für Japan, wo als weitere
Besonderheit ein sehr starker, mit Pilgerfahrten verflochtener Erholungsverkehr existiert. Den nordamerikanischen Verhältnissen gegenüber sind Fremdenverkehr und Erholung in den sozialistischen Ländern
Europas vielfältiger in ihren verschiedenen Abarten, wenn auch z. T. in
anderen Proportionen wie im Westen des gleichen Kontinents. Der internationale Tourismus etwa ist in sich unausgeglichen, was aber ausschließlich auf den mit den „kapitalistischen" Ländern zurückgeht, der
einen krassen Unterschied zwischen ein- und ausgehenden zugunsten
des ersteren aufweist. Unter den sonstigen Eigentümlichkeiten ist der
stark entwickelte Erholungsverkehr und jener ebenfalls bemerkenswerte der Heilbäder und Kurorte hervorzuheben. Bezüglich der Ge-
denkstättenbesuche und Wallfahrten gibt es die letzteren nur mehr vereinzelt, insbesondere in Polen. Was endlich die Struktur des Tourismus
und Erholungswesens in den Entwicklungsländern betrifft, so sind hier
vornehmlich drei Erscheinungen signifikant: nämlich das völlige Überwiegen des einkommenden gegenüber dem ausgehenden internationalen Tourismus, der meist nur schwach ausgebildete Naherholungsverkehr und das in großen Regionen sehr bedeutende Pilgerwesen. Hinzuzufügen wäre dem noch, daß dabei in fast allen Entwicklungsländern die
sozialen Schichtungen stärker als irgend anderswo geltend werden und
oft große Bevölkerungsteile am Fremden- und Erholungsverkehr kaum
Anteil haben. Auch die gesamtwirtschaftliche Bedeutung ist noch – von
einzelnen Ausnahmen abgesehen – vergleichsweise gering.

Die vorstehend geschilderten Rahmenbedingungen und Strukturmerkmale des Tourismus und Erholungswesens in den verschiedenen
Großregionen und Ländern der Erde werden nun durchaus auch für die
jeweilige Auffassung und Zielrichtung ihrer wissenschaftlichen, d. h.
also auch der geographischen Behandlung und Erforschung mitbe-
stimmend. Dies gilt zumindest für jene Fälle, die aber bei weitem die
Mehrzahl von allen bilden, wo Probleme des eigenen Gebietes oder Be-
reiches untersucht werden und somit eine ganz bestimmte Vorstellung
vom Charakter und der Rolle des Fremden- bzw. des Erholungsverkehrs von allem Anfang an sozusagen vorgegeben ist. Beispiele für derartige regionale Differenzierungen in der grundsätzlichen Konzeption
einer Geographie des Tourismus und der Erholung werden am Schluß
dieser Ausführungen noch gebracht.

Neben den schon aufgezeigten ist aber noch eine weitere, ihrerseits
ebenfalls merklich werdende Ursache eines unterschiedlichen Ver-
ständnisses dieses Zweiges der geographischen Wissenschaft zu nennen.
Da dieser nämlich, wie schon eingangs gesagt, eigentlich erst in jüngster
Zeit Gegenstand breiteren Interesses wurde, so kommen die meisten der
nunmehr auf diesem Felde Forschenden ursprünglich von einem oder
auch mehreren anderen Teilgebieten des Gesamtfaches als ihrem bisherigen Hauptarbeitsgebiet her. Ihnen gegenüber ist es derzeit noch eine
verhältnismäßig kleine Zahl von meist jüngeren Wissenschaftlern, die
sich von Beginn ihrer Untersuchungen an der Fremdenverkehrsgeographie speziell verschrieben haben. Diese hat nun ihrerseits, der Komple-
xität ihres Forschungsobjektes entsprechend, wesentliche inhaltliche
Gemeinsamkeiten und/oder Überschneidungen mit de facto allen Zweigen der Wirtschafts- und Kulturgeographie, sowie wenigstens mit einzelnen der Physischen Geographie und sogar ganz besonders auch mit
der Kartographie aufzuweisen. Aus dieser Tatsache heraus ergibt es sich
dann beinahe als zwangsläufig, daß in vielen Fällen die bisherige Haupt-
forschungsrichtung – die in der Regel daneben auch noch weiter betrieben wird – in irgendwie erkennbarer Weise, sei es in der Wahl und/oder
der Art der Abhandlung eines fremdenverkehrsgeographischen Themas,
zum Ausdruck kommt. Es entstehen somit, unbeabsichtigt oder bewußt, sehr merkliche und voneinander doch recht abweichende Präferenzen in der wissenschaftlichen Ausrichtung nicht nur einzelner Autoren, sondern auch der sich schon herausbildenden „Schulen", die alleine

schon die gegenwärtige Geographie des Tourismus und der Erholung als ausgeprägt facettenhaft erscheinen lassen. An sich wäre das gar keine Ausnahme, sondern geradezu ein Charakteristikum fast jeden Wissenschaftszweiges, doch ist das in diesem Fall in Zusammenhang mit den übrigen, bereits vorher genannten, Differenzen der Auffassung bewirkenden Faktoren als verstärkendes Element anzusehen. Im folgenden sollen, ohne systematisch oder erschöpfend sein zu wollen, einige der wichtigsten Ausgangsbasen und gleichzeitig Querverbindungen im Bereich der Geographie des Tourismus und der Erholung kurz aufgeführt werden:

Wohl schon aus dem Wortbestandteil „. . . verkehr" in der deutschen Bezeichnung, noch mehr aber aus den tatsächlich gegebenen sehr engen sachlichen Beziehungen heraus wurde verschiedentlich, z. T. bis vor gar nicht langem, die Fremdenverkehrsgeographie als ein bloßer besonderer Bestandteil der Verkehrsgeographie angesehen. In diesem Zusammenhang kann auch erwähnt werden, daß sich z. B. einer der Kerne interessierter Geographen, die zum Entstehen der nunmehrigen IGU-Arbeitsgruppe beigetragen haben, innerhalb der IGU-Kommission «Géographie de Transport» gebildet hat. Da wir uns hier in einem der Zentren der Alpenraumes befinden, so sei als Beispiel einer ausgesprochen verkehrsbezogenen, ihrem Wesen und ihrer Zielrichtung nach aber durchaus tourismusgeographischen Untersuchung jene von F. Jülg ›Die Seilbahnen Österreichs‹ (1966) genannt. Eine andere wesentliche Wurzel der geographischen Behandlung von Problemen des Tourismus und Erholungswesens liegt in der Siedlungs- wie auch der noch spezielleren Stadtgeographie, die nach wie vor stark zum Tragen kommt. Zu verweisen wäre hier etwa auf Frankreich, wo der Untersuchung der «stations», also der Touristenzentren und -plätze, mit besonderem Bezug auf die Alpen und die Küsten eine bedeutende Rolle zufällt. Wenigstens zwei diesbezügliche Programme sind derzeit dort laufend. Auch innerhalb der IGU-Arbeitsgruppe wird diese Richtung gepflegt, und es soll namentlich auf die bisherigen Beiträge der beiden Berliner Geographen B. Hofmeister und F. Vetter (1974) – bei letzterem ist zudem auch eine fühlbare verkehrsgeographische Komponente vorhanden – verwiesen werden. Welche Stellung gerade der siedlungsgeographischen Variante der Geographie des Tourismus und der Erholung gegenwärtig in der Gesamtgeographie zuerkannt wird, erhellt u. a. die Tatsache, daß der Verfasser unlängst erst von seiten der Veranstalter des XXIII. Internationalen Geographenkongresses 1976 aufgefordert wurde, den an sich dabei fälligen Bericht über die wissenschaftliche Tätigkeit der Arbeitsgruppe "Geography of Tourism and Recreation" im Rahmen des in Moskau stattfindenden General-Symposiums "Geographical aspects of urbanization and urban planning" abzugeben.

Von rasch zunehmender Bedeutung, mit gewissen Schwerpunkten in Nordamerika und im deutschen Sprachraum, wurde auch im letzten Jahrzehnt – mit Betonung der Begriffe „Erholung" und „Freizeit" – in der Fremdenverkehrsgeographie die im engeren Sinne sozialgeographische Betrachtungsweise, die dabei die sozialen Prozeßabläufe und die Differenzierung sozialer Gruppen als räumlich wirksam werdende Phänomene in den Vordergrund der Untersuchung rückt. An erster Stelle sind hier die richtungweisenden Arbeiten von K. Ruppert (1962; 1971; 1979) und der Mitarbeiter am Münchener Wirtschaftsgeographischen Institut, namentlich J. Maier (1970; 1972), anzuführen. Anzuführen wäre in diesem Fall noch, daß gerade die genannte Münchener Schule bei ihrer freizeitgeographischen Forschung auch – aus den Verhältnissen des südbayerischen Raumes gegeben – merkliche Querverbindungen zur Agrargeographie hinüberzieht. Diese Komponente kommt verschiedentlich auch anderswo deutlich zum Vorschein. So haben z. B. die französischen Fremdenverkehrsgeographen ihre für den Herbst dieses Jahres vorgesehene Tagung in der Auvergne unter das Leitmotiv «Tourisme dans le milieu rural» gestellt.

Ist nun, wie gezeigt, der sozialwissenschaftliche Bestandteil innerhalb der Geographie des Tourismus und der Erholung stark ausgeprägt und von weiter wachsendem Anteil, so dürfte dennoch, überblickt man die gesamte Literatur, der wirtschaftswissenschaftliche, d. h. der im engeren Sinne wirtschaftsgeographische noch immer der am meisten ausgebreitete sein. Es handelt sich dabei um eine Fülle von Untersuchungen, unter deren Verfassern sowohl Geographen wie Nationalökonomen, Betriebswirte, Statistiker oder Fremdenverkehrspraktiker zu finden sind und die, bei einer zwischen geographischem und rein wirtschaftswissenschaftlichem Inhalt recht fließenden Grenze, doch ihrer Thematik nach in den weiten Bereich der Fremdenverkehrsgeographie mit einzubeziehen sind. Unter vielen anderen können hier Arbeiten von P. Bernecker (1962; 1967) und O. Boustedt (1956; 1963) als Beispiele genannt werden. Sieht man von den Querverbindungen mit Einzelzweigen der Wirtschafts- und Kulturgeographie sowie einschlägigen Nachbarwissenschaften ab, so sind vor allem auch jene Abhandlungen hervorzuheben, die Gesamtdarstellungen des Tourismus und des Erholungswesens im Rahmen einzelner Gebiete, Länder oder Großregionen bieten und gewissermaßen als „länderkundlich" anzusprechen sind. Dies gilt u. a. für die von dem bulgarischen Geographen L. Dinev – übrigens der erste und bisher einzige Inhaber eines eigenen Lehrstuhls für Fremdenverkehrsgeographie – herausgegebene ›Geographie des Tourismus‹ (Geografia na Turisma, 1973) und mehrere der Veröffentlichungen von W. Ritter (1966; 1974). Schließlich wurde oben auch auf verschiedentliche Beziehungen zur Physischen Geographie hingewiesen. Abgesehen von Klima und Landschaft betrifft dies Erscheinungen wie Karst und Höhlen, worüber u. a. H. Trimmel (1974) Arbeiten vorgelegt hat. Speziell zur Vertiefung dieser wichtigen Verbindung war die IGU-Arbeitsgruppe auch 1973 beim Internationalen Speläologenkongreß in Olmütz in Form einer Subsektion mit beteiligt gewesen.

Der genius loci eines Tagungsortes wie gerade Innsbruck kann hier auch nicht die Rolle des Alpinismus als einen der Auslöser einer wissenschaftlichen Behandlung des Reisens und Wanderns vergessen lassen. Wie immer auch Konzeption und Terminologie des Jahrhundertbeginns von der heutigen verschieden waren, so lassen doch etwa die wissenschaftlichen Beiträge im Jahrbuch des damaligen Deutschen und Österreichischen Alpenvereins oder in den Publikationen anderer Touristenvereinigungen schon vor dem Ersten Weltkrieg gewisse Ansätze zu einer Tourismusgeographie deutlich werden. Die von da ausgehende Entwicklungslinie führt u. a. auch zu der 1936 veröffentlichten, zwar kurzen, aber in unserem jetzigen Sinn bereits durchaus fremdenverkehrsgeographisch aufgefaßten ›Schigeographie von Österreich‹ von W. Strzygowski (1936).

Letztlich ergibt sich dann noch, wie bei den meisten Wissenschaften, eine Ursache von Differenzierungen entweder durch das Ziel der bloßen Forschung nach Erkenntnis oder das Streben nach deren unmittelbaren Anwendung in Praxis und Planung. Auf reine Schätzung angewiesen, so scheint doch bei der geographischen Behandlung des Tourismus und der Erholung der praxisbezogene Anteil höher als bei den meisten anderen Teilgebieten der Geographie zu liegen. Dies wohl um so mehr, als ja ihr Aufblühen gerade in eine Zeit allgemeiner Geltung der Planung hineinfällt.

Wenn abschließend versucht wird, einen ganz knappen großregionalen Überblick über den gegenwärtigen Stand von Auffassungen und Tendenzen innerhalb der Geographie des Fremdenverkehrs und des Erholungswesens zu geben, so ist vorausschickend zu sagen, daß sich in jedem ihrer drei Hauptzentren zumindest Ansätze zu fast jedem der oben genannten Standpunkte und Fragestellungen finden. Maßgeblich aber bleibt, daß sich dabei im Gesamten gewisse Präferenzen abzeichnen, bei denen namentlich die jeweiligen Rahmenbedingungen und Strukturmerkmale mehr oder weniger durchschlagen. Das kommt vor allem bei der Themenwahl der Fallstudien wie auch den Leitgedanken der theoretischen Abhandlungen zur Geltung. Bei der einschlägigen Forschung in West- und Mitteleuropa etwa erscheint die große Vielfalt unter den aufgegriffenen Themen als signifikant. In ihr widerspiegelt sich sowohl die Freizügigkeit der Rahmenbedingungen wie ebenso die große Zahl der Abarten und Ausdrucksformen im Tourismus und dem Erholungswesen dieser Großregion. Hier werden auch noch die meisten Arbeiten verfaßt, die, über den eigenen Raum hinausgreifend, die diesbezüglichen Verhältnisse in anderen Weltgegenden untersuchen. Auch der Anteil der reinen Erkenntnisforschung ist hier noch recht hoch. Ihr gegenüber zeigt sich die Fremdenverkehrsgeographie der sozialistischen Länder, beeinflußt durch die dortigen Rahmenbedingungen, bereits als planungsbezogener. Im übrigen bestehen hier auch Unterschiede zwischen der erst ab Mitte der 60er Jahre zum Anlauf gekommenen Forschung in der Sowjetunion und jener in der ostmittel- und südosteuropäischen Ländergruppe. Die letztere weist nicht nur eine Reihe von Ähnlichkeiten mit der des westlichen Europa auf, sondern sticht auch vor allen anderen durch ihre reichliche Literaturverwertung, insbesondere der deutschen, französischen und russischen, hervor. Einigermaßen das Gegenteil ist von derjenigen in Nordamerika zu sagen, die sich fast nur auf das englische Schrifttum bezieht und überhaupt als am meisten isoliert erscheint. Entsprechend der Struktur des nordamerikanischen Tourismus widmet sie sich ganz vorrangig den Problemen des ausgesprochenen Erholungsverkehrs und arbeitet auch zunehmend für die unmittelbare Praxis.

Bei der gegebenen Situation ist es das wesentliche Anliegen der

IGU-Arbeitsgruppe, die Geographie des Tourismus und der Erholung als einen eigenen Zweig der geographischen Wissenschaft zu festigen und auszubauen. Dies bezweckend, soll sie über ihre bisherigen Zentren hinaus verbreitet und unter Beibehaltung ihres Pluralismus eine in den wesentlichen Prinzipien doch fundiertere gemeinsame Basis erhalten. Erstlinig sollen diesem Ziel Vereinheitlichungen in der Terminologie und Erarbeitung von Prinzipien und Methoden zu einem Weltatlas des Tourismus dienen.

Nachwort 1981

Der relativ kurze Zeitraum bis zum Beginn der 80er Jahre läßt bereits verschiedene Ergänzungen und Modifikationen zu den obenstehenden Ausführungen angebracht erscheinen. Dies liegt einmal schon im Wesen der Tourismus- und Erholungsgeographie als einem noch in ausgesprochener Entfaltung befindlichen Wissenschaftszweig selbst. So breitet sie sich weiterhin über ihre Ursprungsräume hinaus aus und faßt in bisher kaum berührten Ländern, wie etwa in Japan, Fuß oder beginnt Interesse zu erwecken, wie in Taiwan. Ebenso verstärkt sie sich merklich – am Beispiel Indien zu erkennen – dort, wo sie bereits in Ansätzen vorhanden war. Als eine weitere Erscheinung ist eine gewisse Abschwächung der ursprünglich in einzelnen Ländern, so besonders in Nordamerika, scharf aufgefaßten Trennung zwischen dem Erholungsverkehr im engeren Sinn einerseits und dem übrigen Tourismus andererseits, bzw. dem einseitigen Bezug auf ein bestimmtes Teilgebiet – vornehmlich der Naherholung im Umkreis der Agglomerationen – festzustellen. Allmählich kommt dabei ziemlich generell die Erkenntnis von einem an sich vielschichtigen, insgesamt aber doch als ein großes Ganzes zu behandelnden Komplex zum Durchbruch.

Ungeachtet dieses In-sich-Festigens einer globalen Fremdenverkehrsgeographie vollziehen sich gleichzeitig neue Diversifikationen. Dies ist primär eine Folge der dem Tourismus immanenten Eigenschaft, immer wieder neue Spielarten hervorzubringen. Da sich dieser Vorgang allerdings regional recht uneinheitlich vollzieht, so wird er dementsprechend auch von der nationalen geographischen Forschung unterschiedlich bzw. überhaupt nicht aufgegriffen. Zu all dem trat aber dann gerade in den 70er Jahren auch noch das beinahe stürmisch wachsende, weitge-

hend allgemeine Bewußtwerden von der naturräumlichen und sozialen
Umwelt und deren gefährliche Schädigung durch eben jene technisch-
zivilisatorische Entwicklung auf, die bis dahin für Fortschritt gehalten
wurde. Dieses neue Umweltbewußtsein erkannte nun sowohl die zunehmende Einengung des verfügbaren Erholungsraumes, als es ebenso
aber auch im Tourismus selbst einen durchaus maßgeblichen Negativ-
faktor für diese Umwelt zu sehen begann. Es erscheint selbstverständlich, daß gerade die Tourismus- und Erholungsgeographie diese sich
nunmehr ergebende Problematik aufgriff. Hatte sie vordem den Fremdenverkehr weitgehend unter dem Aspekt als nationaler und regionaler
Entwicklungsfaktor behandelt, so geht sie nun verschiedentlich dazu
über, seine sinnvollen Grenzen im Ausbau einer Landschaft zu erkun-
den. Dieser Gesichtspunkt ist um so näherliegend, als die Existenz der-
artiger Grenzen schon vielfach, namentlich im Hochgebirgsbereich, an
Seeufern und Meeresküsten der entwickelten Länder sehr deutlich fühl-
bar geworden ist. Eine andere Fragestellung innerhalb des gleichen
Komplexes ist diejenige, inwieweit der Massentourist der modernen Industriegesellschaft, weitgehend vom Prestige oder vom Sport her moti-
viert, überhaupt noch einen echten Bezug zu der von ihm aufgesuchten
Landschaft zu finden vermag. Untersuchungen in beide Richtungen hin
wurden bereits vor der Mitte der 70er Jahre in den österreichischen Alpen durchgeführt.

Neben den thematischen Erweiterungen sind auch noch Strukturän-
derungen des Tourismus gegenüber jenen, wie sie in der auf den Anfang
der 70er Jahre bezogenen obenstehenden Graphik dargestellt wurden,
zu verzeichnen. Dies betrifft insbesondere Nordamerika. Im Jahre 1979
hat die Zahl der in die USA einreisenden ausländischen Touristen erstmals die Ausreise von Amerikanern übertroffen. Dies bedeutet eine
fühlbare Änderung gegenüber den früheren Verhältnissen, in denen die
Ausreise von US-Staatsbürgern als Touristen dominierend war. Daraus
läßt sich auch eine Annäherung an die Struktur des westeuropäischen
Tourismus erkennen.

Einer der von der Fremdenverkehrsgeographie gerade in letzter Zeit
aufgenommenen Arbeitsbereiche ist auch der des Tropentourismus.
Dieser hat sich, als Besichtigungs- wie z. T. auch als vornehmlicher Er-
holungsfremdenverkehr, von den Industrieländern aus besonders stark
entfaltet, wobei sich spezielle Präferenzgebiete ausbildeten. Dabei

kommt es allerdings auch zu Kritik wegen einer möglichen sozialen Schädigung der besuchten Tropenländer, ebenso wie verschiedentlich auch die wirtschaftlichen Auswirkungen als problematisch angesehen werden.

Insgesamt kann also in der jüngsten Entwicklung der sich allgemein ausbreitenden Tourismus- und Erholungsgeographie – einander parallel-verlaufend – gleichermaßen ein gewisser Zug zu einer Vereinheitli-chung, wie ebenso, da die verschiedenen neu auftretenden Fragestellun-gen ja weder individuell noch regional nur unter einem Blickwinkel gesehen werden, auch eine neuerliche Differenzierung festgestellt werden.

Literatur

Bernecker, P.: Untersuchung des Fremdenverkehrs in Erholungsdörfern und Ruhedörfern, Wien 1967.

Ders.: Die Gefährdung des Fremdenverkehrs durch Beeinflussung seiner natür-lichen Faktoren. – In: Berichte zur Landesforschung und -planung, 6. Jg., H. 1, Wien 1962.

Boustedt, O.: Die raumwirtschaftlichen Konsequenzen des Erholungsverkehrs und Erholungswesens. – In: Forsch.- u. Sitzgsber. d. Akad. f. Raumforschg. u. Landesplanung, Bd. 25, 1963.

Ders.: Wirtschaftsbelebung durch Fremdenverkehr. Studien über Möglichkei-ten und Grenzen der Entwicklung ländlicher Gewerbezentren durch den Fremdenverkehr, dargestellt am Beispiel der Gemeinde Bodenmais/Bayri-scher Wald, Bremen-Horn 1956. Akad. f. Raumforschg. u. Landesplanung, Reihe Gutachten Nr. 2.

Dinev, L. (Hrsg.): Geografia na Turisma, Sofia 1973.

Hofmeister, B.: Adjustments of hotel location and capacity to the growing de-mands of congress tourism – Some preliminary remarks. – In: Studies in the Geography of Tourism, Frankfurter Wirtschafts- u. Sozialgeogr. Schr., H. 17, Frankfurt a. M. 1974.

Jülg, F.: Die Seilbahnen Österreichs, Wien 1966. Österr. Inst. f. Raumplanung, Veröff. Nr. 29.

Maier, J.: Weekend-tourism as indicator of urbanization. – In: Papers and Pro-ceedings of the Intern. Geogr. Congress in Montreal/Canada, Bd. 1, 1972.

Ders.: Probleme und Methoden zur sozialgeographischen Charakterisierung und Typisierung von Fremdenverkehrsgemeinden. – In: Geographical Pa-pers, Nr. 1, Zagreb 1970.

Matznetter, J.: Chairman's Address. – In: Occasional Papers, Nr. 4, Department of Geography, Peterborough 1975.

Ritter, W.: Tourism and Recreation in the Islamic Countries. – In: Studies in the Geography of Tourism, Frankfurter Wirtschafts- und Sozialgeogr. Schr., H. 17, Frankfurt a. M. 1974.

Ders.: Fremdenverkehr in Europa, Leyden 1966.

Ruppert, K.: Zur Stellung und Gliederung einer Allgemeinen Geographie des Freizeitverhaltens. – In: Geographische Rundschau, H. 1, 1975.

Ders.: Naherholung in der urbanisierten Gesellschaft, München 1971. (WGI-Berichte zur Regionalforschung).

Ders.: Das Tegernseer Tal. Sozialgeographische Studien im oberbayrischen Fremdenverkehrsgebiet. Münchner Geogr. Hefte, Nr. 23, Kallmünz/Regensburg 1962.

Ruppert, K., u. J. Maier: Der Münchner Naherholungsraum, München 1969. (Raumforschung und Landesplanung, Heft 14.)

Strzygowski, W.: Schigeographie von Österreich. – In: Schileben in Österreich, Wien 1936.

Trimmel, H.: Fremdenverkehr und Schauhöhlen. – In: Studies in the Geography of Tourism. Frankfurter Wirtschafts- u. Sozialgeogr. Schr., H. 17, Frankfurt a. M. 1974.

Vetter, F.: On the structure and dynamics of tourism (in Berlin West and East). – In: Studies in the Geography of Tourism. Frankfurter Wirtschafts- u. Sozialgeogr. Schr., H. 17, Frankfurt a. M. 1974.

Raumforschung und Raumordnung, 33. Jg., 1975, S. 145–148.

ZUR BEWERTUNG VON RÄUMEN
FÜR DEN ERHOLUNGSREISEVERKEHR –
EIN ERKLÄRUNGSMODELL UND SEINE ANWENDUNG*

Von Christoph Becker

Mit der zunehmenden Bedeutung der Daseinsgrundfunktion „Erholung" ergibt sich für die Landesplanung und die Wirtschaftsförderung die Notwendigkeit, Vorranggebiete für die Erholung im allgemeinen und für die verschiedenen Freizeitaktivitäten oder Fremdenverkehrsarten im einzelnen abzugrenzen. Das Ausweisen von Vorranggebieten für den Erholungsreiseverkehr (Erv) dient sowohl unmittelbar den Erholungsuchenden als auch der öffentlichen Hand bei der Wirtschaftsförderung:

– Für den Erv gut geeignete Räume können durch Abstimmung mit anderen Funktionen vor negativen Einflüssen geschützt werden.

– Es können den Urlaubern geschlossene Erholungsgebiete angeboten werden, die in den Gemeinden insgesamt über eine vielfältige Fremdenverkehrsinfrastruktur verfügen.

– Wenn die Förderung des Erv auf Gebiete beschränkt wird, die von ihrer strukturellen Eignung her den Wünschen und Bedürfnissen der Erholungsuchenden entsprechen, kann die öffentliche Fremdenverkehrsförderung eine besondere Effizienz erzielen, da sonst eine geringe strukturelle Eignung durch hohe Investitionen für die Fremdenverkehrsinfrastruktur ausgeglichen werden muß.

Aus diesen Gründen haben Landesplanung und Wirtschaftsförderung in allen Flächenstaaten der Bundesrepublik Deutschland Fremdenverkehrs- oder Erholungsgebiete ausgewiesen. Mit welchen Methoden die Grenzen für diese Gebiete zustande gekommen sind, bleibt bei

---

* Kurzfassung von Becker, Chr.: Die strukturelle Eignung des Landes Hessen für den Erholungsreiseverkehr, Berlin 1976 (Abhandlungen des Geographischen Instituts – Anthropogeographie, Bd. 23) [Anm. d. Red.].

allen Ländern ungeklärt. Meistens sind die Grenzen dieser Erholungsgebiete so ausgedehnt, daß lediglich landschaftlich völlig reizlose oder
stark verstädterte Räume nicht zu Erholungsgebieten erklärt wurden.
Somit besteht ein echter Bedarf nach wissenschaftlich fundierten Verfahren, die Erholungsgebiete großräumig abzugrenzen.

Zur Lösung dieser spezifischen Fragestellung fehlen bislang brauchbare Verfahren, obwohl in den letzten zehn Jahren verschiedene Ansätze entwickelt wurden, die Eignung von Landschaften für die Erholung zu bewerten. Das Entwickeln von Bewertungsverfahren befindet
sich dennoch erst in einer Phase des Erprobens:

- Systematische Untersuchungen mit Tests der verschiedenen Bewertungsverfahren, der Maßzahlen und der Gewichtungsverfahren fehlen noch vollständig;
- das Verfahren zur Gewichtung der verwendeten Strukturmerkmale
  ist entweder stark subjektiv, oder es basiert auf ebenfalls problematischen Delphi-Umfragen;
- die Verkehrslage der Erholungsgebiete wird zwar von verschiedenen
  Autoren als wichtiger Faktor anerkannt, aber sie wird allenfalls nur in
  unbefriedigender Weise berücksichtigt;
- bei allen Autoren fehlen sozioökonomische Strukturmerkmale, die
  eine grundsätzliche Bereitschaft der einheimischen Bevölkerung zum
  Engagement im Fremdenverkehr anzeigen;
- die Verfahren sind im allgemeinen – wenn überhaupt – nur mit Mühe
  nachvollziehbar;
- allein der Kiemstedtsche Ansatz[1] wurde mehrfach in der Praxis angewandt.

Angesichts dieser Mängel erwies es sich als notwendig, ein neues Bewertungsverfahren zu entwickeln, das als Grundlage dienen kann, um
die Fremdenverkehrsgebiete eines Bundeslandes unter Verwendung
einsichtiger und nachprüfbarer Kriterien abzugrenzen. Unter den
Fremdenverkehrsarten, die sich flächenhaft ausdehnen, wird im folgenden nur für den Erv ein Erklärungsmodell aufgestellt, während der Naherholungsverkehr unberücksichtigt bleibt. Beide Fremdenverkehrsarten stellen nämlich z. T. sehr unterschiedliche Anforderungen an den

---

[1] Kiemstedt, H.: Zur Bewertung der Landschaft für die Erholung, Stuttgart
1967 (Beiträge zur Landespflege, Sonderheft 1).

Raum. Der Erv wurde als Untersuchungsobjekt ausgewählt, da er große Bedeutung als Mittel der regionalen Wirtschaftspolitik genießt, besonders hohe Ansprüche an die strukturelle Eignung der Erholungsgebiete stellt und sein Ausbau besonders große Investitionen erfordert, weil für jeden Urlauber auch eine Unterkunftsstätte bereitgehalten werden muß.

Das hier vorgelegte Erklärungsmodell soll den folgenden Grundsätzen gerecht werden:

1. Es soll die grundlegende, strukturelle Eignung von Gemeinden für die Entwicklung des Erv im hessischen Mittelgebirge erklären.

2. Das Verfahren zur Auswahl und Gewichtung der verwendeten Strukturmerkmale soll objektiviert werden.

3. Über die natürlichen Faktoren hinaus sollen weitere Strukturmerkmale zur Charakterisierung der Verkehrslage, der sozioökonomischen Struktur und der Ortschaft in das Erklärungsmodell einbezogen werden.

4. Bei der Festlegung der Maßzahlen für die Strukturmerkmale soll berücksichtigt werden, daß der jeweils ausgewählte Ferienort mit seiner unmittelbaren Umgebung hauptsächlicher Aufenthaltsort der Urlauber ist.

5. Angesichts der Großräumigkeit des Modells soll das Datenmaterial aus Statistiken, Karten und vorliegenden Unterlagen entnommen werden, so daß auf besondere Erhebungen im Gelände verzichtet werden kann.

Diese Grundsätze werden im einzelnen wie folgt begründet und realisiert:

Zu 1. Dem Erklärungsmodell liegt die Hypothese zugrunde, daß die Eignung von Gemeinden für den Erv in wesentlichem Umfang durch die besondere Ausprägung bestimmter Strukturmerkmale erklärt werden kann. Mit Hilfe bestimmter Strukturmerkmale soll also erklärt werden, *warum* sich der Erv in einigen Gemeinden günstig und in anderen ungünstig entwickelt hat. Um die grundlegende, strukturelle Eignung der Gemeinden zu charakterisieren, dürfen nur Strukturmerkmale verwendet werden, die in keinem *wechselhaften* Zusammenhang mit der Entwicklung des Erv stehen. So muß auf die gesamte Fremdenverkehrsinfrastruktur verzichtet werden, da sie in einem engen wechselhaften Zusammenhang mit dem Umfang des Erv steht und ihre Berücksich-

tigung zu einem Zirkelschluß führen würde. Die Investitionsplanung
für die Fremdenverkehrseinrichtungen muß – innerhalb der gut geeigneten Erv-Gebiete – nach eigenen Modellen und Grundsätzen erfolgen.
– Als Untersuchungsgebiet wurde Hessen ausgewählt, da es als typisches Mittelgebirgsland gelten kann.

Zu 2. Um die Gewichtung der einzelnen Strukturmerkmale zu objek-
tivieren, bieten sich drei Möglichkeiten an: die Gewichtung kann sich
auf Repräsentativbefragungen, auf eine Delphi-Umfrage oder auf
Rückschlüsse aus dem Verhalten der Urlauber stützen. Bisher wurde
erst die Delphi-Umfrage vereinzelt angewandt. Bei dieser Untersuchung soll die Gewichtung der Strukturmerkmale auf dem tatsächlichen
Verhalten der Urlauber basieren, in dem die sozial vermittelten menschlichen Bedürfnisse ihren Ausdruck finden. Als Maßzahl für die Attraktivität einer Gemeinde bei den Urlaubern dient die Fremdenverkehrsintensität – also die Anzahl der Übernachtungen je Einwohner –, die aus
der Fremdenverkehrsstatistik entnommen werden kann. Um möglichst
allein den Umfang des Erv aus der Fremdenverkehrsstatistik entnehmen
zu können, werden Gemeinden mit weniger als drei Übernachtungen je
Gast sowie Heilbäder und Kneipp-Kurorte von der weiteren Untersuchung ausgeschlossen; ebenso bleiben Übernachtungen in Heilstätten,
Sanatorien und Erholungs- und Ferienheimen unberücksichtigt.

Als Maß für den Zusammenhang zwischen der Fremdenverkehrsintensität und den verschiedenen Strukturmerkmalen wird der in den
Sozialwissenschaften übliche Korrelationskoeffizient verwendet. Es ergeben sich für die später berücksichtigten Strukturmerkmale bei der Bestimmung multipler Korrelationskoeffizienten ausreichende Sicherhei-
ten für die Annahme gegenseitiger Beeinflussung. Zur Beschreibung
dermaßen ermittelter Abhängigkeiten findet das Modell der linearen
multiplen Regression Anwendung.

Gegen eine Gewichtung der Strukturmerkmale auf Grund des derzeitigen Verhaltens der Urlauber läßt sich einwenden, daß bei dem Erklärungsmodell künftige Verhaltensweisen zu wenig berücksichtigt werden. Dieser Einwand erscheint jedoch gegenüber den Möglichkeiten,
die die Fremdenverkehrsstatistik zur Gewichtung der Strukturmerkmale bietet, nicht sehr gravierend: die Erv-Gebiete im Mittelgebirge
dehnen sich nämlich kaum noch aus; die mäßigen Zuwachsraten beim
Erv führen eher zu einer Verdichtung der Erv-Gemeinden in den Erho-

lungsgebieten. Stärkeren Veränderungen sind vor allem die Ansprüche der Urlauber an die Fremdenverkehrsinfrastruktur unterworfen, die ständig den neuen Anforderungen innerhalb der Erv-Gebiete angepaßt werden muß.

Zu 3. Bei der Auswahl der Strukturmerkmale wird berücksichtigt, daß die Eignung einer Gemeinde für den Erv keineswegs allein von natürlichen Landschaftsfaktoren bestimmt wird. Vielmehr werden auch Strukturkomplexe in die Untersuchung einbezogen, die die jeweilige Ortschaft, die Verkehrslage und die Erwerbsbedingungen der einheimischen Bevölkerung charakterisieren. Denn diese drei Strukturkomplexe wirken im Rahmen des Erv zusätzlich standortbestimmend, indem
– sich die Feriengäste hauptsächlich am Urlaubsort aufhalten, da er Standort des Gastgewerbes und der ortsgebundenen Erholungseinrichtungen ist und ebenfalls als Ausgangspunkt für die Ausübung landschaftsbezogener Erholungsaktivitäten fungiert;
– die Verkehrslage das potentielle Gästeaufkommen beeinflußt;
– die Erwerbsbedingungen die potentielle Bereitschaft der Bevölkerung zum Engagement im Erv mitbestimmen.
Für eine stringente Ableitung der Strukturmerkmale von den Motiven der Urlaubsreisenden fehlen noch die Grundlagen. Daher werden für jeden Strukturkomplex möglichst viele Strukturmerkmale in die Untersuchung einbezogen, sofern bei ihnen eine Wirkung auf die Entwicklung des Erv zu erwarten ist, sie quantifizierbar sind und eine deutliche interne Korrelation zwischen den Strukturmerkmalen nicht zu erwarten ist. Bei jedem Strukturmerkmal wird dessen Einwirkung auf die Erholungseignung der Gemeinden ausführlich und unter Berücksichtigung der Erfahrungen anderer Autoren erklärt. Ebenso wird die Wahl der einzelnen Maßzahlen detailliert begründet. Für den Zusammenhang jedes einzelnen Strukturmerkmals mit der Fremdenverkehrsintensität wird neben dem multiplen Korrelationskoeffizienten auch der einfache Korrelationskoeffizient berechnet.

Zu 4. und 5. Angesichts der Bedeutung, die der ausgewählte Ferienort mit seiner unmittelbaren Umgebung für den Urlauber hat, werden die Maßzahlen (vgl. Tab. 1) so festgelegt, daß sie sich – je nach der Struktur des einzelnen Merkmals – möglichst auf die Gemeinde als Ganzes, auf den Ortsmittelpunkt oder auf einen Umkreis von 2 km um den Gemeindemittelpunkt (Reliefenergie, Waldanteil) beziehen. Da die Orte

Tab. 1: Berücksichtigte Strukturmerkmale und ihre Definition (kurzgefaßt).

Strukturmerkmal	Strukturkomplex	Definition der Meßzahlen
Klima	Höhenlage	In 100 m nach Topogr. Karte 1:50 000
Landschaft	Reliefenergie	Größter Höhenunterschied zu den Erhebungen im Umkreis von 2 km in Höhenstufen
	Buntsandstein	Bei Gemeinden, die im Buntsandstein liegen: Entfernung bis zum nächsten anderen Gestein
	Wasserfläche	Entfernung zu Talsperren und für Wassersport geeigneten Flüssen
	Waldanteil	Anteil des Waldes an der Fläche im Umkreis von 2 km
	Sozialbrache	Nicht mehr genutzte landwirtschaftliche Fläche je Gemarkung 1971
	Steinbruch/Bergwerk	Entfernung zu größeren Steinbrüchen, Bergwerken oder deren Halden
	Sperrgebiet	Entfernung zur DDR-Grenze oder zu einem Truppenübungsplatz
Ortschaft	Gemeindegröße	Wohnbevölkerung 1970
	Durchgangsverkehr	Durchgangsverkehr auf Straßen, die durch den Kernbereich der Gemeinden führen (1968)
	Lärm überregionaler Verkehrswege	Entfernung zu stark befahrenen Eisenbahnstrecken oder Autobahnen
	Einwohner in Anstalten	Personen in Anstalten in v. H. der Wohnbevölkerung 1970
	Ausländer	Ausländer in v. H. der Wohnbevölkerung 1970
Erwerbsbedingungen der einheimischen Bevölkerung	Ertragsmeßzahl	Ertragsmeßzahl für Acker und Grünland je Gemarkung
	Produzierendes Gewerbe	Beschäftigte im Produzierenden Gewerbe in v. H. der Wohnbevölkerung 1970
	Auspendler	Auspendler 1970
Verkehrslage	Erreichbarkeit	Erreichbarkeit von den Ballungsgebieten unter Berücksichtigung der Größe und Entfernung der Ballungsgebiete, des Südtrends der Urlauber und der Möglichkeiten, die Gemeinden auf einer Autobahn günstig oder per Bus oder Eisenbahn direkt zu erreichen
	Naherholung	Beeinträchtigung des Erv durch Ausflügler unter Berücksichtigung der Entfernung auf der Straße zu den Verdichtungsgebieten, der Einwohner-

in Hessen außerhalb der Verdichtungsgebiete fast ausschließlich kompakte Siedlungskomplexe bilden, die von der nächsten Ortschaft meist durch eine spürbare Distanz getrennt sind, bleibt der Ferienort als Urlaubsstandort im Erleben des Urlaubers von der Gebietsreform unbeeinflußt.

Die multiple Regressionsanalyse wurde getrennt für 1310 hessische Gemeinden (außerhalb der Niederungen) und für 348 Erv-Gemeinden durchgeführt. Das Ergebnis der Analyse für die 348 Erv-Gemeinden zeigt eine etwas bessere Übereinstimmung mit der Realität und wird deshalb hier dargestellt. Unter den 18 berücksichtigten Strukturmerkmalen wird in 13 Fällen ein statistisch gesicherter Zusammenhang mit der Fremdenverkehrsintensität errechnet. Den einzelnen Strukturmerkmalen werden bei der multiplen Regressionsanalyse die Gewichte gemäß Tab. 2 zugemessen.

Zunächst überrascht das große Gewicht, das den Strukturmerkmalen aus dem natürlichen Bereich zugemessen wird; verschiedene andere Indizien bestätigen jedoch die noch große Bedeutung der natürlichen Faktoren für die Standorte des Erv. Demgegenüber erhalten die Strukturmerkmale zur Charakterisierung der Erwerbsbedingungen kein bedeutendes Gewicht, während die Merkmale, die die Ortschaft kennzeichnen sollen, wegen mangelnden statistisch gesicherten Zusammenhangs mit der Fremdenverkehrsintensität oder interner Korrelation mit anderen Variablen sämtlich unberücksichtigt bleiben. Dieses Ergebnis kann entweder auf der tatsächlich geringen Bedeutung dieser Bereiche beruhen oder auf der unbefriedigenden Datenbasis, die die amtliche Statistik bereitstellt. Zur Klärung dieser Frage sind weitere Untersuchungen nötig.

Dem obigen Erklärungsmodell muß in jedem Fall die Fähigkeit zugebilligt werden, die Verbreitung der Erv-Standorte in Hessen in wesentlichem Maße zu erklären. Dafür spricht nicht nur die Logik des Berechnungsverfahrens und der bei jedem Strukturmerkmal begründete Zusammenhang mit der Fremdenverkehrsintensität, sondern auch die gute Übereinstimmung der wichtigeren Fremdenverkehrsgebiete mit den Eignungsgebieten (siehe unten).

Im Rahmen der Berechnungen wurde auch eine Regressionsgleichung ermittelt, die das Gewicht sowie die unterschiedlichen Intervalle der einzelnen Strukturmerkmale einschließlich einer Konstanten be-

Tab. 2: Gewichtung der Strukturmerkmale.

Strukturmerkmal	Gewicht	Strukturmerkmal	Gewicht
Höhenlage	0,222	Produzierendes	
Wasserfläche	−0,187	Gewerbe	−0,100
Reliefenergie	0,167	Auspendler	−0,094
Sozialbrache	−0,153	Buntsandstein	−0,093
Ertragsmeßzahl	−0,117	Waldanteil	0,058
Naherholung	−0,115	Steinbruch	0,053
Erreichbarkeit	0,107	Sperrgebiet	0,049

rücksichtigt. Diese Regressionsgleichung kann verwendet werden, um Eignungswerte für jede Gemeinde zu berechnen. Die Abweichung der Eignungswerte einzelner Gemeinden vom Durchschnittswert gibt Auskunft über die relative Eignung dieser Gemeinden für den Erv. Räume, in denen sich nach dem Modell überdurchschnittlich geeignete Gemeinden häufen, können als Eignungsgebiete ausgewiesen werden. Die Grenzen dieser Eignungsgebiete können damit – im Gegensatz zu den bisherigen Verhältnissen – begründet festgelegt werden, da für jede Gemeinde nachgewiesen werden kann, worauf ihre strukturelle Eignung im Rahmen des Modells basiert.

Die Eignungsgebiete werden um randlich angrenzende Erv-Gemeinden zu den *Vorranggebieten* für den Erv erweitert. Die Vorranggebiete zeigen einerseits, in welchen Gebieten der Erv weiterentwickelt und wo die noch vorhandenen Lücken im Netz der Erv-Gemeinden geschlossen werden sollten. Andererseits wird durch das Ausweisen der Vorranggebiete deutlich, wo mangels Eignung die öffentliche Förderung der meist singulären Erv-Gemeinden besser unterbleiben würde. Mit Hilfe des Erklärungsmodells ist es möglich, die Anzahl der Gemeinden in den Vorranggebieten stark zu reduzieren gegenüber den im ›Fachplan Fremdenverkehr‹ ausgewiesenen Fremdenverkehrsgebieten.[2] Zur Zeit wird im Hessischen Wirtschaftsministerium an einer Neuabgrenzung der hessischen Fremdenverkehrsgebiete gearbeitet, für die der hier skiz-

[2] Landesentwicklungsplan. Fachplan Fremdenverkehr. Hrsg.: Der Hessische Minister für Wirtschaft und Technik, Wiesbaden 1973.

zierte Abgrenzungsvorschlag auf der Basis des Erklärungsmodells als Grundlage verwendet wird.

Für eine Anwendung des Erklärungsmodells auf Mittelgebirgsräume benachbarter Bundesländer bestehen keine grundsätzlichen Hindernisse. Jedoch bei einer Eignungsbewertung für die gesamte Bundesrepublik wäre eine Neuberechnung des Modells unter Verwendung modifizierter und zusätzlicher Strukturmerkmale unumgänglich. Verbesserungen an dem Erklärungsmodell sollten sich auf die Aufnahme weiterer Strukturmerkmale, auf Tests für die verschiedenen Maßzahlen der einzelnen Strukturmerkmale und auf die Verwendung auch nichtlinearer Gleichungen in dem Modell konzentrieren. Ohnehin sollte alle 5 bis 10 Jahre eine Neuberechnung des Modells durchgeführt werden, um den allmählichen Veränderungen der Urlauberansprüche gerecht zu werden.

Nachtrag 1981

Weitere Untersuchungen haben ergeben, daß die Landschaftsbewertungsverfahren für die Erholung vom Konzept her bereits möglichst präzise auf die wechselnden spezifischen Bedürfnisse der Planung ausgerichtet sein sollten. Dabei eignen sich die Bewertungsverfahren eigentlich allein zur äußeren Abgrenzung von Fremdenverkehrsgebieten (siehe Becker, Chr.: Die Anwendung verschiedener Landschaftsbewertungsverfahren auf sechs deutsche Fremdenverkehrsgebiete – ein Vergleich. – In: Empirische Untersuchungen zur äußeren Abgrenzung und inneren Strukturierung von Freizeiträumen. Veröffentlichungen der Akademie für Raumforschung und Landesplanung, Forschungs- und Sitzungsberichte, Bd. 132, Hannover 1980, S. 159–205).

Originalbeitrag 1982.

ZUR KRITIK
DER FUNKTIONALEN GEOGRAPHIE
DES FREIZEITVERHALTENS

Von ALBRECHT STEINECKE

Theorie und Methodik der Geographie des Freizeit- und Fremdenverkehrs sind in der Bundesrepublik Deutschland seit 1970 durch die sozialgeographische Betrachtungsweise geprägt worden. Ihre Anwendung auf freizeit- und fremdenverkehrsgeographische Problemstellungen wurde zunächst innerhalb der Fremdenverkehrsgeographie vorgenommen, die von Ruppert/Maier (1970) konzipiert und von Ruppert (1975) zur Geographie des Freizeitverhaltens erweitert wurde.

Bereits in der Phase der Anwendung und Erprobung dieses Konzeptes wurde der Gesamtansatz der Sozialgeographie einer methodologischen Kritik unterzogen, die besonders der unkritischen Übernahme und Anwendung ausgewählter soziologischer Theorie-Teile und dem sozialtechnologischen Gesellschaftsverständnis galt, das zur schematischen und weitgehend unvermittelten Aufteilung menschlichen Handelns in Grunddaseinsfunktionen führt (vgl. Leng 1973; Rhode-Jüchtern 1975; Oestreich 1977).

Die spezifische Kritik an der Geographie des Freizeitverhaltens machte sich einerseits an terminologischen Fragen fest (vgl. Monheim 1975, 1979; Newig 1975, 1975/76; Knirsch 1976) bzw. galt andererseits dem Problem der Standortbestimmung dieser sozialgeographischen Teildisziplin innerhalb des Systems der geographischen Wissenschaft (Kaminske 1981).

Intention der hier vorgelegten Überlegungen ist es, auf bislang weitgehend vernachlässigte Forschungsinhalte und -methoden der sozialwissenschaftlichen Freizeitforschung (besonders der Freizeitsoziologie) aufmerksam zu machen. Ihre Einbeziehung in das freizeit- und fremdenverkehrsgeographische Forschungskonzept kann die Basis für die Weiterentwicklung der etablierten sozialgeographischen Betrachtung hin zu einer sozialwissenschaftlich fundierten, kritischen Theorie des Freizeit- und Fremdenverkehrs abgeben.

Eine derartige Entwicklung ist bereits ansatzweise durch die Sozialgeographie der „Münchner Schule" mit der methodologischen Öffnung der Anthropogeographie zur Soziologie eingeleitet worden. Ein Blick in die Literaturverzeichnisse sozialgeographischer Grundlagenliteratur (vgl. Ruppert/Maier 1970; Maier 1976; Maier/Paesler/Ruppert/Schaffer 1977) zeigt jedoch, daß diese Öffnung der Fachgrenzen selektiver Natur war: Sie hat ausschließlich in den Dimensionen der Soziologie der Gruppe (Homans), der funktionalen Soziologie (Parsons) und der Sozialstatistik stattgefunden. Zumindest ein Bereich soziologischer Theoriebildung ist dabei unberücksichtigt gelassen worden, auf den hier verwiesen werden soll: Es handelt sich um die dialektisch-kritische Soziologie, als deren Hauptvertreter Adorno, Habermas, Horkheimer und Wellmer gelten. Ihr „emanzipatorisches Erkenntnisinteresse" umreißt Habermas (1969, S. 158/159) folgendermaßen:

Die systematischen *Handlungswissenschaften,* nämlich Ökonomie, Soziologie und Politik, haben, wie die empirisch-analytischen Naturwissenschaften, das Ziel, nomologisches Wissen hervorzubringen. Eine kritische Sozialwissenschaft wird sich freilich dabei nicht bescheiden. Sie bemüht sich darüber hinaus, zu prüfen, wann die theoretischen Aussagen invariante Gesetzmäßigkeiten des sozialen Handelns überhaupt und wann sie ideologisch festgefrorene, im Prinzip aber veränderliche Abhängigkeitsverhältnisse erfassen. Soweit das der Fall ist, rechnet die *Ideologiekritik* [. . .] damit, daß die Information über Gesetzeszusammenhänge im Bewußtsein des Betroffenen selber einen Vorgang der Reflexion auslöst; dadurch kann die Stufe unreflektierten Bewußtseins, die zu den Ausgangsbedingungen solcher Gesetze gehört, verändert werden. Ein kritisch vermitteltes Gesetzeswissen kann auf diesem Wege das Gesetz selbst durch Reflexion zwar nicht außer Geltung, aber außer Anwendung setzen.

Die sozialgeographische Freizeitforschung hat sich bislang auf die Formulierung theoretischer Aussagen über invariante Gesetzmäßigkeiten des raumbezogenen Freizeitverhaltens konzentriert, ohne den ideologischen Gehalt und den Vermittlungscharakter des Freizeitverhaltens zu hinterfragen. So galt im Bereich der Naherholungsforschung das methodische Interesse – aufgrund fehlender amtlicher Statistiken – zunächst den adäquaten Erfassungsmethoden. Grundelemente der Analyse waren: Umfang des Naherholungsverhaltens, tageszeitliche und

jahreszeitliche Struktur des Naherholungsverhaltens, Partizipations-
raten der verschiedenen Alters- und Sozialgruppen, spezifische Reichweiten der verschiedenen Alters- und Sozialgruppen, benutzte Verkehrsmittel, Gesellungsformen, Zielgebietspräferenzen usw. Ziel der
Studien waren Aussagen über den Zusammenhang von singulären bzw.
gekoppelten Bestimmungsfaktoren (z. B. Einkommen; Einkommen
und Pkw-Besitz) und einzelnen Verhaltensformen (z. B. wassergebun-
dene Aktivitäten).

Die empirisch ermittelten *Verhaltensweisen* der Bevölkerung, über
die bis vor einigen Jahren kaum Daten vorlagen, sind häufig als konkre-
ter Ausdruck der Grunddaseinsfunktionen und auch der Freizeit*bedürfnisse* betrachtet worden. Diese Gleichsetzung von Freizeitverhaltensweisen mit tatsächlichen Freizeitbedürfnissen und – umgekehrt –
von nicht existenten Verhaltensweisen mit fehlenden Bedürfnissen wird
von Braun/Mathias (1975) mit dem Vorwurf des Positivismus bedacht.
Eine ähnliche Kritik äußert Affeld (1971, S. 635), der dem sozialgeographischen Ansatz „deskriptiven Empirismus" vorwirft.

Die Tatsache, daß Freizeitbedürfnisse zu einem guten Teil nicht ursprünglich – also primäre Bedürfnisse –, sondern gesellschaftlich vermittelt sind, wird in sozialgeographischen Studien allenfalls marginal
erwähnt, jedoch kaum in die Analyse einbezogen. Solche gesellschaftlichen Vermittlungsinstanzen von Bedürfnissen sind die Sozialisations-
bedingungen in Elternhaus und Schule, die Freizeit- und Kulturindu-
strie, die Werbung, die staatliche Beeinflussung usw.

Der Geographie des Freizeit- und Fremdenverkehrs stellt sich hier
die Aufgabe, ihre empirischen Ergebnisse zum Freizeitverhalten mit
Inhaltsanalysen direkter Freizeit-Konsumenten-Werbung (z. B. für
Freizeitparks), mit Norm-Inhalten der gesellschaftlichen Trendset-
ter-Gruppen (z. B. die Windsurfer-Bewegung) oder mit etablierten
Mustern von Freizeitverhalten (z. B. familiäre Tradition; Freizeit-Bio-
graphien) inhaltlich und strukturell zu vergleichen, um auf diese Weise
den gesellschaftlich vermittelten Charakter von Naherholungs*bedürfnissen* festzumachen.

Aber auch auf der Ebene des Naherholungs*verhaltens* lassen sich –
über den soziologischen Gruppenbegriff hinaus – sozialwissenschaftliche Forschungskategorien wie Status, Prestige und Segregation der
Geographie des Freizeit- und Fremdenverkehrs erfolgreich subsumie-

ren. Die üblichen Möglichkeiten der Status- und Prestigeerlangung außerhalb des Berufes – wie der Besitz hochrangiger Konsumgüter bzw. die Mitgliedschaft in exklusiven Vereinen – werden um die Variante des Naherholungsverhaltens und der dafür (teilweise) notwendigen Freizeitgüter erweitert. Das Naherholungsverhalten bietet neben der Wohnstandortwahl, dem generellen Konsumverhalten und der Urlaubszielwahl eine zusätzliche Chance sozialer und räumlicher Segregation. Soziale Unterschiede der Berufswelt und des gesellschaftlichen Status werden im Freizeitbereich reproduziert. Benachteiligte soziale Schichten versuchen, durch den Konsum von Freizeitgütern eine Kompensation zu erlangen (vgl. Höbermann 1975).

Wiederum ist hier die Frage nach den gesellschaftlichen Vermittlungsprozessen solcher – auch raumrelevanten – Freizeitverhaltensweisen zu stellen. Besondere Bedeutung kommt dabei dem zunehmenden Konsumcharakter von Freizeitaktivitäten zu (vgl. Lenz-Romeiss 1975). Der Freizeitsektor erweist sich als ein wachstumsstarker Markt, der Freizeitkonsum erreicht nach Andreae (1974, S. 114) einen Anteil von 11–17 % am Volkseinkommen. Im Jahr 1976 belief sich allein der Umsatz der Freizeit- und Familienparks, Minigolfanlagen usw. in der Bundesrepublik Deutschland auf zwei Milliarden DM (Mallin 1976). Die Funktion der Werbung ist vor dem Hintergrund dieser ökonomischen Dimension des Freizeit- und Naherholungsverhaltens zu sehen.

Der Einfluß der existierenden kommerziellen Freizeitinfrastruktur – besonders der Freizeitparks – auf das Freizeitverhalten wird zu einem wichtigen Forschungsgegenstand der Geographie des Freizeit- und Fremdenverkehrs. Die Analyse der Besucherstruktur, der Kapazität und des Einzugsbereichs ist ein erster wichtiger Schritt. Die Einbeziehung politökonomischer Forschungskategorien wie Interessen, Gebrauchswert und Tauschwert – durch deren Benutzung die Sozialgeographie keinesfalls Teil der Politischen Ökonomie wird – ermöglicht die verknüpfende Darstellung von kommerzieller Freizeitinfrastruktur und wirtschaftlicher Interessenlage der in sie investierenden gesellschaftlichen Partialgruppe. Das Freizeitverhalten kann dann bestimmt werden als tendenzieller Interessengegensatz zwischen den wirtschaftlichen Interessen der Freizeitunternehmer (als Repräsentanten des Tauschwertinteresses) und den Erholungsbedürfnissen der Nutzergruppen (als Gebrauchswertinteressenten), die zumindest teilweise nur

noch kommerziell zu verwirklichen sind (vgl. Nohl 1974). Einen ver-
gleichbaren Interessengegensatz stellen Meuter/Röck (1974) auch zwischen den Interessen der städtischen Bevölkerung an innerstädtischen
Freizeiteinrichtungen und der Planungspraxis fest, die sich lange Zeit
auf außerstädtische Erholungseinrichtungen konzentrierte, die nur für
Pkw-Besitzer erreichbar sind.

Die Inhaltsanalyse des Unterhaltungsangebots in den Freizeitparks
wird die Fluchtthese leicht bestätigen wie auch die These der Reproduktion von Prinzipien der Arbeitswelt im Bereich der Freizeit. Es soll hier
nur auf die vollautomatisierten, synthetischen Vergnügen in nordamerikanischen Freizeitparks (z. B. Disney Land, Disney World usw.)
verwiesen werden, in denen Maschinen und Computer – die die Arbeitswelt der Besucher strukturieren – auch den Bereich der Freizeit bestimmen. Die Tendenz der zunehmenden Bedeutung vergleichbarer
kommerzieller Freizeitparks in der Bundesrepublik Deutschland als
Standardelemente großstädtischer Erholungsregionen ist unüberseh-
bar.

Während die Bedeutung von Werbung und existierenden Freizeiteinrichtungen für die Vermittlung und die künstliche Produktion von Freizeitbedürfnissen und Freizeitverhalten noch einer Analyse bedarf, liegen zu dem Problem, welche Bedeutung die Wohnsituation auf das
Freizeitverhalten hat, sozialgeographische Studien vor (vgl. Schnell
1980, 1981). Dabei wurde die *Fluchtthese,* die innerhalb der soziologischen Freizeit- und Tourismusforschung formuliert worden war (Habermas 1958; Kentler/Leithäuser/Lessing 1965; Enzensberger 1971), in
die Geographie des Freizeit- und Fremdenverkehrs übernommen.

Die empirisch gesicherten Ergebnisse zeigen, daß die Wohnsituation
als erklärende Variable von geringerer Bedeutung als andere soziode-
mographische Faktoren ist. Eine lineare Abhängigkeit zwischen gebau-
ter Umwelt und sozialräumlichem Erholungsverhalten besteht nicht.
Eine solche Monokausalität wäre aus zwei Gründen verwunderlich.
Zum einen zeigt die konkrete historische Analyse der Partizipation verschiedener Sozialgruppen am Naherholungsverhalten in Großbritannien zu Ende des 19. Jahrhunderts, daß gerade die soziale Schicht, die in
den unwürdigsten Wohnbedingungen lebte und damit dem stärksten
Stimulus für eine kurzfristige Flucht ausgesetzt war, zunächst am neuen
Privileg der „excursion trains" nicht teilhatte (Prahl/Steinecke 1981).

Der monokausale Zusammenhang ist bereits damals gebrochen durch das übergeordnete Prinzip der sozialen, ökonomischen und rechtlichen Ungleichheit. Das Besitzbürgertum, dessen Wohn- und Wohnumfeldbedingungen weitaus günstigere Rekreationsmöglichkeiten aufwiesen, und das aufgrund seiner generellen Lebensbedingungen weniger Grund zum wochenendlichen Eskapismus hatte, kam dennoch eher in diese Vergünstigung.

Eine derartige Monokausalität wäre aus einem zweiten Grund verwunderlich: Die sozialwissenschaftliche Fluchtthese basiert auf der Annahme, daß das Freizeitverhalten eine temporäre Negation des Alltags – also der Wohn-, Arbeits- und Lebensbedingungen – ist. Die Push-Faktoren sind somit weitaus komplexer, als dies Indikatoren wie Balkonbesitz, Besonnungsgrad und Wohnfläche anzudeuten oder zu erfassen vermögen. Aufgabe der Geographie des Freizeit- und Fremdenverkehrs ist es, diesen Gesamtzusammenhang von Freizeit und entfremdeter Arbeitssituation – Entfremdung des Produzierenden vom Produkt wie auch der Produzierenden untereinander – aufzuarbeiten und in seiner Konsequenz auf Freizeitinhalte und -standorte zu analysieren.

Das Problem der zwischenmenschlichen Entfremdung läßt sich jedoch nicht nur am Arbeitsplatz festmachen, sondern auch in den als unwirtlich empfundenen Sozialbeziehungen in den Großstädten. Ruppert/Maier (1973) wie auch Kerstiens-Koeberle (1975) verweisen darauf, daß die Beteiligungsrate am Naherholungsverhalten mit dem Urbanisierungsgrad (Indikator: Wohnortgröße) steigt. Urbanisierung bedeutet in stadtsoziologischen Kategorien die Lockerung und Extensivierung der sozialen Netzwerke, die im dörflichen und kleinstädtischen Sozialverbund eng geknüpft sind (vgl. Borries/Clausen/Simons 1978). Neben die entfremdete Arbeitssituation kann – als sozialpsychologische Folge der Urbanisierung – eine vergleichbar entfremdete Sozialsituation in den Städten treten, die durch fehlende soziale Kontrolle, aber auch fehlende soziale Einbindung und die Dominanz von unvermittelten Teilrollen (z. B. Kollege, Passant, Kunde, Verkehrsteilnehmer usw.) bestimmt wird. Auch diese These müßte in der Perspektive einer ideologiekritischen Betrachtungsweise hinterfragt werden: Nahezu ein Jahrhundert lang haben konservative Kulturkritiker die Nachteile des Stadtlebens betont. Das Problem bleibt, inwieweit – durch solche Ideologie beeinflußt – bestimmte präformierte Erfahrungen gesammelt und reproduziert werden (hier konkret: die vorgeblich anonymen Beziehungen in der Großstadt).

Mit diesem Ansatz, die Fluchtthese nicht nur auf die Wohn- und Wohnumfeldbedingungen, sondern auch auf die Situation am Arbeitsplatz hin zu untersuchen (vgl. Wolf 1980), wird zugleich das „Schachtelprinzip" (Oestreich 1977, S. 81) der Grunddaseinsfunktionen überwunden. Obwohl im Konzept der „Münchner Schule" zwar generell die wechselseitige Beeinflussung und Abhängigkeit der Grunddaseinsfunktionen betont wird, sind Analysen zu Interdependenzen von Arbeits- und Freizeitbereich bisher die Ausnahme. Diese Tatsache ist methodologisch angelegt in der Abstinenz gegenüber einer Diskussion der Freizeitbegriffe und -konzepte, die von der Freizeitsoziologie formuliert wurden.

De facto läßt sich die Benutzung des *arbeitspolaren* Freizeitbegriffes feststellen, der eine zeitliche Trennung von Arbeit und Freizeit und einen inhaltlichen Gegensatz beider Lebensbereiche beinhaltet. Die Verwendung dieses Freizeitbegriffes ist innerhalb des sozialgeographischen Konzeptes logisch vor dem Hintergrund der ebenfalls konstatierten räumlichen Trennung und unterschiedlichen Raumansprüche beider Funktionen.

Die Übernahme oder zumindest ausführliche inhaltliche Diskussion des *arbeitskomplementären* Freizeitbegriffes, der – im Gegensatz zum arbeitspolaren Freizeitbegriff – die inhaltliche Interdependenz von Arbeit und Freizeit begründet, kann der Geographie des Freizeit- und Fremdenverkehrs die Basis abgeben für die verknüpfende Analyse von Verhaltensformen in der Freizeit und Bedingungen am Arbeitsplatz (z. B. physisch-psychische Belastungen). Eine solche Vorgehensweise ist deshalb sinnvoll, weil soziologische Freizeitstudien den Zusammenhang von *Arbeitszufriedenheit* und *Freizeitverhalten* aufgezeigt haben, ebenso den spezifischen Zusammenhang zwischen psychischer und physischer Belastung am Arbeitsplatz und einem adäquaten Freizeitverhalten (vgl. Kohl 1976). Die entsprechende sozialgeographische Annäherung an diesen Zusammenhang steht hingegen noch aus. Einen Ansatz in dieser Richtung haben Schnell/Weber (1977) in ihrer Motiv- und Verhaltensanalyse der Besucher im Naturpark „Hohe Mark" geliefert, in der sie das kompensatorische Freizeitverhalten der Gruppen mit körperlicher (Schwer-)Arbeit und anstrengender Arbeit belegen (vgl. auch Weber/Wilking 1980).

Die Verwendung des arbeitskomplementären Freizeitbegriffes eröffnet der Geographie des Freizeit- und Fremdenverkehrs einen weiteren Untersuchungsgegenstand. Ein Theorem dieser Forschungsrichtung ist die strukturelle Adäquanz von Prinzipien der Arbeitswelt und solchen des Freizeitbereiches (vgl. Krymanski 1972). Strukturelemente des Arbeitsbereiches wie Leistungsideologie, Konkurrenzdenken, Standardisierung von Verhaltensformen und Orientierung an äußeren – gesellschaftlich vermittelten – Normen finden sich demzufolge auch innerhalb der Freizeit wieder: Die große Distanz von verschiedenen Naherholungstätigkeiten, der demonstrative Konsum von hochrangigen Freizeitgütern als Möglichkeit des außerberuflichen Statuserwerbs, die Gleichförmigkeit in der zeitlichen Struktur und räumlichen Verteilung von Naherholungsaktivitäten, die Bevorzugung weniger Aktivitäten und schließlich die Orientierung an den Trendsettern im Freizeitbereich lassen sich als Belege für die Stimmigkeit des Theorems anführen. Diesem Theorem können auch die Ergebnisse von Schnell (1977) zugeordnet werden, der feststellt, daß ungelernte Arbeiter besonders solche Freizeitaktivitäten bevorzugen, bei denen sie selbst nicht kreativ werden müssen. Die fremdbestimmte und unkreative Arbeitssituation spiegelt sich im Freizeitverhalten wider. Doch auch hier ist – wie bei der Fluchtthese – gegenüber monokausalen Erklärungen Skepsis angebracht. Prahl (1977, S. 124) schränkt in seiner ›Freizeitsoziologie‹ die Aussage Adornos über das „Diktat der Arbeit" in der Freizeit ein und sieht eher Konsequenzen des „lange[n] Arm[s] der Arbeit" (Linde) in der Freizeit.

Die Verwendung des arbeitskomplementären Freizeitbegriffes ermöglicht weiterhin die methodologische Öffnung der Geographie des Freizeit- und Fremdenverkehrs zur verknüpfenden Analyse des Problems der *Ungleichheit* im Arbeits- und Freizeitbereich. Bislang werden Ungleichheiten innerhalb der Freizeit und des Freizeitverhaltens positivistisch konstatiert. Ausflugsintensitäten und Beteiligungsraten der verschiedenen Sozialschichten an unterschiedlichen Formen der Naherholung können im Sinn der skizzierten synthetischen Betrachtungsweise mit Benachteiligungen bzw. Privilegien der entsprechenden Sozialschichten im Produktions- und Distributionsbereich verknüpft werden. Die grundsätzliche Frage ist, ob sich die soziale und ökonomische Ungleichheit innerhalb der Gesellschaft, die der klassischen Politischen Ökonomie zufolge im Bereich des Produktionsmittelbesitzes wurzelt, im Freizeitbereich reproduziert oder ob die ökonomisch bedingte vertikale Schichtung der Gesellschaft durch ein horizontales Muster von Defiziten und Privilegien im Freizeitbereich überlagert und – zumindest teilweise – kompensiert wird. Hinweise auf diese Tatsache geben die Zeitbudget-Studien, die eine erhebliche Benachteiligung von Selbständigen, Managern und Wissenschaftlern hinsichtlich des Volumens ihrer Freizeit nachweisen – also von Berufsgruppen, die im sozioökonomischen Kontext privilegiert sind.

Neue Defizite bzw. Privilegien sind dann vor dem Hintergrund der unterschiedlichen *inhaltlichen Bedeutung der Arbeit für verschiedene Sozial- und Berufsgruppen* zu evaluieren. Das bereits erwähnte Problem der Arbeitszufriedenheit und der Arbeitsinhalte läßt sich hier aufgreifen. Zur Theoriebildung über sozialräumliches Verhalten während der Freizeit und der Abhängigkeit von Sozialkomponenten sind die Arbeitsplatzmerkmale mit Verhaltensweisen während der Freizeit zu vergleichen. Die sozialstatistische Analyse von raumbezogenen Freizeitformen hat das Basismaterial zum Freizeitverhalten der Gesamtgesellschaft und der verschiedenen Sozialschichten und demographischen Aggregate geliefert. Kategorien wie Einkommen, Alter, Umfang der Freizeit, Stellung innerhalb des Lebenszyklus, Pkw-Besitz usw. konnten als Einflußgrößen des Freizeitverhaltens ermittelt werden. Auf der Basis dieses umfangreichen empirischen Materials zum Freizeitverhalten sind nun Studien sinnvoll, die den Sozialgruppen-Ansatz der Sozialgeographie vor dem Hintergrund der Arbeitssituation (z. B. Restriktion oder große Dispositionsfreiheit) einlösen. Gegenstand der Analyse wird dann das Naherholungsverhalten ausgewählter Berufsgruppen mit generell geringer Arbeitszufriedenheit (z. B. Industriearbeiter, Landwirte, Fließbandarbeiter, Akkordarbeiter, Schichtarbeiter – vgl. Weber/Wilking 1980) im Vergleich zum Naherholungsverhalten von Berufsgruppen mit generell hoher Arbeitszufriedenheit (z. B. Krankenschwester, Rechtsanwälte usw.) bzw. im Vergleich zum durchschnittlichen Naherholungsverhalten der Gesamtgesellschaft. Die Einbeziehung der Arbeitssituation, der Arbeitsbelastung und der Arbeitszufriedenheit in freizeit- und fremdenverkehrsgeographische Analysen kann die bisher praktizierte Typenbildung auf der Basis von Verhaltensweisen im Freizeitbereich – z. B. Rundfahrttyp, Wandertyp usw. – in einen gesamtgesellschaftlichen Erklärungszusammenhang stellen.

Die methodologischen Erweiterungen des theoretischen Konzeptes der Geographie des Freizeit- und Fremdenverkehrs implizieren auch Veränderungen der *Forschungsmethodik*, die Kemper (1978) in seinem Literaturbericht als archaisch kennzeichnet. Die Dominanz empirischer Untersuchungen ist wissenschaftsgeschichtlich aus der Daten- und Quellenlage zu erklären, Phänomene der Naherholung werden in amtlichen Statistiken nicht erfaßt. Die Problematik ausschließlich empirischer Forschung wurde eingangs bei dem Verfahren der Gleichsetzung von Verhaltensweisen und Bedürfnissen bereits angesprochen. Aus seiner Kritik an den empirischen Wissenschaften leitet Adorno (1972, S. 524) die Forderung nach der Entwicklung von Analysemethoden ab, die in der Lage sind, „über bloße Feststellung und Aufbereitung von Fassadentatsachen hinauszugelangen" und zu Aussagen über ursächliche Abhängigkeiten zu kommen. Zur Ergänzung der bisher benutzten quantitativen Erhebungsmethoden bieten sich bislang kaum beanspruchte qualitative Methoden an: Tagebuchauswertungen (vgl. Becker 1979); teilnehmende Beobachtung; Fallstudien zum Freizeitverhalten von Einzelpersonen, Haushalten, Familien zur Erfassung von Freizeitbiographien; Netzwerkanalysen der sozialräumlichen Kontakte während der Freizeit; Analysen von Wahrnehmungsmustern und Freizeit-Leitbildern (vgl. Maier 1980); inhaltsanalytische Methoden zur Bestimmung der Freizeit-Leitbilder, die durch Werbung und Freizeitideologie vermittelt werden.

Eine Annäherung an das Bedürfnis- und Motivationsproblem ist außerdem möglich durch die Aufarbeitung der historischen Entstehungsbedingungen des Naherholungsverhaltens (vgl. Kulinat/Steinecke 1984). Der systemare Zusammenhang von Urbanisierung, Industrialisierung, technologischem Wandel und Naherholungsverhalten muß dabei in Detailstudien analysiert werden. Solche Untersuchungen können sich auf Ergebnisse stützen, die von der Geographie des Freizeit- und Fremdenverkehrs über die historische Entwicklung von Naherholungsräumen unter dem Einfluß der Transporttechnologie erarbeitet worden sind (vgl. Borcherdt 1957; Ruppert/Maier 1970). Die genaue Kenntnis des Ursachen-Bedürfnis-Zusammenhanges kann die Grundlage zu Aussagen über die Dynamik des Naherholungsverhaltens abgeben. Die konkrete Kennzeichnung des Naherholungsverhaltens als eines historischen Phänomens, das unter bestimmten gesellschaftlichen Rahmenbedingungen und auch Herrschaftsbedingungen entstanden ist, bestimmt zugleich dessen tendenzielle Veränderbarkeit. Eine so konzipierte Geographie des Freizeit- und Fremdenverkehrs kommt über die Erfassung der sich ändernden Erscheinungsformen des Freizeitverhaltens dann zur Analyse der veränderten sozioökonomischen Rahmenbedingungen. Sie antizipiert damit die Antwort auf die Frage, die bei der methodologischen Weiterentwicklung der Sozialgeographie eine zentrale Bedeutung erlangt: Ob das geographische Erkenntnisinteresse in der Analyse von räumlichen Erscheinungsformen und Verhaltensweisen sein Erkenntnisziel findet oder ob die Analyse der Raumstrukturen begriffen wird als Zugang zur Bestimmung der komplexen gesamtgesellschaftlichen Verhältnisse, die sich in räumlichen Erscheinungen allenfalls widerspiegeln.

Literaturverzeichnis

Adorno, Th. W.: Freizeit. – In: Adorno, Th. W.: Stichworte. Kritische Modelle 2, Frankfurt a. M. 1969 (es 347), S. 57–67.

Ders.: Soziologie und empirische Forschung. – In: Topitsch, E. (Hrsg.): Logik der Sozialwissenschaften, Köln 1972 (Neue Wissenschaftliche Bibliothek, 6), S. 511–524.

Affeld, D.: Zur Planungstauglichkeit sozialwissenschaftlicher Freizeitforschung. – In: Institut für Raumordnung – Informationen, 21 (1971) 24, S. 631–642.

Ders.: Rahmenbedingungen und Möglichkeiten raumbezogener Freizeitplanung. – In: Informationen zur Raumentwicklung, (1974) 9, S. 369–375.

Ders.: Im Schlepptau von Politik und Planung. Freizeitforschung – Probleme eines jungen Wissenschaftszweiges. – In: Opaschowski, H. W. (Hrsg.): Freizeit als gesellschaftliche Aufgabe. Konzepte und Modelle, Düsseldorf 1976, S. 33–36.

Andreae, C. A.: Ökonomik der Freizeit. Zur Wirtschaftstheorie der modernen Arbeitswelt, Reinbek 1970 (rde 330/331).

Becker, Chr.: Die Anwendung von Tagesprotokollen für das Erfassen des Urlauberverhaltens – eine pilot study. – In: Freizeitverhalten in verschiedenen Raumkategorien, Trier 1979 (Materialien zur Fremdenverkehrsgeographie, H. 3), S. 125–209.

Borcherdt, Chr.: Die Wohn- und Ausflugsgebiete in der Umgebung Münchens. Eine sozialgeographische Skizze. – In: Berichte zur Deutschen Landeskunde, 19 (1957), S. 173–187.

Borries, V. v., L. Clausen u. K. Simons: Siedlungssoziologie. Wohnung – Gemeinde – Umwelt, München 1978.

Braun, J., u. W. Mathias: Freizeit und regionale Infrastruktur, Göttingen 1975 (Kommission für wirtschaftlichen und sozialen Wandel, Bd. 103).

Enzensberger, H. M.: Eine Theorie des Tourismus. – In: Enzensberger, H. M.: Einzelheiten I. Bewußtseins-Industrie, Frankfurt a. M.1971, S. 179–205.

Habermas, J.: Soziologische Notizen zum Verhältnis von Arbeit und Freizeit. – In: Konkrete Vernunft. Festschrift für E. Rothacker, Bonn 1958, S. 219–231.

Ders.: Erkenntnis und Interesse. – In: Habermas, J.: Technik und Wissenschaft als ‚Ideologie‘, Frankfurt a. M.1969, S. 146–168.

Ders.: Theorie der Gesellschaft oder Sozialtechnologie? Eine Auseinandersetzung mit Niklas Luhmann. – In: Habermas, J., u. N. Luhmann (Hrsg.): Theorie der Gesellschaft oder Sozialtechnologie – Was leistet die Systemforschung?, Frankfurt a. M. 1971, S. 142–290.

Höbermann, F.: Zur Polarisierung von Arbeit und Freizeit. Desintegration von Sozialfunktionen und Ansätze zur Reintegration von Arbeit und Freizeit in der Industriegesellschaft, Göttingen 1975 (Kommission für wirtschaftlichen und sozialen Wandel, Bd. 56).

Horkheimer, M., u. Th. W. Adorno: Dialektik der Aufklärung. Philosophische Fragmente, Frankfurt a. M. 1973.

Jurczek, P.: Freizeit, Fremdenverkehr und Naherholung. – In: Praxis Geographie, 11 (1981) 2, S. 45–49.

Kaminske, V.: Zur systematischen Stellung einer Geographie des Freizeitverhaltens. – In: Geographische Zeitschrift, 69 (1981) 3, S. 217–223.

Kemper, F.-J.: Inner- und außerstädtische Naherholung am Beispiel der Bonner Bevölkerung. Ein Beitrag zur Geographie der Freizeit, Bonn 1977 (Arbeiten zur Rheinischen Landeskunde, H. 42).

Ders.: Probleme der Geographie der Freizeit. Ein Literaturbericht über raumorientierte Arbeiten aus den Bereichen Freizeit, Erholung und Fremdenverkehr, Bonn 1978 (Bonner Geographische Abhandlungen, H. 59).

Kentler, H., Th. Leithäuser u. H. Lessing: Forschungsbericht Jugend im Urlaub, München 1965.

Kerstiens-Koeberle, E.: Raummuster und Reichweiten der freizeitorientierten Infrastruktur. Ein Beitrag zur Geographie des Freizeitverhaltens. – In: Geographische Rundschau, 27 (1975) 1, S. 18–30.

Knirsch, R.: Fremdenverkehrsgeographie oder Geographie des Freizeitverhaltens, oder? In: Zeitschrift für Wirtschaftsgeographie, 20 (1976) 8, S. 248–249.

Kohl, H.: Arbeit und Freizeit – problemloses Nebeneinander? Benachteiligungen verlangen eine politische Antwort. – In: Opaschowski, H. W. (Hrsg.): Freizeit als gesellschaftliche Aufgabe. Konzepte und Modelle, Düsseldorf 1976, S. 27–32.

Kramer, D.: Freizeit und Reproduktion der Arbeitskraft, Köln 1975 (Kleine Bibliothek, Bd. 52).

Krymanski, R.: Soziologische Bemerkungen zur Erholungs- und Freiflächenplanung. – In: Institut für Raumordnung – Informationen, 22 (1972) 12, S. 313–321.

Ders.: Naturorientiertes Freizeitverhalten. – In: Informationen zur Raumentwicklung, (1974) 4, S. 347–353.

Kulinat, K., Steinecke, A.: Geographie des Freizeit- und Fremdenverkehrs, Darmstadt 1984 (Erträge der Forschung, Bd. 212).

Leng, G.: Zur „Münchner" Konzeption der Sozialgeographie. – In: Geographische Zeitschrift, 61 (1973) 2, S. 121–134.

Lenz-Romeiss, F.: Freizeitpolitik in der Bundesrepublik, Göttingen 1975 (Kommission für wirtschaftlichen und sozialen Wandel, Bd. 67).

Lüdtke, H.: Freizeit in der Industriegesellschaft. Emanzipation oder Anpassung?, Opladen 1975 (Analysen, 12).

Maier, J.: Natur- und kulturgeographische Raumpotentiale und ihre Bewertung für Freizeitaktivitäten. – In: Geographische Rundschau, 29 (1977) 6, S. 186–195.

Ders.: Mobilität und Freizeitverhalten – Vergleichende Wahrnehmungs- und Aktivitätsmuster im Freizeitverhalten von Personengruppen in dynamisch gewachsenen Stadt-Rand-Gemeinden der Verdichtungsgebiete und in Zentren des ländlichen Raumes – In: Schnell, P., Weber, P. (Hrsg.): Agglomeration und Freizeitraum, Paderborn 1980 (Münstersche Geographische Arbeiten, H. 7), S. 11–19.

Ders., R. Paesler, K. Ruppert u. F. Schaffer: Sozialgeographie, Braunschweig 1977 (Das Geographische Seminar).

Mallin, W.: Die „heile Welt" der Disney-Parks. Plädoyer für eine bedürfnisorientierte Freizeitindustrie. – In: Opaschowski, H. W. (Hrsg.): Freizeit als gesellschaftliche Aufgabe. Konzepte und Modelle, Düsseldorf 1976, S. 131–135.

Meuter, H., u. S. Röck: Wochenendfreizeit in besiedelten Räumen: Einige Daten zur Bedeutung von Landschaft als Freizeitraum. – In: Informationen zur Raumentwicklung (1974) 9, S. 333–345.

Monheim, R.: Fremdenverkehrsgeographie oder Geographie des Freizeitverhaltens? – In: Geographische Rundschau, 27 (1975) 12, S. 519–521.

Ders.: Die Stadt als Fremdenverkehrs- und Freizeitraum. – In: Freizeitverhalten in verschiedenen Raumkategorien, Trier 1979 (Materialien zur Fremdenverkehrsgeographie, H. 3), S. 7–43.

Newig, J.: Fragen zur Bildung von Begriffen und ihrer Verwendung. – In: Geographische Rundschau, 27 (1975) 12, S. 518–519.

Ders.: Vorschläge zur Terminologie der Fremdenverkehrsgeographie. – In: Geographisches Taschenbuch 1975/1976, S. 260–271.

Nohl, W.: Kommentar zum Beitrag von R. Krymanski. – In: Informationen zur Raumentwicklung (1974) 9, S. 354–356.

Oestreich, H.: Anmerkungen zu einer „Geographie des Freizeitverhaltens". – In: Geographische Rundschau, 29 (1977) 3, S. 80–83.

Offe, C.: Politische Herrschaft und Klassenstrukturen. Zur Analyse spätkapitalistischer Gesellschaftssysteme. – In: Kress, G., und D. Senghaas: Politikwissenschaft. Eine Einführung in ihre Probleme, Frankfurt a. M. 1973, S. 135–164.

Papp, A. v.: Freizeit und Erholung. Stadt-Land-Gegensatz in Neuauflage? – In: Institut für Raumordnung – Informationen, 22 (1972) 22, S. 577–588.

Prahl, H.-W.: Freizeitsoziologie. Entwicklungen – Konzepte – Perspektiven, München 1977.

Ders., u. A. Steinecke: Der Millionen-Urlaub. Von der Bildungsreise zur totalen Freizeit, Frankfurt a. M./Berlin/Wien 1981.

Rhode-Jüchtern, T.: Geographie und Planung. Eine Analyse des sozial- und politik-wissenschaftlichen Zusammenhanges, Marburg a. d. L. 1975 (Marburger Geographische Schriften, H. 65).

Ruppert, K.: Zur Stellung und Gliederung einer Allgemeinen Geographie des Freizeitverhaltens. – In: Geographische Rundschau, 27 (1975) 1, S. 1–6.

Ders., u. J. Maier (Hrsg.): Zur Geographie des Freizeitverhaltens. Beiträge zur Fremdenverkehrsgeographie, Kallmünz/Regensburg 1970 (Münchner Studien zur Sozial- und Wirtschaftsgeographie, Bd. 6).

Dies.: Zur Naherholung der Bevölkerung im Fremdenverkehrsgebiet. Ein Beitrag zu einer Allgemeinen Geographie des Freizeitverhaltens. – In: Institut für Raumordnung – Informationen, 23 (1973) 17, S. 383–398.

Schnell, P.: Naherholungsraum und Naherholungsverhalten, untersucht am Beispiel der Solitärstadt Münster. – In: Spieker. Landeskundliche Beiträge und Berichte, 25 (1977) S. 179–217.

Ders.: Wohnen als Determinante des Freizeitverhaltens am Beispiel des Ruhrgebietes. – In: Schnell, P., u. P. Weber (Hrsg.): Agglomeration und Freizeitraum, Paderborn 1980 (Münstersche Geographische Arbeiten, H. 7), S. 61–71.

Ders.: Wohnen, Wohnumfeld und Wohnstandort als Determinanten des Naherholungverhaltens im Ruhrgebiet. – In: Kleinn, H., u. a. (Hrsg.): Westfalen – Nordwestdeutschland – Nordseesektor, Münster 1981 (Westfälische Geographische Studien, Bd. 37), S. 191–213.

Schnell, P., u. P. Weber: Naturpark „Hohe Mark". Gruppenspezifische Analyse der Besuchsmotive. – In: Natur und Landschaft, 52 (1977) 12, S. 341–348.

Steinecke, A. (Hrsg.): Interdisziplinäre Bibliographie zur Fremdenverkehrs- und Naherholungsforschung, Berlin 1981. – Beiträge zur allgemeinen Fremdenverkehrs- und Naherholungsforschung (Berliner Geographische Studien, Bd. 8). – Beiträge zur regionalen Fremdenverkehrs- und Naherholungsforschung (Berliner Geographische Studien, Bd. 9).

Ders.: Gesellschaftliche Grundlagen der Fremdenverkehrsentwicklung. – In: Haedrich, G., u. a. (Hrsg.): Tourismus-Management – Tourismus-Marketing und Fremdenverkehrsplanung, Berlin/New York 1983, S. 37–55.

Weber, P., u. R. Wilking: Schichtarbeit und Freizeit. Ergebnisse einer Untersuchung in Witten. – In: Schnell, P., u. P. Weber (Hrsg.): Agglomeration und Freizeitraum, Paderborn 1980 (Münstersche Geographische Arbeiten, H. 7), S. 49–60.

Wolf, K.: Freizeit und Naherholung im Verdichtungsraum. Gesellschaftliche Determinanten und räumliche Konsequenzen. – In: Schnell, P., u. P. Weber (Hrsg.): Agglomeration und Freizeitraum, Paderborn 1980 (Münstersche Geographische Arbeiten, H. 7), S. 81–85.

III.

REGIONAL- UND GEMEINDESTUDIEN

The Development of the Appreciation of Mountain Scenery in Modern Times. – In: The Geographical Review, Vol. III, No. 2, Febr. 1917, S. 107–118. (Mit freundlicher Genehmigung der American Geographical Society, New York.) Übersetzt von Klaus-Dieter Hartig.

DIE ENTWICKLUNG DER WERTSCHÄTZUNG VON GEBIRGSLANDSCHAFTEN IN DER NEUZEIT*

Von Walter Woodburn Hyde

In der Literatur des Mittelalters werden wir mit dem gleichen Desinteresse für Berge und Gebirgslandschaften konfrontiert, das so typisch für römische Schriftsteller ist. Anscheinend hat niemand die Gebirge überquert, außer wenn es unbedingt notwendig war. Kein Dichter sprach von ihnen, und wenn die Minnesänger des 12. und 13. Jahrhunderts auch von der Schönheit der Wälder, der Felder und des Vogelgesangs beeindruckt waren, konnten sie dieser Seite der Natur keine Inspirationen abgewinnen. Sogar für Dante, den größten der mittelalterlichen Barden, waren die Gebirge nicht anders zu begreifen als riesige Massen von gebrochenem Gestein und Klippen: ihre Erhabenheit entging ihm vollkommen. Er betrachtete sie als Gegenstände des Schreckens, die nur geeignet schienen, den Eingang zur tiefsten Hölle zu bewachen. Das verbreitete Gefühl von Ehrfurcht und Abscheu, mit dem die Alpen zur damaligen Zeit betrachtet wurden, zeigt sich in dem Brief des Meisters John de Bremble, einem Mönch der Christ Church, der sich 1188 auf der Paßhöhe des Großen St. Bernhard befand; er spricht von „Schaudern beim Anblick der Hölle der Täler" unter sich und lobt den Herrn, ihn zu seinen Brüdern zurückgeführt zu haben, um ihnen erzählen zu können, sich niemals „diesem Ort der Qual" zu nähern.

Und trotzdem waren die Gebirgsketten der Alpen einer großen Zahl von Reisenden bekannt, die aus religiösen oder gesundheitlichen Gründen unterwegs waren. An den Ausgangspunkten der großen Routen, die über sie hinweg führten, bauten Missionare Klöster und Kirchen. Um sie herum wuchsen langsam Dörfer, während auf den höher gelegenen Pässen Hospize gegründet wurden, um die Scharen von Pilgern in

---

* Auf die Wiedergabe der Anmerkungen und der im Originaltext enthaltenen vier Fotos wird hier verzichtet [Anm. d. Red.].

Empfang zu nehmen, die aus dem Norden und Westen Europas auf
ihrem Weg nach Rom über das Gebirge strömten. So existierte ein
Hospiz auf dem Großen St. Bernhard seit 859, während schon seit 812
ein Kloster an dieser Stelle stand.

Als Datum seiner Neugründung durch Bernhard von Menthon wird
im allgemeinen 962 oder 968 genannt; sie muß aber im folgenden Jahrhundert stattgefunden haben. Auch von der italienischen Seite wagten
sich Invaliden nach Norden, um Heilung in den Mineralbädern der
Schweiz und Deutschlands, z. B. in Baden und Aargau, zu suchen.
Aber trotz alledem erfahren wir weder von Bergbesteigungen um ihrer
selbst willen, noch vom Lob der Herrlichkeit der Berge, bis der Dichter
Petrarch 1336, dem klassischen Beispiel von Lucretius folgend, den
Mont Ventoux nahe Avignon in der Provence bestieg. In einem Brief an
einen Freund sagt der Dichter, er habe lange den Wunsch gehegt, diesen
Berg zu besteigen; er übertreibt die Schwierigkeit dieses Unternehmens
– er hat nur eine Höhe von 6270 Fuß –, aber der Ausblick erfüllt ihn mit
edlen Gefühlen. Im folgenden Jahr zog er nach Vaucluse um und ver-
schrieb sich einem Leben des Studiums und der Gemeinschaft mit der
Natur in ihren wildesten Erscheinungsweisen, indem er Hügel bestieg
und Schluchten überquerte, und sich so von den anderen Gelehrten des
Mittelalters unterschied.

Obwohl Petrarch der erste war, der mit der normalen, unbestimm-
ten, durch die Bergwelt angeregten Furcht brach und als erster Gefühle
der Bewunderung niederschrieb, gingen seiner Besteigung zwei andere
voraus. Die früheste Bergbesteigung, die in der neuzeitlichen Geschichte des Bergsteigens aufgezeichnet wurde, scheint die des Roche
Melon (Monte de Roccia Melone, 11 600 Fuß) nahe Susa in Savoyen gewesen zu sein. Der Ritter Bonifacio Rotario d'Asti soll auf seinem Gipfel eine Kapelle errichtet und in ihr eine Bronzestatue der Jungfrau aufgestellt haben (heute in der Kathedrale von Susa); aber es gibt eine Beschreibung einer noch früher versuchten Besteigung, festgehalten von
einem anonymen Chronisten des Klosters von Novalesa, geschrieben in
der ersten Hälfte des 11. Jahrhunderts. Sie basiert auf einem Bericht, der
dem Chronisten von einem alten Mann gegeben wurde, der versucht
hatte, den Gipfel zu erreichen. Man sagte dem Berg „arx Romulea"
nach, die Schatzkammer eines bösen Königs namens Romulus gewesen
zu sein, die von wilden Bestien belagert wurde. Im Juni 1588 besuchte

Seigneur de Villamont mit zwei Führern die Kapelle. Sein Bericht ist die früheste detaillierte Beschreibung einer alpinen Besteigung überhaupt. Der andere hier erwähnte Aufstieg war derjenige auf den Pic Canigou in den Pyrenäen durch König Peter III. von Aragon (1236–1285). Auf der Spitze fand er einen See, der der Wohnort eines monströsen Drachens war. Diesen Darstellungen kann man entnehmen, daß die Menschen des Mittelalters nicht nur physische Probleme hatten, die Gebirge kletternd zu überwinden, sondern auch solche geistiger Art, denn sie glaubten, daß gebirgige Regionen von geflügelten Drachen, Gnomen, Kobolden und bösen Geistern aller Art heimgesucht würden.

Zwischen dem Datum des Aufstiegs von Petrarch und dem 16. Jahrhundert sind mehrere Bergbesteigungen beurkundet. So bestieg der Künstler und Wissenschaftler Leonardo da Vinci gegen Ende des 15. Jahrhunderts den Berg Monboso, wie dies in fragmentarischen Passagen seines ›Literarischen Werks‹ belegt wird. Monboso wurde von manchen identifiziert als der 9326 Fuß hohe Mt. Monbego, der in den Seealpen liegt, von anderen wiederum als Monte Rosa. Im Juni 1492 war Karl VIII. von Frankreich von dem felsigen Mt. Aigiuille nahe Grenoble (etwa 7000 Fuß) beeindruckt, als er das Dauphiné passierte. Er befahl seinem Kammerherrn De Baupré, ihn zu besteigen; dieser hinterließ drei Kreuze am Gipfel, hielt eine Messe und blieb dort etwa eine Woche. Seine Besteigung ist belegt durch eine Beigabe aus seinem Grab, die von einem Sonderbeauftragten stammt und heute in den Archiven von Grenoble zu finden ist. Es handelt sich um den ersten detaillierten Bericht über einen Aufstieg, der heute noch als schwierig eingeschätzt wird. In der Neuen Welt glaubt man, daß es Diego de Ordaz war, der als erster Europäer den Vulkan Popocatepetl in Mexiko (17850 Fuß) bestieg. Der einzige Beweis ist jedoch nur ein Brief von Cortez an den spanischen König, in dem er schreibt, er habe eine Gruppe von Spaniern 1519 zum Gipfel des „brennenden Bergs" geschickt, um Schwefel für die Herstellung von Schießpulver zu besorgen. 1522 ließ sich Francisco Montaño 450 Fuß in den Krater hinab, ein Unternehmen, das heute normalerweise von indianischen Bergarbeitern der Schwefelminen mit Hilfe von Strickleitern durchgeführt wird.

Jedoch erst im 16. Jahrhundert finden wir Anzeichen dafür, daß die alte Abneigung einer wissenschaftlichen Neugier und Bewunderung weicht. Dieses Interesse, das in der neuzeitlichen romantischen Haltung gipfelt, bildete sich sehr langsam und trat nicht, wie so oft angenommen wird, ganz plötzlich vor 150 Jahren in Savoyen auf. Es scheint einen starken Anstoß durch die Gründung der Universität von Basel im Jahre 1560 erhalten zu haben, als zum ersten Male Menschen mit wissenschaftlich geschultem Verstand mit den Bergen der Schweiz in Berührung gebracht wurden. Das früheste Werk, das sich mit den Alpen befaßt, ist, soweit man in Erfahrung bringen kann, ein lateinisches Gedicht, das von Heinrich Moriti, einem Mitglied der Fakultät von Basel und Freund des Erasmus, verfaßt wurde. Bald nach seinem Erscheinen im Jahre 1514 können wir Bergbesteigungen feststellen. So besuchte 1518 eine Gruppe von vier Schweizern Luzern und erhielt von den örtlichen Behörden die Erlaubnis, den Pilatus zu besteigen. Sie vollbrachte eine großartige Leistung, ohne Belästigung durch den ruhelosen Geist des römischen Statthalters, der angeblich in dem Wasser des sumpfigen Sees in der Nähe des Gipfels wohnen sollte. Ganz der abergläubischen Natur der Zeit entsprechend war die Geschichte entstanden, daß der Geist des Selbstmörders Pilatus auf der Erde umherstreife, bis ein wandernder Gelehrter ihm ermögliche, in dem Gewässer auf dem Berg Ruhe zu finden, der seinen Namen trägt. Nur am Karfreitag sollte er an die Oberfläche des Sees aufsteigen; zu anderen Zeiten wäre er lediglich durch Rufen und Steinwurf heraufzuholen, was mit einem Beben der Umgebung verbunden sei. Schließlich untersagte die Verwaltung von Luzern allen Fremden, sich dem See zu nähern. 1307 wurden sechs Geistliche eingesperrt, weil sie gegen diese Anordnung verstoßen hatten.

Die früheste bedeutende Besteigung scheint jedoch im Jahre 1536 erfolgt zu sein, als Rhellicanus den Stockhorn nahe Thun (7195 Fuß) erklomm und dieses Unternehmen in 130 lateinischen Versen festhielt. Konrad Gesner, Professor in Zürich, zeigte Vogel (Avienus) von Glarus fünf Jahre später einen Brief, in dem zum ersten Male das neue romantische Gefühl ausgedrückt wurde.

Da dieser Brief den ersten deutlichen Bruch mit der älteren Periode der Schreckensvorstellungen markiert und damit den Beginn einer neuen Epoche der Wertschätzung der Gebirge, ist das folgende Zitat von Interesse:

Ich bin von nun an entschlossen, gelehrtester Avienus – solange es dem Herrn gefällt, mein Leben zu erhalten –, mehrere Berge zu besteigen, oder zumindest einen pro Jahr, in der Jahreszeit, in der die Blumen in ihrer Pracht stehen, zum ei-

nen mit dem Ziel, die Gebirgswelt zu untersuchen, zum anderen um der guten
körperlichen Übung und der geistigen Erbauung willen. Wie groß, meinst Du,
ist das Vergnügen, wie groß die Freude für einen Menschen, im Innern stark bewegt in den Bergmassiven zu wandern, während man ihre Weite bestaunt, dabei
den Kopf aufrecht inmitten der Wolken hält. Der Verstand ist tief bewegt – ich
weiß nicht wozu – durch ihre erstaunliche Höhe, und wird veranlaßt, an den
Großen Architekten zu denken, der sie erschuf, usw.

Aber Gesner stand nicht alleine in seiner Bewunderung der Berge,
wie wir dem folgenden Zitat aus einem Schreiben seines Freundes Marti,
Professor in Bern, entnehmen können:

Dieses sind die Berge, die uns Vergnügen und Entzücken bereiten, wenn wir von
den höchsten Teilen unserer Stadt auf sie blicken und ihre mächtigen Gipfel und
zerklüfteten Klippen bewundern, die anscheinend in jedem Augenblick zu stür-
zen drohen. Wer würde denn Orte dieser Art nicht bewundern, lieben, gerne
aufsuchen, erforschen und zu besteigen trachten? Ich sollte jene, die nicht von
ihnen angesprochen werden, ganz gewiß Tölpel nennen, dumme, stumpfsinnige
Fische und langsame Schildkröten . . . Ich bin niemals glücklicher als auf den
Bergkämmen und es gibt keine Art von Wanderungen, die mir mehr bedeutet als
jene in den Bergen.

In einer anderen Passage schreibt er, er habe auf der Spitze des Stockhorn viele Inschriften gesehen, von Bergsteigern in den Felsen geritzt;
eine griechische lautete: „Die Liebe zu den Bergen ist das Größte."
Ein ähnlicher Wandel der Empfindungen kann in der zeitgenössi-
schen Kunst verfolgt werden. Genau wie die Dichter wurden die mittelalterlichen Maler nicht von den Gebirgslandschaften angezogen. In frühen Ansichten der Schweiz steht der Betrachter fast ausnahmslos mit
dem Rücken zum Gebirge. Dürer und sein Schüler Altdorfer nahmen
als erste den Wandel in ihren Bildern auf. So können sie als die Begrün-
der der modernen Landschaftsmalerei betrachtet werden. Der nächste
wichtige Zeitpunkt bei der Darstellung der Entwicklung der Leidenschaft für die Berge ist 1574, das Jahr, in dem Josias Simler aus Zürich
einen großartigen Kommentar zu den Alpen veröffentlichte, in dem er
eine detaillierte Beschreibung der Alpenregionen gibt und ein Kapitel
den Gefahren und den Schwierigkeiten des Bergsteigens widmet. Er er-
teilt den Bergsteigern guten Rat, indem er Griffe, Seile, Schneeschuhe,
Steigeisen und sogar Schlittenfahrten und Rutschpartien aufführt. Er
spricht die Gefahren beim Überqueren von Schneefeldern und Glet-

scherspalten an und erwähnt sogar den Nutzen von schwarzen Brillengläsern, „vitrea conspicilia", und verbranntem Kork als Schutz gegen die Sonnenstrahlen. Im Vorwort legt er seinen Standpunkt in der folgenden Passage dar:

Die Dichter stellten dar, daß die Berge heimgesucht seien von vielen himmlischen Wesen – Pan, Satyr, Faunen und Oreaden. Parnassus, Helicon und viele andere Gipfel waren Göttern geweiht. Zweifelsohne wollten die Alten durch diese Mythen die Werke und die Macht der Natur versinnbildlichen, die in den Gebirgen am deutlichsten wird. In unserer Zeit jedoch, in der man jene rätselhaften Vorstellungen weder erklären kann noch es ernsthaft versuchen will, muß nichtsdestoweniger bekundet werden, daß die Hochgebirge ein eingehendes Studium besonders verdienen. Denn wohin man sich auch wendet, präsentieren sie den Sinnen eine Vielfalt von Gegenständen, die den Geist anregen und erfreuen. Sie stellen unseren Intellekt vor Probleme, sie versetzen unsere Seele in Staunen. Sie erinnern uns an die unendliche Vielseitigkeit der Schöpfung und bieten ein unübertroffenes Feld für die Beobachtung der Vorgänge in der Natur.

Hieraus können wir entnehmen, daß Simler der Vorläufer der eher sachlichen Schule war, während Gesner der Pionier der gefühlvollen Literatur über die Alpen war; obwohl Simler selbst ein Bergsteiger war, brachte er doch verhältnismäßig wenig Liebe und Begeisterung für die Berge zum Ausdruck.

Ein sehr ähnliches Gefühl wird einige Jahre später durch einen Reisenden wie folgt ausgedrückt:

Was, frage ich Sie, ist einem Menschen angenehmer, köstlicher und willkommener, als die Höhen der Hügel zu erblicken, die wahrhaftigen Himmelsträger? Die Säulen des Herkules zu bewundern? Die Berge des Taurus und Kaukasus zu sehen? Den Olymp, Sitz des Jupiter, zu betrachten? Die Alpen zu überqueren, durch die Hannibal sich seinen Weg sprengte? Das Vorgebirge des Apennin in Italien zu besteigen? Vom Berg Ida den Sonnenaufgang zu erblicken? Parnassus und Helicon zu besuchen, den gefeierten Sitz der Musen? Es gibt in der Tat keinen Berg oder Hügel, der nicht die schönsten Erinnerungen an würdige Begebenheiten tragen würde.

Gegen Mitte des 17. Jahrhunderts wurde die Topographie der Schweiz von Matthäus Merian und Martin Zeiller sorgfältig untersucht. Das wesentliche Verdienst ihres veröffentlichten Werkes stellen die fünfundsiebzig Kupferstich-Ansichten Schweizer Städte und Burgen dar. Gegen Ende des Jahrhunderts wurde ein erster Führer der Alpen durch den Zürcher Naturkundler Wagner herausgegeben. Am Anfang des 18. Jahrhunderts bereicherten die Arbeiten von J. J. Scheuchzer, einem Professor in Zürich, das Schrifttum über die Alpen. In seinem großartigen Werk katalogisiert er in lateinischer und deutscher Sprache alle jene Gebirgsketten, Gipfel, Gletscher, Pässe, Dörfer und sogar Almen, die ihm bekannt sind, ergänzt durch umfangreiche Informationen, die eine Zusammenfassung dessen darstellten, was man bisher über die Alpen wußte. Aber er offenbarte weder die gefühlvolle Verehrung der Berge, die wir bei Gesner sehen, noch das wissenschaftliche Interesse von Simler. Er muß außerdem ein schlechter Bergsteiger gewesen sein, denn an einer Stelle sagt er: „anhelosae quidem sunt scansiones montium", und versagte sogar wegen „Müdigkeit" bei dem Versuch, die Spitze des Pilatus zu erreichen. Überdies glaubte er fest an die bereits erwähnte Vorstellung, daß Drachen die Berge bewohnten.

Jedenfalls waren zu dieser Zeit nur einige Pässe, wie der Gemmi und Grimsel, gut bekannt, und nur wenige der niedrigeren Gipfel, wie Pilatus und Stockhorn, waren erreicht worden. Erst im frühen 18. Jahrhundert besuchten ausländische Touristen die Schweizer Alpen in größerer Zahl. Die meisten von ihnen waren natürlich vollkommen damit zufrieden, die Erhabenheit der Gletscher und Bergspitzen von den Ortschaften in den Tälern aus zu betrachten. Aber ein allgemeiner Aufbruch zur Herrlichkeit der höheren Gipfel wurde um die Mitte des Jahrhunderts spürbar. Die früheste, schriftlich festgehaltene Besteigung einer schneebedeckten Bergspitze betraf den Titlis, der 1739 von einem Mönch aus Engelberg erreicht wurde. Die riesigen Gletscher des Montblanc – bzw. Mont Maudit, wie er damals genannt wurde –, die bereits von den sechzig Meilen entfernten Straßen Genfs aus sichtbar sind, wurden 1741 von zwei Engländern, Pococke und Windham, aufgesucht, die als Vorhut des Stroms britischer Touristen betrachtet werden können. Der Bericht über den Besuch dieser „Entdecker" von Chamonix ist wenig ernsthaft, vermittelt uns aber eine Vorstellung von einem Schweizer Bergdorf jener Zeit. Sie betraten Chamonix begleitet von einem Gefolge von Trägern und Führern, die gegen die „Banditen" des Tals gut bewaffnet waren, die sie so sehr fürchteten, daß sie kein Haus betraten, sondern im Freien biwakierten.

1760 besuchte De Saussure, damals ein junger Professor an der neu gegründeten Akademie in Genf, Chamonix mit der festen Absicht, den

Montblanc für wissenschaftliche Zwecke zu besteigen. Im nächsten
Jahr kehrte er zurück und setzte einen Preis aus für denjenigen, der
einen Weg zum Gipfel fände. Ein Vierteljahrhundert lang wurden unterschiedliche Versuche unternommen, ihn zu bezwingen, aber erst
1786 entdeckte der Bauer Jacques Balmat in Begleitung des Dorfdoktors
Paccard einen Pfad. Wissenschaftliches Interesse war der Anlaß für die
Mehrzahl der folgenden Besteigungen bis in die zweite Hälfte des
19. Jahrhunderts. Zu dieser Kategorie gehören die Besteigungen der
Gipfel des Jungfrau-Massivs im Jahre 1811, des Finsteraarhorn im Jahre
1812, des Monte Rosa 1855, des Dom 1858, des Aletschhorn 1859, des
Weißhorn und Schreckhorn 1861, des Dent Blanche 1862 sowie des
Grandes Jorasses und Aguille Verte (beide im Massiv des Montblanc ge-
legen) 1865. Im gleichen Jahr wurden Gabelhorn und Matterhorn im
Zermatt-Gebiet erklommen. 1854 unternahm ein Engländer namens
Wills den riskanten Aufstieg auf das Wetterhorn von der Grindelwald-
seite aus. Dieses Datum gilt allgemein als der Beginn der Leidenschaft
für das Bergsteigen als einer Form gesunden und männlichen Sports.
Seither hat es solche Dimensionen angenommen, daß bis heute praktisch jeder Fels und jede Klippe der Alpen wiederholt bestiegen wurde.

In der abschließenden Betrachtung sollten wir jedoch nicht den
Einfluß der Literatur übersehen, der im 18. Jahrhundert weitgehend
zur Verbreitung der romantischen Haltung bezüglich der Gebirge beitrug. Das Gedicht des Schweizer Physiologen Albrecht von Haller mit
dem Titel ›Die Alpen‹ (Bern 1732) ist vielleicht das früheste Werk dieser
Art in jenem Jahrhundert. Aber dieser bedeutende Einfluß wurde noch
übertroffen durch die epochalen Schriften Rousseaus, der die romantische Sichtweise der Natur in allen ihren Phasen, besonders hinsichtlich
der Gebirge, verkündete, welche dem Gedanken von der Schweiz als
„Spielplatz" einen beachtlichen Impuls gab. Die „Nouvelle Héloïse" ist
der Haupttypus der wachsenden Vorliebe für die Berge. In seinen ›Con-
fessions‹ erscheint die bekannte Passage, in der er seine Abneigung gegen die Ebenen gesteht und die Schönheit von Wildbächen, Felsen,
Wäldern, zerklüfteten Pfaden und Abgründen rühmt. Dem englischen
Dichter Gray wurde wegen der Intensität vieler Passagen seiner im
Jahre 1769 verfaßten Briefe aus dem Lake District fälschlicherweise die
Ehre zuteil, der erste gewesen zu sein, der das Interesse an Gebirgen und

am Bergsteigen weckte. Jahre zuvor (im August 1741) hatte er in das Album der Brüder von Grande Chartreuse die schönen alkäischen Zeilen geschrieben, die mit

> O Tu, severi Religio loci

beginnen, und in denen er erstmals seine Leidenschaft für „niveas rupes" und „fera juga" offenbart:

> Clivosque praeruptos, sonantes
> Inter aquas memorumque noctem.

Er markiert den Übergang von der Künstlichkeit Popes und seiner Anhänger zur Natürlichkeit in englischen Briefen gegen Ende des Jahrhunderts, vorgetragen durch Cowper, Burns und andere Dichter. Mit Thomson teilt er sich die Ehre, die englische Dichtung wieder zur Natur zurückzuführen. Geboren und aufgewachsen mit Blick auf die Hügel von Cheviot und Lammermuir, wurde Thomson inspiriert durch ihre wilde Landschaft, obwohl seine Dichtungen

> Über Felsen und Hügel und Türme und wandernde Ströme

bestenfalls als die eines Mannes gelten konnten, der auf diese Naturphänomene noch als verschwommene, ferne, dunkle blickte. Macpherson, der Autor der Ossian zugeschriebenen Gedichte, der im 18. Jahrhundert in Europa auf so seltsame Weise Beliebtheit fand, legte als erster die Erhabenheit des schottischen Hochlandes dar, wo Berg, Tal und Meer sich zueinander gesellen: Seine Beschreibungen der Landschaft belebten das Verständnis für die Pracht im Unterschied zum Schrecken der Gebirgswelt. In der Folge wurde das Hochland, vor kurzem noch als Wohnort halbwilder Menschen betrachtet, auch zum Vergnügen aufgesucht.

Der erste Impuls, der durch diese Naturliebhaber gegeben wurde, wurde verstärkt durch die romantischen Schriftsteller Englands. Diese, sowohl Dichter wie auch Prosaschriftsteller, gaben sich zunächst damit zufrieden, dem griechischen Ideal des Genießens der harmonischen Landschaft zu folgen, spürten aber bald den Einfluß des Elementaren sowohl im Meer als auch im Gebirge. Der Größte unter ihnen war Wordsworth, der literarische Hauptinterpret der Natur. Er brachte den englischen Ohren eine neue Botschaft, die nur andeutungsweise von Thomson und Gray verkündet worden war. Denn vor seiner Zeit hatte die englische Dichtung nur wenig ernsthaftes Interesse an der Beschreibung der Natur gezeigt, die zum größten Teil immer noch unpersönlich und sachlich war. Wo sich seine Vorgänger mit dem Nachahmen der „pathetischen Täuschung" zufriedengaben und ihre eigenen Gefühle nur hineindeuteten, ließ Wordsworth seine persönliche Botschaft sprechen. In seiner Dichtung wird nicht nur der Aspekt der äußeren Erscheinung, sondern die ganze Seele der Natur dargelegt. Sein Einfluß, wie der Rousseaus, es noch persönlicher und poetischer auszudrücken, kann nicht unterschätzt werden. Obwohl sie nicht die ersten waren, verdanken wir ihnen in besonderem Maße unser neuzeitliches Empfinden für die Natur, besonders in bezug auf unsere Bewunderung für die felsigen Gebirgslandschaften.

Karl Sputz: Die geographischen Bedingungen und Wirkungen des Fremdenverkehrs in Tirol. Diss. Wien 1919, S. 79–89 (Auszug).

WIRKUNGEN DES FREMDENVERKEHRS*

Von Karl Sputz

Landschaftliche Wirkungen

Der Fremdenverkehr prägt das Landschaftsbild um, er erweitert die Kulturlandschaft. Durch Anlage von Wegen, Steigen und Brücken, Markierungen usw., durch Anbringung von Tafeln und Bänken gerade an den schönsten Punkten, durch die Erbauung von Hotels, Gasthöfen und Schutzhütten wird der Natur gerade das genommen, was der Fremde so oft sucht: die Unberührtheit und Einsamkeit. Doch soll nicht übersehen werden, daß mitunter Wege, Brücken oder Eisenbahnen das Landschaftsbild abwechslungsreicher gestalten können. Und unter Umständen können die Wege dadurch, daß sie eine gewisse Symmetrie schaffen und außerdem, weil sie den Beschauer in die Landschaft hineinführen und so eine Verbindung mit ihr herstellen, den ästhetischen Genuß noch vermehren.[1] Durch das Beschmieren von Wänden, durch das Liegenlassen von Gegenständen, wie etwa Konservenbüchsen, geht viel vom schönen Anblick verloren. Noch unästhetischer wirkt geschmackloser Stil bei Hotelbauten, „städtische Bauweise in ländlicher Umgebung"[2]. In jüngster Zeit sucht man im Rahmen der Naturschutzbewegung gegen diesen Vandalismus anzukämpfen.

Das unmittelbare Auftreten großer Gebäude in der einsamen Natur, wie z. B. das Karerseehotel an der Dolomitenstraße, oder inmitten einer kleinen Siedlung mutet ganz eigenartig an. So fügen sich die Gasthöfe und Hotelbauten, besonders wenn sie isoliert stehen, als neues Element in das Gesamtbild der Landschaft ein. Da sie vom landwirtschaftlichen

---

* Die Schreibweise wurde z. T. redaktionell überarbeitet [Anm. d. Red.].

[1] Fr. Ratzel: Über Naturschilderung, Volks-Ausg. 3. Aufl., München 1911, S. 94f., S. 132.

[2] Jos. Stradner: Der Fremdenverkehr, 2. Aufl., [Graz] 1917, S. 32.

Betrieb unabhängig sind,[3] besteht die Möglichkeit, ihre Lage nach Gutdünken zu bestimmen. Die Zone der Schutzhütten reicht bis in die Gletscherregion hinauf, die Grenze der bisherigen Ökumene weit hinter sich zurücklassend. Allerdings besteht bei den Gasthöfen eine größere Abhängigkeit vom Verkehrsnetz. Sie müssen von der Straße aus deutlich sichtbar sein, ihr Zweck muß leicht erkennbar sein;[4] um stark aufzufallen, werden sie mit mächtigen Aufschriften versehen. – Wie jeder Verkehr fördert auch der Fremdenverkehr das Wachstum der Siedlungen. Es kann dabei sogar ein neuer Typus von Siedlungen entstehen: die Hotelorte, das sind Ortschaften, die wesentlich zur Unterbringung und Verpflegung von Fremden dienen, wie Neutoblach, San Martino di Castrozza, Sulden und Trafoi.[5] Madonna di Campiglio, „einst ein armseliger Sennhüttenplatz"[6], ist ein Höhenkurort geworden, der fast nur aus vornehmen Hotels besteht. Auch viele andere Orte erhalten durch das Aufblühen des Gastgewerbes eine spezifische Physiognomie. „Badeorte und Sommerfrischen sind unter Zurückdrängung der Zinskasernen und unter reichlicher Verschwendung unbebauter Räume für Promenaden, Gartenanlagen, durch lockere Bebauung und geringere Wohndichte ausgezeichnet."[7] Selbst in ganz kleinen Orten werden wegen des Fremdenverkehrs Einrichtungen geschaffen, wie sie sonst noch nicht bestehen würden, z. B. elektrische Beleuchtung und sanitäre Einrichtungen. Auch der Fremdenstrom selbst ist ein Teil des Landschaftsbildes – in den großen Fremdenzentren, wie Innsbruck, verleiht er der Stadt während der Saison ein internationales Gepräge[8] –, ebenso die Automobile der Fremden, die auf den Alpenstraßen den Staub aufwirbeln und die Luft verpesten.

[3] N. Krebs: Länderkunde der österreichischen Alpen, Stuttgart 1913, S. 184.

[4] P. Damm-Etienne: Das Hotelwesen. Aus Natur und Geisteswelt, Leipzig 1910, S. 29.

[5] N. Krebs: a. a. O., S. 227.

[6] H. Reishauer: Die Alpen. Sammlung Natur und Geisteswelt, Leipzig 1909, S. 134.

[7] K. Hassert: Die Städte geographisch betrachtet. Aus Natur und Geisteswelt, Leipzig 1907, S. 113.

[8] N. Krebs: a. a. O., S. 282.

Einwirkung auf die Eigenart und Zusammensetzung der Bevölkerung

Der Fremdenverkehr macht mit den Sitten und Gewohnheiten fremder Völker bekannt, die Berührung mit fremder Kultur wirkt sehr anregend auf ein Volk. In politischer Hinsicht kann durch die Anwesenheit von Fremden verschiedenster Staatsangehörigkeit, mit denen man wirtschaftlich in Verbindung steht, Weltbürgertum entstehen. Es kann aber auch zu einer stärkeren Betonung des Nationalgefühls kommen; der deutsche Bauer eines entlegenen Seitentales wird sich erst jetzt bewußt werden, welch großem Volkstum er angehört, wenn Deutsche aus allen Gauen sein stilles Tal besuchen.[9]

Durch die große Zahl Fremder aus deutschen Gebieten schiebt sich die Sprachgrenze für die Deutschen im günstigen Sinne vor, z. B. im Grödnertal.[10] „In italienischen Gebieten besitzen die Deutschen viele Unterkunfts- und Transportmittel" und stärken so das deutsche Element.[11] Wie sehr germanisierend der Fremdenverkehr in den Ostalpen wirkt,[12] zeigt die Bildung einer kleinen Sprachinsel in Braile, einem südlichen Vorort von Arco,[13] und die Zunahme der Deutschen in Riva von 3,9 % der Bevölkerung im Jahre 1900 auf 5,8 % im Jahre 1910 infolge der aufblühenden Fremdenindustrie.[14]

Vielfach geht durch den Fremdenverkehr die Eigenart eines Volkes verloren. Alte Sitten und Gebräuche, die oft so malerischen Trachten werden aufgegeben. Ein verderblicher Einfluß auf die Sittlichkeit macht sich bemerkbar, eine der größten Schattenseiten des Fremdenverkehrs. Der Anblick der verschwenderischen, luxuriös lebenden Fremden reizt zur Nachahmung. Die im Verkehr mit den Fremden nötige Höflichkeit und Dienstfertigkeit macht die Bevölkerung zu einer devoten Bedientenklasse. Je stärker der Fremdenverkehr anschwillt, um so weniger

[9] R. Pfaundler: Fremdenverkehr und Verkehrswege in ihrer Wirkung auf die Sprachgrenze. Deutsche Erde 1908. S. 55.
[10] Ebenda S. 54.
[11] Ebenda S. 55.
[12] N. Krebs: a. a. O., S. 170.
[13] R. Pfaundler: Die deutsch-romanische Sprachgrenze in Tirol und Vorarlberg. Deutsche Erde 1908, S. 7.
[14] N. Krebs: a. a. O., S. 173.

wird „der wandernde Fremdling als Gast denn als Quelle des Gelder-
werbes angesehen und behandelt"[15]. Der relativ leichte Verdienst beim
Fremdenverkehr verleitet zur Faulheit. Deshalb wird auch die Landwirtschaft vernachlässigt, und zwar gerade, wenn es am meisten zu tun
gibt, da das Gastgewerbe zur selben Zeit Hochsaison hat.

Volkswirtschaftliche Wirkungen

Die volkswirtschaftlichen Wirkungen des Fremdenverkehrs sind es,
um derentwillen die ganze Fremdenverkehrspflege getrieben wird.
Durch den Fremdenverkehr sind die Firnfelder und öden Felsregionen,
obgleich unproduktiver Boden, zu einem Teil des Volksvermögens geworden.[16] Er wirkt anregend auf die Produktionskraft des Landes.
Vieles, das bisher unbenützt geblieben ist, wie die Vermietung leicht
entbehrlicher Wohnräume, oder „was einfach verschwendet, d. h. über
den notwendigen Gebrauch hinaus aufgezehrt worden ist", wird nun
mit großem Gewinn an den Mann gebracht.[17] Große Verdienstmög-
lichkeiten – neue Existenzbedingungen werden durch den Fremdenverkehr geschaffen. Unmittelbar beteiligt sind das Gastgewerbe und die
Fremdenführer.

1910 waren in Tirol 2,6 % von der Summe der in sämtlichen Berufs-
zweigen beschäftigten Personen in Gasthöfen und Gastwirtschaften tätig,[18] und zwar im:

Handelskammerbezirk Innsbruck	2,9
Bozen	3,9
Rovereto	1,7

[15] O. v. Zwiedineck-Südenhorst: Einige Betrachtungen über die Kosten der
Touristik einst und jetzt. [– In: Z. des D. Oe. A. 1910], S. 28.

[16] Jos. Stradner: a. a. O., S. 7.

[17] Referat des Dr. Zistler über „die volkswirtschaftliche Bedeutung des Fremdenverkehrs" (Verhandlungen des I. Kongresses zur Hebung des Fremdenverkehrs in den österreichischen Alpenländern), Graz 1894, S. 16.

[18] Berufsstatistik nach den Ergebnissen der Volkszählung vom 31. 12. 1910.
Tirol und Vorarlberg (Österr. Statistik, Neue Folge III. B, 7. Heft), Wien 1915.
S. 6.

Allerdings sind viele nur zeitweilig in der Hotelindustrie beschäftigt; denn 32 % der Betriebe sind Saisongeschäfte (1913). Außerdem sind gerade in den großen Hotels viele Ausländer angestellt. Der Verkauf von Lebensmitteln und Ausrüstungsgegenständen an die Fremden bringt viel Gewinn. Milch, Butter, Eier, Fleisch und Fische, Gemüse und Obst werden an Ort und Stelle abgesetzt und konsumiert. Der Fischfang, besonders der Forellenfang, gewann in den Alpenländern erst seit die Fremden ins Land kamen Bedeutung. Stellenweise wurde er sogar so intensiv betrieben, daß eine Überfischung die Folge war.[19] Noch mehr wird die Milchwirtschaft durch den Fremdenverkehr beeinflußt. Da die Milch wenig transportfähig ist und deshalb besonders im Sommer wegen der schlechten Verkehrsverhältnisse nicht gut verschickt werden kann, ist es sehr vorteilhaft, daß die Verbraucher in der Nähe sind. Ungünstig ist die Wirkung des Fremdenverkehrs auf die Almwirtschaft, denn der Bauer muß täglich die Milch bei der Hand haben und kann daher nicht alle Kühe auf die Almen treiben.

Viele Verkehrsunternehmungen, die für den Fremdenverkehr gebaut wurden, kommen auch sonst der Wirtschaft zugute. Manche Täler verdanken es dem Fremdenverkehr, daß sie dem Weltmarkt angeschlossen sind. – Die Handwerker profitieren ebenfalls am Fremdenverkehr. Manche Industrien, meist Hausindustrien, die ursprünglich nur lokale Bedeutung hatten, fußen großenteils auf ihm und sind so zu „Fremdenindustrien" geworden.[20] Die Gold- und Silberfiligranarbeiten im Ampezzotal, die Holzschnitzerei im Grödnertal, die Intarsiaarbeiten Südtirols, die Erzeugung von Coniferenpräparaten,[21] die Herstellung von Olivenholzartikeln in Arco[22] gehören hierher, ebenso die Ansichtskartenindustrie, die Herstellung von Obstkonserven in Bozen usw.

Dem Fremdenverkehr ist auch das Hineinwachsen der geschlossenen Hauswirtschaft, die bei der bäuerlichen Bevölkerung bis zur Mitte des vorigen Jahrhunderts andauerte, „in den geldwirtschaftlichen Verkehrsorganismus der Volkswirtschaft" zu verdanken.[23] Und zwar wer-

[19] N. Krebs: a. a. O., S. 208.
[20] H. Reishauer: Die Alpen, a. a. O., S. 129.
[21] N. Krebs: a. a. O., S. 221 ff.
[22] E. Magner: Die Hausindustrie in den österreichischen Alpenländern. [– In:] Z. des D. Oe. A. 1891. S. 204.
[23] O. v. Zwiedineck-Südenhorst: a. a. O., S. 26.

den durch ihn selbst die entlegensten Seitentäler in die Volkswirtschaft
einbezogen.[24] Man ist nicht mehr abhängig vom entfernten Markt, den
mit Waren zu beschicken sich früher gar nicht ausgezahlt hatte; denn re-
gelmäßiger Touristenverkehr wirkt selbst wie ein Markt.[25] Das ermöglicht jetzt eine bessere und intensivere Wirtschaftsweise. Beim Fremdenverkehr fällt auch die Konkurrenz des Weltmarktes weg, aber allerdings zugleich der Ansporn, der dadurch gegeben ist. Dazu kommt
günstige Preisbildung, weil die Fremden nicht aus wirtschaftlichen
Grundsätzen handeln und weil man sich die Preise nicht vom Zwischenhandel vorschreiben lassen muß.[26] Außerdem kann die Produk-
tionsfähigkeit der Alpenländer mit der „kolossalen Steigerung der Tou-
ristenmassen" nicht Schritt halten, wodurch ein günstiges Verhältnis
zwischen Angebot und Nachfrage zustande kommt.[27] Doch auf der anderen Seite wird die infolge der gesteigerten Nachfrage eintretende
Preiserhöhung von der bodenständigen Bevölkerung unangenehm
empfunden. Fremdenverkehr wirkt wie Export, aber mit Ersparnis von
Frachtspesen und Zöllen, weil die Konsumenten selber zum Produzenten kommen.[28]

Durch alle diese Erwerbsmöglichkeiten wird der Auswanderung ge-
gengesteuert und die Vermehrung der Volkszahl, besonders in stark besuchten Fremdenorten, geht rasch vor sich.

Die Volksverschiebung in v. H. der Zu- und Abnahme während der
drei Dezennien 1880–1910.[29]

Gerichtsbezirke:	1880–90	1890–1900	1900–10
Zell a. Ziller	−6,9	−0,5	4,8
Mieders	−1,3	1,3	14,6
Ampezzo	−9,7	1,8	19,8
Fügen	−6,1	−2,6	−0,4

---

24 N. Krebs: a. a. O., S. 225.
25 O. v. Zwiedineck-Südenhorst: a. a. O., S. 29.
26 Jos. Stradner: a. a. O., S. 10 f.
27 O. v. Zwiedineck-Südenhorst: a. a. O., S. 26.
28 Jos. Stradner: a. a. O., S. 10.
29 N. Krebs: a. a. O., S. 243 f.

Die ungleich günstigere Entwicklung der ersten drei Orte, die sich in landschaftlich schönen und deshalb von den Fremden viel aufgesuchten Gegenden befinden, im Vergleich zu dem „in der einförmigen Schieferzone liegenden Fügen" ist deutlich erkennbar.[30]

Der wirtschaftliche Wert des Fremdenverkehrs

Nach Ermittlung der Aufenthaltsdauer der Fremden und unter Zugrundelegung eines Tagesverbrauches von 15 Kronen pro Kopf[31] kann man den Bruttoertrag des Fremdenverkehrs von Tirol 1913 mit 66 Millionen Kronen beziffern. (Die Gesamteinnahmen Österreichs betrugen rund 450 Millionen Kronen.) Auf eine Person entfielen in Tirol 1910 durchschnittlich 76,5 Kronen. Am wertvollsten sind die Einnahmen aus dem Ausländerverkehr. Diese sind es, welche die Handelsbilanz günstig beeinflussen und imstande sind, unsere Valuta zu heben. Für Österreich wurden als Einnahmen aus dem Ausländerverkehr in den Jahren 1896–1913 die folgenden Werte gefunden[32]:

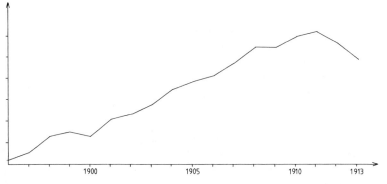

Abb. 1: Ertrag des Ausländerverkehrs in Österreich in den Jahren 1896–1913 (in Kronen).

[30] Ebenda, S. 251.

[31] Fr. Bartsch: Einfluss der Wanderbewegung und des Fremdenverkehrs auf die Zahlungsbilanz Österreich-Ungarns. (Mitt. des k. k. Finanzministeriums, 1911. 1. Heft).

[32] Fr. Bartsch: Einfluss der Wanderbewegung und des Fremdenverkehrs auf

Tirols Bruttogewinn am Ausländerverkehr beträgt 37,6 Millionen Kronen. In Tirol ist das Verhältnis zwischen dem Gesamtverkehr und Ausländerverkehr besonders günstig und wird sich jetzt nach der Aufteilung der Monarchie noch günstiger gestalten.

Zum Vergleich seien noch einige Zahlen aus dem Ausland genannt. In den letzten Jahren vor dem Kriege schätzte man den Ertrag der Schweiz am Fremdenverkehr auf 300 Millionen Francs, den Italiens auf 600 Millionen Lire und die Bruttoeinnahmen Frankreichs auf 3000 Millionen Francs. Letztere Zahl ist jedoch sicher viel zu hoch gegriffen.[33] Überhaupt sind alle diese Angaben sehr unverläßlich und können nicht gut miteinander verglichen werden, weil jede auf eine andere Weise gewonnen wurde.

Trotz dieser hohen Zahlen soll man sich hüten, den wirtschaftlichen Wert des Fremdenverkehrs zu überschätzen. Trägt doch in der Schweiz, deren Einrichtungen für den Fremdenverkehr vorbildlich sind, das im Gastgewerbe investierte Kapital – es sind 800 Millionen Francs (in Tirol beiläufig 300 Millionen Kronen)[34] – nur 4–5%,[35] und in Tirol dürfte die Verzinsung noch geringer sein. In der Folgezeit wird der Reingewinn am Fremdenverkehr sinken, weil es wegen der Verkleinerung des Staatsgebietes nötig sein wird, mehr Waren als bisher und zu bedeutend höheren Preisen zu importieren. Dennoch wird man alles daransetzen, die Neubelebung des Fremdenverkehrs in die Wege zu leiten. Vor allem gilt es, möglichst rasch alle die vernichteten Werte wiederherzustellen. Große Hotels sind der feindlichen Beschießung zum Opfer gefallen, z. B. in Trafoi und Toblach, oder aus militärischen Rücksichten zerstört worden, wie San Martino di Castrozza.[36]

die Zahlungsbilanz Österreich-Ungarns. (Mitt. des k. k. Finanzministeriums, 1911. 1. Heft), S. 178 und Fr. Bartsch: Statistische Daten über die Zahlungsbilanz Österreich-Ungarns vor Ausbruch des Krieges. (Mitt. des k. k. Finanzministeriums. Wien, Mai 1917), S. 80.

[33] Jos. Stradner: a. a. O., S. 15 f.

[34] Die Kriegsverluste des Hotelgewerbes. Rundschau des Österr. Verkehrs-Verbandes. März-Nummer 1918, S. 2.

[35] H. Walser: Landeskunde der Schweiz. 2. Aufl. Sammlung Göschen. Berlin und Leipzig 1914, S. 143.

[36] F. Gerényi: Der Fremdenverkehr nach dem Kriege. – In: Rundschau des Österr. Verkehrs-Verbandes. Jänner-Nummer 1918, S. 6.

Sollte auch einige Zeit verstreichen, bis die Fremden im selben Maße wie vor dem Kriege ins Land kommen, so wird dennoch der Fremdenverkehr im Wirtschaftsleben Tirols bald wieder eine erhebliche Rolle spielen.

Geographische Rundschau, 3. Jg., 1951, S. 115–118.

ZUR GEOGRAPHIE DER BÄDERSTADT NAUHEIM

Von Julius Wagner

1. Zum Siedlungscharakter der Badeorte

Die Badeorte zeigen im Siedlungsbild charakteristische Züge:
1. Ein besonderes Kurviertel mit Kurgarten und sonstigen gärtneri-
schen Anlagen, darin das stattliche Kurhaus, Badehäuser, Wandelhallen, Sportplätze, umgeben von einem Bezirk in lockerer Bauweise mit
Hotels und Fremdenpensionen mit balkonreichen Fronten. 2. Nahe
den Kuranlagen Geschäftsviertel mit Geschäftshäusern, die Luxusarti-
kel, geschmackvolle Modewaren, Artikel zur Schönheitspflege, Blumen, Kunstgegenstände in schöner Aufmachung anbieten. 3. Gewer-
bebetriebe kommen, wenn überhaupt vorhanden, nur in entfernteren
Randzonen vor, und industrielle Großbetriebe werden absichtlich fern-
gehalten. 4. In der Zusammensetzung der Bewohner hatten vor dem
Kriege sozial gehobene Schichten stärkeren Anteil als in anderen Sied-
lungstypen, die Altersgliederung zeigt stärkeren Anteil an höheren Le-
bensaltern, da Badeorte beliebte Wohnorte für Ruheständler sind. 5. Im
Straßenbild verrät sich der Lebensrhythmus des Badeorts: belebte Straßen bei Beginn und am Schluß der täglichen Kurzeiten, sonst fast ausge-
storbene Straßen im Kurviertel, Verkehrsrichtung nach und vom Kurviertel fließend. Im Straßenbild in den eigentlichen Krankenbädern viele
kranke Menschen, in den Luxusbädern große Eleganz und Aufmachung. 6. Lebensstil: Ruhe, Schönheit, Lebensgenuß, gepflegte Umgebung, Hygiene, sorgfältig betreut.

Uralte Quellen haben auch in Deutschland an vielen Orten die prähi-
storischen Siedler in der Wahl des Siedlungsplatzes mitbestimmt, und
vorgeschichtliche Funde sind von Salzquellorten reichlich bekannt. Die
Siedler waren Viehzüchter und Ackerbauern. Schon im Mittelalter entstand das Gewerbe der Salzsieder, Söder, Pfänner. Zunächst blieben die
Salzorte meist klein, einige aber gewannen durch den Salzhandel schon

früh größere Bedeutung, wie z. B. Lüneburg, Salzburg. Jedoch nicht der Salzhandel an sich, sondern die Heilkraft der Bäder gab erst in jüngerer Zeit den Quellenorten stärkeren Auftrieb. Vom 17. Jahrhundert ab kam der Besuch von Heilbädern allmählich mehr in Mode, doch erst seit der Wende vom 18. zum 19. Jahrhundert trat die eigentliche Entwicklung zum Siedlungstyp Badeort ein. Pyrmonts Aufstieg begann z. B. erst vor rund 150 Jahren; das größere gewerbstätige Osdorf wurde später eingemeindet. Baden-Badens Aufstieg datiert erst aus dem Anfang des 19. Jahrhunderts. Auch Kissingen begann damals seinen Dorfcharakter zu verlieren. Bad Wildungen entstand erst, nachdem Alt-Wildungen als zentraler Ort im Waldecker Lande schon längst Bedeutung erlangt hatte. Wie stark die industriellen Entwicklungsimpulse im vorigen Jahrhundert waren, zeigt sich an Bad Cannstatt, das älter und viel günstiger als Stuttgart gelegen ist, aber von der mächtig aufwärts strebenden Hauptstadt Stuttgart eingemeindet wurde. Nicht der ältere Badeort gewann das Rennen, sondern die jüngere Residenz- und Industriestadt.

2. Nauheim als Bäderstadt

Der Ort wurde zuerst 1231 urkundlich genannt: Nuheim = Neuheim; er hatte damals einige hundert Bewohner, meist Bauern, aber auch schon Salzsieder. Die alte dörfliche Siedlung nahe einem vorgeschichtlichen Siedlungsplatze betrieb vom Mittelalter an bis 1911 in einem dorfnahen Bezirk nicht weit von den heutigen Gradierwerken, dem Söderbezirk, Salzsiederei. Am westlichen Dorfrand lag die ummauerte Burg, die 1816 von der politischen Gemeinde erworben wurde. Das Dorf hatte 1610 1000 Einwohner, 1648 nur noch 300. Das Solbad wurde 1835 eröffnet. Die sozialen und wirtschaftlichen Verhältnisse Nauheims haben sich seitdem grundlegend geändert. 1835 hatte der Ort 1400 Einwohner, 1923 schon 8825. Der Bau der Eisenbahn 1850 gab der Entwicklung neue Impulse. Nach Norden entstanden der Kurpark, das Kurhaus, die Badehäuser, die den Sprudelhof umrahmen. In den neueren Teilen herrscht ganz lockere Bauweise, die wir auch im Fremdenheimviertel dem Bahnhof zu und südlich des alten Nauheims antreffen. Alt-Nauheim war eng und geschlossen bebaut, aber die alten engen, krummen Dorfgassen sind durch ein gradliniges Straßennetz ersetzt worden.

Es lassen sich folgende Siedlungsteile unterscheiden, die in einer für
den Badeort charakteristischen Beziehung stehen:

Dem eigentlichen Kurbetrieb dienen die Badehäuser, Trinkhallen,
Wandelhallen und der Kurpark, ferner Sanatorien und verschiedene
Heilinstitute. Das Kurhaus ist für den geselligen Verkehr bestimmt.
Sportplätze verschiedener Art dienen ebenso wie die zahlreichen Pro-
menadenwege der Erholung. Die Parkstraße trennt den Kurbezirk von
der Wohnstadt. An der Parkstraße liegen die meisten Geschäfte für Lu-
xusbedarf der Kurgäste, aber die Geschäfte für Lebensmittel liegen
mehr im verstädterten Alt-Nauheim. Die großen Hotels und die meisten Fremdenheime stehen ebenfalls nahe dem Kurpark. Die Häuser im
locker bebauten Villenviertel haben zahlreiche Balkone. Jeder Kurgast
bevorzugt ein Zimmer mit Balkon, dadurch erhält die Häuserfront das
für Badeorte charakteristische Aussehen.

Die Nauheimer Mineralquellen sind wie die meisten an anderen Orten uralt und mögen wohl schon in vorgeschichtlicher Zeit benutzt
worden sein. Siedlungsspuren seit der Jungsteinzeit sind aus der Umgebung reichlich vorhanden. Welche Bedeutung die Quellenorte schon in
früheren Zeiten hatten, geht daraus hervor, daß Salzstraßen zu den ältesten Fernverkehrswegen zählen. Die Salinenorte dienten zunächst der
Salzgewinnung, der die Zunft der Söder (= Sieder) oder Pfänner (=
Arbeiter an den Siedepfannen) oblagen. In Siedehäusern wurde in großen Pfannen, unter denen Holzfeuer brannte (Holz war ja noch reichlich vorhanden), Salz gewonnen. Damit man Feuerungsmaterial erspar-
te, errichtete man Gradierwerke, das sind haushohe und mehrere Meter
breite Balkengerüste, deren Innenraum dicht mit Reisig (Weiß- und
Schwarzdornwellen) ausgefüllt ist. Pumpen heben die geringprozentige
Sole auf die Gradierwerke, von wo sie langsam nach unten durch die
Reisigwand tropft, sich unten wieder sammelt und den gleichen Weg
mehrfach durchläuft. Die Nauheimer Gradierwerke stehen etwa quer
zur vorherrschenden Windrichtung. Der Wind streicht durch die Gradierwerke, die Sole verdunstet Wasser und wird dadurch reicher an Salz
(sie erreicht höhere Grade, daher der Name Gradierwerk), gleichzeitig
scheiden sich schwer lösliche gelöste kalkige Beimengungen ab und
überziehen das Reisigwerk mit harten Krusten (Dornstein, eine Art
Tropfstein). Die Sole wird dadurch auch von unerwünschten Beimengungen befreit. Heute wird in Nauheim nur noch Badesalz erzeugt, das

Heilzwecken dient und zum Versand gelangt. Die alten Quellen liegen 1 ½ km von den Gradierwerken entfernt beim Dorfe Schwalheim, wo noch heute das alte „Trieb-Rad" zu sehen ist, das in einer Holzleitung die Sole zum Gradierwerk drückte. Heute dienen die Gradierwerke zu Kurzwecken. An den Seiten sind Gehbahnen, auf denen Kurgäste beim gemächlichen Spaziergang die salzreiche Luft einatmen, sich also eine dem Seebade ähnliche Heilwirkung verschaffen.

Dem sich entwickelnden Kurorte genügten aber die natürlichen Quellen schon seit 1816 nicht mehr. In diesem Jahr wurde die erste Tiefbohrung ausgeführt. Die Bohrung VII vom Jahre 1846 ist 147 m tief, 30,6° C warm, Bohrung XII von 1855 180 m tief, 34,5° C warm, Bohrung XIV von 1900 208 m tief, 32° C warm. Die Lage der Bohrungen und zugleich die geologischen Verhältnisse zeigt Abb. 1. Nauheim liegt am Taunusrande in der Wetterau. Im Westen steigt der Johannisberg (268 m) rund 100 m über den Kurpark empor. Er ist die NO-Ecke des Taunusquarzitzuges. Nach Osten lagern jüngere devone Schichten, Schiefer und klüftige Stringocephalenkalke des mittleren Devons, die längs den Verwerfungen tiefer absanken. Darüber lagert die junge Decke aus Tertiär, Diluvium, Alluvium. Die Sole fließt von Osten her aus dem Untergrund der Wetterau zu. Ihr Salzgehalt entstammt Zechsteinsalzen des Untergrundes, der am Vogelsberg ansteht. Mit dem Wasser wandert auch Kohlensäure, aus großen Tiefen unter dem Vogelsberg stammend. Auch die hohe Temperatur kommt aus der vulkanischen Tiefe des Vogelsberges; Wasserdampf ist ihr Träger. Der klüftige Stringocephalenkalk gibt dem Solestrom guten Durchlaß; an der Verwerfungskluft zwischen dem undurchlässigen Schiefer und dem durchlässigen Kalk steigt aber das Wasser nach oben, und die Bohrungen haben ihm den Weg gangbarer gemacht. In der Tiefe ist die Kohlensäure unter hohem Druck vom Wasser gebunden. Gelangt sie aber nahe der Oberfläche, wird die Kohlensäure zum Teil frei und reißt die Sole sprudelnd nach oben. So entstehen die Sprudel, deren schönster im großen Becken zwischen den Badehäusern zu sehen ist. Nauheim ist den geologischen Verhältnissen nach ein Quellenort, der an die Taunuskluftspalten gebunden ist. Die Sole kommt von weit her, und die Tektonik am Taunusrand ermöglicht den Quellenaustritt. Ähnlich liegen die tektonischen Verhältnisse auch am Taunussüdrand. Der Salzgehalt schwankt zwischen 1–3,5 %. Die niederen Werte werden durch Süßwasserzufluß bedingt. Durch das Kluftsystem im Untergrund stehen die meisten Förderstellen in Verbindung, was dadurch erkennbar ist, daß sich Bohrungen gegenseitig in der Fördermenge und der chemischen Zusammensetzung beeinflußten. Manche Quellen versiegten, andere hatten Schwankungen in der Förderung, dem Gasdruck und der chemischen Zusammensetzung nach. Auch die Temperatur ist Schwankungen unterworfen. Die ganze Frage der Quellengeologie ist sehr kompliziert und ihre Probleme sind nur teilweise gelöst. Die Quellschüttung hängt von vielen Faktoren ab: Niederschläge, Luftdruck, Erderschütterungen durch Erdbeben, Quellenbohrung, Entnahme von Wasser und Kohlensäure; vor allen Dingen ist die Herkunft der Sole und ihr Wanderweg noch nicht restlos erforscht.

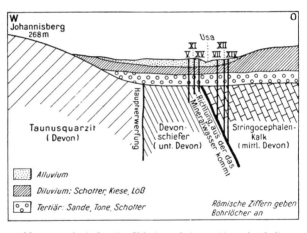

Abb. 1: Geologisches Profil bei Nauheim (z. T. nach Chelius)

Heute gibt es nur noch wenige Betriebe, die man als bäuerlich bezeichnen kann; an ihrer Stelle entstanden Gärtnereien für die Versorgung der Kurstadt. Der Kurort lebt heute im wesentlichen vom Kurbetrieb. Die Entwicklung vom Bauerndorf zur Kurstadt vollzog sich in den letzten 125 Jahren. Sie hat nicht nur den Siedlungscharakter, sondern auch die soziologische Struktur Nauheims grundlegend verändert. Hat die Quelle in vorgeschichtlicher Zeit schon den Menschen angezogen, bot sie seit dem Mittelalter durch die Salzsiederei wenigen Familien

Tab. 1: Chemische Bestandteile einiger Nauheimer Quellen in Prozenten
(Nach Chelius 1925, S. 88).

Quelle	XII	XIV	VII
Chlornatrium	2,9	2,4	2,18
Chlorkalzium	0,23	0,16	0,17
Chlorkalium	0,1	0,1	0,5
Chlormagnesium	0,052	0,056	0,044
Doppelkohlensaures Kalzium	0,26	0,26	0,23
Summe der festen Bestandteile in runden Werten	3,6	3,3	3,06
Kohlensäure	0,31 g	0,30 g	0,35 g
Temperaturen	34,5°	32,6°	30,6°

einen Teil ihres Lebensunterhalts, so beruht heute die Existenz einer
Stadt von mehr als 10 000 Einwohnern im wesentlichen auf der Spende
der Heilquellen, die besonders von Herzleidenden, Rheumakranken
und nervös Erschöpften aufgesucht werden. Das Kerckhoff-Institut ist
eine berühmte Forschungsstätte für Herzkrankheiten.

Tab. 2: Nauheims Entwicklung als Badestadt.

1835	Eröffnung des Solbades		1845	Nauheim wird Stadt
1885	2 614 Einwohner 5 248 Kurgäste		1910	5 694 Einwohner 33 302 Kurgäste
1890	2 934 Einwohner 8 555 Kurgäste		1930	8 250 Einwohner 38 844 Kurgäste
1900	5 401 Einwohner 22 017 Kurgäste		1946	12 909 Einwohner 5 236 Kurgäste
			1950	11 896 Einwohner 14 476 Kurgäste

3. Mineralquellorte im Hessenland

Der Ursprung der Mineralwässer der drei hessischen Bäderkreise
dürfte wohl im Salzhorizont des Zechsteinmeeres zu suchen sein. Quer
durch Hessen zog die Saar-Saale-Senke, erfüllt vom Zechsteinmeer, in
dem nach seiner Austrocknung die Salze zum Absatz kamen. Kalisalze
werden abgebaut an der Werra im Vorland der Nordrhön und kommen

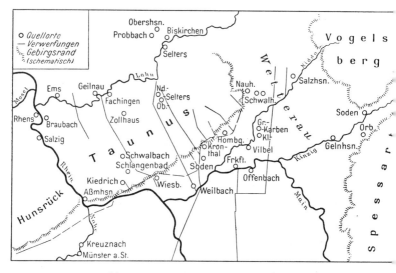

Abb. 2: Lage der Mineralquellorte im Hessenland
(Bäderkreis des Rheinischen Schiefergebirges
und Spessart-Fränkischer Saalekreis)

vor bei Neuhof, westlich von Fulda. Zechsteinformation kommt im
Hessenland an mehreren Stellen unter dem Buntsandstein vor, und von
einigen Bädern wissen wir, daß die Bohrlöcher die Buntsandstein-
schicht durchstießen. Die im Hessenlande häufigen Verwerfungen sind
für das Entstehen der Quellen von Wichtigkeit geworden und durch
Tiefenbohrungen hat die Technik die Wasserentnahme erleichtert.
Mehrere Quellen sind bereits erschöpft, andere neu erbohrt worden.
Außer den genannten Badeorten kommen Mineralwässer noch an mehreren Stellen vor.

Der Größe nach lassen sich die hessischen Bäder in folgende Gruppen
einordnen:
1. Badeorte im Range der Weltbäder: *Wiesbaden* (1938: 58313 Kurgäste).
2. Hessische Großbäder mit ebenfalls hoher Frequenz: *Nauheim, Wildungen, Orb* (vor dem Kriege über 10000 Kurgäste).

3. Hessische Mittelbäder: *Homburg v. d. H., Soden, Schwalbach, Schlangenbad* im Taunus, *Salzschlirf* und *Hersfeld* in der hessischen Buntsandsteintafel und der Rest der obengenannten Bäder.

Literatur

Geologische Karte Blatt Freiberg; H. Schrepfer: Rhein-Mainische Landschaften, Verlag M. Diesterweg Frankfurt a. M. 1934; K. Jacobi: Nassauisches Heimatbuch, Verl. Gebr. Petmecky Wiesbaden 1913; Chelius: Geolog. Führer durch den Vogelsberg und seine Bäder, Roth Gießen 1925; Deutsche Bäderkalender 1949, Verl. Flottmann Gütersloh.

Tourists and Thermalists. – In: The Geographical Review, Vol. LII, Jan. 1962, S. 124–127 (Unter: Geographical Record; Human Geography). Mit freundlicher Genehmigung der American Geographical Society, New York. Übersetzt von Klaus-Dieter Hartig.

TOURISTEN UND THERMALBADBESUCHER

Von David Lowenthal

Trotz des phänomenalen Aufstiegs der Tourismusindustrie in den letzten Jahren besteht immer noch die skeptische Haltung, daß das Verreisen um des Verreisens willen ein müßiges Vergnügen sei – man sollte eigentlich eine ernsthafte Absicht verfolgen. Gibt es aber einen besseren Zweck, als seine körperliche und geistige Gesundheit wiederherzustellen? Gesundheitspflege ist nach weit verbreiteter Meinung ein Wert an sich; deshalb sind die Kosten der von Ärzten verschriebenen Kuraufenthalte bei der Steuerbehörde (Internal Revenue Service) bei der Einkommensteuer absetzbar. Im Gegensatz zum normalen Urlaub sind Kuren sowohl vorteilhaft als auch mühsam.

Eine der ältesten Verbindungen zwischen Reise und Gesundheit wird hergestellt durch die Anwendung von Wasser aus mineralhaltigen und heißen Quellen. Pindar rühmt die Bäder von Himera, Aristoteles hielt Vorträge über die Wirksamkeit der Wasserbehandlungen, Plutarch stellte Aidepsos auf Euböa dar (Zum Abriß der Geschichte der Thermalbäder siehe Duhot 1946). Die Trinkkuren und das Baden waren schon immer die verbreitetsten Behandlungsmethoden, aber man kann auch spülen, inhalieren, gurgeln, heiße Packungen anwenden oder Schlammbäder nehmen.

Die Wasserbehandlung, die bei den Römern beliebt war, verlor im Mittelalter an Bedeutung, um als Begleiterscheinung der königlichen Stilentfaltung im 17. und 18. Jahrhundert wieder aufzuerstehen. Orte mit Thermalquellen wurden Erholungsorte, die zunächst der Gesundheit und später dem Vergnügen dienten. Die Zahl der Gesunden überwog bald die der Kranken; die geregelte Nutzung des Wassers lieferte ein Element der Stabilität, das zum Aufblühen des sozialen Lebens beitrug. Kaum einem Thermalbad in Europa fehlten solche Unterhaltungsangebote wie Tanzveranstaltungen, Glücksspiele und Abendgesellschaften. Am bekanntesten von allen war das Bath des 18. Jahrhunderts, wo Beau Nash spektakuläre Unterhaltungsprogramme für den königlichen Hof organisierte. Um es mit den Worten eines Zeitgenossen zu sagen, war Bath „berühmter durch den Amüsier- als durch den Kurbetrieb" (Lickorish/Kershaw 1958, S. 24). Im frühen 19. Jahrhundert verloren die Attraktionen von Bath an Bedeutung. Die Anwesenheit unterer sozialer Schichten ließ das gesellschaftliche Niveau sinken; Bad Homburg, Baden und Spa boten aristokratischere Ablenkungsmöglichkeiten, die Atmosphäre von Torquay und Cannes hielt man nun für vornehmer (Smith 1948). Allerdings traf die britischen Bäder die ausländische Konkurrenz weniger als die Entdeckung der Küste durch das Königshaus. Dr. Richard Russells ›Abhandlung über den Nutzen von Seewasser‹ (1752) löste eine Begeisterung für Salzwasser und Seeluft aus, die Brighton zu Wohlstand verhalf. Auch heute werden noch 70 Prozent der britischen Ferien an der Küste verbracht. Zahllose, windgepeitschte Spaziergänger auf kalten und kiesigen Stränden sprechen für die Wirksamkeit dieses belebenden, aber unbehaglichen Aufenthalts.

Dagegen bleibt die Wassertherapie auf dem (europäischen) Kontinent immer noch ein wesentlicher Bestandteil der medizinischen Behandlung, und Kuraufenthalte in Thermalbädern wurden ein zunehmend bedeutenderer Aspekt des Fremdenverkehrs. Die zwanzig größten europäischen Bäder – neun in Frankreich, sechs in Italien, zwei in Deutschland und eins je in Belgien, Österreich und der Schweiz – weisen zusammen mehr als fünfzigtausend Hotelräume auf (Defert 1960). Allein in Frankreich besuchen jährlich etwa 360000 Kurgäste mehr als zwölfhundert mineralhaltige und heiße Quellen, obwohl 1959 eine Verordnung, die die finanzielle Unterstützung durch die Regierung reduzierte, die Besucherzahl um 16 Prozent zurückgehen ließ (Le tourisme . . ., 1960).

Während des späten 19. und frühen 20. Jahrhunderts versammelten sich die europäischen Herrscher und Höfe in Baden-Baden, Bad Gastein, Karlsbad und Vichy. Die Bäder erreichten ihren gesellschaftlichen Höhepunkt. Auf medizinischem Gebiet dienten sie vor allem der Bekämpfung der Tropeninfektionen und des Alkoholismus der aus Afrika und dem Fernen Osten zurückgekehrten Kolonialoffiziere. Was die Architektur betrifft, so befinden sich in diesen Badeorten heute noch klassizistische Prunkbauten. Aber der Erste Weltkrieg veränderte den Sinn ihrer Existenz (raison d'être). Anstelle einer ausgewählten Gruppe von Höflingen und Aristokraten dienten sie einer Vielzahl von Veteranen bei der Behandlung von Wunden und Knochenbrüchen. In den letzten Jahrzehnten haben bezahlter Urlaub und staatlich geförderte Gesundheitsfürsorge die Bäder noch stärker umgeformt. Nachdem sie früher Refugien der wenigen Wohlhabenden gewesen waren, werden die Thermalbäder heute von Personen aller Gesellschaftsschichten frequentiert, die Kuren gegen jede Art nichtansteckender Krankheit unternehmen. Etwa die Hälfte aller Behandlungen in Aix-les-Bains wird durch die französische Regierung bezahlt (Janin 1955). Gleichzeitig halten die europäischen Bäder einen hohen medizinischen Standard. Wahrscheinlich erfahren mehr Menschen echte Erholung durch ihre 21tägigen Kuren (die Dauer hält sich an den traditionellen Rahmen) als jemals zuvor.

Die Eigenarten der Bäder ergeben sich aus verschiedenen Umständen. Dazu gehört die jüngste Geschichte: Ostende und Biarritz waren zunächst Fischerhäfen, Aix-la-Chapelle war zuerst ein bedeutendes Verwaltungszentrum, Luchon ein Verkehrsknotenpunkt, Royat eine ländliche Festung. Ein anderer Faktor ist die Erreichbarkeit: Der Zug von London nach Bath und der „Thermal-Expreß" von Paris nach Vichy und den Bädern der Auvergne (Mitte Juni bis Mitte September) bieten bequeme Direktverbindungen, aber das Unterfangen, von Athen nach Euböa ohne Privatflugzeug zu gelangen, kann viel Mühsal bedeuten. Am wichtigsten ist die Qualität des Wassers. Jedes Quellwasser hat eine bestimmte Temperatur und mineralische Bestandteile. Die Temperatur hängt grundsätzlich von der Tiefe der Quelle und der Steiggeschwindigkeit ab, mit der das Wasser an die Erdoberfläche gelangt. Entsprechende Vorkommen befinden sich vor allem in den tektonisch aktiven Bruchzonen am Rand von Höhenzügen. Art und Ausmaß der Mineralisierung sind abhängig von der Beschaffenheit des Untergrunds, den das Wasser durchfließt. Kristallines Gestein läßt metall-, arsen- und sulfathaltiges Wasser aufsteigen, vulkanisches Gestein karbonathaltiges, sedimentäre Formationen kalziumsulfat- und kochsalzhaltiges Wasser. Es gibt jedoch noch andere, entscheidende Merkmale. Für die verschiedensten Kurverfahren sind heute der Säuregrad, die Dichte, die Reinheit und elektrische Leitfähigkeit des Wassers wichtige Eigenschaften. Mit wachsender Beliebtheit kamen spezialisiertere Behandlungen auf. Besonders die französischen Bäder gingen von den wenig wissenschaftlichen Anwendungen über zur klinischen und experimentellen Erforschung der Wirkung der Mineral- und Heißwassertherapie. Mehrere hydrologische Institute sondern Bestandteile des Wassers aus, verbinden sie in verschiedener Weise, wenden sie bei gesunden und kranken Geweben sowie Organen an. Spätestens an diesem Punkt trägt die Wasserbehandlung die Merkmale einer ernsthaften Wissenschaft (Justin-Besançon/Debray/Cornet 1959; Chabrel 1958). Eine umfassende Klassifikation der französischen Bäder nach Regionen, Wasserqualität, behandelten Krankheiten und angewandten Therapien wurde von Raymond Balseinte (1955) erstellt. Am bedeutendsten hinsichtlich Besucherzahl war 1959 die Auvergne mit 198 000 Badegästen (Vichy, La Bourboule, Châtelguyon, Mont-Dore, Royat); die Pyrenäen und der Südwesten mit 64 500 Badegästen (Bagnères-de-Luchon, Dax, Cauterets); und die Alpen und Savoyen mit 55 000 Gästen (Aix-les-Bains, Allevard-les-Bains) (Le tourisme . . ., 1960, S. 1053/54). Die Vielfalt saisonaler Aktivitäten und medizinischer Spezialisierung ist sehr groß. In den Pyrenäen ist zum Beispiel Amélie-les-Bains ganzjährig geöffnet, Luchon und Aix-les-Thermes von Mai bis Oktober und Les Eaux-Bonnes, Argelès-Gazost und Aulus nur vier Monate. Nur Vittel und Aix-les-Bains beherbergen annähernd so viele ausländische wie französische Gäste. Für jene mit ernsten Erkrankungen gibt es in manchen Fällen nur ein mögliches Thermalbad, dessen Ruf auf der Heilung einer spezifischen Krankheit beruht und das ein Stammpersonal medizinischer Spezialisten sowie entsprechende Einrichtungen aufweist. Diese Umstände können auch die soziale Atmosphäre des Badeorts bestimmen. So sind die Besucher von Luxieul, einem bekannten Zentrum für gynäkologische Behandlungen, hauptsächlich Frauen mittleren Alters, während La Bourboule von unter Anämie leidenden Kindern und ihren Eltern bevölkert wird und eine familiäre Atmosphäre aufweist, die in Vichy, das sich selbst „Hauptstadt der Leber" nennt, nicht anzutreffen ist.

In Deutschland wurde die Wasserbehandlung hauptsächlich zur Milderung des Stresses angewandt, der sich aus dem modernen städtischen Leben ergibt.Dem medizinischen Direktor von Bad Nauheim zufolge bringt die Wiederherstellung des biologischen Rhythmus durch Bäderbehandlung dank des systematischen Wechsels von heiß und kalt, Ruhe und Belastung sowie Schlaf und wachem Zustand einen besonderen, entweder sofortigen oder längerfristigen neurophysiologischen Nutzen

(Ott 1958). Nach dem Zweiten Weltkrieg erlebten die Bäder in Deutschland wie auch in Frankreich einen schnellen Wiederaufschwung. Nationale Gesundheitsprogramme und besondere finanzielle Unterstützungen für Bedürftige machen etwa 40 Prozent aller Aufenthaltstage in Kurorten aus (in den deutschen Kurorten verbrachten Gäste insgesamt 33 Mill. Tage). Das medizinische Ansehen der Wasserbehandlung ist ebenfalls gestiegen. Heutzutage gehen die Menschen in die Kurorte, weil sie meinen, etwas für die Gesundheit tun zu müssen und nicht zum Vergnügen (vielleicht mit Ausnahme von Bad Kissingen und einigen wenigen anderen gesellschaftlich interessanten Badeorten). Der ernsthafte Kurgast ist klimaunabhängig; die Bäder erreichen vor, nach und während der traditionellen Saison vergleichbare Umsätze. Allerdings gibt es trotz Demokratisierung und des vorherrschenden Motivs der Gesundheitspflege immer noch die kleine Gruppe der altmodischen, unabhängigen und besinnlichen Kurortbesucher (Knebel 1960).

Im Amerika des 18. Jahrhunderts waren Orte mit heißen und mineralhaltigen Quellen wie in Europa beliebte Erholungsorte. Viele der Gründungsväter nahmen regelmäßige Wasseranwendungen. Die Beliebtheit der Quellen stieg im 19. Jahrhundert: Eine Abhandlung aus dem Jahre 1831 über ›Baths and Mineral Waters‹ zählte 21 Quellen auf; 1855 sind 181 entsprechende Orte bekannt (N. D. Stearns/ H. T. Stearns/Waring 1937).

In Saratoga und an den heißen Quellen von Virginia folgte der Kurbetrieb dem europäischen Vorbild – ein dreiwöchiger Aufenthalt, Bäder zweimal täglich und Trinkkur soweit notwendig. Um alle die unterschiedlichen heilenden Eigenschaften der Quellen in Virginia zu erproben, unternahmen viele Kranke eine regelrechte Rundreise von 170 Meilen. Der Grundbesitzer von Warm Springs, Colonel John Fry, pflegte seinen scheidenden Gästen zu sagen: „Go get well charged at the White, well salted at the Salt, well sweetened at the Sweet, well boiled at the Hot, and then return to me and I will Fry you." *

Jeder Quelle wurde eine besondere Heilwirkung bei besonderen Be-

---

* Angespielt wird in diesem Satz, der sich kaum übersetzen läßt, auf die verschiedenen Mineralquellen, die zum Teil noch im folgenden Text genannt werden, auf die jeweiligen Behandlungen, aber auch auf die damit verbundene Geschäftemacherei [Anm. d. Übers.].

schwerden nachgesagt, von Gelbsucht bis Skrofulose; der Kranke, der nicht wußte, was ihm fehlte, probierte so das ganze Spektrum dieser Heilmittel aus (Amory 1952, S. 452).

Wie die englischen Heilbäder erlangten die amerikanischen Quellen schon früh größere gesellschaftliche als therapeutische Bedeutung; im Gegensatz zu ihren europäischen Gegenstücken gewannen sie ihre medizinische Bedeutung nicht zurück und werden heute kaum noch aus gesundheitlichen Gründen besucht. Deutsche, französische, italienische, spanische, russische, skandinavische und sogar japanische Untersuchungen über Kurorte und Wasserbehandlung sind relativ zahlreich, während solche Arbeiten in den amerikanischen medizinischen Fachzeitschriften fast völlig fehlen. Mit Vorbehalt gegen die raffinierten Methoden und Quacksalberei der Eigentümer von Kurbädern heben amerikanische Ärzte hervor, daß sich die Quellen oft in Privatbesitz befinden und keiner Aufsicht staatlicher Behörden unterliegen. Viele der Badeorte sind ohne ansässige Ärzte, ganz abgesehen von Spezialisten für die Krankheiten, die angeblich geheilt oder gelindert werden. Man vermutet, daß die Hauptwirkung der Bäderbehandlung auf dem Suggestionseffekt des Vertrauens der Patienten in ihre Genesung beruht, das aus den Berichten anderer über Besserungen resultiert. Viele der Fünfzigtausend und der Fünfzehntausend, die Wasser in Hot Springs bzw. in Saratoga trinken, erleben „einen außergewöhnlichen psychologischen Effekt, wenn das Trinken von Wasser mit genauen Anweisungen verschrieben wird … manchmal zur Begleitung von Musik" (Hollander 1953, S. 490). Sogar Ärzte, die sich oft in Orten mit heißen Quellen aufgehalten haben, machen sich lustig über die angebliche Wirkung der Kuren. „Die Bäder und das Wasser sind angenehm, wenn man gesund ist", pflegte Dr. John Freeland in den zwanziger Jahren in White Sulphur Springs zu sagen, „aber sie sind schlecht, wenn man es nicht ist" (Amory, 1952, S. 450). Amerikanische Laien neigen dazu, die Besucher von heißen Quellen als verweichlicht, aristokratisch oder naiv abzustempeln, und jene, die Mineralwasser ihrer Gesundheit wegen trinken, werden als Sonderlinge angesehen. Kurz, während die europäischen Kurorte allgemein medizinische Anerkennung erlangt haben, blieben die amerikanischen Heilbäder modische Kurorte, die mehr auf zahlende als auf kranke Gäste ausgerichtet sind.

Wie eng und auf welche Weise der Aufenthalt in Kurorten und der

Fremdenverkehr miteinander verbunden sind, hängt offensichtlich ab von einer Vielfalt geographisch unterschiedlicher Umstände, die die geologischen, medizinischen, politischen Verhältnisse und die Mode umfassen.

Das einzige, was man sicher vorhersagen kann, ist, daß die Beliebtheit von Kurorten, wie auch schon in der Vergangenheit, sehr stark dem Wechsel unterworfen sein wird.

Literatur

Amory, C.: The last resorts, New York 1952, S. 405–494.

Balseinte, R.: Les stations thermales françaises. – In: Rev. Géogr. des Pyrénées et du Sud-Ouest, Vol. 26, 1955, S. 292–306.

Chabrel, É.: La psychologie moderne du thermalisme français. – In: Semaine des Hôpitaux, No. 9, 1958, S. 896–902.

Defert, P. P.: Introduction à une géographie touristique et thermale de l'Europe. – In: Acta Geographica, No. 36, 1960, S. 4–11.

Duhot, É.: Les eaux minérales et l'organisme humain, Paris 1946.

Hollander, J. L.: Spa therapy. – In: (Bernard I.) Comroe's "Arthritis and Allied Conditions" (5. Aufl., hrsg. von J. L. Hollander; Philadelphia 1953), S. 487–495.

Janin, B.: L'évolution récente d'une grande station thermale et sa démocratisation: Aix-les-Bains. – In: Rev. de Géogr. Alpine, Vol. 43, 1955, S. 663–671.

Justin-Besançon, L., Ch. Debray u. A. Cornet: Place du thermalisme et du climatisme dans la thérapeutique actuelle. – In: Bull. l'Acad. Nationale de Médecine, Vol. 123, 1959, S. 101–105.

Knebel, H.-J.: Soziologische Strukturwandlungen im modernen Tourismus, Stuttgart 1960, besonders S. 171–174.

Le tourisme et le thermalisme en France en 1959. – In: Études et Conjoncture, Vol. 15, 1960, S. 1044–1059.

Lickorish, L. J., u. A. G. Kershaw: The Travel Trade, London 1958.

Ott, V. R.: Gegenwärtige Aufgaben der Bäderheilkunde und Hydrotherapie, unter besonderer Berücksichtigung der sogenannten Zivilisationsschäden. – In: Hippokrates, Bd. 29, 1958, S. 512–517.

Smith, R. A. L.: Bath. 3. Aufl., London etc. 1948.

Stearns, N. D., H. T. Stearns u. Gerald A. Waring: Thermal springs in the United States. – In: U. S. Geol. Survey Water-Supply Paper 679–B, 1937.

Peter Mariot: Probleme der Typisierung von Fremdenverkehrsorten in der ČSSR. – In: Zur Geographie des Freizeitverhaltens. Beiträge zur Fremdenverkehrsgeographie, hrsg. von K. Ruppert und J. Maier (= Münchner Studien zur Sozial- und Wirtschaftsgeographie, Band 6) 1970, S. 42–46 (Auszug).

HAUPTASPEKTE DER TEILTYPISIERUNG VON FREMDENVERKEHRSORTEN AUF GRUND DER PRIORITÄT DES KRITERIUMS DER FREMDENVERKEHRSINTENSITÄT

Von Peter Mariot

In Übereinstimmung mit den Ausführungen im ersten Teil unseres Beitrages wollen wir im zweiten Teil den Versuch einer Teilklassifikation der Fremdenverkehrsorte unter der Voraussetzung der Priorität des Kriteriums der Fremdenverkehrsintensität durchführen. Diesen methodischen Weg der vorgeschlagenen Teiltypisierung wählten wir aus mehreren Gründen:

1. Es zeigt sich, daß einige Faktoren das Aussehen der Finalklassifikation der Fremdenverkehrsorte stärker formen als andere. Bei der Analyse der Möglichkeiten zur Bildung eines Finalschemas müssen vor allem die Faktoren mit dem stärksten Einfluß untersucht werden. Es scheint, daß die Kennziffer der Fremdenverkehrsintensität zu den Faktoren gehört, die den Bau der Endklassifikation der Fremdenverkehrsorte bedeutend beeinflussen können. Wir versuchten deshalb festzustellen, zu welchem Ergebnis die Teilklassifikation, die vom Aspekt der Priorität dieser Kennziffer ausgeht, führt.

2. Diese Wahl unserer Klassifikation ging von der Bemühung aus, festzustellen, welche Relation zwischen den Werten der Fremdenverkehrsintensität und dem Einfluß auf die Landschaft des Fremdenverkehrsortes besteht. Wir wollten auf diesem Wege untersuchen, inwieweit die Werte der Fremdenverkehrsintensität die Stärke des gegenseitigen Zusammenhangs illustrieren.

3. Auf die Wahl und Struktur der angeführten Typisierung hatte auch die Existenz der numerischen Angaben Einfluß, die bei der Lösung der Aufgabe in breitem Maße die Forderung der Exaktheit und Eindeutigkeit der verwendeten Kriterien erfüllen.

Diese Gründe legten die engere Auswahl der vorgeschlagenen Klassifikation fest. Ihre Hauptorientierung besteht jedoch in den Beziehungen, die die Hauptzüge des Beitrages zur Thematik der Klassifikation im Rahmen der Problematik des Verallgemeinerungsprozesses determinieren. In diesem Sinne bleibt als Hauptaufgabe der Typisierung in der Fremdenverkehrsgeographie die Bestimmung und Erklärung der Gesetzmäßigkeiten, die im Komplex der gegenseitigen Beziehungen zwischen Landschaft und Fremdenverkehr enthalten sind. Die Klassifikation in dieser Richtung bedeutet, als Kriterium solche Faktoren heranzuziehen, die die Differenzierung der Beziehung Landschaft–Fremdenverkehr determinieren. Die bisherigen Untersuchungen zeigten, daß das Ausmaß und der Charakter dieser Beziehung entscheidend vom Umfang und der Struktur des Fremdenverkehrs abhängig sind. Von diesen beiden Charakteristika werden wir bei unserer Klassifikation ausgehen.

Im Hinblick auf die erwähnte Uneinigkeit bei der Begriffsklärung „Fremdenverkehrsort" halten wir es für zweckmäßig, als Einleitung zu der Beschreibung der Grundzüge unserer Teiltypisierung diesen Begriff kurz zu definieren:

Der Begriff Fremdenverkehrsort bedeutet in der Literatur meist eine gewisse administrative Einheit auf unterster Stufe. In diesem Sinne werden wir unter dem Begriff „Fremdenverkehrsort" administrative Gebietseinheiten der untersten Stufe verstehen, in deren Gebiet sich wenigstens eine Beherbergungsstätte für den Fremdenverkehr befindet. Den Umfang des Fremdenverkehrs in einem Fremdenverkehrsort bestimmt die Gesamtheit aller touristischen Fremdenverkehrseinrichtungen, die sich innerhalb der administrativen Grenze der Gemeinde befinden. Zum Gegenstand unserer Untersuchungen werden damit alle Gemeinden, in denen sich ständige oder periodisch vorkommende Zeichen des Fremdenverkehrs äußern. Eine derartige Definition des Fremdenverkehrsortes ist ziemlich breit und in den geographischen Forschungen des Fremdenverkehrs nicht traditionell. Der größte Teil der Autoren ist der Ansicht, daß zum Objekt der geographischen Forschung des Fremdenverkehrs nur die Fremdenverkehrsorte gerechnet werden können, die gewisse Anforderungen bezüglich des Umfangs des Fremdenverkehrs erfüllen. Es wird deshalb interessant sein, die Stichhaltigkeit dieser Ansichten zu überprüfen und mit unseren Ausführungen zu konfrontieren.

Wenn wir gesagt haben, daß die Teiltypisierung eine Gliederung der Fremdenverkehrsorte auf Grund gewisser ausgewählter Merkmale sein soll, so bedeutet das nicht, daß sie eng orientiert sein müssen. Denn unter „ausgewählte Kennzeichen" wollen wir solche Kennziffern verstehen, die mehrere Aspekte des untersuchten Problems zu beurteilen erlauben. In diesem Falle muß man allerdings eine gewisse Hierarchie der Kriterien einführen.

Das Prioritätskriterium gibt das Hauptmerkmal der Typisierung an, während die anderen Kriterien eine detaillierte Gliederung der Grundtypen ermöglichen. Durch den Wechsel der einzelnen Kennziffern als Prioritätskriterium werden wir den Beitrag der verschiedenen Typisierungsformen zeigen. Dieses Wechseln ermöglicht gleichzeitig, die Aufgabe festzustellen, die die einzelnen Faktoren durch ihre Eigenschaften bei der Bestimmung der Typen von Fremdenverkehrsorten erfüllen.

Auch für unsere Teiltypisierung haben wir zum Kriterium der Fremdenverkehrsintensität noch weitere Kennziffern gesucht. Wir sind dabei von der Überlegung ausgegangen, daß man dieses Charakteristikum durch solche Kriterien ergänzen muß, die zur Aufklärung der Beziehungssphäre Fremdenverkehr–Landschaft beitragen, welche die Kennziffer der Intensität nicht genügend dokumentiert. Die Auswahl wurde auch von der Forderung beeinflußt, daß die ergänzenden Kriterien den exakten Charakter der ganzen Klassifikation erhalten sollen und daß es, ähnlich wie bei der Fremdenverkehrsintensität, numerische Charakteristika sein sollen. Nach gründlichen Untersuchungen, beeinflußt von den Forderungen und Ergebnissen mehrerer Autoren, wählten wir als Ergänzungskriterien die durchschnittliche Aufenthaltsdauer und die saisonale Fluktuation des Fremdenverkehrs.

Die vorgeschlagene Klassifikation der Fremdenverkehrsorte wird also von den folgenden drei Kriterien ausgehen:

1. der Intensität des Fremdenverkehrs im Fremdenverkehrsort,
2. der Beziehung zwischen dem Umfang der Übernachtungszahl im Sommerhalbjahr (in den Monaten April–September) und der Übernachtungszahl im Winterhalbjahr (in den Monaten Oktober–März),
3. der durchschnittlichen Aufenthaltsdauer.

Die Reihenfolge der Kriterien erfaßt gleichzeitig ihre Bedeutung und hierarchische Stellung im Schlußschema unserer Typisierung der Fremdenverkehrsorte.

Lenken wir jetzt unsere Aufmerksamkeit auf die Bedeutung dieser
Kriterien sowie auf die Klassifikationsmöglichkeiten der Fremdenverkehrsorte auf Grund dieser Werte.

1. Intensität des Fremdenverkehrs (i)

Diese Kennziffer illustriert vor allem das Ausmaß der Beziehungen
zwischen dem Fremdenverkehr und der Landschaft. Das Anwachsen
dieser Verhältniszahl läßt uns auch ein Wachsen der Auswirkungen des
Fremdenverkehrs auf die Landschaft erwarten und umgekehrt. Wenn
i→O strebt, kann man erwarten, daß der gegenseitige Einfluß allmählich verschwinden wird, wodurch der Gegenstand der Fremdenverkehrsgeographie eingeengt wird. Diese logisch konstruierte Beziehung der direkten Abhängigkeit zwischen dieser Ziffer und dem Ausmaß der gegenseitigen Wirkungen zwischen Fremdenverkehr und
Landschaft war der Grund, der uns zur Bestimmung der Prioritätsstel-
lung des Intensitätskriteriums im Rahmen der Klassifikation führte.
Wir lassen dabei die Frage offen, ob diese Relation im vollen Umfang
der konkreten Situation im Lande entspricht.

Um einen exakten Ausdruck der Fremdenverkehrsintensität bemüh-
ten sich mehrere Autoren geographischer Studien [1-3]. Alle gingen vom
Verhältnis der Übernachtungszahlen zur ständigen Einwohnerzahl des
Ortes aus. Samolewitz [3] und Lange [2] versuchten die Faktoren gründlich
zu analysieren, welche die Werte dieses Verhältnisses beeinflussen und
schlugen deshalb für die Berechnung komplizierte Formeln vor. Dagegen arbeitete Dodt [1] mit der zahlenmäßig leicht auszudrückenden
Kennziffer „Zahl der Fremdenübernachtungen pro Ortseinwohner im
Maximum-Halbjahr". Dieses einfache Verfahren am konkreten Beispiel
dokumentiert, ermöglicht eine allgemein verwendbare Skala für die

[1] Dodt, J.: Fremdenverkehrslandschaften und Fremdenverkehrsorte im
Rheinischen Schiefergebirge. – In: Die Mittelrheinlande, Wiesbaden 1967,
S. 92–119.
[2] Lange, G.: Rangordnungsfragen in der Fremdenverkehrsstatistik. – In: Berichte z. dt. Landeskunde, Bd. 26, H. 1 (1960), S. 95–103.
[3] Samolewitz, R.: Fremdenverkehr und Geographie, Münster 1953 (Diss.).

Gliederung der Fremdenverkehrsorte zu bilden. Diese Gliederung nehmen wir als Basis für die erste der Klassifikationen, die uns drei Hauptgruppen der Fremdenverkehrsorte zu unterscheiden erlaubt. Wir verwenden dabei in Analogie zur Dodtschen Berechnung folgende Form:

$$\frac{\text{Zahl der Fremdenübernachtungen im Maximum-Halbjahr}}{\text{Zahl der Einwohner des Fremdenverkehrsortes}} = i,$$

wobei wir unter „Maximum-Halbjahr" die Zeitspanne der Saisonen „April–September" und „Oktober–März" verstehen, in deren Verlauf im Fremdenverkehrsort die meisten Übernachtungen aufgezeichnet werden.

Auf Grund der Werte der Intensitätskennziffer des Fremdenverkehrs teilte Dodt die Fremdenverkehrsorte in vier Stufen ein, wobei er den Fremdenverkehrsorten mit dem Wert $i < 1$ keine Aufmerksamkeit widmete, weil sie „... ohne fremdenverkehrsgeographische Bedeutung sind"[1]. Hinsichtlich dieser Bemerkung Dodts, die nicht mit unserer Auffassung des Begriffsinhalts eines Fremdenverkehrsortes übereinstimmt, sowie unter Berücksichtigung der Geschlossenheit der Endklassifikation haben wir die Dodtsche Einteilung der Fremdenverkehrsorte in folgender Form gegliedert:

A. Orte mit Merkmalen des Fremdenverkehrs: $i < 1$
B. Orte mit Fremdenverkehr: $1 \leq i < 11$
C. Fremdenverkehrszentren: $i \geq 11$

Wir haben so die erste Klassifikation der Fremdenverkehrsorte erhalten, welche die höchste hierarchische Stufe im Endschema repräsentiert.

Wir haben bereits erwähnt, daß das Kriterium der Intensität uns allein nicht ermöglicht, alle für die Gliederung der einzelnen Typen wichtigen Abweichungen zu erfassen. Man muß deshalb auch den Identifikationswert der beiden weiteren Kennziffern ausnützen.

2. Beziehungen
zwischen dem Ausmaß der Zahl der Fremdenübernachtungen
im Sommerhalbjahr (Monate April–September)
und der im Winterhalbjahr (Oktober–März) (s)

Diese Kennziffer drückt in der Wirklichkeit den zeitlichen Verlauf des Fremdenverkehrs aus. Gleichzeitig spiegelt sie aber auch die landschaftlichen Voraussetzungen für den Fremdenverkehr im Sommer und im Winter wider, d. h. sie drückt die Veränderungen der Attraktivität in verschiedenen Zeitabschnitten aus. Wenn wir davon ausgehen, daß der Aufenthalt am Wasser im Sommer überwiegt und man im Winter gern Gebiete mit Wintersportmöglichkeiten aufsucht, so ergibt sich daraus, daß der numerische Ausdruck der Beziehungen zwischen dem Ausmaß des Fremdenverkehrs im Sommer und im Winter auch die Bonifikation der morphologischen und klimatischen Voraussetzungen eines Fremdenverkehrsortes einbezieht. Dadurch erhalten wir in unserer Klassifikation einen weiteren Aspekt aus dem Beziehungskreis Fremdenverkehr–Landschaft.

In der Literatur ist bisher eine numerische Gliederung der Fremdenverkehrsorte auf Grund dieser Kennziffer nicht näher untersucht worden, obwohl man allgemein eine Gliederung in Orte mit ganzjährigem Fremdenverkehr und Orte mit saisonalem Fremdenverkehr verwendet. Auch die Arbeiten, die sich mit dem Problem der saisonalen Schwankungen befassen, z. B. die Studie von Huppert[4], geben keine konkreten, numerisch feststellbaren Schwellenwerte für die Differenzierung der Orte mit ganzjährigem und Orte mit saisonalem Fremdenverkehr wieder. Auf Grund der detaillierten Analyse dieser Problematik, die am Beispiel der Fremdenverkehrsorte der Bundesrepublik Deutschland, Jugoslawiens und der Slowakei durchgeführt wurde, stellten wir fest, daß die Grenze zwischen den ganzjährigen Fremdenverkehrsorten und den saisonalen Fremdenverkehrsorten bei dem Wert s = 3 liegt. Wenn s ≦ 3 ist, d. h., wenn die Übernachtungszahlen im Sommerhalbjahr nicht das Dreifache der Übernachtungszahlen im Winterhalbjahr übersteigen, dann können wir von ganzjährigen Fremdenverkehrsorten

---

[4] Huppert, E.: Saisonschwankungen und Saisonausgleich im deutschen Fremdenverkehr 1953–1962, Frankfurt a. M. 1965.

sprechen, im umgekehrten Fall von Saisonfremdenverkehrsorten. Theoretisch könnten die Saisonfremdenverkehrsorte durch das Intervall $0,33 \leq s \leq 3$ begrenzt werden, in den untersuchten Fällen ist der Fremdenverkehr im Sommerhalbjahr nur in seltenen Fällen kleiner als der im Winter. Das bedeutet, daß der Wert s nie unter 0,7 sinkt.

Die weitere Klassifikation, die das Bild des Endschemas beeinflußt, wird deshalb durch folgende Werte der Kennziffer s charakterisiert:

a) Fremdenverkehrsorte, ganzjährig besucht: $s \leq 3$
b) Fremdenverkehrsorte, saisonal besucht: $s > 3$

Diese Klassifikation ermöglicht die Zugehörigkeit der Fremdenverkehrsorte zu den verschiedenen Untergruppen zu unterscheiden und repräsentiert damit die zweite hierarchische Stufe der Klassifikation der Fremdenverkehrsorte.

3. Durchschnittliche Aufenthaltsdauer der Gäste (d)

Dieser Quotient ist ein Ausdruck für die Fähigkeit des Fremdenverkehrsortes, die Ansprüche der Besucher zu erfüllen.

Er spiegelt die Summe der Attraktivität eines Gebietes wider, basierend auf dem geeigneten Relief und Klima, auf existierenden hydrologischen Verhältnissen, touristischen Werten der Fauna und Flora, den architektonischen und kulturellen Denkmälern, der Zweckmäßigkeit der vorhandenen Ausstattung, des Verkehrs und der regionalen Lage des Gebietes. Neben anderen Faktoren beeinflussen auch diese erwähnten Faktoren die Länge des Gästeaufenthaltes, d. h., diese Kennziffer können wir als einen weiteren numerischen Ausdruck der Beziehungen Fremdenverkehr–Landschaft bezeichnen. Die Werte der durchschnittlichen Aufenthaltsdauer verwenden viele Autoren für die Illustration der Struktur des Fremdenverkehrs. Je größer die Werte d sind, desto mehr herrscht der Erholungsverkehr bzw. der Kurverkehr vor. Je mehr sich die Werte d der Größe 1 nähern, um so stärker überwiegen die Arten des Fremdenverkehrs, die durch einen kurzen Aufenthalt der Gäste am Ort gekennzeichnet sind. In der Literatur unterscheidet man bei den Werten d drei Formen des Aufenthaltes (z. B. Woll[5]):

a) kurzfristiger Aufenthalt: $d \leqq 3$
b) mittlerer Aufenthalt: $3 < d \leqq 7$
c) langfristiger Aufenthalt: $d > 7$

Diese Gliederung ist die Grundlage für die dritte und letzte Klassifikation der Fremdenverkehrsorte, die wir bei der Konzipierung der Endklassifikation heranziehen.

Wenn wir die Kennziffern betrachten, die wir bei der Endklassifikation der Fremdenverkehrsorte verwenden wollen, so stellen wir fest, daß wir damit nur die Fremdenverkehrsorte klassifizieren können, in denen Gäste übernachten. Die Fremdenverkehrsorte, in denen keine Übernachtungen stattfinden, können wir auf Grund der angeführten Kriterien nicht miterfassen. Diese Tatsache widerspricht den Ausführungen über den Gegenstand unserer Studie, die alle Gemeinden einschließt, in deren Gebiet wenigstens eine Fremdenverkehrseinrichtung während einer Jahreszeit besteht. Wenn die Zahl der Gäste, die eine Gemeinde ohne zu übernachten aufsuchen, bekannt wäre, könnte man das ganze Problem wesentlich leichter lösen. Diese Angaben könnte man zu den Grundlagen, von denen die Kennziffern i und s ausgehen, hinzurechnen. Diese Angaben werden aber von der Fremdenverkehrsstatistik nicht erfaßt, und so bleibt bis zur Aufhebung dieses statistischen Mangels nur eine einzige Möglichkeit übrig, sich nach der Kennziffer d zu richten. In ähnlichen Fällen ist $d < 1$, d. h. alle Fremdenverkehrsorte, in denen ein großer Teil der Gäste nicht übernachtet, gehören zum Typ der Fremdenverkehrsorte mit kurzfristigem Aufenthalt ($d \leqq 3$). Auf diese Art ist es möglich, wenigstens bis zu einem gewissen Grad die Position der Fremdenverkehrsorte ohne touristische Übernachtungen zu bestimmen. Bei der Bewertung ihrer Zugehörigkeit nach den Kennziffern i und s muß man aus technischen Gründen nach der subjektiven Abschätzung verfahren. Ähnliches gilt für die Tagesausflugsgäste in den anderen Kategorien der Fremdenverkehrsorte.

---

[5] Woll, H.: Der Fremdenverkehr im Bodenseegebiet, Weinheim/Bergstraße 1962, S. 60.

Dieses Beispiel zeigt die Wichtigkeit und Dringlichkeit einer Umstrukturierung und Umorientierung der Fremdenverkehrsstatistik, und gleichzeitig macht es auf den wichtigsten Mangel des methodischen Aufbaues der vorgeschlagenen Typisierung aufmerksam.

Diese Inkonsequenz kommt am meisten bei der Kennziffer der Fremdenverkehrsintensität zum Vorschein. In manchen Fällen werden die Werte in solchem Maße verzerrt, daß die Zugehörigkeit zu einem bestimmten Typ beeinflußt wird. Bei den Werten der Kennziffer s wirkt sich dieser Mangel demgegenüber nicht in einer Veränderung in der Zugehörigkeit zu einem ausgegliederten Typ aus. Ehe wir aber zur Aufzeichnung des Schemas der Endklassifikation kommen, müssen wir betonen, daß infolge der Ungenauigkeiten der Fremdenverkehrsstatistik diese Klassifikation präzise nur die Gliederung der Fremdenverkehrsorte wiedergibt, die Angaben über Übernachtungen vorweisen können.

Die Kombination der Klassifikationen, die bei der Charakteristik der einzelnen Kriterien angegeben wurde, ermöglicht das Schema unserer Teilklassifikation zusammenzustellen. Wir haben bereits erwähnt, daß die Reihenfolge der Kriterien die Hauptzüge des Endschemas bestimmt. Die Priorität des Kriteriums der Fremdenverkehrsintensität kommt in der Bestimmung dreier Hauptgruppen von Fremdenverkehrsorten zum Ausdruck. Saisonale Gebundenheit und durchschnittliche Aufenthaltsdauer ermöglichen uns sechs Untergruppen, und damit also 18 Typen von Fremdenverkehrsorten zu bilden. Jeder Typ unterscheidet sich durch die Werte der Fremdenverkehrsintensität, des zeitlichen Verlaufs des Fremdenverkehrs und der durchschnittlichen Aufenthaltsdauer der Gäste vom nächsten Typ. Die Parameter (i, s, d), die symbolischen Bezeichnungen und Zeichenschlüssel für die kartographische Darstellung zeigt die beigefügte Übersicht (Abb. 1), die das Schema der Teilklassifikation der Fremdenverkehrsorte enthält.

[...]

Fremdenverkehrsorte

Gruppe

Benennung	Orte mit Merkmalen des Fremdenverkehrs	Orte mit Fremdenverkehr	Fremdenverkehrszentren
Abgrenzung	i < 1	1 ≤ i < 11	i ≥ 11
Bezeichnung	A	B	C
Kartensymbol	△	◯	□

Untergruppe

Benennung	Ganzjährig	Saisonal	Ganzjährig	Saisonal	Ganzjährig	Saisonal
Abgrenzung	s ≤ 3	s > 3	s ≤ 3	s > 3	s ≤ 3	s > 3
Bezeichnung	Aa	Ab	Ba	Bb	Ca	Cb
Kartensymbol	△	△	◯	◯	□	□

Typ

Benennung	Kurze	Mittlere	Lange	Kurze	Mittlere	Lange	Kurze	Mittlere	Lange	Kurze	Mittlere	Lange	Kurze	Mittlere	Lange	Kurze	Mittlere	Lange
(Aufenthaltsdauer)																		
Abgrenzung	d ≤ 3	3 < d ≤ 7	d > 7	d ≤ 3	3 < d ≤ 7	d > 7	d ≤ 3	3 < d ≤ 7	d > 7	d ≤ 3	3 < d ≤ 7	d > 7	d ≤ 3	3 < d ≤ 7	d > 7	d ≤ 3	3 < d ≤ 7	d > 7
Bezeichnung	Aa 1	Aa 2	Aa 3	Ab 1	Ab 2	Ab 3	Ba 1	Ba 2	Ba 3	Bb 1	Bb 2	Bb 3	Ca 1	Ca 2	Ca 3	Cb 1	Cb 2	Cb 3
Kartensymbol	△	△	△	△	△	△	◯	◯	◯	◯	◯	◯	□	□	□	▢	▢	▢

Abb. 1: Übersicht über die verschiedenen Typen der Fremdenverkehrsorte.

Hans-Poser-Festschrift (= Göttinger Geographische Abhandlungen, Heft 60) 1972, S. 521–532 u. S. 536–538 (gekürzt).

DIE TYPISIERUNG VON FREMDENVERKEHRSORTEN

Ein Diskussionsbeitrag

Von Klaus Kulinat

I. Vorbemerkungen

Nachdem fremdenverkehrsgeographische Arbeiten für die wichtigsten deutschen und anderen europäischen Fremdenverkehrsgebiete vorliegen, zeichnen sich zwei Richtungen, in die die Arbeit der Fremdenverkehrsgeographie weitergehen muß, immer deutlicher ab.

Einmal wird es nötig sein, durch speziellere Fragestellung exakter, als es in den meisten bisherigen Arbeiten sein konnte, auf bestimmte Spezialprobleme einzugehen und bisher nur mehr oder weniger vermutete Zusammenhänge aufzuklären. Dies gilt insbesondere für die sozial- und wirtschaftsgeographischen Aspekte des Fremdenverkehrs. Gute Ansätze hierzu liegen bereits vor (z. B. Borcherdt 1957; Diekmann 1963; Maier 1970), doch sollte die kleinräumige Betrachtungsweise für diese Fragestellungen (vgl. Maier 1970, S. 7) nicht zum alleinigen Prinzip erhoben werden. Zu diesen spezielleren Aufgaben in der Fremdenverkehrsgeographie gehören auch die Arbeiten, die sich mit besonderen Varianten des Gesamtkomplexes Fremdenverkehr beschäftigen, z. B. mit dem Naherholungsverkehr oder dem großstädtischen Fremdenverkehr.

Zum anderen drängt die Entwicklung der Fremdenverkehrsgeographie in die entgegengesetzte Richtung, nämlich auf eine Zusammenschau größerer Räume und auf die Erarbeitung eines allgemeinen Konzepts der Fremdenverkehrsgeographie. Arbeiten wie die von Burnet (1963), Ginier (1965), Ritter (1966), Cribier (1969), Ruppert u. Maier (1970) und anderen sind dafür Beispiele.

Ein sehr wesentlicher Teilaspekt für die großräumige Betrachtungsweise des Fremdenverkehrs ist die Herausarbeitung von Typen von

Fremdenverkehrsorten. Bevor nicht einheitlich geklärt ist, wie Fremdenverkehrsorte möglichst vergleichbar zu typisieren sind, werden großräumige Vergleiche nicht die Aussagekraft besitzen, wie sie wissenschaftlich und auch im Hinblick auf die Fremdenverkehrsplanung wünschenswert wäre.

Einen kurzen Überblick über die wichtigsten bisherigen Typisierungen von Fremdenverkehrsorten geben Ruppert u. Maier (1970, S. 21–28). Der vorliegende Beitrag hat zum Ziel, die Problematik dieser Typsierungen zu umreißen und mit einem neuen Typisierungsvorschlag die weitere Diskussion um dieses Thema anzuregen.[1]

II. Grundsatzfragen für die Typisierung von Fremdenverkehrsorten

1. Art der diskutierten Typisierung

Im folgenden wird auf die Problematik solcher Typisierungen eingegangen, die versuchen, einen Fremdenverkehrsort möglichst umfassend zu charakterisieren und gegen andere eindeutig abzugrenzen. Es werden dabei also möglichst alle wesentlichen Merkmale eines Fremdenverkehrsortes zu bestimmen und bei der Typisierung zu berücksichtigen sein. Da dies – um eindeutige Typen zu bekommen – weitgehend auf statistischer Grundlage geschehen muß, sind der Merkmalsauswahl jedoch relativ enge Grenzen gesetzt. Allerdings sollten meines Erachtens nicht nur die Zahlen der amtlichen Statistik, sondern auch andere, verhältnismäßig leicht beschaffbare Daten Berücksichtigung finden.

Vornehmlich zwei Arten von Typisierungen, bei denen die einzelnen Fremdenverkehrsorte möglichst umfassend typisiert werden sollen, scheinen sinnvoll zu sein:

a) Typisierungen, die alle Fremdenverkehrsorte eines größeren Gebietes oder mehrerer Gebiete erfassen. Diese Art der Typisierung, die immer von einer kartographischen Darstellung begleitet sein sollte, ist

[1] Herrn Prof. Dr. Ch. Borcherdt und den Mitarbeitern am Geographischen Institut der Universität Stuttgart sowie Herrn Dr. M. Geuting (PH Ludwigsburg) möchte ich für die Möglichkeit zur Diskussion über dieses Thema und für die Anregungen auch an dieser Stelle herzlich danken.

das Hauptanliegen der Fremdenverkehrsgeographie. Von dieser soll im folgenden die Rede sein.

b) Typisierungen, die sich auf Fremdenverkehrsorte mit einer bestimmten Fremdenverkehrsart bzw. einem bestimmten Artengefüge beschränken, aber die Typen anhand sehr verschiedener Länder und Gebiete erarbeiten. Hierauf wird am Beispiel der Seebäder später noch kurz einzugehen sein (Abschnitt IV*).

Mit der Unterscheidung dieser beiden Typisierungsarten wird auch ein weiteres Problem angesprochen: Sind Typisierungen über den nationalen Rahmen hinaus sinnvoll? Diese Frage ist meines Erachtens zu bejahen. Anders als bei den allgemeinen Gemeindetypisierungen, deren Wert über Staatsgrenzen hinaus in Zweifel zu ziehen ist, bieten sich gerade die Fremdenverkehrsorte in vielen Ländern, z. B. in Westeuropa, als vergleichbar und damit auch als typisierbar an, zumal sich die wichtigsten vorliegenden Daten der jeweiligen Fremdenverkehrsstatistik ähneln. Daß sich bei internationalen Typisierungen größere Schwierigkeiten ergeben, ja manchmal eine eindeutige Typisierung nicht möglich sein wird, liegt allerdings auf der Hand, wenn man bedenkt, welche Schwierigkeiten bereits bei der Merkmalsauswahl, der Schwellenwertbildung, der Vergleichbarkeit von Daten und ähnlichem bei nationalen Typisierungen auftreten.**

Bei den hier angesprochenen Typisierungen handelt es sich um klassifikatorische Systeme, d. h. um Systeme, in denen das Wort Typus als Ordnungsbegriff benutzt wird (vgl. Schneppe 1970, S. 2). Die großen Nachteile klassifikatorischer Systeme in der geographischen Betrachtungsweise (erinnert sei unter anderem an die schweren Bedenken Lautensachs [1953]) müssen zugunsten der Eindeutigkeit und Überschaubarkeit von Typen in Kauf genommen werden.

Hat man die Merkmale, die man zur Typisierung benutzen will, aus-

* Abschnitt IV wird hier nicht wiedergegeben [Anm. d. Red.].
** Inzwischen (1979) liegt eine Anwendung der in diesem Beitrag vorgeschlagenen Typisierung für die Republik Irland vor: Plettner, H. J.: Geographical Aspects of Tourism in the Republic of Ireland. Research Paper No. 9. Social Sciences Research Centre, University College Galway (1979). 49 S. + Karte. Plettner (1979, S. 38 ff.) hat die Typisierung ohne größere Schwierigkeiten für die irischen Verhältnisse modifiziert und erweitert [Anm. d. Verf.].

gewählt, so bieten sich für die Anordnung dieser Merkmale zwei
Hauptmöglichkeiten an:

a) Einem Hauptmerkmal werden alle anderen Merkmale unterge-
   ordnet, oder
b) mehrere gleichwertige Merkmale werden kombiniert.

Die Zahl der Kombinationen der Merkmale und damit die Zahl der
Typen ist in beiden Fällen gleich, doch wird im Fall a) eine gewisse
Rangfolge der Merkmale angestrebt, während im Fall b) diese gleichrangig sind. Mariot (1970) hat für seine Typisierung die Anordnung a)
gewählt und ordnet der Fremdenverkehrsintensität die Merkmale Jahresgang des Fremdenverkehrs und durchschnittliche Aufenthaltsdauer
unter. Dieses System besticht durch seine Klarheit und durch seine
überschaubare Anzahl von Typen (18), doch scheint die Typisierung –
speziell im Hinblick auf die Angebotsseite des Fremdenverkehrsortes –
noch nicht aussagekräftig genug zu sein. Mariot (1970) selbst will seine
Typisierung als Teiltypisierung verstanden wissen. Aus einer Vielzahl
von Teiltypisierungen soll schließlich eine Endtypisierung abgeleitet
werden (Mariot 1970, S. 39–41). Ob dieser methodische Ansatz
schließlich zu besseren Ergebnissen führt als das direkte Angehen einer
Typisierung ist meines Erachtens – auch auf Grund der Erfahrungen bei
allgemeinen Gemeindetypisierungen – anzuzweifeln, auch wenn dadurch die Aussagekraft einzelner Merkmale vielleicht besser überprüft
wird.

Beschreitet man den anderen Weg, d. h., bringt man relativ viele
Merkmale und deren Unterteilungen in eine Typisierung ein bzw.
zeichnet sie in eine Karte, so gewinnt man zweifellos ein aussagekräfti-
ges Kartenblatt, die Anzahl der Kombinationen und damit der Typen
wächst aber sehr schnell ins Unüberschaubare; und damit ist das eigentliche Anliegen, nämlich Typen zu bilden, wieder in Frage gestellt.

An zwei vor kurzem erschienenen Typisierungsverfahren soll diese
Problematik beispielhaft deutlich gemacht werden. Ruppert u. Maier
(1969) legen für die Bayerischen Alpen zwei Karten zur Typisierung
vor, eine sehr detaillierte Karte mit 5 verschiedenen Merkmalen, die ihrerseits wieder verhältnismäßig oft unterteilt worden sind.[2] Bei dieser

---

[2] Fremdenübernachtungen (sechsfach gestuft), durchschnittliche Aufenthaltsdauer (dreifach), Anteil der Fremdenübernachtungen im Sommer bzw.

Karte bleibt es dem Leser überlassen, die große Anzahl der Kombinationen zu Typen zu ordnen; deshalb wurde eine zweite Karte beigegeben, die diese Angaben auf nur 5 Typen reduziert. Wie jedoch diese 5 Typen aus dem ersten Blatt entstanden sind, ist weder in der Legende noch im Text angegeben. Erst in einem anderen Zusammenhang (Maier 1970, S. 291) wird auf ein Mehrfach-Matrix-Schema verwiesen. Die auf der zweiten Karte ausgewiesenen Typen sind sehr aussagekräftig, doch sollte dem Leser einsichtiger gemacht werden, wie die Reduzierung von Karte 1 auf Karte 2 zustande kam, vor allem, wenn bei den Typen unter anderem angegeben wird „beachtliche primäre Funktion" oder „mit stärkeren Urbanisierungstendenzen". Dies sind wichtige Aussagen, die meines Erachtens aus der ersten Karte jedoch nur mittelbar und damit nicht eindeutig ablesbar sind bzw. zusätzliche Informationen erfordern.

Eine weitere aussagekräftige Karte des Fremdenverkehrs liefern Bobek und Fesl (1968) für Österreich. Hierbei handelt es sich vornehmlich um eine analytische Karte, doch sind Typen von Fremdenverkehrsorten angegeben durch die vorherrschenden Fremdenverkehrsarten sowie durch Angaben über den Jahresgang des Fremdenverkehrs und über die durchschnittliche Aufenthaltsdauer. Wenn auch die eigentliche Typisierung nicht genügend aussagt, so kann man sich durch die vielen übrigen Angaben doch ein sehr gutes Bild von den Fremdenverkehrsorten machen. Diese Karte stellt meines Erachtens einen guten Ansatz zu einer aussagekräftigen Typisierung dar, doch müßte ein Teil der zusätzlichen Daten in die Typisierung selbst eingebracht werden.

Eine andere Möglichkeit, die Masse der unterschiedlichen Merkmalskombinationen wieder in den Griff zu bekommen, stellt eine Wichtung der einzelnen Merkmale und ihrer Unterteilungen dar (vgl. dazu unter anderen Hubrich 1956, S. 58; Uthoff 1970, S. 55–57), doch ist abgesehen von den Schwierigkeiten der Wichtung diese Methode für eine Übersichtstypisierung, bei der dem Leser in der Regel keine weiteren Informationen zur Verfügung stehen, zu stark synthetisch. Es sei denn, man liefert in der Legende die Merkmale und deren Wichtung mit oder legt sogar eine zweite analytische Karte bei.

Winter (direkt angegeben), Fremdenverkehrsintensität (fünffach), durchschnittliche Auslastung in v. H. der gesamten Bettenkapazität (vierfach).

Diese ausgewählten Beispiele und angedeuteten Möglichkeiten machen die Schwierigkeiten einer Typisierung erneut deutlich. Nur wenige Merkmale mit nur wenigen Abstufungen bringen eine klare übersichtliche Typisierung, diese wird der Wirklichkeit jedoch am wenigsten gerecht. Eine mit vielen Merkmalen und vielen Abstufungen arbeitende Typisierung läßt jedoch die Anzahl der Typen so stark anwachsen, daß das eigentliche Ziel, nämlich Typen aufzustellen, verlorengeht bzw. in einem zweiten Schritt eine starke Reduzierung der Typen erfolgen muß. Dieser zuletzt genannte Weg ist mit Sicherheit gangbar und wird in vielen Fällen, wo es um Typenbildung geht, benutzt, doch sollte es auch in der Typisierung von Fremdenverkehrsorten – ähnlich wie bei der allgemeinen Gemeindetypisierung – Möglichkeiten geben, eine aus wenigen Merkmalen und Abstufungen und daher dem Leser leicht nachvollziehbare, aussagekräftige Typisierung, die sich auf einem Kartenblatt darstellen läßt, aufzubauen. Eine solche Typisierung vorzuschlagen (vgl. Abschnitt III) ist Zweck dieses Beitrages.

2. Auswahl der Merkmale

Der Erfolg einer Typisierung hängt weitgehend von der Wahl der Merkmale ab. Die Auswahl der Merkmale wird natürlich um so schwieriger, je weniger Merkmale benutzt werden sollen. Solange die Korrelationen zwischen den verschiedenen Merkmalen gar nicht oder nicht genügend geklärt sind, wird sich jedoch eine gewisse Abundanz der Merkmale nicht vermeiden lassen.

Da die Typisierung möglichst umfassend sein soll, wird man davon ausgehen müssen, daß sowohl die Nachfrage- als auch die Angebotsseite des Fremdenverkehrs in einem Fremdenverkehrsort zu berücksichtigen sind. Dabei wird es vorwiegend auf wirtschafts-, sozial- und siedlungsgeographische Aussagen ankommen. Nach Poser (1939a, S. 171) wird ein Fremdenverkehrsort in erster Linie durch „die lokale Fremdenhäufung als Erscheinung, die hervorragende Stellung der Fremdenverkehrsfunktion und das aus ihr resultierende typische Gepräge des Ortsbildes" charakterisiert. Diese 1939 noch mit Vorbehalt formulierten Kennzeichen haben sich immer wieder bestätigt (vgl. zuletzt Uthoff 1970, S. 55), so daß die Auswahl der Merkmale für eine

Typisierung von Fremdenverkehrsorten an diese Kriterien anzuknüpfen hat.

Zunächst erscheint es jedoch sinnvoll, auf einen anderen Ansatz von Poser (1939a, S. 13ff.) zurückzukommen, nämlich auf seine Fremdenverkehrsarten (nach Zwecken und Motiven) bzw. auf die Artengefüge. Dieser Ansatz war ursprünglich von Poser nicht zur Charakterisierung oder gar Typisierung von Fremdenverkehrsorten gedacht, sondern als methodischer Ausgangspunkt, den Gesamtkomplex Fremdenverkehr zu gliedern, um ihn geographisch in den Griff zu bekommen. Poser (1939a, S. 17) ordnet in seiner Strukturformen-(= Artengefüge-)Karte die Fremdenverkehrsarten bestimmten Orten bzw. Räumen des Riesengebirges zu, so daß eine typische Zusammensetzung der Fremdenverkehrsarten in diesem Fremdenverkehrsgebiet entsteht. Diese Karte von Poser wird dann auch bei Ruppert und Maier (1970, S. 27) als kartographische Analyse einer Typisierung erwähnt. Poser (1939a, S. 20) selbst schreibt, „hier kann die Strukturformenuntersuchung möglicherweise ein Hilfsmittel abgeben, den Typ Fremdenverkehrsgebiet in Untertypen zu untergliedern". Andere Arbeiten (z. B. Brand 1967; Kross 1970; Uthoff 1970) haben diesen Gedanken weiterentwickelt und das Artengefüge auch immer mehr zur Charakterisierung eines Fremdenverkehrsortes und nicht nur des Fremdenverkehrsgebiets mit herangezogen. Bobek und Fesl (1968) sowie Kulinat (1969, Karte 16) verwenden die Fremdenverkehrsarten bzw. das Artengefüge erstmals zur Typisierung von Fremdenverkehrsorten.

In der Tat dürfte das Merkmal Artengefüge durch die Aussagen, die sich mit diesem Merkmal sowohl für die Nachfrageseite als auch für die Angebotsseite eines Fremdenverkehrsortes verbinden, jedem anderen bisher bekannten Merkmal überlegen sein. Der nicht unerhebliche Nachteil des Artengefüges als Typisierungsmerkmal liegt darin, daß sich die einzelnen Fremdenverkehrsarten nicht amtlichen oder anderen Übersichten entnehmen lassen und quantitativ gar nicht oder nur sehr mühsam zu bestimmen sind (vgl. Uthoff 1970, S. 65–66).

Für eine Typisierung muß also darauf geachtet werden, daß der Katalog der Fremdenverkehrsarten nur wenig differenziert ist, a) um einfach anwendbare Fremdenverkehrsarten zu haben, b) diese so leichter beschafft werden können und c) damit die Zahl der möglichen Kombinationen (Artengefüge) nicht zu groß wird.

Wenn man der Frage nachgeht, durch welche der vorhandenen amtlichen statistischen Daten – soweit dies überhaupt möglich ist – am ehesten die Fremdenverkehrsarten zu charakterisieren sind, so kommt nur
der Jahresgang des Fremdenverkehrs in Verbindung mit der durchschnittlichen Aufenthaltsdauer in Frage. Allerdings muß man sich im
klaren darüber sein, daß auch diese Daten nur über das gesamte Artengefüge etwas aussagen und nicht sosehr über einzelne Fremdenverkehrsarten, d. h. sie sind Mischdaten. Jedoch wird man aus dem Jahresgang der Fremdenübernachtungen Rückschlüsse auf einzelne Fremdenverkehrsarten ziehen können (vgl. z. B. Kross 1970, S. 57; Uthoff 1970,
S. 65). Sofern das Artengefüge eines Fremdenverkehrsortes zur Verfügung steht, sollte jedoch dieses als das aussagestärkere Merkmal benutzt
werden; unter Umständen lassen sich der Jahresgang des Fremdenverkehrs und die durchschnittliche Aufenthaltsdauer als Zusatzmerkmale
in die Typisierung einbringen.

Auf die Problematik der Einteilung des Fremdenverkehrs in Arten
muß an dieser Stelle noch etwas ausführlicher eingegangen werden, da
dieses Verfahren immer wieder zu Mißverständnissen und damit zur
Ablehnung führt. Gläser (1970, S. 34/35) lehnt die Fremdenverkehrsarten ab, weil sie „erstens wegen ihrer Bezugswerte unzureichend sind
und zweitens die Vielgestaltigkeit des Fremdenverkehrs nicht vollkommen wiederzugeben vermögen". Auch die Artengefüge „können
nach dem Gesagten nicht befriedigen". Das „Gesagte" besteht aber nur
aus dem vorher zitierten Satz und einigen Anmerkungen in den Fußno-
ten. Aber auch wenn die Argumentation von Gläser nicht viel aussagt,
so artikuliert sie doch die Haupteinwände, die im allgemeinen gegen
eine Einteilung des Fremdenverkehrs in Arten vorgebracht werden:
a) Die Einteilung in Arten ist nicht eindeutig bzw. verschiedene Eintei-
lungsprinzipien werden vermischt, b) die Einteilungen gelten nur regional, trotz notwendig werdender Veränderung der Kriterien in den
verschiedenen Regionen wird die Gesamtheit des Fremdenverkehrs
nicht abgedeckt.

Zu a): Daß bei manchen Einteilungen des Fremdenverkehrs die Ein-
teilungsprinzipien vermischt werden und damit die Eindeutigkeit unter
Umständen verlorengeht, soll nicht bestritten werden. Hier ist jedoch
die Einteilung des Fremdenverkehrs nach Poser (1939a, S. 13ff.) gemeint, die allein nach den Aufenthaltsgründen und Aufenthaltszwecken

die entsprechenden Fremdenverkehrsarten aufstellt. Diese Gründe bzw. Zwecke können eindeutig formuliert werden und sind in der Regel auch eindeutig formuliert worden, so daß es zu einer eindeutigen Einteilung des Fremdenverkehrs kommt. Wenn andere Kriterien (z. B. kurzfristig – langfristig) zur Formulierung der Arten z. T. mit herangezogen werden, so ist dies keine Durchmischung des Prinzips (Aufenthaltszwecke), sondern nur ein Hilfsmittel zu einer statistischen Abgrenzung dieser Arten, denn z. B. pflegt ein Kuraufenthalt in der Regel langfristig, ein Ausflug kurzfristig zu sein.

Zu b): Natürlich gelten bestimmte Aufenthaltszwecke nur für bestimmte Regionen, für andere Fremdenverkehrsgebiete sind andere Zwecke und damit andere Arten zu vermuten (vgl. Poser 1939a, S. 21). Dies ändert jedoch nichts an der Eindeutigkeit der Aussage. Immer, wenn sich Arten den bestehenden nicht unterordnen lassen, haben wir es mit einer neuen Fremdenverkehrsart zu tun. Dabei werden die Kriterien nicht geändert. Je nach dem Ziel der Arbeit bzw. nach dem behandelten Fremdenverkehrsgebiet wird man die Zwecke weiter auffächern oder aggregieren, auf jeden Fall deckt der gerade vorgelegte Katalog der Fremdenverkehrsarten jeweils das behandelte Fremdenverkehrsgebiet eindeutig ab. Gerade den Einwand von Gläser (1970, S. 34/35), daß die Vielgestaltigkeit des Fremdenverkehrs nicht zum Tragen kommt – es fehlten zum Beispiel der Campingverkehr und der Wochenendhausverkehr –, zeigt, daß das Einteilungsprinzip nicht verstanden worden ist. Campingverkehr ist keine Fremdenverkehrsart, sondern die Wohnweise innerhalb einer Fremdenverkehrsart (z. B. Seebäderverkehr). Natürlich kann in Ausnahmefällen das Wohnen im Zelt oder speziell in einem Wochenendhaus zum Selbstzweck werden, in der Regel wird jedoch die Erholung, der Ausflug der Hauptgrund des Aufenthalts sein. Daß die spezielle Betrachtung des Fremdenverkehrs auf Campingplätzen oder in Ferien-Zweithäusern wichtig ist, soll hier ausdrücklich betont werden, doch hat dies mit der Einteilung in Fremdenverkehrsarten nach Poser direkt nichts zu tun.

Schwierigkeiten bei der Bestimmung der vorkommenden Fremdenverkehrsarten eines Ortes kann es nur bei ganz schwach vorkommenden Fremdenverkehrsarten geben. Ab wann hat ein Ort nennenswerten Geschäftsreiseverkehr? Hierauf gibt es keine eindeutige Antwort, solange sich Fremdenverkehrsarten nicht eindeutig quantifizieren lassen und

eine Mindestgrenze festgelegt werden kann. D. h. aber, da diese
Schwierigkeiten nur bei den für den Ort ganz unbedeutenden Fremdenverkehrsarten auftreten können, daß die Methode insgesamt prakti-
kabel bleibt, was auch die Arbeiten von Woll (1962), Hartsch (1963),
Dodt (1967), Brand (1967), Kulinat (1969), Kross (1970), Uthoff
(1970) – um nur eine Auswahl zu nennen – hinlänglich bewiesen
haben.

Mit dem Merkmal Artengefüge ist jedoch nicht sehr viel[3] über die
Fremdenhäufung in einem Ort ausgesagt. Über das hierfür zu benut-
zende Merkmal sollte es jedoch keinen Zweifel geben: Das Merkmal
Fremdenverkehrsintensität hat sich – bei den meisten bisherigen Typisierungen bereits eingesetzt – sehr gut bewährt. Über die Aussage der
Fremdenhäufung hinaus bietet das Merkmal Fremdenverkehrsintensität recht gute Hinweise auf die Wirtschaftskraft des Fremdenverkehrs in
dieser Gemeinde (vgl. z. B. Koch u. Christl 1957, S. 30; Kulinat 1969,
S. 106) und damit auf die Veränderungen im Ort und in der Landschaft
(vgl. u. a. Mariot 1970, S. 42). Zu betonen ist jedoch, daß die Fremdenverkehrsintensität erst durch die zusätzliche Angabe der absoluten
Fremdenübernachtungen zu vollständiger Aussagekraft gelangt; denn
eine sehr schwache Fremdenverkehrsintensität kann zwei sehr verschiedene Orte charakterisieren: einmal einen Ort, der sehr wenig
Fremdenverkehr hat, zum anderen aber auch einen Ort, in dem der
Fremdenverkehr zwar nur in geringem Maße zur Gesamtwirtschaft beiträgt, jedoch absolut sehr hohe Übernachtungszahlen erreicht und damit für einen bestimmten Teil des Ortes dominierend ist.

Obwohl die Fremdenverkehrsintensität bereits gute Hinweise auf
den Fremdenverkehrsort liefert, sagt sie jedoch für die Angebotsseite
eines Fremdenverkehrsortes zu wenig aus. Dies bedeutet, daß von der
Angebotsseite, speziell vom Ortsbild her, noch ein Merkmal in die Ty-
pisierung eingehen sollte. Doch ist eine befriedigende Antwort, welches
Merkmal diese Forderung erfüllt, kaum zu geben. Ein Verfahren, das
Uthoff (1970, S. 56/57) für den Solling benutzt, bietet sich zunächst an.
Uthoff charakterisiert das typische Ortsbild eines Fremdenverkehrsor-

---

[3] Bei vielen Fremdenverkehrsorten ergibt sich durch ein komplexeres Artengefüge ein erhöhter Fremdenverkehrsumfang (vgl. Poser [1939a, S. 18] u. a., zuletzt Uthoff [1970, S. 63]).

tes durch die Fremdenverkehrseinrichtungen, die er für jeden Ort erfaßt und wichtet. Für die Typisierung größerer Räume dürfte dieses Verfahren jedoch viel zu aufwendig sein, wenn man allein an die Erfassung sämtlicher Einrichtungen denkt. Es bleibt deshalb nur übrig, auf die Fremdenbetten zurückzugreifen. Zwischen der Zahl der Fremdenbetten bzw. der Fremdenbetten je Einwohner und den Fremdenübernachtungen bzw. der Fremdenverkehrsintensität ist jedoch eine hohe Korrelation zu vermuten bzw. teilweise schon nachgewiesen (z. B. Uthoff 1970, S. 50, für den Solling). Außerdem sagt die Gesamtzahl der Fremdenbetten zu wenig über das Ortsbild aus, so daß vorgeschlagen wird, die Wohnweisen der Fremden, ausgedrückt durch die Zahl der Fremdenbetten in den jeweiligen Beherbergungsbetrieben, zu benutzen. Den Fremdenbetten als Maßeinheit muß deshalb der Vorzug gegenüber den Fremdenübernachtungen gegeben werden, da es bei diesem Merkmal um die Angebotseite, um das Ortsbild, um den tatsächlich für Fremdenverkehrszwecke gebauten Raum geht. Denn ein Heim mit etwa 70 Fremdenbetten kann durch ganzjährige Belegung etwa gleich viele Übernachtungen haben, wie etwa die übrigen 400 Fremdenbetten in Privatquartieren. Die Auswirkungen im Ortsbild und in der Wirtschaft des Ortes sind jedoch sehr verschieden. Außerdem lassen sich Fremdenbettenzahlen nach Wohnweisen eher beschaffen als entsprechende Übernachtungszahlen.

Ein weiteres mögliches Merkmal für die Angebotsseite ist die Betriebsgrößenstruktur der Beherbergungsbetriebe (z. B. Müller 1968), da sich mit diesem Merkmal etwa ähnliche Aussagen verbinden lassen wie mit den Wohnweisen der Gäste.

Eine zunehmende Bedeutung für die Unterbringung der Fremden haben die Campingplätze. Sie stellen jedoch für die Typisierung von Fremdenverkehrsorten eine besondere Schwierigkeit dar, da eine Fremdenübernachtung auf dem Campingplatz in ihrer wirtschaftlichen und physiognomischen Auswirkung auf den Fremdenverkehrsort nur mangelhaft mit einer Fremdenübernachtung in den Beherbergungsbetrieben gleichgesetzt werden kann. Außerdem kommt es oft vor – vor allem an Durchgangsstraßen oder Meeresküsten –, daß ein Campingplatz ein relativ ausgeprägtes Eigenleben führt bzw. fast nur durch die Tatsache mit einem Ort verbunden ist, daß er auf der Gemarkung dieser Ortschaft liegt. Es wird deshalb vorgeschlagen, die Campingplätze bei

einer Typisierung der Fremdenverkehrsorte nicht direkt einzubeziehen, sondern als Zusatzmerkmal zu kennzeichnen.

Zunehmend wichtiger wird auch die Einbeziehung der Zweithäuser
bzw. Zweitwohnungen in eine Typisierung sein, da schon jetzt sehr
viele Orte zum größeren Teil oder fast ausschließlich aus solchen
Ferien-Zweithäusern bzw. Zweitwohnungen bestehen. Die bisher nur
in wenigen Gebieten bekannten Zahlen über Ferien-Zweithäuser sollten
daher zumindest als zusätzliches Material in eine Typisierung eingehen.

Bei den bisher vorgeschlagenen Merkmalen für eine Typisierung fehlt
– ähnlich wie bei allen bisherigen Typisierungsversuchen – die sozialgeographische „Ebene" völlig bzw. kommt an einzelnen Stellen (z. B. bei
den Ferien-Zweithäusern) nur sehr indirekt zum Ausdruck. Dies ist
sehr zu bedauern (vgl. auch Ruppert u. Maier 1970, S. 27), doch bieten
hierfür weder die amtliche Statistik noch die bisherigen Arbeiten hinrei-
chendes Material an, das sich zu einer übergreifenden Typisierung eignet. Die z. T. bisher vorgenommenen Auswertungen der Meldebögen
der Gäste (z. B. Koch und Christl 1957; Kulinat 1969) sind in vielen
Fremdenverkehrsgebieten nicht möglich bzw. sind zu aufwendig und
auch zu wenig sicher in der Aussage. Auch die sehr aussagekräftige Methode, den Grundbesitzwechsel in einer Fremdenverkehrsgemeinde
auszuwerten (Ruppert 1962; zuletzt Gläser 1970) kann für eine Typisierung schlecht verwendet werden. Die Möglichkeit, durch den Wandel
der Berufszugehörigkeiten einen Indikatorwert für den sozialen Wandel einer Fremdenverkehrsgemeinde zu erreichen, dürfte sich nur auf
relativ isoliert liegende Gemeinden (z. B. auf die Orte der Ostfriesischen Inseln) anwenden lassen. Für bestimmte Länder, in denen die
Hotels sehr genau nach Preis und Leistung von staatlicher Seite eingeteilt werden (z. B. Spanien), lassen sich aus dem Anteil der Gäste in bestimmten Hotelklassen bis zu einem gewissen Grade die Einkommensverhältnisse der Gäste ableiten. Ein gutes quantifizierbares sozialgeo-
graphisches Merkmal für größere Gebiete wird sich jedoch nur durch
eine Änderung der amtlichen Statistik oder durch eigene Befragungen
gewinnen lassen.

Es würde hier zu weit führen, auf weitere mögliche Merkmale für eine
Typisierung einzugehen (vgl. dazu Ruppert u. Maier 1970), doch soll
noch kurz die Frage nach dem dynamischen Element einer Typisierung

aufgeworfen werden. Die Forderung nach dynamischer Typisierung wird auch bei der allgemeinen Gemeindetypisierung immer wieder erhoben, und auch bei der Typisierung von Fremdenverkehrsorten sollte dieses Merkmal berücksichtigt werden. Doch dürfte es sehr schwer sein, alle Hauptmerkmale einer Typisierung gleichzeitig auch in der Veränderung darzustellen. Dies ist unter Umständen nur bei der Verwendung von zwei Kartenblättern möglich (vgl. Grötzbach 1968). Dies schließt jedoch nicht aus, die Veränderung nur eines Merkmals, z. B. der Fremdenübernachtungen, als zusätzliches Merkmal in eine Typisierung eingehen zu lassen, wie es z. B. Ruppert und Maier (1969) sowie Bobek und Fesl (1968) getan haben. Gute Ergebnisse würde sicherlich auch eine spezielle Typisierung der Fremdenverkehrsorte nach Einzugsbereichen der Fremden, eventuell gekoppelt mit sozialgeographischen Daten oder mit Daten der Konsumströme zu den Fremdenverkehrsorten (vgl. Poser 1939a, S. 112), erwarten lassen.

3. Bestimmung der Schwellenwerte

Für die Zahl der Schwellenwerte gilt das gleiche wie für die Merkmale selbst: Eine große Zahl von Abstufungen wird dem Kontinuum der Wirklichkeit am meisten gerecht, die Zahl der Typen wird jedoch dadurch immer unübersichtlicher. Aus diesem Grund kann es in der Regel nicht mehr als 3 bis 4 Unterscheidungen innerhalb eines Merkmals geben. Dies bedeutet, daß es meist darum geht, eine schwächere, eine mittlere und eine stärkere Gruppe auszusondern. Dabei wird man auf den regional in den einzelnen fremdenverkehrsgeographischen Arbeiten gefundenen Schwellenwerten aufbauen und diese im überregionalen Vergleich testen.

4. Kartographische Darstellung

Typisierung ist nicht ursächlich mit der kartographischen Darstellung verbunden, doch ist gerade eine geographische Typisierung nahezu undenkbar ohne die Darstellung im Kartenblatt. Dies zwingt dazu, die Merkmale, Schwellenwerte bzw. letzten Endes die Typen so zu bestimmen, daß sie auf der Karte des gewählten Maßstabes darstellbar sind. Es sollte in Zukunft auch mehr daran gedacht werden, topographische Elemente, die für den Fremdenverkehr wichtig sind, in die Karte mit aufzunehmen.

III. Erläuterungen zur vorgeschlagenen Typisierung von Fremdenverkehrsorten

Die vorgeschlagene Typisierung* wurde an bereits geographisch bearbeiteten Fremdenverkehrsgebieten erarbeitet und getestet, um eine möglichst gute Kontrollmöglichkeit für die Typisierung zu haben.

Grundgedanke bei der Typisierung war, trotz Verwendung einer Reihe von Merkmalen und Zusatzmerkmalen, eine verhältnismäßig überschaubare Typisierung zu schaffen. Dies wird durch die kartographische Herausstellung der wichtigen Merkmale unterstrichen, während die meisten Zusatzmerkmale relativ unauffällig angebracht worden sind. Die dadurch erschwerte Lesbarkeit der Zusatzmerkmale wird dabei bewußt in Kauf genommen.

Die Grundeinteilung der Fremdenverkehrsorte erfolgt nach der vorherrschenden Fremdenverkehrsart, die übrigen beteiligten Fremdenverkehrsarten werden jedoch angegeben (Artengefüge). Die Typen der Fremdenverkehrsorte ergeben sich aus der Kombination dieser Grundeinteilung mit der Fremdenverkehrsintensität (Nachfrageseite) und der vorherrschenden Beherbergungsart (Angebotsseite).

Die vorgesehenen Zusatzmerkmale für die Kennzeichnung der Campingplätze, der Zweitwohnsitze, des nicht übernachtenden Ausflugsverkehrs (durch das Verhältnis von Fremden-Sitzplatzangebot zum Bettenangebot; vgl. Ruppert u. Maier [1970, S. 27]) konnten nicht dargestellt bzw. wegen Datenmangel nicht eingearbeitet werden.

---

* Vgl. die Legende „Die Typisierung von Fremdenverkehrsorten" am Schluß dieses Beitrags. Die im Originaldruck farbigen Karten konnten nicht reproduziert werden. Die beigegebene, in Schwarzweiß umgesetzte Legende dieser Karten vermittelt jedoch eine Vorstellung von der vorgeschlagenen Typisierung. Damit wird auch eine leicht durchführbare Umsetzung der kartographischen Darstellung in Schwarzweiß dokumentiert. Bereits Plettner (1979, nach S. 49, zitiert in Fußnote** auf Seite 327) hat für Irland eine Schwarzweiß-Kartographie durchgeführt [Anm. d. Verf.].

Leider ist es auch bei dieser Typisierung nicht gelungen, die vorhandenen Fremdenverkehrsorte auf nur wenige Typen zu beschränken, doch wurde durch die scharfe Trennung der Merkmale von Zusatzmerkmalen ein wesentlicher Schritt zur Reduzierung der Typen getan. Andererseits sollte die Karte analytischen Charakter behalten, um dem Benutzer die Typisierung möglichst einsichtig zu machen. Für bestimmte Zwecke kann es natürlich sinnvoller sein, eine stärker synthetische Karte mit nur wenigen Typen anzufertigen.

Vielleicht wird es auf Grund besserer statistischer Erfassung auch einmal möglich sein, die einzelnen Fremdenverkehrsarten quantitativ eindeutig abzugrenzen. Dadurch würde die vorgeschlagene Typisierung sehr an Aussagekraft gewinnen und auch für die Fremdenverkehrsplanung, die weitgehend auf einer Einteilung des Fremdenverkehrs nach Motiven und Zwecken aufbaut, noch besser verwendbar sein.

[...]

DIE TYPISIERUNG VON FREMDENVERKEHRSORTEN [1]

Die Typen der Fremdenverkehrsorte ergeben sich aus der Kombination von

I.   Grundeinteilung (Fremdenverkehrsarten und Artengefüge) mit
II. Fremdenverkehrsintensität (Nachfrageseite) und
III. Beherbergungsart (Angebotsseite). Weitere Informationen liefern
IV. die Zusatzmerkmale. Für nähere Angaben zur Typenbildung siehe Teil V der Legende.

I Grundeinteilung nach der vorherrschenden Fremdenverkehrsart und dem Artengefüge

1. Fremdenverkehrsarten (nach Aufenthaltsgründen und -zwecken):

Kurverkehr (ohne Seebäderverkehr): K

Geschäftsreiseverkehr: G

Ausflugs- und Durch- gangsfremdenverkehr: A (einschl. aller ähnlichen Fremdenverkehrsarten mit dem vorwiegenden Zweck kurzfristiger Erholung, Entspannung bzw. Zerstreuung; z. B. der Besichtigungs- und Besuchsfremdenverkehr)

Seebäderverkehr (einschl. Kurverkehr an der See): SE

Sommerfrischen- verkehr: SO

Winterfrischen- und Wintersportverkehr: W

 vorherrschende Fremdenverkehrsart (angegeben z. B.: Sommerfrischenverkehr)

 andere beteiligte Fremdenverkehrsarten

z. B.:

vorherrschende Fremdenverkehrsart: Kurverkehr K

andere beteiligte Fremdenverkehrsarten: Sommerfrischenverkehr SO, Ausflugs- und Durchgangsfremdenverkehr A

2. Artengefüge: Beteiligt ist/sind

e einfaches Artengefüge   1 oder 2 Fremdenverkehrsart(en)
m mehrteiliges Artengefüge   3 oder mehr Fremdenverkehrsarten

Die Grundeinteilung erfolgt nach der vorherrschenden Fremdenverkehrsart und nach der Anzahl der insgesamt beteiligten Fremdenverkehrsarten (einfaches oder mehrteiliges Artengefüge), so daß sich 6 x 2 = 12 Grundtypen ergeben, z. B. I (K,m): Kurverkehr und mehrteiliges Artengefüge, I (SE,e): Seebäderverkehr und einfaches Artengefüge.

II Einteilung nach der Fremdenverkehrsintensität

 Fremdenverkehrs- intensität

Fremdenübernachtungen je Einwohner:

IIa	Ort mit Fremdenverkehr	bis unter 10
IIb	Fremdenverkehrsort	10 bis unter 50
IIc	Fremdenverkehrsort mit starkem Fremdenverkehr	50 bis unter 100
IId	Fremdenverkehrsort mit sehr starkem Fremdenverkehr	100 und mehr

(IIc und IId: Bedeutender Fremdenverkehrsort)

III Einteilung nach der Beherbergungsart

 Beherbergungsart

Ort mit vorwiegendem Fremdenbettenangebot in

IIIa	Hotels, Gasthöfen, Pensionen	Mehr als 50 % der Fremdenbetten in H Gasthöfen, Pensionen (in Privatquartieren in Heimen <40%)
IIIb	Privatquartieren	Mehr als 60 % der Fremdenbetten in P quartieren (in Hotels in Heimen <40%)
IIIc	Heimen	Mehr als 40 % der Fremdenbetten in Sanatorien, Kurheim Erholungsheimen u. ä (in Hotels <60%, in Privatquartieren <60
IIId	Ort mit stark gemischtem Fremdenbettenangebot	Fremdenbettenangeb ist stark gemischt (Fremdenbetten in <50%, in Privatqua <60%, in Heimen <

[1] Legende zu den im Originaldruck enthaltenen farbigen Karten zur Typisierung der Fremdenverkehrsorte 1967/68 an der Niedersächsischen Küste (Ausschnitt), in der Lüneburger Heide (Ausschnitt) und im Westharz.

IV Zusatzmerkmale

1. Zahl der Fremdenübernachtungen (FU)

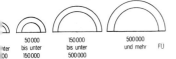

...ter ...00	50 000 bis unter 150 000	150 000 bis unter 500 000	500 000 und mehr FU

...ahresgang des Fremdenverkehrs
der Fremdenverkehrsüber-
...ungen im Sommerhalbjahr
...ril - 30. Sept.) an den Gesamt-
...denübernachtungen eines Jahres
in %
(verstärkter Innenkreis)

3. Durchschnittliche Aufenthaltsdauer
in Tagen
(Kennzeichnung im oberen Kreisring)

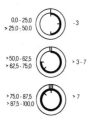

0,0 - 25,0 / > 25,0 - 50,0	- 3
> 50,0 - 62,5 / > 62,5 - 75,0	> 3 - 7
> 75,0 - 87,5 / > 87,5 - 100,0	> 7

...unahme der Fremdenübernachtungen in den letzten 5 Jahren
in %
Abnahme oder Zunahme - 10

ohne Kennzeichnung:

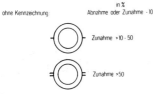

Zunahme > 10 - 50

Zunahme > 50

...nmerkung: Die Campingplätze wurden bei der vorliegenden
...arstellung nicht berücksichtigt.

...ern Daten vorhanden sind, sollten die beiden folgenden Zusatzmerkmale
...egeben werden:
...weithäuser bzw. Zweitwohnungen
...remdensitzplatzangebot im Verhältnis zum Fremdenbettenangebot
...als Kennzeichnung des nicht übernachtenden Ausflugsverkehrs,
...rgl. RUPPERT u. MAIER 1970. S. 27).

V Die Typen der Fremdenverkehrsorte

ergeben sich aus der Kombination der Grundeinteilung
(Grundtypisierung) mit den Merkmalen II und III, z.B.

1) Tewel / Lüneb. Heide [2]
   I (SO,e): Sommerfrischenverkehr und einfaches Artengefüge
   IIa: Ort mit Fremdenverkehr
   IIIa: Vorw. Fremdenbettenangebot in Hotels, Gasthöfen, Pensionen u. a

   also: I (SO,e), IIa, IIIa: Ort mit Sommerfrischenverkehr, einfachem
   Artengefüge und vorw. Hotelbettenangebot.

2) Goslar / Harz (I(A,m), IIa, IIIa): Ort mit vorherrschendem Ausflugs- und
   Durchgangsfremdenverkehr, mehrteiligem Artengefüge und vorw.
   Hotelbettenangebot.

3) Esens - Benserriel / Nieders. Küste (I (S.E.m), IIb, IIIb): (Vorherrschend)
   Seebad mit mehrteiligem Artengefüge und vorw. Privatbettenangebot.

4) Bad Lauterberg / Harz (I(K,m), IIb, IIIc : (Vorh.) Kurort mit mehrteiligem
   Artengefüge und vorw. Heimbettenangebot.

5) Wangerooge / Nieders. Küste (I(SE,e), IId, IIId): Seebad mit sehr starkem
   Fremdenverkehr (Bedeutendes Seebad), einfachem Artengefüge und
   gemischtem Fremdenbettenangebot.

6) Altenau / Harz (I(SO,m), IId, IIIa): (Vorherrschend) Sommerfrische mit
   sehr starkem Fremdenverkehr (Bedeutende Sommerfrische),
   mehrteiligem Artengefüge und vorw. Hotelbettenangebot.

Die vorliegende Typisierung ist so angelegt, daß die vierfache Untergliederung
der Merkmale II und III auf 3 oder gar auf 2 Unterteilungen (je nach
Typisierungsziel) verringert werden kann, um die Anzahl der theoretisch
möglichen Typen zu reduzieren. Die 12 Grundtypen bleiben jedoch in jedem Fall
erhalten. Die folgende Reduzierung der Merkmale II und III auf
je 3 Unterteilungen bietet sich z. B. an: IIa, IIb, IIc/d,
IIIa/c, IIIb, IIId.

[2] Genannte Beispiele aus den Karten des Originaldrucks

Literaturverzeichnis

Barbaza, Yv.: Trois types d'intervention du tourisme dans l'organisation de l'espace littoral. – In: Ann. de Géographie LXXIX, 1970, 434, S. 446 bis 469.

Bobek, H., u. M. Fesl: Typisierung des Fremdenverkehrs in Österreich. – In: 4. Lieferung des Österreich-Atlas (Karte), Wien 1968.

Bolte, K. M.: Deutsche Gesellschaft im Wandel, 2. Aufl. Opladen 1967.

Borcherdt, Ch.: Die Wohn- und Ausflugsgebiete in der Umgebung Münchens, eine sozialgeographische Skizze. – In: Ber. z. dt. Landeskunde 19, 1957, S. 173–187.

Brand, H. D.: Der Fremdenverkehr im Westharz. – In: Geogr. Rundschau 17, 1965, S. 327–332.

Ders.: Die Bäder am Oberharz. Eine fremdenverkehrsgeographische Untersuchung, Göttingen/Hannover 1967 (Veröff. d. Nieders. Inst. f. Landeskunde u. Landesentwicklung an d. Univers. Göttingen, Reihe A I, Bd. 84).

Burnet, L: Villégiature et tourisme sur les côtes de France, Paris 1963.

Cribier, F.: La grande migration d'été des citadins en France, Paris 1969 (Mémoires et Documents, Num. hors série. Centre de Recherches et Documentation Cartogr. et Géogr.).

Diekmann, S.: Die Ferienhaussiedlungen Schleswig-Holsteins. Eine siedlungs- und sozialgeographische Studie, Kiel 1963 (Schriften d. Geogr. Inst. d. Univers. Kiel, Bd. XXI [3]).

Dodt, J.: Der Fremdenverkehr im Moseltal zwischen Trier und Koblenz, Bad Godesberg 1967 (Forsch. z. dt. Landeskunde, Bd. 162).

Geuting, M.: Die Kur- und Erholungsorte der Rhön. Ein methodischer Beitrag zur Fremdenverkehrsgeographie, [Würzburg/Schweinfurt] 1972 (Mainfränkische Studien, Bd. 4).

Gilbert, E. W.: The holiday industry and seaside towns in England and Wales. – In: Festschrift Leopold G. Scheidl zum 60. Geburtstag, I. Teil. Hrsg. von Heinz Baumgartner u. a., Wien 1965, S. 235–247.

Ginier, J.: Géographie touristique de la France, Paris 1965.

Gläser, K. G.: Der Fremdenverkehr in der Nordwesteifel und seine kulturgeographischen Auswirkungen, Wiesbaden 1970 (Aachener Geographische Arbeiten, H. 2).

Grötzbach, E.: Die Entwicklung der bayerischen Fremdenverkehrsgebiete in den letzten vierzig Jahren. – In: Mitt. d. Geogr. Ges. München 53, 1968, S. 267–292.

Hahn, H.: Die Erholungsgebiete der Bundesrepublik. Erläuterungen zu einer Karte der Fremdenverkehrsorte in der deutschen Bundesrepublik, Bonn 1958 (Bonner Geographische Abhandlungen, H. 22).

Hartsch, E.: Der Fremdenverkehr in der Sächsischen Schweiz. – In: Wiss. Veröff. d. Deutsch. Inst. f. Länderkunde, N. F. 19/20, 1963, S. 343–490.

Hubrich, U.: Zur Anwendung des Begriffes „Fremdenverkehrsgemeinde" in der Praxis. – In: Jahrb. f. Fremdenverkehr 4, 1956, 2, S. 46–61.

Koch, A., u. A. Christl: Eine Untersuchung über den Fremdenverkehr auf den Ostfriesischen Inseln, München 1957 (Schriftenreihe d. Dt. Wirtschaftswiss. Inst. f. Fremdenverkehr an d. Univers. München, H. 11).

König, R.: Grundformen der Gesellschaft: Die Gemeinde, Hamburg 1958 (Rowohlts deutsche Enzyklopädie, Bd. 79).

Kross, E.: Fremdenverkehrsgeographische Untersuchungen in der Lüneburger Heide, Göttingen/Hannover 1970 (Veröff. d. Nieders. Inst. f. Landeskunde u. Landesentwicklung an d. Univers. Göttingen, Reihe A I, Bd. 94).

Kulinat, K.: Geographische Untersuchungen über den Fremdenverkehr der niedersächsichen Küste, Göttingen/Hannover 1969 (Veröff. d. Nieders. Inst. f. Landeskunde u. Landesentwicklung an d. Univers. Göttingen, Reihe A I, Bd. 92).

Lautensach, H.: Über die Begriffe Typus und Individuum in der geographischen Forschung, Kallmünz/Regensburg 1953 (Münchner Geographische Hefte, H. 3).

Lelièvre, R. de: Juan-les-Pins et le Cap d'Antibes. – In: Ann. de la Faculté des Lettres et Sciences Humaines de Nice 6, 1968, S. 43–55.

Maier, J.: Die Leistungskraft einer Fremdenverkehrsgemeinde. Modellanalyse des Marktes Hindelang/Allgäu, München 1970 (WGI-Berichte zur Regionalforschung, H. 3).

Mariot, P.: Probleme der Typisierung von Fremdenverkehrsorten in der ČSSR. – In: Zur Geographie des Freizeitverhaltens. Zusammengest. von K. Ruppert u. J. Maier, Kallmünz/Regensburg 1970, S. 37–48 (Münchner Studien z. Sozial- und Wirtschaftsgeographie, Bd. 6).

Müller, H.: Probleme des Fremdenverkehrs in der Lüneburger Heide aus der Sicht der Raumordnung und Landesplanung. – In: Neues Archiv f. Niedersachsen 17, 1968, S. 200–206.

Poser, H.: Geographische Studien über den Fremdenverkehr im Riesengebirge. Ein Beitrag zur geographischen Betrachtung des Fremdenverkehrs, Göttingen 1939 (Abh. d. Ges. d. Wiss. zu Göttingen, Math.-Phys. Kl., Dritte Folge, H. 20) (1939a).

Ders.: Die fremdenverkehrsgeographischen Beziehungen des norddeutschen Tieflandes zum Riesengebirge, ihre Grundlagen und Auswirkungen. – In: Dt. Geogr. Blätter 42, 1939, S. 177–189 (1939b).

Prost, B.: Deux exemples de mise en valeur d'une région lagunaire: Lignano et Grado (Italie). – In: Revue de Géographie de Lyon 42, 1967, S. 5–37.

Ritter, W.: Fremdenverkehr in Europa. Eine wirtschafts- und sozialgeographische Untersuchung über Reisen und Urlaubsaufenthalte der Bewohner Europas, Leiden 1966 (Europäische Aspekte, Reihe A: Kultur Nr. 8).

Robinson, G. W. S.: The Resorts of the Italian Riviera. – In: Geographical Studies V, 1958, S. 20–32.

Ruppert, K.: Das Tegernseer Tal. Sozialgeographische Studien im oberbayerischen Fremdenverkehrsgebiet, Kallmünz/Regensburg 1962 (Münchner Geographische Hefte, H. 23).

Ruppert, K., u. J. Maier: Fremdenverkehr und Geographie. – In: Wiss. Aspekte des Fremdenverkehrs, Hannover 1969, S. 89–102 (Forsch.- u. Sitzungsber. d. Akad. f. Raumforschung u. Landesplanung. Bd. 53, Raum u. Fremdenverkehr 1).

Dies.: Zum Standort der Fremdenverkehrsgeographie – Versuch eines Konzepts. – In: Zur Geographie des Freizeitverhaltens. Zusammengestellt von K. Ruppert und J. Maier, Kallmünz/Regensburg 1970, S. 9–36 (Münchner Studien z. Sozial- u. Wirtschaftsgeographie, Bd. 6).

Schlieter, E.: Viareggio. Die geographischen Auswirkungen des Fremdenverkehrs auf die Seebäder der nordtoskanischen Küste, Marburg 1968 (Marburger Geographische Schriften, H. 33).

Schneppe, F.: Gemeindetypisierungen auf statistischer Grundlage. Die wichtigsten Verfahren und Methoden, Hannover 1970 (Veröff. d. Akad. f. Raumforschung u. Landesplanung, Beiträge, Bd. 5).

Schwarz, G.: Allgemeine Siedlungsgeographie, 3. Aufl. Berlin 1966 (Lehrbuch d. Allgem. Geographie, hrsg. von E. Obst, Bd. VI).

Uthoff, D.: Der Fremdenverkehr im Solling und seinen Randgebieten, Göttingen 1970 (Göttinger Geographische Abhandlungen, H. 52).

Weber, P.: Der Fremdenverkehr im Küstenbereich des Algarve (Portugal). – In: Beiträge zur Kulturgeographie der Mittelmeerländer. Hrsg. von C. Schott, Marburg 1970, S. 7–32 (Marburger Geographische Schriften, H. 40).

Wenserski, W.: Zur Siedlungs- und Wirtschaftsgeographie der Badeorte Ostholsteins. – In: Beiträge zur Landeskunde von Schleswig-Holstein. Hrsg. v. C. Schott, Kiel 1953, S. 196–206 (Schr. d. Geogr. Inst. d. Univers. Kiel, Sonderbd.).

Woll, H.: Der Fremdenverkehr im Bodenseegebiet. Eine Analyse. Weinheim/Bergstraße 1962.

40. Deutscher Geographentag Innsbruck. 19. bis 25. Mai 1975. Tagungsbericht und wissenschaftliche Abhandlungen (= Verhandlungen des Deutschen Geographentages, Band 40) 1976, S. 673–692. Steiner, Wiesbaden.

DER MASSENTOURISMUS ALS DYNAMISCHES SYSTEM: DAS ÖSTERREICHISCHE BEISPIEL*

Von Elisabeth Lichtenberger

1. Die Struktur von Nachfrage und Angebot

In der Struktur von Nachfrage und Angebot nimmt Österreich im europäischen Massentourismus eine Sonderstellung ein.

Die *Nachfrage* ist durch drei Konzentrationsphänomene gekennzeichnet:

1. Österreich führt in Europa in der absoluten Zahl der Ausländerübernachtungen (1973: 78 Millionen, ca. 78 %) vor Italien und Spanien. Nur Italien hat durch die kürzere Aufenthaltsdauer von 5,4 gegenüber 7 Tagen eine höhere Zahl von ausländischen Gästen zu verzeichnen. Innerhalb der ausländischen Gäste führen die Besucher aus der Bundesrepublik Deutschland. Auf sie entfällt der Löwenanteil von über 75 v. H. der Ausländernächtigungen. In allen anderen für den Massentourismus wichtigen europäischen Staaten, wie Jugoslawien und der Schweiz, bleibt ihr Anteil dagegen unter der Hälfte.

2. Von wenigen Gebieten abgesehen, konzentriert sich der Fremdenverkehr auf die Sommersaison. Nur diese hat flächenhafte Bedeutung. Große Gebiete Österreichs sind daher mit dem ökonomischen Problem geringer Rendite des einsaisonalen Tourismus belastet.

3. Räumlich konzentriert sich der Fremdenverkehr auf die westlichen Bundesländer (Tirol, Salzburg, Kärnten).

Von der *Angebotsseite* steht dieser herkunftsmäßig, saisonal und räumlich konzentrierten Nachfrage ein äußerst kleinbetrieblich strukturiertes Angebot von fast 100 000 Betrieben (1973) gegenüber, von

---

* Nur eine der 5 Karten (Karte 5) aus der Veröffentlichung von 1976 wird hier wiedergegeben [Anm. d. Red.].

denen drei Viertel auf Privatquartiere und ein Viertel auf gastgewerbliche Betriebe entfallen. Die Betriebsstruktur besitzt folgende Kennzeichen:

1. Hotel- und Restaurantketten fehlen.
2. Die starke Ortsständigkeit der gastgewerblichen Unternehmer ist besonders in Tirol immer wieder in Untersuchungen betont worden.
3. Investitionen und Risiken sind breit gestreut.
4. Ein besonderes Kennzeichen ist dabei die starke Beteiligung der Privatzimmervermietung, die zum Unterschied von dem traditionellen Fremdenverkehrsland Schweiz mit der altetablierten Hotellerie in Österreich eine entscheidende Rolle spielt, die in der Bedeutung für die Entwicklung des österreichischen Fremdenverkehrs gar nicht hoch genug eingeschätzt werden kann, war und ist die Privatzimmervermietung doch immer ein Spitzenreiter bei der Ausbreitung des Fremdenverkehrs in wenig erschlossene Räume hinein, ebenso aber auch ein Puffer für die sommerliche Nachfragehausse.
5. Geringe Bedeutung besitzt das Campingwesen. Nur Kärnten bildet mit rund 2 Millionen Nächtigungen eine Art „Ausläufer" des Mediterrangebietes.
6. Der Alpinismus, der zu den bedeutenden Wurzeln des österreichischen Tourismus zählt, ist mit rund einer Viertelmillion Nächtigungen auf Schutzhütten zahlenmäßig bereits bedeutungslos geworden.

2. Die Entwicklungsdynamik

Eine Rückblendung auf die Entwicklung des letzten Jahrzehnts (1961–1972, dem Fremdenverkehrsjahr mit den bisher höchsten Nächtigungszahlen) gibt Antwort auf die Frage nach den dynamischen Variablen in der Wechselwirkung von Angebot und Nachfrage. In diesem Zeitraum haben sich die Nächtigungszahlen verdoppelt und wurde 1972 die 100-Millionen-Grenze überschritten. Nur mäßig durch Konjunkturschwankungen verzögert, ist auf der Basis des Bettenbedarfs für die Monate Juli und August die Gesamtzahl der Betten von rund einer halben auf eine Million angewachsen. Trotz aller Bestrebungen um eine Verbesserung der Auslastung ist diese daher nur unwesentlich gestiegen (bei den gastgewerblichen Betrieben von 28,6 auf 31,2 %, bei den Privatquartieren von 17,2 auf 21,3 %). Die noch immer wesentlich schwächere Auslastung der Privatquartiere ist auf die erwähnte Pufferfunktion für die Sommerspitze und die sehr niedrige Auslastung von nur 9,7 % in der Wintersaison zurückzuführen.

Auf der *Nachfrageseite* bildet 1. der wachsende Zustrom von ausländischen Gästen die dynamische Variable des Systems (1961: 62 %, 1973: 78 % Übernachtungen von Ausländern). Gleichzeitig verstärkte sich die Bedeutung der Besucher aus der Bundesrepublik Deutschland und damit die Abhängigkeit Österreichs vom Erholungsverhalten bundesdeutscher Gäste.

2. Allen Bemühungen zum Trotz, die sommerliche Nachfragespitze abzubauen, blieb bei den Ausländerübernachtungen der Anteil der Monate Juni bis September mit 72 % unverändert. Nur der Inländerfremdenverkehr reduzierte sich von 62 % auf 55 %. Dank der Verdoppelung der Nächtigungszahlen erfuhr jedoch die Wintersaison strukturelle Veränderungen und räumliche Erweiterungen. Bestand Anfang der sechziger Jahre noch eine ausgesprochene Größendisparität zwischen großen, international renommierten und stark frequentierten Orten, wie St. Anton, Lech, Sölden, Seefeld, Kitzbühel, Badgastein, mit mehr als einer Viertelmillion Nächtigungen und andererseits kleinen Orten mit weniger als 50 000 Übernachtungen, wie im Montafon, Zillertal, Ennstal usf., so sind inzwischen zahlreiche Orte in dieses mittlere Größenfeld aufgerückt.

Räumlich hat sich damit eine flächenhafte Erweiterung um bestehende Zentren, wie Kitzbühel, Zell am See, vollzogen bzw. ist es zur Bildung bandartiger Agglomerationen, wie im Ennstal, gekommen. Ursprünglich reine Sommerfrischenorte, wie Mayrhofen im Zillertal, vermochten eine Wintersaison aufzubauen. Es kann kein Zweifel darüber bestehen, daß diese Ausdehnung der Wintersaison den Hauptmotor der Entwicklung in den weiteren siebziger Jahren darstellen wird. So hat sich schon bei der jüngsten Rezession gezeigt, daß die Wintersaison keine Einbußen zu verzeichnen hatte, sondern ganz im Gegenteil zahlreiche Orte sogar eine höhere Auslastung meldeten.

Freilich stellt die klimaökologische Begrenzung der Wintersaison eine trotz aller lokalen Initiativen nicht zu überspringende Hürde dar, wie ein Nord-Süd-Profil durch die Ostalpen erkennen läßt (Abb. 1). Während am Alpennordrand noch in den Fußorten Wintersport mög-

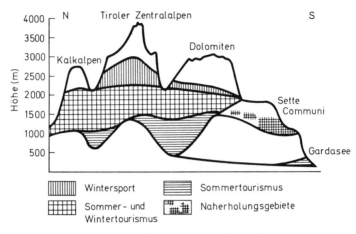

Abb. 1: Nord-Süd-Profil durch die Ostalpen.

lich ist und durch das Inntal auch der Raum von Kitzbühel noch reichlich Schnee erhält, besitzen in den im großen und ganzen schon trocke-
neren inneralpinen Längstälern (Inntal, Ennstal) nur die sogenannten
Mittelgebirgsterrassen eine Chance (Seefeld bzw. Ramsau im Ennstal),
während sich ansonsten der Fremdenverkehr zunehmend in die Tal-
schlußorte der Zentralalpen bzw. auf Pässe und damit in die subnivale
Zone verlagert. Eine Ausweitung nach Osten behindern die Entsied-
lungsräume, die später noch erwähnt werden, und, vor allem am Ost-
alpenabfall, die unsichere Schneelage.

Von der *Angebotsseite* her blieb 1. das Verhältnis zwischen gastgewerblichen Betrieben und Privatzimmervermietung nahezu konstant.
Bei der Entwicklung der *Privatzimmervermietung* lassen sich jedoch
deutlich drei Phasen unterscheiden:

a) Eine Betriebsgründungsphase, die von der Mitte der fünfziger Jahre
   bis zur Mitte der sechziger Jahre vor allem die westlichen Bundesländer erfaßte, als die Zahl der Betten in Privatunterkünften um
   162 %, in Beherbergungsbetrieben hingegen nur um 63 % anwuchs.
   Entsprechend der erwähnten Aufgabe der Privatzimmervermietung
   beim Auffangen der stark wachsenden Nachfrage in der Sommersaison bestimmt diese heute den Raum der Bewegungsfront des Ausländerfremdenverkehrs in Kärnten und im Salzkammergut (vgl. un-

ten). Derart haben sich in Salzburg und Kärnten die Nächtigungen in Privatquartieren nahezu verdreifacht. Besonders in Kärnten korreliert die Entwicklungsintensität der Fremdenverkehrsorte stark positiv mit dem Prozentanteil der Privatzimmervermietung.

b) Von diesem Raum abgesehen, ist die Privatzimmervermietung jedoch seit etwa 1965 im großen und ganzen in eine Ausbauphase eingetreten. Die Erweiterung von Betrieben überwiegt gegenüber Neugründungen. Im Bundesdurchschnitt entfallen gegenwärtig 6 Betten auf ein Privatquartier.

c) In Tirol, dem am stärksten entwickelten Fremdenverkehrsraum, zeigt sich seit dem Ende der sechziger Jahre ein relatives Zurückbleiben der Privatquartiere im Vergleich mit den gastgewerblichen Betrieben.

Nur ein mäßiger statistischer Zusammenhang besteht zwischen der Größe der Fremdenverkehrsgemeinden und dem Anteil der Privatzimmervermietung. Immerhin kann man feststellen, daß in Orten mit mehr als 200000 Nächtigungen Werte von über 60% Nächtigungen in Privatquartieren bereits Ausnahmen darstellen. Dagegen besitzen die Privatquartiere in Gemeinden mit bis zu 50000 Nächtigungen überwiegend die Mehrheit.

Diese größenmäßige Abhängigkeit des Anteils der Privatzimmervermietung steht im Zusammenhang mit der Ergänzungsfunktion, welche Privatzimmergemeinden im Verband der keineswegs zahlreichen echten Fremdenverkehrsregionen Österreichs als Schlaforte für die Touristen besitzen. Eine Aussiedlung der Wohnbevölkerung aus den Fremdenverkehrszentren aufgrund der hohen Bodenpreise zum Zweck des Baus eines Eigenheims geht meist mit dem Aufbau einer Privatzimmerperipherie Hand in Hand.

Gering ist der Anteil der Privatzimmervermietung in Räumen mit hohem Verstädterungsgrad und altem Gastgewerbe und besonders in zentralen Orten. Dementsprechend niedrig ist der Anteil auch in den niederösterreichischen Fremdenverkehrsorten.

Zusammenfassend darf festgestellt werden, daß ohne die Initiative breiter Bevölkerungskreise in der Privatzimmervermietung der österreichische Fremdenverkehr nicht einen derartigen Aufschwung genommen hätte. Die Privatzimmervermietung hat sich dabei direkt zu einer Art Lebensform entwickelt, bei der ökonomische Rationalität und

Renditedenken nicht die leitenden Motive sind, sondern die Finanzierung des Baus eines eigenen Hauses. Die Erlöse aus dem Fremdenverkehr werden daher auch nicht säuberlich mit der investierten Zeit in Relation gesetzt, sondern einfach als Bareinnahmen betrachtet, mit denen man zuerst Zinsen und Hypotheken des Hausbaus abdeckt und später das Konsumniveau anhebt. Darüber hinaus ist die Privatzimmervermietung ein wesentlicher Zusatzverdienst für die Frauen, die ihn mit den sonstigen Haushaltsverpflichtungen besser vereinbaren können als eine Tätigkeit außerhalb des Hauses, für die in vielen ländlichen Räumen überdies nur ein unzureichendes Arbeitsplatzangebot besteht.

Was das heute vielzitierte Freizeitverhalten anlangt, so vergißt freilich der Tourist allzu leicht darauf, daß die Privatzimmervermieter in der Zeit, in der Gäste im Haus sind, auf einen Urlaub verzichten müssen, womit ihre Möglichkeit, auf Erholung zu gehen, auf die in unseren Breiten zweifellos ungünstigeren Zwischensaisonen reduziert wird.

Nach der amtlichen Statistik beträgt der Bettenstand in Privatquartieren etwa 40 % des Gesamtbestandes. Zieht man jedoch die regional sehr variable Dunkelziffer bei den Meldungen ins Kalkül, so dürfte man wohl nicht fehlgehen, den Bettenbestand etwa gleich hoch wie den der gastgewerblichen Betriebe zu veranschlagen.

2. Im Hinblick auf die Aufenthaltsdauer der Gäste verstärkte sich übrigens im letzten Jahrzehnt bei im gesamten *wachsender Aufenthaltsdauer* (5,7 Tage 1960, 7,0 Tage 1972) der Unterschied zwischen gewerblichen Betrieben und Privatquartieren zugunsten der letzteren (5,7 bzw. 10,3 Tage 1972!).

3. An der für die Privatzimmervermietung erwähnten Ausbauphase beteiligten sich auch die *gastgewerblichen Betriebe,* deren durchschnittliche Bettenzahl im umschriebenen Zeitraum daher mäßig zugenommen hat (1961 20 Betten, 1973 26 Betten). Diese *Betriebsvergrößerungstendenz* war begreiflicherweise in den zweisaisonalen Gebieten, vor allem in Tirol, am stärksten (über 30 Betten). Hand in Hand damit hat sich eine gewisse arbeitsmäßige Rationalisierung vollzogen. Derart hat vor allem in der Sommersaison die Zahl der Arbeitskräfte, gemessen an der Bettenzahl, abgenommen.

3. Die West-Ost-Differenzierung des Fremdenverkehrs

Wenden wir uns nun als letztes der räumlichen Konzentration des
Fremdenverkehrs zu, so ergibt ein Vergleich der Nächtigungszahlen im
letzten Jahrzehnt eine Verstärkung des Anteils der westlichen Bundesländer Tirol, Salzburg und Kärnten von 56 auf 66 %. Dementsprechend
hatten die östlichen Bundesländer, im besonderen Wien und Niederösterreich, aber auch das westliche Bundesland Vorarlberg einen relativen Bedeutungsverlust zu verzeichnen.

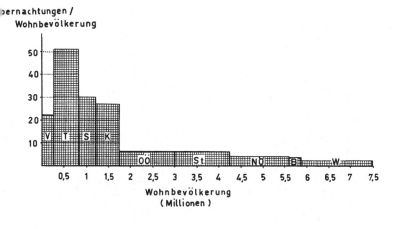

Abb. 2: Das W-E-Intensitätsgefälle des Fremdenverkehrs in den österreichischen
Alpen.

Bezogen auf die Einwohnerzahl, wurde dieses West-Ost-Gefälle des
Fremdenverkehrs in den österreichischen Alpen für das Jahr 1973 in
einem Diagramm veranschaulicht (Abb. 2). Zieht man in Betracht, daß
die Deviseneinnahmen pro Ausländer und Nächtigung von 235 Schilling 1960 auf 537 Schilling 1972 gestiegen sind, so wird auf dem Hinter-

Tab. 1: Die W-E-Differenzierung des österreichischen Fremdenverkehrs 1961 und 1973

	V	T	S	K	OÖ	St	NÖ	B	W	Summe
Übernachtungen (in Tausend)										
1961	3 503	12 927	7 702	6 803	5 099	4 303	4 888	364	2 206	47 808
1973	7 067	31 040	18 503	16 567	8 980	8 977	5 047	1 394	3 954	102 308
1961 = 100	201,8	240,1	240,2	243,6	176,1	215,4	103,2	383,2	179,3	214,1
Ausländer (v. H.-Anteile)										
1961	88,5	90,5	70,0	72,4	35,4	21,6	9,4	19,8	77,8	62,7
1973	93,0	94,1	79,8	83,3	58,5	36,7	25,9	48,3	84,4	76,4
1961 = 100	211,0	249,6	273,9	282,5	308,2	346,6	284,9	972,4	194,3	160,7
Winter (v. H.-Anteile)										
1961	40,8	24,7	22,3	4,7	20,5	22,8	23,4	19,9	34,6	22,1
1973	34,9	29,1	25,4	6,8	16,0	24,0	27,6	13,9	29,4	23,0
1961 = 100	182,9	182,3	274,5	363,0	136,5	214,8	122,5	271,4	152,4	221,0
Privatquartiere (v. H.-Anteile)										
1961	39,0	40,5	27,2	34,1	33,9	28,3	27,8	36,4	.	32,4
1973	39,1	38,0	28,8	30,9	32,0	34,4	24,6	22,1	.	31,7
1961 = 100	202,1	225,0	254,5	220,5	166,4	248,9	90,8	203,2	.	209,3

V = Vorarlberg
T = Tirol
S = Salzburg
K = Kärnten
OÖ = Oberösterreich
St = Steiermark
NÖ = Niederösterreich
B = Burgenland
W = Wien

grund des angedeuteten Konzentrationsprozesses auch das zunehmende West-Ost-Gefälle in Österreich mit verständlich. Es spiegelt
sich nicht nur in den unterschiedlichen Bauformen der Einfamilienhäu-
ser, welche im Westen stattliche Ausmaße erreichen und immer einen
Fremdenstock besitzen, während sie im Osten häufig nur ein Geschoß
aufweisen, sondern auch in der recht unterschiedlichen Ausstattung mit
Diensten in den zentralörtlichen Bereichen und nicht zuletzt damit in
einem unterschiedlichen Konsum-, aber auch Lohnniveau.

Es ist hier nicht der Platz, auf die Bedeutung des Ausländerfremdenverkehrs für die innerösterreichische Regionalisierung einzugehen.

Dieser West-Ost-Gegensatz sei nur noch abschließend an Hand
zweier Rank-Size-Diagramme über die Veränderungen der Nächtigungszahlen 1961 bis 1972 am Beispiel von Niederösterreich, dem praktisch stagnierenden Fremdenverkehrsland, und Salzburg, mit fast zwei-
einhalbfacher Zunahme der Nächtigungen, demonstriert (Abb. 3). In
Niederösterreich ist dabei die Vermehrung der Zahl der Fremdenverkehrsgemeinden um ca. 20 % mit einer nur unwesentlichen Aufstok-
kung der Nächtigungszahlen der bestehenden Fremdenverkehrsorte
verbunden. Anders in Salzburg, wo sich der Sockel der Fremdenverkehrsgemeinden um 40 % verbreitert hat. Doch wurde damit nur ein be-
scheidener Teil des Zuwachses aufgefangen. Der Löwenanteil entfiel auf
die im großen und ganzen recht gleichmäßige Aufstockung der Nächtigungszahlen bei den bereits bestehenden älteren Fremdenverkehrsorten. Ähnlich wie in Salzburg verteilt sich auch in Tirol die Zunahme
recht gleichmäßig auf alle Größenklassen. Nur in den Bundesländern,
die zur Bewegungsfront des Fremdenverkehrs zählen (vgl. unten), trifft
dies nicht zu. So sind in Kärnten die kleinen Orte mit unter 50000
Nächtigungen stärker gewachsen als die größeren, und in der Steiermark haben sogar die Orte mit weniger als 20000 Nächtigungen den
größten Zuwachs zu verzeichnen.

Der Ausländeranteil wurde bereits als dynamische Variable des
Systems des Massentourismus bezeichnet. Zieht man ihn und die Entwicklungsintensität der Fremdenverkehrsgemeinden als Gliederungs-
merkmale heran, so sondern sich in Österreich folgende *Fremdenverkehrsgebiete* deutlich voneinander:

1. Die Gebiete des Ausländerfremdenverkehrs im Westen
2. Die Gebiete des Inländerfremdenverkehrs im Osten

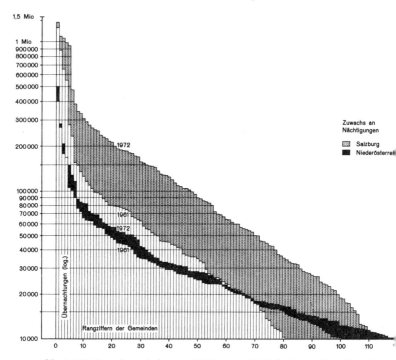

Abb. 3: Die Fremdenverkehrsorte Salzburgs und Niederösterreichs. Entwicklung der Übernachtungszahlen 1961–1972.

3. und 4. Beide besitzen eine Bewegungsfront und

5. sind zumindestens teilweise voneinander durch ein fremdenverkehrsmäßiges Vakuum getrennt.

1. Die klassischen Gebiete des *Ausländerfremdenverkehrs* umfassen im wesentlichen Tirol und das östliche Vorarlberg. Das Haupteinfallstor von der Bundesrepublik Deutschland, das Inntal, hat eine starke weitere Auffüllung mit sich gebracht. Einer Verdreifachung der Nächtigungszahlen steht dabei ein Zuwachs von knapp 20 % neuer Fremdenverkehrsgemeinden gegenüber, ist Tirol doch bereits nahezu flächig von Fremdenverkehrsgemeinden bedeckt. Im Hinblick auf die Herkunft der Ausländer reihen sich die Briten als bemerkenswerte zweite Gruppe an die bundesdeutschen Gäste an. Sie sind nicht nur in international

bekannten Orten, sondern auch in wenig bekannten Gemeinden weit überrepräsentiert. Als Beispiel seien angeführt: Seefeld, Ladis, Westendorf bei Kitzbühel, Lermoos mit rund 30 %, St. Anton, Eben am Achensee, Alpbach mit 25 % Nächtigungsanteil. Diese recht interessanten Schwerpunkte wurden bisher im Hinblick auf ihren Entstehungszusammenhang jedoch noch nicht untersucht.

2. Die *Bewegungsfront des Ausländerfremdenverkehrs* reicht vom Salzkammergut über die Salzburger Alpen, den Raum von Zell am See und Saalbach bis nach Kärnten und hat hier zahlreiche kleine Orte vollkommen überrollt. Im Salzkammergut hält sie derzeit im Raum des Attersees, während der Traunsee und damit alte Fremdenverkehrsorte, wie Bad Ischl, noch einen höheren Anteil österreichischer Gäste aufweisen.

Es erstaunt nicht weiter, daß in diesem Bewegungsraum eine positive Korrelation zwischen der Entwicklungsintensität der Fremdenverkehrsorte und dem Ausländeranteil besteht, was im klassischen Ausländerbundesland Tirol nicht der Fall ist. Kein statistischer Zusammenhang besteht hingegen auch hier zwischen dem Ausländeranteil und der größenmäßigen Rangordnung der Fremdenverkehrsorte.

Das flächige Ausgreifen des Fremdenverkehrs äußert sich begreiflicherweise im Auftreten einer beachtlichen Zahl neuer Fremdenverkehrsgemeinden. Kärnten steht diesbezüglich im Rahmen der österreichischen Bundesländer mit 60 % neuen Fremdenverkehrsgemeinden (mit über 10 000 Nächtigungen) an erster Stelle.

Mit dieser Entwicklung ist ein Großteil der österreichischen Gäste, vor allem das Wiener Publikum, durch zahlungskräftigere ausländische Touristen von den angestammten Badeseen des Salzkammergutes und des Klagenfurter Beckens verdrängt worden. Nur mehr höhere Einkommensschichten konnten sich halten. Neben den bundesdeutschen Gästen bilden die Niederländer im Raum der Bewegungsfront wichtige akzessorische Mitläufer, während die Briten mit Ausnahme von einigen Stützpunkten (im Salzkammergut: St. Wolfgang und Fuschl über 15 %) fehlen. Die zweifellos größere Bedeutung von Privatreisen bei den niederländischen Gästen gegenüber den von Reisebüros organisierten Urlaubsaufenthalten der britischen Touristen dürfte mit einer der Gründe für dieses unterschiedliche Verteilungsmuster sein.

3. Der *Raum des Inländerfremdenverkehrs* umfaßt die östlichen

Bundesländer, Teile Oberösterreichs und Ostkärntens sowie Teile der Steiermark und des Burgenlands. Ganz unterschiedlich sind hierbei die Entwicklungstendenzen der Bundesländer Niederösterreich und Steiermark. Aufgrund der rapiden Ausweitung der Zweitwohnungsperipherie von Wien und der Umwidmung zahlreicher Privatquartiere zu Jahreswohnungen von Wienern ist in Niederösterreich nicht nur eine Reduzierung der Zahl der Privatbetten erfolgt, sondern auch die Hotellerie hat in zahlreichen Orten Gäste eingebüßt. Niederösterreich ist, von einzelnen Orten und Landschaften abgesehen, ein stagnierender Fremdenverkehrsraum, ungeachtet aller Bemühungen von seiten der Kammern, der Wirtschaftsverbände und der Landesplanung. Ganz anders die Steiermark. Sie konnte im Rollentausch mit Niederösterreich im letzten Jahrzehnt mit 25 % aller Inländernächtigungen die Führungsspitze im Inländerfremdenverkehr gewinnen, wobei vor allem längs der Ostflanke des Steirischen Randgebirges zahlreiche kleine Fremdenverkehrsorte entstanden sind. Sie besitzen das spezifische Fluidum des Langzeiturlaubs von Rentnern und Pensionisten sowie einkommensschwachen Schichten der Wiener Bevölkerung, vor allem kinderreichen Familien, d. h. sie sind in ihrem Angebot auf Bevölkerungskreise eingestellt, für die ein Urlaub im Ausland zu mühselig oder zu kostspielig wäre.

4. Zwischen den beiden Bewegungsfronten des Inländer- und des Ausländertourismus befindet sich ein großes *Vakuum*. Es erstreckt sich von den Kärntner Nockbergen bis zum Steirischen Randgebirge und umfaßt auch Teile der Zentralalpen im Raum der Niederen Tauern, der Eisenerzer Alpen und reicht bis nahe an den Semmering heran. Es wäre meines Erachtens ein müßiges Unterfangen, mit einem Punktesystem über die landschaftliche Attraktivität dieser Räume entscheiden zu wollen und in einer eventuell zu geringen Punktezahl die Gründe für die Unterentwicklung des Fremdenverkehrs zu suchen.

Die Barrieren liegen im sozioökonomischen Bereich. Ist doch der umschriebene Gebirgsraum durch eine spezifische Problematik des Bergbauerntums gekennzeichnet, dessen wichtige wirtschaftliche Existenzgrundlage, der Wald, seit alters die Besitzgier nichtagrarischer städtischer Kreise erweckt hat. Es ist hier nicht der Platz, auf diese Problematik einzugehen. Erwähnt sei jedoch, daß in dem ganzen Gebiet seit der Mitte des 19. Jahrhunderts eine Aushöhlung des Streusied-

lungsnetzes einsetzte, das talschaftsweise vollkommen zusammenge-
brochen ist und von dessen Verfall die alten Talorte und Marktzentren
nicht unberührt blieben. Gerade unter dem Vorzeichen der gegenwärtigen wirtschaftlichen Prosperität hat dieser Vorgang der Bevölkerungs-
entleerung und Entsiedlung weiteren Auftrieb erhalten. Als Resultat
dieses Entsiedlungsprozesses sehen wir eine beachtliche Ausdehnung
der Großforste über weite Landstriche hin, deren Besitzer an einer
Entwicklung des Fremdenverkehrs nicht interessiert sind. In der Ver-
kehrsachse des Gebietes, der Mur-Mürz-Furche, nehmen die Abgase
der hier altansässigen Schwerindustrie dem Fremdenverkehr überhaupt
jede Chance.

Diese aufgrund der Nächtigungszahlen des ganzen Jahres umschriebenen Gebiete des Inländer- und Ausländerfremdenverkehrs unterliegen einem saisonalen Wandel. Im *jahreszeitlichen Rhythmus* kommt es
zu interessanten *räumlichen Verschiebungen* (Abb. 4).

Eine ostwärts gerichtete Expansion ausländischer Gäste macht sich in

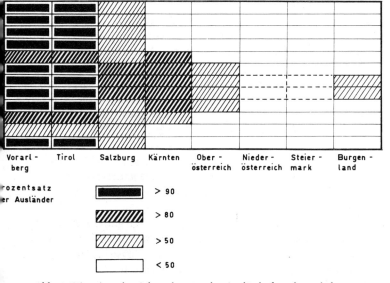

Abb. 4: Die saisonalen Schwankungen des Ausländerfremdenverkehrs
in Österreich im Jahre 1972.

der sommerlichen Hochsaison bemerkbar. Längs einzelner verkehrsmäßiger Leitschienen gewinnen diese vom steirischen Ennstal aus in einzelnen Orten der Niederösterreichischen Kalkvoralpen und der Wachau die Mehrheit und erreichen noch das nördliche Burgenland, wo der neu entstandene Fremdenverkehrsort Podersdorf am See in den Monaten Juli und August in den Hotels und Frühstückspensionen nahezu ausschließlich von bundesdeutschen Gästen frequentiert wird.

Umgekehrt kommen in der Wintersaison die inländischen Gäste im oben genannten Raum der Bewegungsfront des Ausländerfremdenverkehrs zum Tragen. Dies gilt im besonderen für das steirische Ennstal (Donnersbach, Haus, Rohrmoos, Schladming, Tauplitz) und den Lungau, wo österreichische Gäste mehr als 60 % stellen. Kärntner Orte wie Bad Kleinkirchheim, Mallnitz, Salzburger Orte im Pongau und im Gasteiner Tal schließen mit Werten über 40 % an. Letzte Außenposten erreichen den Kitzbüheler Raum (St. Ulrich am Pillersee 50 %, Kirchberg 30 %, Kitzbühel 25 %). Vor allem die zahlreichen Schulskikurse tragen mit zu dem Phänomen bei.

Hinsichtlich der saisonalen Schwankungen von Inländer- und Ausländerfremdenverkehr bestehen übrigens Gemeinsamkeiten zwischen den österreichischen und italienischen Alpen. Auch in den letzteren breitet sich im Sommer der Inländertourismus von Südtirol nach Osten ins Tagliamento-Tal hinein und im Westen bis zum Tonalepaß hin aus. Auch bei ihnen sind die niedrigen Voralpen, die Brescianer und Bergamasker Alpen, eine Domäne, des einheimischen Publikums der oberitalienischen Städte geblieben.

4. Ein wichtiger Indikator des Fremdenverkehrs:
Die Preisstrukturpyramiden

Als Verbindungsglied zwischen den vorgeführten, einerseits die Nachfrage, andererseits das Angebot reflektierenden Daten der amtlichen Statistik sei ein anderer Datensatz angeschlossen, nämlich gemeindeweise Preispyramiden der gastgewerblichen Betriebe.

Sie dienen als zweiseitiger Indikator:

1. Für die Ausstattung der Hotels und Gasthöfe und

2. für die Zahlungskraft der Gäste und damit deren einkommensmäßige Differenzierung.

Die Angaben wurden jeweils getrennt nach Winter- und Sommersaison zu einer Pyramide vereinigt. Die X-Achse entspricht der Bettenzahl, die Y-Achse den Preisklassen, welche von 100 Schilling aufwärts
bis über 420 Schilling hinaufreichen (rund 14 bis 60 DM). Die Erhebungseinheit bildet der Preis für die Vollpension für eine Person mit
Zimmer ohne Bad. Es wurde diese Erhebungseinheit gewählt, weil damit die Preisdifferenzierung besser faßbar ist als für die in Frühstückspensionen und Privatquartieren gebotene Leistung von Zimmer mit
Frühstück. Aus Vergleichsgründen werden jeweils zwei Preispyramiden einander gegenübergestellt.

Zuerst die Landeshauptstadt *Innsbruck* (Abb. 5) als Beispiel für die
österreichischen Großstädte, die in ihrem Preisniveau durchweg die
oberste Stelle in den jeweiligen Bundesländern einnehmen und bei de-

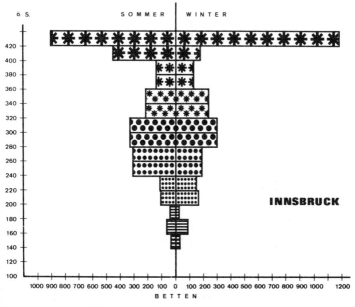

Abb. 5: Preisstrukturpyramide Innsbruck.

nen die Preisunterschiede zwischen der Sommer- und der Wintersaison im großen und ganzen geringfügig sind.

Der Wintersportort *Zürs* (Abb. 6) bietet ein Extrem dazu. Die Pyramide ist zu einem Balken reduziert, den man als Maßstab für die Exklusivität dieses internationalen Wintersportortes ansehen kann, dessen Betriebe im Sommer geschlossen sind.

Um die saisonale Verschiebung des Preis- und Gästespektrums zu demonstrieren, seien die Zweisaisonorte *Kitzbühel* (Abb. 7) und *Sölden* (Abb. 8) einander gegenübergestellt. Kitzbühel besitzt trotz des bekannt internationalen Charakters im Sommer noch ein beachtliches Angebot in der mittleren Preisklasse, verbessert im Winter sein Gästespektrum jedoch wesentlich, wie die deutliche Verschiebung in die oberste Preiskategorie belegt. Noch ausgeprägter ist dies bei Sölden der Fall, wo übrigens eine Reihe von Hotels nur im Winter offen ist. Die Preispyramiden erlauben derart eine präzise Vorstellung vom saisonalen Wechsel

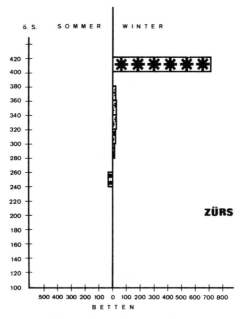

Abb. 6: Preisstrukturpyramide Zürs.

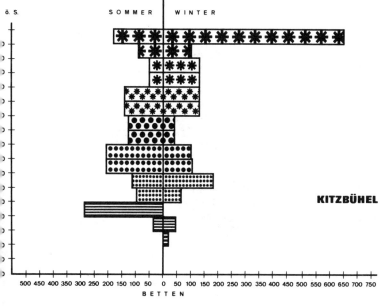

Abb. 7: Preisstrukturpyramide Kitzbühel.

im Hinblick auf die Zahlungskraft des Publikums. Die ökonomischen Konsequenzen einer starken Verschiebung, wie bei Seefeld und St. Anton, liegen auf der Hand. In beiden liegen die Schwerpunkte in der Preisklassenpyramide im Sommer zwischen 220 und 280 Schilling, im Winter dagegen über 400 Schilling. Dies bedeutet bei gleicher Nächtigungszahl in der Sommer- und der Wintersaison, daß auf letztere zwei Drittel, auf erstere ein Drittel der Bruttoeinnahmen entfallen.

Als nächstes seien zwei Kärntner Seeorte, *Velden am Wörthersee* (Abb. 9) und *Techendorf am Weißensee* (Abb. 10), miteinander verglichen. Velden zählt gemeinsam mit Pörtschach zu den international bekannten einsaisonalen Sommerfrischenorten Österreichs. Ungeachtet dessen ist der gleichmäßige Preisaufbau bemerkenswert, nur die untersten Kategorien fehlen. Techendorf am Weißensee wurde als Beispiel für einen Sommerfrischenort gewählt, der den Versuch unternimmt, eine Wintersaison aufzubauen. Diese ist freilich mit der ganzen Proble-

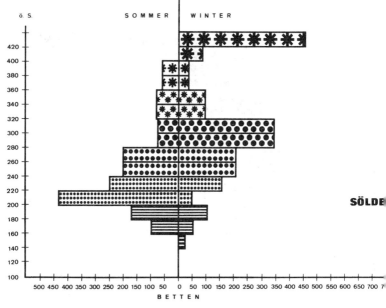

Abb. 8: Preisstrukturpyramide Sölden.

matik eines isolierten Ausliegers belastet. Nur die billigen Hotels halten
im Winter offen, die teuren schließen. Ähnliche Erscheinungen treffen
wir auch in anderen Kärntner Orten, die sich um die Etablierung einer
Wintersaison bemühen. Selbst so bedeutende Sommerfrischenorte wie
Mayrhofen im Zillertal in Tirol müssen preismäßige Zugeständnisse
machen, wenn sie eine Wintersaison in Konkurrenz mit anderen, bereits
etablierten Wintersportorten zu starten unternehmen.

Preispyramiden eignen sich auch vorzüglich als Indikator für die Re-
gionsbildung. Die zu beiden Seiten des Tauernhauptkammes gelegenen
Orte *Bad Hofgastein* (Abb. 11) und *Mallnitz* (Abb. 12) wurden zur Illustration ausgewählt. Ist ersteres im Hinblick auf die Preisstruktur schon
nahezu zu einem Doppelort von Badgastein geworden, in dem nur die
oberste Preiskategorie zahlenmäßig nicht so stark besetzt ist wie in diesem, so bietet Mallnitz am Südabfall der Hohen Tauern gleichsam eine
preismäßige Ergänzung nach unten hin.

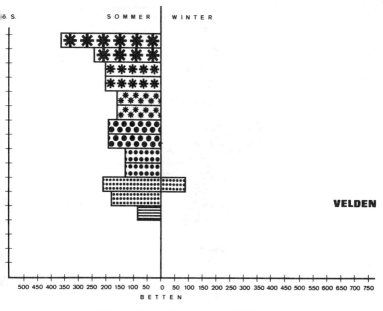

Abb. 9: Preisstrukturpyramide Velden.

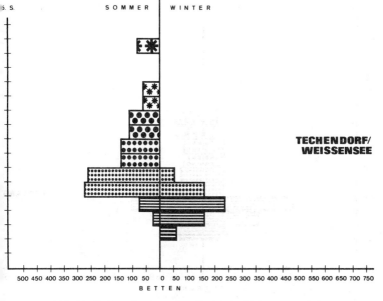

Abb. 10: Preisstrukturpyramide Techendorf am Weißensee.

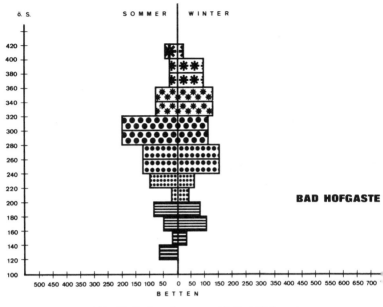

Abb. 11: Preisstrukturpyramide Bad Hofgastein.

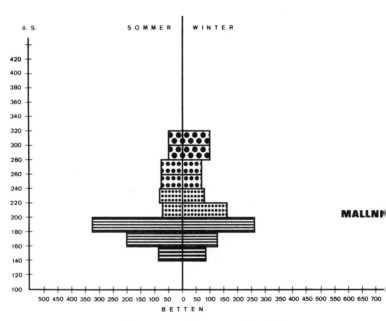

Abb. 12: Preisstrukturpyramide Mallnitz.

Ein weiteres recht instruktives Beispiel bieten die beiden Salzkammergutorte *St. Wolfgang* (Abb. 13) und *St. Gilgen* (Abb. 14), die sich nach den Angaben der amtlichen Statistik kaum nennenswert voneinander unterscheiden. Die Preispyramide von St. Wolfgang weist dieses jedoch eindeutig als höherwertige Fremdenverkehrsgemeinde aus, da es eine Preisklasse über St. Gilgen liegt. Ansonsten ist beiden Orten eine Erscheinung gemeinsam, die sich bei kleineren Fremdenverkehrsgemeinden häufig findet, nämlich die Dominanz einer Preisklasse, wie sie unter anderem auch durch Arrangements mit Reisebüros gefördert wird.

Wir wenden uns damit den kleineren und z. T. weniger bekannten Fremdenverkehrsorten zu. Als Beispiele für zweischichtige Preisstrukturen seien die *Wildschönau* in Tirol (Abb. 15) und *Stuben* am Arlberg (Abb. 16) vorgestellt.

Die Wildschönau kann als Vertreter der Orte angesehen werden, die wie Walchsee, Thiersee, St. Jakob im Defreggen, Ellmau in jüngster Zeit einen deutlichen „Sprung nach vorne" gemacht haben, indem im Anschluß an billige und primitiv eingerichtete Gasthöfe bei den Neuinvestitionen der letzten Jahre ein bedeutender Ausstattungs- und damit Preissprung erfolgt ist. Diese Initiativen entstanden z. T. unter Einfluß des vor wenigen Jahren von den Kammern aufgebrachten Slogans „Mehr Komfort in die österreichischen Fremdenverkehrsbetriebe". Heute weiß man bereits, daß es sich bei dieser Komfortverbesserung, darunter im wesentlichen der Einrichtung von Zimmern mit Bad, z. T. um Fehlinvestitionen handelt, nachdem die unteren und mittleren Einkommensschichten aus der Bundesrepublik Deutschland, die das tragende Gästepublikum in Österreich stellen, nicht bereit sind, für eine derartige Ausstattungsverbesserung wesentlich höhere Preise zu zahlen als bisher.

Völlig anders als in der Wildschönau ist die Situation von Stuben gelagert. Hier zeigt die Pyramide eine teilweise betriebliche Trennung zwischen der Winter- und der Sommersaison, wie wir sie auch in St. Christoph am Arlberg finden.

Als Abschluß dieser im wesentlichen aus dem Westen Österreichs gewählten Beispiele seien noch zwei niederösterreichische Orte, nämlich *Mönichkirchen* (Abb. 17) und *Maria Taferl* (Abb. 18), angeführt. Mönichkirchen mit seinen im Vergleich zu westösterreichischen Ver-

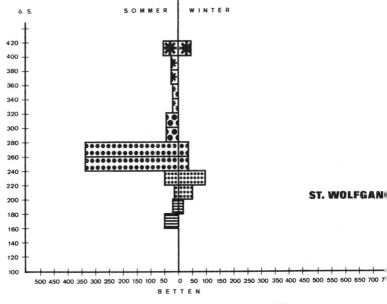

Abb. 13: Preisstrukturpyramide St. Wolfgang.

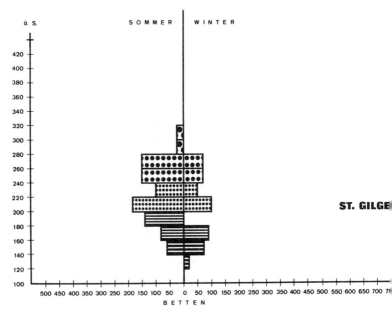

Abb. 14: Preisstrukturpyramide St. Gilgen.

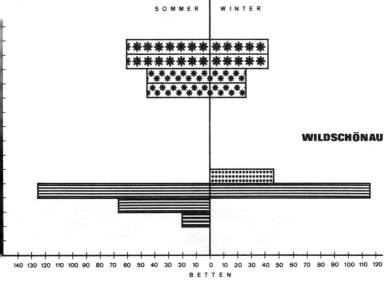

Abb. 15: Preisstrukturpyramide Wildschönau.

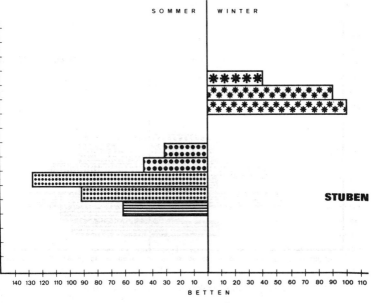

Abb. 16: Preisstrukturpyramide Stuben.

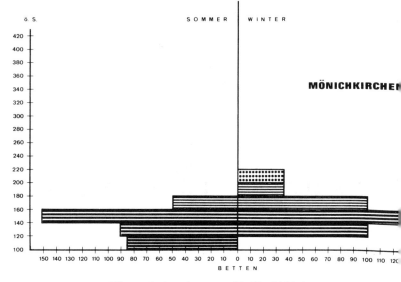

Abb. 17: Preisstrukturpyramide Mönichkirchen.

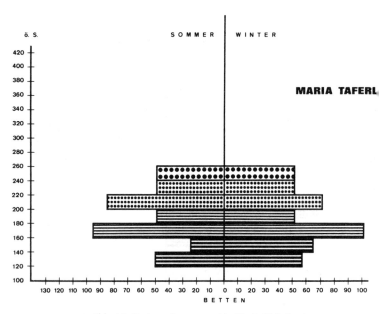

Abb. 18: Preisstrukturpyramide Maria Taferl.

hältnissen extrem niedrigen Preisen kann als typischer Vertreter der größeren Fremdenverkehrsorte in Niederösterreich und der Steiermark bezeichnet werden. Es ist auf ein einheimisches Publikum mit geringer Finanzkraft und geringen Ansprüchen eingestellt. Im Vergleich mit Mönichkirchen fällt auf, daß die Preispyramide von Maria Taferl bereits in die mittleren Preisklassen hinaufreicht. Dies hängt damit zusammen, daß der dem Ennstal und dem Donautal in Richtung Wien folgende Ausländerstrom diesen alten Wallfahrtsort an der Donau entdeckt hat, in dessen Gasthöfen heute bereits ausländische Gäste dominieren.

Mittels der Preisklassenstrukturen ist es auch möglich, eine Reihung und einen Vergleich bedeutender Fremdenverkehrsorte vorzunehmen. Hierzu zwei Beispiele:

Tiroler Fremdenverkehrszentren:

Winter:	Seefeld	Sommer:	Kitzbühel
	Lech		Seefeld
	Kitzbühel		Mayrhofen
	St. Anton		Lech
			St. Anton

Vergleich der Kärntner und der Salzkammergutseen:

Kärntner Seen	*Salzkammergutseen*
Velden–Pörtschach	–
Maria Wörth (Wörthersee)–Millstatt	St. Wolfgang am Wolfgangsee
Klopeinersee	–
Weißensee	St. Gilgen am Wolfgangsee
Ossiacher See–Faaker See	Traunsee–Mondsee
Keutschacher See	Attersee

Diese Beispiele sollten die Möglichkeiten der Preispyramidenanalyse demonstrieren.

1. Sie bietet neben den bisherigen Daten der amtlichen Statistik einen weiterführenden präzisen quantitativen Vergleich zwischen Fremdenverkehrsorten im Hinblick auf die Ausstattung und die einkommensmäßige Stellung der Gäste.

2. Sie gestattet mittels der Feststellung der Verschiebung der Preiskategorien von der Winter- zur Sommersaison Hypothesen im Hinblick auf die Verschiebung des Gästespektrums.

3. Darüber hinaus gestattet sie die Feststellung von Entwicklungstendenzen, unter anderem dem genannten „Sprung nach vorne", bzw. der Auswirkung des Aufbaus einer zweiten Saison.

4. Sie bietet über die bisher verwendeten Daten der Fremdenverkehrsintensität hinaus, wie Verhältnis von gewerblichen und Privatquartieren und Auslastungsgrad der Betriebe, eine weitere wichtige Variable für die Erfassung zentrierter Fremdenverkehrsgebiete.

5. Schließlich ist es mittels der Preisanalyse möglich, den vielzitierten Multiplikatoreffekt zumindest auf dem Teilfeld der Fremdenverkehrswirtschaft zu erfassen, indem bei durchschnittlich gleicher Kostenstruktur und gleich hohen Erträgen die Betriebe mit höheren Preisen doch wesentlich höhere absolute Einnahmen erzielen. Derart gewährt die Preisanalyse auch einen Einstieg zur Erklärung des bekannten West-Ost-Gefälles Österreichs.

Die Preisstrukturanalyse kann in verschiedene kartographische Darstellungsarten umgesetzt werden. Nachdem die mittels EDV in Arbeit befindliche statistische Analyse der gemeindeweisen Enquete 1974 über die Infrastruktur des Fremdenverkehrs einschließlich der Preisauswertung von gewerblichen Betrieben und Privatquartieren noch nicht vorliegt, sei als *eine* Möglichkeit eine Darstellung der Preisspitzen (25 % der teuersten Betten in den gastgewerblichen Betrieben mit Vollpension) vorgeführt. Dieses auf der Basis der Gesamtnächtigungen entworfene Kartogramme der österreichischen Fremdenverkehrsgemeinden bietet eine Grundlage für die erwähnte West-Ost-Differenzierung und die *Ausgliederung von Fremdenverkehrsgebieten.*

1. Die Räume des Inländerfremdenverkehrs im Osten treten darin als preismäßig kaum nennenswert gegliederte *Reviere* geringer Fremdenverkehrsintensität entgegen, bei denen ein billigerer Ostflügel von einem um eine Preisklasse teureren Westflügel zu unterscheiden ist. In den westlichen Bundesländern lassen sich

2. preismäßig *zentrierte Gebiete* (in denen Zusammenhänge zwischen Preisgradient, Betriebsstrukturgradient und Intensitätsgradient bestehen) und

3. preismäßig *disperse Agglomerationen* unterscheiden.

2.1. Erstaunlicherweise hat sich nur eine bescheidene Zahl von Gebieten *um Zentrale Orte* entwickelt, die sich als Fremdenverkehrszentren einen Namen gemacht haben. Als Beispiel seien Kitzbühel und Zell am See genannt.

2.2. Häufiger sind *seeuferorientierte Gebiete,* bei denen Zentrale Orte in Randlage auftreten (Gmunden, Bad Ischl im Salzkammergut bzw. Villach, Klagenfurt, Spittal in Kärnten).

2.3. Durch die räumliche Verschiebung der Wintersaison gegen die subnivale Höhenstufe sind vielfach *asymmetrische talschlußzentrierte Bänder* entstanden (Montafon, Vorarlberg; westliches Inntal, Ötztal, Stubaital, Zillertal, Tirol; Gasteiner Tal, Salzburg; Mölltal, Kärnten).

3. *Bandförmige Agglomerationen* ohne zentripetale preismäßige Struierung können

3.1. an Zentrale Orte anschließen (Hermagor im Gailtal, Mittersill im Pinzgau),

3.2. ohne deutliches Fremdenverkehrszentrum in Tal- und Beckenlagen entstehen (Lechtal, Tirol; Becken von Abtenau, Salzburg).

3.3. Derartige Bänder besitzen z. T. *etablierte Auslieger* in höherer attraktiver Lage, so auf den Mittelgebirgsterrassen des Inntals bzw. des Ennstales.

4. Als *isolierte Fremdenverkehrsorte* können

4.1. Wintersportorte in Paßlagen (Lech, Obertauern)

4.2. Seeorte (Klopeiner See)

4.3. Orte mit Durchgangsverkehr

4.4. Kurorte genannt werden.

Mit Ausnahme der Kurorte, die nur selten über die mittlere Preisklasse hinausreichen, übertreffen derartige isolierte Zentren häufig das Preisniveau von gleich großen Orten in einem Fremdenverkehrsgebiet.

Quellen

1. Der Fremdenverkehr in Österreich im Kalenderjahr 1961. Beiträge zur österreichischen Statistik 81. Österreichisches Statistisches Zentralamt, Wien 1962.

2. Der Fremdenverkehr in Österreich im Jahre 1972. Beiträge zur österreichischen Statistik 324. Österreichisches Statistisches Zentralamt, Wien 1973.

3. Der Fremdenverkehr in Österreich im Jahre 1973. Beiträge zur österreichischen Statistik 353. Österreichisches Statistisches Zentralamt, Wien 1974.

4. Gemeindeweise Preislisten der gastgewerblichen Betriebe für 1974.

5. Literatur vgl. E. Lichtenberger: Forschungsrichtungen der Geographie – Das österreichische Beispiel 1945–1975. – In: Mitt. Österr. Geogr. Ges. 117, 1/2, S. 108 f.

LITERATURAUSWAHL
ZUR GEOGRAPHIE
DES FREIZEIT- UND FREMDENVERKEHRS

Von Albrecht Steinecke

I
Bibliographien und Literaturdokumentationen

Baretje, R.: Bibliographie touristique, Aix-en-Provence 1964 [mit unregelmäßig erscheinenden Ergänzungsbänden].

Becker, Chr.: Dokumentation zur Geographie des Fremdenverkehrs und der Freizeit, Trier (fortlaufende Dokumentation).

Bloch, W.: Bibliographie der deutschsprachigen Literatur über Fremdenverkehr und Fremdenverkehrsstatistik. – In: Archiv für den Fremdenverkehr, 1(1930) 1, S. 44–48; (1930) 2, S. 86–91; 2 (1931/32) 1, S. 27–27; (1931/32) 2, S. 58–60; (1931/32) 3, S. 93–94.

Goeldner, C. R., u. G. L. Allen: Bibliography of tourism and travel research studies. Reports and articles, Boulder/Colorado 1967.

Goeldner, C. R., u. K. Dicke: Bibliography of tourism and travel research studies. Reports and articles, Boulder/Colorado 1971 (3 Bde.).

Kemper, F.-J.: Probleme der Geographie der Freizeit. Ein Literaturbericht über raumorientierte Arbeiten aus den Bereichen Freizeit, Erholung und Fremdenverkehr, Bonn 1978 (Bonner Geographische Abhandlungen, H. 59).

Kretschmer, I.: Literatur zur Geographie des Fremdenverkehrs und Freizeitverhaltens, Wien 1974 (Beiträge aus dem Seminarbetrieb der Lehrkanzel für Geographie und Kartographie, Bd. 5).

Ruppert, K., u. J. Maier: Naherholungsraum und Naherholungsverkehr. Ein sozial- und wirtschaftsgeographischer Literaturbericht zum Thema Wochenendtourismus, Starnberg 1969 (Berichte zur Tourismusforschung, o. Bd.).

Steinecke, A. (Hrsg.): Interdisziplinäre Bibliographie zur Fremdenverkehrs- und Naherholungsforschung. Beiträge zur allgemeinen Fremdenverkehrs- und Naherholungsforschung, Berlin 1981 (Berliner Geographische Studien, Bd. 8).

Steinecke, A. (Hrsg.): Interdisziplinäre Bibliographie zur Fremdenverkehrs-

und Naherholungsforschung. Beiträge zur regionalen Fremdenverkehrs- und Naherholungsforschung, Berlin 1981 (Berliner Geographische Studien, Bd. 9).

Wetzmüller, G.: Bibliographie zum Fremdenverkehr. – In: Jahrbuch für Fremdenverkehr, 24/25 (1976/1977), S. 110–148.

II
Einführungen und Gesamtdarstellungen

Cosgrove, I., u. R. Jackson: The geography of recreation and leisure, London 1972.

Grünthal, A.: Probleme der Fremdenverkehrsgeographie. Die Fremdenverkehrskarte als Mittel der Marktanalyse. Die geographische Bedingtheit des Fremdenverkehrs, Berlin 1934 (Schriftenreihe des Forschungsinstituts für den Fremdenverkehr, H. 9).

Kulinat, K., u. A. Steinecke: Geographie des Freizeit- und Fremdenverkehrs, Darmstadt 1984 (Erträge der Forschung, Bd. 212).

Maier, J.: Geographie der Freizeitstandorte und des Freizeitverhaltens. – In: Sozial- und Wirtschaftsgeographie 2, München 1982, S. 160–273 (Harms Handbuch der Geographie).

Mathieson, A., u. G. Wall: Tourism: Economic, physical and social impacts, London/New York 1982.

Pearce, D.: Tourist development, London/New York ²1983 (Topics in applied geography, o. Bd.).

Robinson, H.: A geography of tourism. London 1976.

Smith, S. L. J.: Recreation geography, London/New York 1983 (Themes in resource management, o. Bd.).

III
Sammelbände

Wissenschaftliche Aspekte des Fremdenverkehrs, Forschungsbericht des Ausschusses „Raum und Fremdenverkehr" der Akademie für Raumforschung und Landesplanung, Hannover 1969 (Veröffentlichungen der Akademie für Raumforschung und Landesplanung, Forschungs- und Sitzungsberichte, Bd. 53).

La consommation d'espace par le tourisme et sa preservation, Aix-en-Provence 1981 (Centre des hautes etudes touristiques, Etudes et memoires, 55).

Erholungswesen und Raumordnung, Referate und Diskussionsbemerkungen anläßlich der wissenschaftlichen Plenarsitzung 1962 in Regensburg, Hannover 1963 (Forschungs- und Sitzungsberichte der Akademie für Raumforschung und Landesplanung, Bd. 25).

Das Fichtelgebirge als Freizeitraum. Raumbewertung und Raumplanung eines oberfränkischen Mittelgebirgsbereiches, Bayreuth 1980 (Arbeitsmaterialien zur Raumordnung und Raumplanung, H. 8).

Fischer, D. W., J. E. Lewis u. G. B. Priddle (Hrsg.): Land leisure. Concepts and methods in outdoor recreation, Chicago ²1974 (Geography Series, o. Bd.).

Freizeit in verschiedenen Raumkategorien, Trier 1979 (Materialien zur Fremdenverkehrsgeographie, H 3).

Gormsen, E., u. a.: Tourismus als regionaler Entwicklungsfaktor in Mexico, Mainz 1977.

Grötzbach, E. (Hrsg.): Freizeit und Erholung als Probleme der vergleichenden Kulturgeographie, Regensburg 1981 (Eichstätter Beiträge, Abt. Geographie, Bd. 1).

Haedrich, G., u. a. (Hrsg.): Tourismus-Management, Tourismus-Marketing und Fremdenverkehrsplanung, Berlin/New York 1983 (Marketing Management 8).

Jacob, G. (Hrsg.): Probleme der Geographie des Fremdenverkehrs der Deutschen Demokratischen Republik und anderer Staaten, Leipzig 1968 (Wissenschaftliche Abhandlungen der Geographischen Gesellschaft der DDR. Bd. 6).

Zur Landschaftsbewertung für die Erholung, Hannover 1972 (Veröffentlichungen der Akademie für Raumforschung und Landesplanung, Forschungs- und Sitzungsberichte, Bd. 76).

Lavery, P. (Hrsg.): Recreational geography, Newton Abbot/London/Vancouver 1971 (Problems in modern geography, o. Bd.).

Matznetter, J. (Hrsg.): Studies in the geography of tourism. Frankfurt a. M. 1974 (Frankfurter Wirtschafts- und Sozialgeographische Schriften, H. 17).

Raumordnungsverfahren für Projekte freizeitorientierter Infrastruktur, Vorträge und Diskussionen, Jahresversammlung 1974 Deggendorf der Akademie für Raumforschung und Landesplanung – Landesarbeitsgemeinschaft Bayern, München 1975.

Ruppert, K. (Hrsg.): Geographische Aspekte der Freizeitwohnsitze, München 1973 (WGI-Berichte zur Regionalforschung, H. 11).

Ruppert, K., u. J. Maier (Hrsg.): Zur Geographie des Freizeitverhaltens. Beiträge zur Fremdenverkehrsgeographie, Kallmünz/Regensburg 1970 (Münchner Studien zur Sozial- und Wirtschaftsgeographie, Bd. 6).

Ruppert, K., u. J. Maier (Hrsg.): Der Tourismus und seine Perspektiven für Südosteuropa, München 1971 (WGI-Berichte zur Regionalforschung, H. 6).

Schnell, P., u. P. Weber (Hrsg.): Agglomeration und Freizeitraum, Paderborn 1980 (Münstersche Geographische Arbeiten, H. 7).

Sinnhuber, K. A., u. F. Jülg (Hrsg.): Studies in the geography of tourism and recreation, Teil I, Wien 1978 (Wiener Geographische Schriften, Bd. 51/52).

Sinnhuber, K. A., u. F. Jülg (Hrsg.): Studies in the geography of tourism and recreation, Teil II, Wien 1979 (Wiener Geographische Schriften, Bd. 53/54).

Terminological problems in geography of tourism. Materials of international symposium Cracow – Zakopane 7.–10. November 1974, Warschau/Krakau 1976 (Universitas Jagellonica, Acta Scientiarum Litterarumque, CDXXIX).

Tourism and borders, Frankfurt a. M. 1979 (Frankfurter Wirtschafts- und Sozialgeographische Schriften, H. 31).

Tourism as a factor in national and regional development, Peterborough 1975 (Department of Geography, Trent University, Occasional Paper 4).

Der Tourismus als Entwicklungsfaktor in Tropenländern, Frankfurt a. M. 1979 (Frankfurter Wirtschafts- und Sozialgeographische Schriften, H. 30).

Empirische Untersuchungen zur äußeren Abgrenzung und inneren Strukturierung von Freizeiträumen, Hannover 1980 (Veröffentlichungen der Akademie für Raumforschung und Landesplanung, Forschungs- und Sitzungsberichte, Bd. 132).

Wolf, K., u. P. Weber (Hrsg.): Jugendliche und Freizeit. Raumrelevantes Freizeitverhalten Jugendlicher in der Bundesrepublik Deutschland. Fallstudien eines geographischen Arbeitskreises, Düsseldorf 1983 (Deutsche Gesellschaft für Freizeit, H. 53).

IV
Weiterführende Literatur

Albrecht, J.: Die Wochenendverkehrsregion Hamburgs. Eine empirische Untersuchung über den Wochenendverkehr der Hamburger Bevölkerung, Hamburg 1967 (Diss.).

Aldskogius, H.: A conceptual framework and a Swedish case study of recreational behavior and environmental cognition. – In: Economic Geography, 53 (1977) 2, S. 163–183.

Ammann, F.: Analyse der Nachfrageseite der motorisierten Naherholung im Rhein-Neckar-Raum, Heidelberg 1978 (Heidelberger Geographische Arbeiten, H. 51).

Amzehnhoff, A.: Der Tourismus in Tunesien. – In: Zeitschrift für Wirtschaftsgeographie, 17 (1973) 7, S. 197–199.

Angerer, J.: Vergleichende Betrachtungen über den Fremdenverkehr in Tirol und in der Schweiz, Innsbruck 1899.

Arndt, F., u. a.: Das Freizeitverhalten der Bewohner von Frankfurt-Nordweststadt, Frankfurt a. M. 1972 (Rhein-Mainische Forschungen, H. 75).

Arndt, H.: Definitionen des Begriffes „Fremdenverkehr" im Wandel der Zeit. – In: Jahrbuch für Fremdenverkehr, 26/27 (1978/79), S. 160–174.

Arnold, A.: Der Fremdenverkehr in Tunesien. Entwicklung, Struktur, Funktion und Fremdenverkehrsräume. – In: G. Braun (Hrsg.): Räumliche und zeitliche Bewegungen, Würzburg 1972, S. 453–489 (Würzburger Geographische Arbeiten, H. 37).

Arnold, K., u. H. Baumhackl: Das naturräumliche Eignungspotential für den Fremdenverkehr, Eisenstadt 1980 (Raumplanung Burgenland, 1980/1).

Asshauer, R.: Der rheinische Fremdenverkehr. Seine Grundlagen, Entwicklung, Hauptträger und seine wirtschaftliche Bedeutung, Düren 1934 (Diss.).

Bächle, W.: Die wirtschaftliche Bedeutung von Fremdenverkehr und Zweitwohnsitzen in ländlichen Gemeinden des mittleren und südlichen Schwarzwalds. – In: Chr. Borcherdt (Hrsg.): Beiträge zur Landeskunde Südwestdeutschlands, Stuttgart 1976, S. 141–161 (Stuttgarter Geographische Studien, Bd. 90).

Bäuerle, R.: Verflechtung zwischen Landwirtschaft und Fremdenverkehr. Eine Untersuchung über Möglichkeiten der Verbesserung der Einkommenslage ausgewählter landwirtschaftlicher Betriebe durch den Fremdenverkehr im Elztal und Simenswäldertal, Freiburg 1967.

Baier, R., u. A. Stein: Modellmäßige Erfassung des Wochenendverkehrs. Ein Beitrag zur Quantifizierung beobachteten Verhaltens. – In: Stadt, Region, Land, 32 (1974), S. 1–34.

Baumhackl, H.: Die Keutschacher Seetalung. Eine Modellanalyse des Fremdenverkehrs, 2 Bd., Wien 1974 (Diss.).

Baumhackl, H.: Der Kapitaleinsatz im Fremdenverkehr. – In: H. Uhlig u. E. Ehlers (Hrsg.): Tagungsbericht und wissenschaftliche Abhandlungen, 40. Deutscher Geographentag Innsbruck 1975, Wiesbaden 1976, S. 696–705 (Verhandlungen des Deutschen Geographentages, Bd. 40).

Bechmann, A., u. H. Kiemstedt: Die Landschaftsbewertung für das Sauerland als ein Beitrag zur Theoriediskussion in der Landschaftsplanung. – In: Raumforschung und Raumordnung, 32 (1974), S. 190–202.

Beck, H.: Probleme der Naherholung im Bereich des Ballungsgebietes von Nürnberg-Fürth. – In: Raumforschung und Raumordnung, 29 (1971) 2, S. 65–70.

Becker, Chr.: Die Anziehungskraft kleiner Inseln auf den Urlaubsverkehr. Das „Inselgefühl" als wichtigstes Motiv. – In: Zeitschrift für Wirtschaftsgeographie, 13 (1969) 4, S. 121–124.

Becker, Chr.: Eine Erfolgskontrolle für Förderungsmittel der öffentlichen Hand bei Industrieansiedlung und Fremdenverkehr auf einheitlicher Grundlage. – In: Raumforschung und Raumordnung, 29 (1971) 1, S. 25–52.

Becker, Chr.: Zur Bewertung von Räumen für den Erholungsreiseverkehr – ein

Erklärungsmodell und seine Anwendung. – In: Raumforschung und Raumordnung, 33 (1975), S. 145–148.

Becker, Chr.: Die Badegäste an den Berliner Gewässerrändern. Ableitung eines planungsbezogenen Erklärungsmodells auf Grund der räumlichen Verteilung der Badegäste. – In: Arbeiten zur angewandten Geographie und Raumplanung – Arthur Kühn gewidmet, Berlin 1976, S. 19–38 (Abhandlungen des Geographischen Instituts – Anthropogeographie, Bd. 24).

Becker, Chr.: Die strukturelle Eignung des Landes Hessen für den Erholungsreiseverkehr, Berlin 1976 (Abhandlungen des Geographischen Instituts – Anthropogeographie, Bd. 23).

Becker, Chr.: Regionalpolitische Aspekte des Fremdenverkehrs. Möglichkeiten und Grenzen in der Bundesrepublik und in der Region Trier. – In: N. Hinske u. M. J. Müller (Hrsg.): Reisen und Tourismus. Auswirkungen auf die Landschaft und den Menschen, Trier 1979, S. 33–38 (Trierer Beiträge, Sonderheft 3).

Becker, Chr.: Feriendörfer in der Region Trier. Ausbaumöglichkeiten und Standortgrundsätze, Trier 1981.

Becker, Chr.: Aktionsräumliches Verhalten von Urlaubern im Mittelgebirge, Trier 1982 (Materialien zur Fremdenverkehrsgeographie, H. 9).

Becker, Chr., u. K. Klemm: Raumordnerisch relevante Auswirkungen der Fremdenverkehrsförderung im Rahmen der Gemeinschaftsaufgabe ‚Verbesserung der regionalen Wirtschaftsstruktur'. – In: Raumforschung und Raumordnung, 36 (1978) 3, S. 106–115.

Becker, Chr., u. K. Klemm: Raumwirksame Instrumente des Bundes im Bereich der Freizeit, Bonn 1978 (Schriftenreihe „Raumordnung" des Bundesministers für Raumordnung, Bauwesen und Städtebau, Bd. 06.028).

Becker, Chr., u. a.: Feriengroßprojekte außerhalb des Zonenrandgebietes. Struktur und regionalpolitische Effekte, Trier 1979 (Materialien zur Fremdenverkehrsgeographie, H. 4).

Benscheidt, W.: Die Bestimmung des Begriffs Fremdenverkehr. – In: Archiv für den Fremdenverkehr, 3 (1932/33) 4, S. 108–116.

Benthien, B.: Zu einigen erholungsgeographischen Fragestellungen, besonders zum Problem der Regionierung unter dem Aspekt der Erholung. – In: Petermanns Geographische Mitteilungen, 120 (1976) 2, S. 125–129.

Bents, D. E.: Attraktivität von Erholungslandschaften. Ein Beitrag zur Quantifizierung der Erholungsfunktion, Freiburg i. Br. 1974 (Diss.).

Bernecker, P.: Geographie und Fremdenverkehr. – In: Beiträge zur Raumforschung. Festschrift Hans Bobek, Wien 1964, S. 65–69 (Schriftenreihe d. Österreichischen Gesellschaft zur Förderung von Landesforschung u. Landesplanung, Bd. 2).

Bernhard, H.: Davos und Ems, zwei Bündner Gemeinden im Aufstieg. – In: Geographische Rundschau, 15 (1963) 1, S. 16–24.

Bezzola, A.: Probleme der Eignung und der Aufnahmekapazität touristischer Bergregionen der Schweiz, Bern/Stuttgart 1975 (St. Galler Beiträge zum Fremdenverkehr und zur Verkehrswirtschaft, Reihe Fremdenverkehr, Bd. 7).

Billion, F., u. B. Flückiger: Bedarfsanalyse Naherholung und Kurzzeittourismus, Bremen 1978.

Birkenhauer, J.: Über einige geographisch-touristische Merkmale und ihre Typologisierung an Beispielen aus den Alpen. – In: Erdkunde, 30 (1976) 3, S. 161–175.

Blume, H.: Westindien als Fremdenverkehrsgebiet. – In: Die Erde, 94 (1963) 1, S. 48–72.

Boeckmann, B.: Beiträge zur geographischen Erforschung des Kurfremden- und Freizeitverkehrs auf Eiderstedt unter besonderer Berücksichtigung Sankt Peter-Ordings, Regensburg 1975 (Regensburger Geographische Schriften, H. 7).

Boer, Chr.: Die Auswirkung des Fremdenverkehrs auf die wirtschaftliche Struktur der Gemeinden Regen, Bodenmais und Bayerisch Eisenstein (Bayerischer Wald). – In: Mitteilungen der Geographischen Gesellschaft München, 47 (1962), S. 21–70.

Bonertz, J.: Die Planungstauglichkeit von Landschaftsbewertungsverfahren in der Landes- und Regionalplanung, Trier 1981 (Materialien zur Fremdenverkehrsgeographie, H. 7).

Borcherdt, Chr.: Die Wohn- und Ausflugsgebiete in der Umgebung Münchens. Eine sozialgeographische Skizze. – In: Berichte zur deutschen Landeskunde, 19 (1957), S. 173–183.

Boustedt, O.: Wirtschaftsbelebung durch Fremdenverkehr. Studie über die Möglichkeiten und Grenzen der Entwicklung ländlicher Gewerbezentren durch den Fremdenverkehr. Dargestellt am Beispiel der Gemeinde Bodenmais/Bayerischer Wald, Bremen-Horn 1956 (Akademie für Raumforschung und Landesplanung, Veröffentlichungen – Reihe Gutachten, Nr. 2).

Brand, H. D.: Die Bäder am Oberharz. Eine fremdenverkehrsgeographische Untersuchung, Hildesheim 1967 (Veröffentlichungen d. Niedersächsischen Instituts für Landeskunde und Landesentwicklung an der Universität Göttingen, Reihe A, Bd. 84).

Braun, A.: Freizeitverhalten im Fremdenverkehrsraum. Zur Theorie und Praxis eines geographiedidaktischen Aufgabenfeldes im Unterricht der Sekundarstufe I, Braunschweig 1979 (Geographiedidaktische Forschungen, Bd. 5).

Brendel, R.: Das Münchner Naherholungsgebiet im Bereich des Ammersees und des Starnberger Sees. Eine sozialgeographische Studie, München 1967 (Diss.).

Brougier, A.: Die Bedeutung des Fremdenverkehrs für Bayern, München 1902.

Brugger, E. M.: Cote Basque – Cote d'Argent. Wandlungen der Aquitanischen Küstenlandschaft durch den Fremdenverkehr, Bonn 1969 (Diss.).

Bryden, J. M.: Tourism and development. A case study of the Commonwealth Caribbean, Cambridge 1973.

Bugmann, E.: St. Luc. Ein Walliser Bergdorf wird Touristenstation. – In: Geographica Helvetica, 29 (1974) 2–3, S. 83–95.

Burkart, A. J., u. S. Medlik: Tourism. Past, Present, and Future, London ²1976.

Carlson, A. S.: Recreation industry of New Hampshire. – In: Economic Geography, 14 (1938), S. 255–270.

Christaller, W.: Beiträge zu einer Geographie des Fremdenverkehrs. – In: Erdkunde, IX (1955) 1, S. 1–19.

Christaller, W.: Geographie des Fremdenverkehrs in Europa. – In: F. Monheim u. A. Beuermann (Hrsg.): Tagungsbericht und wissenschaftliche Abhandlungen, 35. Deutscher Geographentag Bochum, Wiesbaden 1966, S. 422–432 (Verhandlungen des Deutschen Geographentages, Bd. 35).

Clawson, M.: Land and water for recreating opportunities – Problems and policies, Chicago 1963.

Crampon, L. J.: The gravitation model: A tool for travel market analysis. – In: Zeitschrift für Fremdenverkehr, 20 (1965) 3, S. 110–116.

Czinki, L., u. a.: Landschaft und Erholung. Eignung und Belastung der Landschaft. – In: Berichte über Landwirtschaft, 52 (1974), S. 590–619.

Dach-Hamann, A.: Das Bergische Land als Naherholungsraum. Struktur und Probleme des Naherholungsverkehrs unter besonderer Berücksichtigung der Tageserholung und des Freizeitwohnens, Düsseldorf 1977 (Düsseldorfer Geographische Schriften, H. 8).

Däbeler, H.: Der Fremdenverkehr der mecklenburgischen Ostseebäder in geographischer Betrachtung, Schwerin 1938 (Diss.).

Danz, W.: Sozialgeographische Strukturanalyse einer Fremdenverkehrsgemeinde am Alpenrand – dargestellt am Beispiel Schliersee. – In: Mitteilungen der Geographischen Gesellschaft in München, 55 (1970), S. 123–134.

Danz, W.: Belastete Fremdenverkehrsgebiete, Bonn 1978 (Schriftenreihe „Raumordnung" des Bundesministers für Raumordnung, Bauwesen und Städtebau, 06.031).

Danz, W., u. G. Ruhl: Zur Bestimmung von stark belasteten Fremdenverkehrsgebieten – ein nutzwertanalytisches Modell. – In: Raumforschung und Raumplanung, 20 (1976) 3–4, S. 25–29.

Deasy, G. F., u. P. R. Griess: Impact of a tourist facility on its hinterland. – In: Annals of the Association of American Geographers, 56 (1966), S. 290–306.

Defert, P.: Introduction a une geographie touristique et thermale de l'Europe. – In: Acta Geographia, 36 (1960), S. 4–11.

Defert, P.: Der touristische Standort. Theoretische und praktische Probleme. – In: Zeitschrift für Fremdenverkehr, 22 (1967) 3, S. 99–108.

Diekmann, S.: Die Ferienhaussiedlungen Schleswig-Holsteins. Eine siedlungs-

und sozialgeographische Studie, Kiel 1963 (Schriften des Geographischen Instituts der Universität Kiel, Bd. XXI, H. 3).

Dinev, L.: Die Entwicklung und Besonderheiten des Tourismus in Bulgarien. – In: Österreichische Gesellschaft für Wirtschaftsraumforschung (Hrsg.): Festschrift Karl A. Sinnhuber zum 60. Geburtstag, Teil I, Wien 1978, S. 83–91 (Wirtschaftsgeographische Studien, 4).

Dodt, J.: Der Fremdenverkehr im Moseltal zwischen Trier und Koblenz, Bad Godesberg 1967 (Forschungen zur deutschen Landeskunde, Bd. 162).

Döpp, W.: Das Hotelgewerbe in Italien. Räumliche Differenzierung, Typen und Rangstufen der Betriebe, Marburg a. d. Lahn 1978 (Marburger Geographische Schriften, H. 74).

Dress, G.: Wirtschafts- und sozialgeographische Aspekte des Tourismus in Entwicklungsländern – dargestellt am Beispiel der Insel Bali in Indonesien, München 1979 (Wirtschaftswissenschaftliche Forschung und Entwicklung, Bd. 36).

Eberle, I.: Der Pfälzer Wald als Erholungsgebiet. Unter besonderer Berücksichtigung des Naherholungsverkehrs, Saarbrücken 1976 (Arbeiten aus dem Geographischen Institut der Universität des Saarlandes, Bd. 22).

Eggeling, V.-Th.: Freizeit und Massentourismus, Stuttgart 1981 (Studienreihe Geographie/Gemeinschaftskunde, Bd. 2).

Ehlers, E.: Überlagerungsphänomene im Fremdenverkehr. Bad Hersfeld als Kur- und Festspielstadt. – In: Berichte zur Deutschen Landeskunde, 48 (1974), S. 195–218.

Elsasser, B., u. a.: Erholungsräume im Berggebiet. Verfahren, Methoden und Eignungskriterien zur Bewertung und Selektion bestehender und potentieller Erholungsgebiete, o. O. 1977.

Engelmann, R.: Zur Geographie des Fremdenverkehrs in Österreich. – In: Mitteilungen der Geographischen Gesellschaft Wien, 67 (1924) 1–4, S. 49–56.

Erholungsräume in Rheinland-Pfalz, Mainz 1977.

Eriksen, W.: Kolonisation und Tourismus in Ostpatagonien. Ein Beitrag zum Problem kulturgeographischer Entwicklungsprozesse am Rande der Ökumene, Bonn 1970 (Bonner Geographische Abhandlungen, H. 43).

Eriksen, W.: Zur Entwicklung der Grundbesitzverhältnisse in norddeutschen Fremdenverkehrsgebieten – Das Beispiel Amrum. – In: Berichte zur Deutschen Landeskunde, 48 (1974), S. 151–168.

Fingerhut, C., u. a.: Arbeitsmethoden zur Bewertung der Erholungseignung eines landschaftlichen Angebots für verschiedene Typen von Erholungssuchenden. – In: Landschaft und Stadt, (1973) 5, S. 162–171.

Fischer, E.: Die fremdenverkehrsgeographische Bedeutung der hannoverschen Messe. – In: Neues Archiv für Niedersachsen, 16 (1967), 3, S. 230–242; (1967) 4, S. 308–325.

Fischer, E.: Freizeitwohnsitze im Harz. – In: Neues Archiv für Niedersachsen, 15 (1976) 3, S. 221–240.

Fischer, W.: Freizeitparks im westlichen Oberfranken. Einzugsbereiche und Besucherstrukturen. – In: Mitteilungen der Fränkischen Geographischen Gesellschaft, 22 (1975), S. 513–526.

Framke, W.: Kriterien für die Einrichtung von Naturparks. – In: H. Uhlig u. E.Ehlers (Hrsg.): Tagungsbericht und wissenschaftliche Abhandlungen, 40. Deutscher Geographentag Innsbruck, Wiesbaden 1976, S. 642–651 (Verhandlungen des Deutschen Geographentages, Bd. 40).

Framke, W.: Landschaft und Freizeit. Landschaftsbewertung als Grundlage für die Freizeitplanung in ländlichen Gebieten. – In: Erdkunde, 35 (1981) 3, S. 175–182.

Francke, M. R.: Untersuchungen zum Fremdenverkehr im westlichen Bodenseegebiet und Stein-Schaffhauser Hochrheintal, Frankfurt a. M. 1975 (Frankfurter Wirtschafts- und Sozialgeographische Schriften, H. 22).

Frei, H.: Der Fremdenverkehr in seiner Bedeutung für die Bergbevölkerung von Damüls im Bregenzer Wald. – In: Mitteilungen der Geographischen Gesellschaft in München, 55 (1970), S. 135–154.

Fritz, G.: Naturpark und Verkehrsnetz. Auswirkungen des Verkehrsnetzes auf das Erholungspotential von Naturparks. – In: Natur und Landschaft, 51 (1976) 5, S. 137–139.

Fritz, G.: Zur Inanspruchnahme von Naturschutzgebieten durch Freizeit und Erholung. – In: Natur und Landschaft, 52 (1977) 7, S. 191–197.

Fritz, G., u. W. Mrass: Inanspruchnahme der Landschaft durch Freizeit. – In: G. Olschowy (Hrsg.): Natur- und Umweltschutz in der Bundesrepublik Deutschland, Hamburg/Berlin 1978, S. 588–595.

Gassmann, H.: Der Westharz als Gebirgs-Fremdenverkehrs-Landschaft, Göttingen 1942 (Diss.).

Gebert, E.: Fremdenverkehr und Zahlungsbilanz. Untersuchungen über den Einfluß des Fremdenverkehrs auf die österreichische Zahlungsbilanz, Salzburg 1928.

Geigant, F.: Die Standorte des Fremdenverkehrs. Eine sozialökonomische Studie über die Bedingungen und Formen der räumlichen Entfaltung des Fremdenverkehrs, München ²1973 (Schriftenreihe des Deutschen Wirtschaftswissenschaftlichen Instituts für Fremdenverkehr an der Universität München, H. 17).

Gerstenhauer, A.: Acapulco, die Riviera Mexikos. Eine geographische Skizze vom Strukturwandel der Stadt. – In: Die Erde, 8 (1956) 3–4, S. 270–281.

Geuting, M.: Die Kur- und Erholungsorte in der Rhön. Ein methodischer Beitrag zur Fremdenverkehrsgeographie, Würzburg/Schweinfurt 1972 (Mainfränkische Studien, Bd. 4).

Gläser, K. G.: Der Fremdenverkehr in der Nordwesteifel und seine kulturgeographischen Auswirkungen, Aachen 1970 (Aachener Geographische Arbeiten, H. 2).

Glushkova, V. G., u. N. P. Shepelev: Problems in the spatial management of weekend recreation outside large cities – with particular reference to Moscow. – In: Soviet Geography, 18 (1977), S. 100–107.

Gormsen, E.: Königsfeld im Schwarzwald. Wandel und Beharrung in der Siedlungs- und Sozialstruktur einer Herrnhuter Kolonie unter dem Einfluß des Fremdenverkehrs. – In: E. Meynen (Hrsg.): Geographie heute – Einheit und Vielfalt, Wiesbaden 1973, S. 177–222 (Erdkundliches Wissen, H. 33).

Gormsen, E.: Das mexikanische Kunsthandwerk unter dem Einfluß des internationalen Tourismus: Entwicklungen und regionale Auswirkungen. – In: Ibero-Amerikanisches Archiv, N.F., 7 (1981) 1–2, S. 77–110.

Greenwood, R. H.: Trends and patterns in international tourism in Western and Southern Europe 1960–1970. – In: H. Uhlig u. C. Lienau (Hrsg.): Erstes Deutsch-Englisches Symposium zur Angewandten Geographie Gießen–Würzburg–München 1973, Gießen 1975, S. 231–238 (Gießener Geographische Schriften, H. 35).

Grees, H.: Das Freizeitwohnen im Nordschwarzwald. – In: W. Kreisel u. a. (Hrsg.): Siedlungsgeographische Studien, Berlin/New York 1979, S. 483–526.

Gröning, G.: Dauercamping. Analyse und planerische Einschätzung einer modernen Freizeitform, München 1979 (Minerva-Fachserie Wirtschafts- und Sozialwissenschaften).

Grötzbach, E.: Der Fremdenverkehr in den nordwestlichen Kitzbüheler Alpen. – In: Mitteilungen der Geographischen Gesellschaft in München, 48 (1963), S. 59–106.

Grötzbach, E.: Die Entwicklung der bayerischen Fremdenverkehrsgebiete in den letzten vierzig Jahren. Ein Versuch zur Abgrenzung und Analyse von Fremdenverkehrsgebieten am Beispiel Bayerns. – In: H.-G. Zimpel (Hrsg.): Beiträge zur Landeskunde Bayerns und der Alpenländer, München 1968, S. 267–292 (Landeskundliche Forschungen, H. 43).

Grötzbach, E.: Der Ausländertourismus in Afghanistan bis 1979. Entwicklung, Struktur und räumliche Problematik. – In: Erdkunde, 37 (1983) 2, S. 146–159.

Gruber, G.: Pakistans Fremdenverkehr. Grundlagen, Zustand, Probleme, Frankfurt a. M. 1968 (Frankfurter Wirtschafts- und Sozialgeographische Schriften, H. 3).

Grünthal, A.: Personenverkehr – Fremdenverkehr – Reiseverkehr: Eine Begriffsstudie. – In: Archiv für den Fremdenverkehr, 1 (1930) 2, S. 53–58.

Grünthal, A.: Die geographische Bedingtheit der Eisenbahnverkehrswege und des Fremdenverkehrs im Hunsrück und Taunus. – In: Archiv für den Fremdenverkehr, 1 (1931) 4, S. 145–170.

Grünthal, A.: Allgemeine Geographie der Kurorte. – In: Archiv für den Fremdenverkehr, 5 (1934/35) 1, S. 7–20.

Grünthal, A.: Tourismus in Entwicklungsländern. Einige grundsätzliche Erörterungen zur Förderung von internationalem Tourismus in Entwicklungsländern. – In: Der Fremdenverkehr, (1963) 5, S. 6–8.

Günther, J.: Die Elbeschiffahrt in ihrer Bedeutung für den Fremdenverkehr in die Sächsische Schweiz. – In: Jahrbuch für Fremdenverkehr, 5 (1957) 2, S. 3–20.

Hahn, H.: Die Erholungsgebiete der Bundesrepublik. Erläuterungen zu einer Karte der Fremdenverkehrsorte in der deutschen Bundesrepublik, Bonn 1958 (Bonner Geographische Abhandlungen, H. 22).

Hahn, H.: Der Einzugsbereich einer Fremdenverkehrsgemeinde (Beispiel Boppard). Erfassung mit Hilfe von Stichproben: Fehlerquellen und Kontrollmöglichkeiten. – In: Erdkunde, 35 (1981), S. 118–129.

Haimayer, P.: Seefeld. Bevölkerung, Siedlung und Grundbesitzverhältnisse unter dem Einfluß des Fremdenverkehrs. – In: Österreichische Geographische Gesellschaft, Zweigverein Innsbruck (Hrsg.): Jahresbericht 1972, Innsbruck 1972, S. 5–27.

Hajdu, J. G. v.: Königswinter. Entwicklung und wirtschaftliche Basis einer Fremdenverkehrsstadt, Bonn 1969 (Arbeiten zur Rheinischen Landeskunde, H. 27).

Hambloch, H.: Fremdenverkehr an der Höhensiedlungsgrenze. Ein Beispiel aus den Ötztaler Alpen. – In: Berichte zur Deutschen Landeskunde, 24 (1959/60), S. 207–216.

Hannss, Chr.: Val d'Isere. Entwicklung und Probleme eines Wintersportplatzes in den französischen Nordalpen, Tübingen 1974 (Tübinger Geographische Studien, H. 56).

Hartke, W.: Stadtbesichtigung. Ein Problem des Fremdenverkehrs in kriegszerstörten Städten. – In: Die Erde, 3 (1951/52) 3–4, S. 258–271.

Hartmann, R.: Tourism, traveling and timing, München 1981 (hektographiertes Manuskript).

Hartog, R., u. C.-A. von der Groeben: Leitlinien für die Planung und Gestaltung in Heilbädern und Kurorten, Bonn ²1979.

Hartsch, E.: Der Fremdenverkehr in der Sächsischen Schweiz. – In: Wiss. Veröff. d. dt. Instituts für Länderkunde, Leipzig 1963, N. F. H. 19/20, S. 343–490.

Hartsch, E.: Versuch zur Bestimmung des ökonomischen Wertes von Erholungsgebieten. – In: Wissenschaftliche Zeitschrift der Universität Dresden, 19 (1970) 2, S. 499–501.

Hasbargen, L.: Die Ostfriesischen Inseln. Ein Beitrag zur Wirtschaftsgeographie eines Fremdenverkehrsgebietes, Bad Godesberg 1963 (Forschungen zur deutschen Landeskunde, Bd. 141).

Häuser, H.: Die Geographie des Fremdenverkehrs an der Hessischen Bergstraße, Mainz 1958 (Diss.).

Heinritz, G.: Wirtschafts- und sozialgeographische Wandlungen des Fremdenverkehrs in Zypern. – In: Erdkunde, 26 (1972) 4, S. 266–278.

Heinritz, G.: Wildparke und Märchenwälder. Zur Ausbreitung und Differenzierung neuer Freizeitparks in Bayern. – In: Natur und Landschaft, 51 (1976) 1, S. 15–19.

Heinritz, G.: Tourismus – Eine Hilfe für Entwicklungsländer. – In: G. Meyer (Hrsg.): Geographische Aspekte der Entwicklungsländerproblematik. Beiträge zur Unterrichtsarbeit im Fach Erdkunde, Rheinfelden 1981, S. 90–94 (Reihe der Forschungen, Nr. 8).

Heinritz, G., u. H. Popp: Reichweiten von Freizeiteinrichtungen und aktionsräumliche Aspekte des Besucherverhaltens. – In: Mitteilungen der Geographischen Gesellschaft in München, 63 (1978), S. 79–115.

Heller, H., u. H.-G. Wagner: Untersuchungen zur Entwicklung des Fremdenverkehrs auf der Nordseeinsel Föhr unter besonderer Berücksichtigung der Stadt Wyk. Arbeitsbericht über ein geographisches Geländepraktikum. – In: R. Stewig (Hrsg.): Beiträge zur geographischen Landeskunde und Regionalforschung in Schleswig-Holstein, Kiel 1971, S. 185–217 (Schriften des Geographischen Instituts der Universität Kiel, Bd. 37).

Heller, W.: Der Fremdenverkehr im Salzkammergut. Studie aus geographischer Sicht, Heidelberg 1970 (Heidelberger Geographische Arbeiten, H. 29).

Hirt, H.: Die Bedeutung der Seen des niedersächsischen Tieflandes für den Fremdenverkehr, Hildesheim 1968 (Veröffentlichungen des niedersächsischen Instituts für Landeskunde und Landesentwicklung an der Universität Göttingen, N. F., Reihe A, Bd. 86).

Hochholzer, H.: Weltfremdenverkehr und Massentourismus. Wirtschafts- und sozialgeographische Bedingtheiten und Wirkungen. – In: Zeitschrift für Wirtschaftsgeographie, 17 (1973) 3, S. 65–71.

Hoffmann, H.: Der Ausflugs- und Wochenendverkehr in der BRD, München 1973 (Schriftenreihe des Deutschen Wirtschaftswissenschaftlichen Instituts für Fremdenverkehr an der Universität München, H. 28).

Hunziker, W., u. K. Krapf: Grundriß der Allgemeinen Fremdenverkehrslehre, Zürich 1942.

Hunziker, W.: Fremdenverkehr. – In: Handwörterbuch der Sozialwissenschaften, Bd. 4, Stuttgart/Tübingen/Göttingen 1965, S. 152–160.

Hutter, H.: Die Belastbarkeit des Landes Salzburg mit Zweitwohnungen (Zweiter Teil), Salzburg 1978 (Schriftenreihe des Salzburger Institutes für Raumforschung, Bd. 1.2).

Hyde, W. W.: The development of the appreciation of mountain scenery in modern times. – In: Geographical Review, 3 (1917) 2, S. 107–118.

Jacob, G.: Modell zur regionalen Geographie des Fremdenverkehrs. – In: Geographische Berichte, 13 (1968) 1, S. 51–57.

Jäger, H.: Der kulturgeographische Strukturwandel des Kleinen Walsertales, Kallmünz 1953 (Münchner Geographische Hefte, H. 1).

Jülg, F.: Die Bedeutung der Bergbahnen für den Fremdenverkehr in Österreich, Wien 1965 (Diss.).

Jülg, F.: Praktische Hinweise für wissenschaftliche Arbeiten in der Fremdenverkehrsgeographie. – In: H. Baumgartner u. a. (Hrsg.): Festschrift Leopold G. Scheidl zum 60. Geburtstag, Teil I, Wien 1965, S. 56–67.

Jülg, F.: Die Fremdenverkehrsentwicklung der Gemeinde Heiligenblut. Ein Beispiel für die vielfältigen Veränderungen der Wirtschaftsstruktur im alpinen ländlichen Raum. – In: E. Winkler u. H. Lechleitner (Hrsg.): Beiträge zur Wirtschaftsgeographie, II. Teil, Wien 1976, S. 51–85 (Wiener Geographische Schriften, Bd. 46/47/48).

Jurczek, P.: Freizeit, Fremdenverkehr und Naherholung. – In: Praxis Geographie, 11 (1981) 2, S. 45–49.

Jurczek, P.: Tourismus in Peripherregionen. Chancen und Grenzen der touristischen Entwicklung von Wallenfels/Frankenwald, Frankfurt a. M. 1982 (Beiträge zur angewandten Wirtschafts- und Sozialforschung, Raumwissenschaft, 3).

Kaminske, V.: Zur Anwendung eines Gravitationsansatzes im Naherholungsverkehr. – In: Zeitschrift für Wirtschaftsgeographie, 21 (1977) 4, S. 104–107.

Kaminske, V.: Der Naherholungsverkehr im Raum Nordschleswig, Mannheim 1981 (Mannheimer Geographische Arbeiten, H. 11).

Kaminske, V.: Zur systematischen Stellung einer Geographie des Freizeitverhaltens. – In: Geographische Zeitschrift, 69 (1981) 3, S. 217–223.

Karlen, J.: Fallstudien und Systemanalysen als Grundlage für die Diskussion von Strategien und die Wirkungsanalyse von Maßnahmen. – In: Raumforschung und Raumordnung, 37 (1979) 1, S. 43–49.

Kaspar, C.: Die Fremdenverkehrslehre im Grundriß, Bern/Stuttgart 1975 (St. Galler Beiträge zum Fremdenverkehr und zur Verkehrswirtschaft, Reihe Fremdenverkehr, Bd. 1).

Kemper, F.-J.: Inner- und außerstädtische Naherholung am Beispiel der Bonner Bevölkerung. Ein Beitrag zur Geographie der Freizeit, Bonn 1977 (Arbeiten zur Rheinischen Landeskunde, H. 42).

Kerstiens-Koeberle, E.: Raummuster und Reichweiten der freizeitorientierten Infrastruktur: Ein Beitrag zur Geographie des Freizeitverhaltens. – In: Geographische Rundschau, 27 (1975) 1, S. 18–30.

Kerstiens-Koeberle, E.: Freizeitverhalten im Wohnumfeld. Innerstädtische Fallstudien, Beispiel München, Kallmünz/Regensburg 1979 (Münchner Studien zur Sozial- und Wirtschaftsgeographie, Bd. 19).

Kiemstedt, H.: Zur Bewertung der Landschaft für die Erholung, Stuttgart 1967 (Beiträge zur Landespflege, Sonderheft 1).

Kiemstedt, H.: Harzlandschaft und Freizeit. Natürliche Voraussetzungen, Beeinträchtigungen und Entwicklungsmöglichkeiten landschaftsbezogener Freizeitnutzungen, Goslar 1971 (Schriftenreihe des Harzer Verkehrsverbandes, H. 4 A und 4 B).

Kilchenmann, A.: Untersuchungen mit quantitativen Methoden über die fremdenverkehrs- und wirtschaftsgeographische Struktur der Gemeinden Graubündens, Zürich 1968 (Diss.).

Kleemann, G.: Geplante Fremdenverkehrssiedlungen an der Côte d'Azur. – In: C. Schott (Hrsg.): Beiträge zur Kulturgeographie der Mittelmeerländer II, Marburg a. d. Lahn 1973, S. 121–143 (Marburger Geographische Schriften, H. 59).

Klemm, K.: Methoden der Fremdenverkehrsplanung auf Landkreisebene als Planungsbeispiel für die Regional- und Landesplanung. – In: Raumforschung und Raumordnung, 35 (1977) 5, S. 230–238.

Klemm, K.: Methoden der Fremdenverkehrsplanung in der Bundesrepublik Deutschland, Trier 1979 (Materialien zur Fremdenverkehrsgeographie, H. 5).

Klöpper, R.: Das Erholungswesen als Bestandteil der Raumordnung und als Aufgabe der Raumforschung. – In: Raumforschung und Raumordnung, 13 (1955) 4, S. 209–217.

Klöpper, R.: Einzugsbereiche großstädtischer Massenveranstaltungen, dargestellt am Beispiel der Kirchentage 1956. – In: Raumforschung und Raumordnung, 16 (1958), S. 163–168.

Klöpper, R.: Die französischen Hoch-Pyrenäen als Fremdenverkehrsgebiet. – In: Siedlungs- und agrargeographische Forschungen in Europa und Afrika, Wiesbaden 1971, S. 135–144 (Braunschweiger Geographische Studien, H. 3).

Klöpper, R.: Struktur- und Ausstattungsbedarf in Erholungsorten der BRD, Hannover 1972.

Klöpper, R.: Zur quantitativen Erfassung räumlicher Phänomene der Kurzerholung (Naherholungsverkehr). – In: J. Hövermann u. G. Oberbeck (Hrsg.): Hans-Poser-Festschrift, Göttingen 1972, S. 539–548 (Göttinger Geographische Abhandlungen, Bd. 60).

Klöpper, R.: Über einige Karten zum Erholungswesen in der Bundesrepublik Deutschland. – In: Raumforschung und Raumordnung, 35 (1977), 5, S. 238–245.

Klug, H.: Die Insel Djerba. Wachstumsprobleme und Wandlungsprozesse eines südtunesischen Kulturraumes. – In: R. Stewig u. H.-G. Wagner (Hrsg.): Kulturgeographische Untersuchungen im islamischen Orient, Kiel 1973, S. 45–90 (Schriften des Geographischen Instituts der Universität Kiel, Bd. 38).

Knirsch, R.: Fremdenverkehrsgeographie oder Geographie des Freizeitverhaltens, oder? – In: Zeitschrift für Wirtschaftsgeographie, 20 (1976) 8, S. 248–249.

Knirsch, R.: Raumprägende Staatstätigkeit im Nahbereich Bad Königshofen. Eine Untersuchung unter besonderer Berücksichtigung des Fremdenverkehrs, Frankfurt a. M. 1976 (Frankfurter Wirtschafts- und Sozialgeographische Schriften, H. 24).

Kreibich, B.: Phänomene des Naherholungsverhaltens. – In: Stadtgeographie in einem neuen Curriculum. Dargestellt am Beispiel Münchens, Kallmünz/Regensburg 1973, S. 29–48 (Münchner Geographische Hefte, H. 37).

Kröner, A.: Grindelwald. Die Entwicklung eines Bergbauerndorfes zu einem internationalen Touristenzentrum. Ein Beitrag zum Problem des kulturgeographischen Wandels alpiner Siedlungen, Stuttgart 1968 (Stuttgarter Geographische Studien, Bd. 74).

Kross, E.: Fremdenverkehrsgeographische Untersuchungen in der Lüneburger Heide, Göttingen 1970 (Veröffentlichungen des Niedersächsischen Instituts für Landeskunde und Landesentwicklung an der Universität Göttingen, N.F., Reihe A, Bd. 94).

Kross, E.: Mar del Plata – ein südamerikanisches Seebad. – In: J. Hövermann u. G. Oberbeck (Hrsg.): Hans-Poser-Festschrift, Göttingen 1972, S. 549–571 (Göttinger Geographische Abhandlungen, Bd. 60).

Kuhn, W.: Geschäftsstraßen als Freizeitraum. Synchrone und diachrone Überlagerung von Versorgungs- und Freizeitfunktion, dargestellt an Beispielen aus Nürnberg, Kallmünz/Regensburg 1979 (Münchner Geographische Hefte, Nr. 42).

Kulinat, K.: Geographische Untersuchungen über den Fremdenverkehr der niedersächsischen Küste, Göttingen 1969 (Veröffentlichungen des niedersächsischen Instituts für Landeskunde und Landesentwicklung an der Universität Göttingen, Reihe A, Bd. 92).

Kulinat, K.: Die Typisierung von Fremdenverkehrsorten. Ein Diskussionsbeitrag. – In: J. Hövermann u. G. Oberbeck (Hrsg.): Hans-Poser-Festschrift, Göttingen 1972, S. 521–538 (Göttinger Geographische Abhandlungen, Bd. 60).

Kulinat, K.: Erste Ergebnisse einer Erhebung zur sozialgeographischen Differenzierung des Fremdenverkehrs der niedersächsischen Küste, Oldenburg 1975 (Schriftenreihe des Fremdenverkehrsverbandes Nordsee – Niedersachsen – Bremen e. V., H. 32).

Kulinat, K.: Die operationale Bestimmung von Gäste-Sozialgruppen und ihrer Raumwirksamkeit im Fremdenverkehrsgebiet am Beispiel der niedersächsischen Küste. – In: H. Uhlig u. E. Ehlers (Hrsg.): Tagungsbericht und wissenschaftliche Abhandlungen, 40. Deutscher Geographentag Innsbruck, Wiesbaden 1976, S. 596–611 (Verhandlungen des Deutschen Geographentages, Bd. 40).

Kürten, W. v.: Landschaftsstruktur und Naherholungsräume im Ruhrgebiet und in seinen Randzonen, Paderborn 1973 (Bochumer Geographische Arbeiten, Sonderreihe, Bd. 1).

Kurz, R.: Ferienzentren an der Ostsee. Geographische Untersuchungen zu einer neuen Angebotsform im Fremdenverkehrsraum, Frankfurt a. M./Zürich 1977.

Lafrenz, J., u. I. Möller: Gruppenspezifische Aktivitäten als Reaktionen auf die Attraktivität einer Fremdenverkehrsgemeinde. Pilot-study am Beispiel der Bädergemeinde Haffkrug-Scharbeutz. – In: Mitteilungen der Geographischen Gesellschaft Hamburg, 64 (1976), S. 1–106.

Lang, H.-R.: Das Wochenend-Dauercamping in der Region Nordschwarzwald. Geographische Untersuchungen einer jungen Freizeitwohnsitzform, Tübingen 1978 (Tübinger Geographische Studien, H. 74).

Laubinger, H.-D., u. M. Nicolai: Fremdenverkehrsplanung in der Gebiets- und Ortsentwicklung, Berlin 1977.

Laures, W.: Das Erholungs- und Fremdenverkehrspotential der Maareifel, Trier 1976 (Materialien zur Fremdenverkehrsgeographie der Fachgruppe Geographie an der Universität Trier, H. 1).

Leemann, A.: Sozioökonomische Erhebungen zum Tourismus in Bali (Indonesien). – In: Zeitschrift für Fremdenverkehr, 33 (1978) 3, S. 19–23.

Leimgruber, W.: Leisure, recreation and tourism. A model of leisure activity, Helsinki 1975 (Fennia, 136).

Lenz, W.: Die Entwicklung des Rigi-Tourismus. – In: Zeitschrift für Wirtschaftsgeographie, 8 (1964) 5, S. 129–136.

Lichtenberger, E.: Der Massentourismus als dynamisches System: Das österreichische Beispiel. – In: H. Uhlig u. E. Ehlers (Hrsg.): Tagungsbericht und wissenschaftliche Abhandlungen, 40. Deutscher Geographentag Innsbruck. Wiesbaden 1976, S. 673–692 (Verhandlungen des Deutschen Geographentages, Bd. 40).

Lichtenberger, E.: Die Stellung der Zweitwohnungen im städtischen System – Das Wiener Beispiel. – In: Berichte zur Raumforschung und Raumplanung, 24 (1980) 1, S. 3–14.

Lowenthal, D.: Tourists and thermalists. – In: Geographical Review, 52 (1962) 1, S. 124–127.

Ludwig, E.: Die Entwicklung des Raumes Ruhpolding zum Fremdenverkehrsgebiet. Ein Beitrag zur Problemstellung der Fremdenverkehrsgeographie, Frankfurt a. M. 1958 (Diss.).

Mai, U.: Der Fremdenverkehr am Südrand des Kanadischen Schildes. Eine vergleichende Untersuchung des Muskoka District und der Frontenac Axis unter besonderer Berücksichtigung des Standortproblems, Marburg 1971 (Marburger Geographische Schriften, H. 47).

Maier, J.: Probleme und Methoden zur sozialgeographischen Charakterisierung und Typisierung von Fremdenverkehrsgemeinden. – In: Geographical Papers, 1 (1970), S. 145–154.

Maier, J.: Die Leistungskraft einer Fremdenverkehrsgemeinde. Modellanalyse des Marktes Hindelang/Allgäu. Ein Beitrag zur wirtschaftsgeographischen Kommunalforschung, München 1970 (WGI-Berichte zur Regionalforschung, H. 3).

Maier, J.: Die Ferienzentren im Bayerischen Wald als neue Prozeßelemente der Kulturlandschaft. – In: Mitteilungen der Geographischen Gesellschaft in München, 59 (1974), S. 147–162.

Maier, J.: Entwicklung und thematische Schwerpunkte einer Geographie des Freizeitverhaltens am Wirtschaftsgeographischen Institut der Universität München. – In: H. Uhlig u. C. Lienau (Hrsg.): Erstes Deutsch-Englisches Symposium zur Angewandten Geographie Gießen-Würzburg-München 1973, Gießen 1975, S. 217–219 (Gießener Geographische Schriften, H. 35).

Maier, J.: Die Stadt als Freizeitraum. Ansätze für eine Analyse innerstädtischer Freizeiteinrichtungen in München. – In: Geographische Rundschau, 27 (1975) 1, S. 7–17.

Maier, J.: Modellvorstellungen über den Naherholungsverkehr. Beteiligungsmuster und Reichweitensysteme. – In: H. Uhlig u. E. Ehlers (Hrsg.): Tagungsbericht und wissenschaftliche Abhandlungen, 40. Deutscher Geographentag Innsbruck, Wiesbaden 1976, S. 629–639 (Verhandlungen des Deutschen Geographentages, Bd. 40).

Maier, J.: Natur- und kulturgeographische Raumpotentiale und ihre Bewertung für Freizeitaktivitäten. – In: Geographische Rundschau, 29 (1977) 6, S. 186–195.

Maier, J.: Die Stadt als Leitbild auf dem Lande. Die Lebensart der Touristen beeinflußt die Einheimischen. – In: Tourismus – Entwicklung und Gefährdung? Wirtschaftliche und soziale Wirkungen des Tourismus, Starnberg 1978, S. 19–28.

Maier, J.: Zum Einfluß gruppenspezifischer Verhaltensmuster im Freizeitraum. Landschaftsbewertung und Errichtung von Freizeitzentren. – In: Geographie und Schule, 2 (1980) 7, S. 3–21.

Maier, J., u. K. Ruppert: Freizeitraum Oberstaufen. Abgrenzung und Bewertung, München 1976 (WGI-Berichte zur Regionalforschung, H. 13).

Marold, K.: Methoden der Planung von Erholungsorten an der Küste. – In: Wissenschaftliche Zeitschrift der Ernst-Moritz-Arndt-Universität Greifswald, XIV (1965), S. 161–168.

Mathey, H.: Tourrettes-sur-Loup. Siedlungs- und wirtschaftsgeographische Auswirkungen des Fremdenverkehrs im Hinterland der westlichen Côte d'Azur, Saarbrücken 1977 (Arbeiten aus dem Geographischen Institut der Universität des Saarlandes, Bd. 24).

Matznetter, J.: Differenzen in der Auffassung einer Geographie des Tourismus und der Erholung. – In: H. Uhlig u. E. Ehlers (Hrsg.): Tagungsbericht und wissenschaftliche Abhandlungen, 40. Deutscher Geographentag Innsbruck 1975, Wiesbaden 1976, S. 661–671 (Verhandlungen des Deutschen Geographentages, Bd. 40).

May, H.-D.: Der Kulturlandschaftswandel an der Küste des Languedoc-Roussillon unter dem Einfluß des Fremdenverkehrs. – In: Geographische Rundschau, 24 (1972) 7, S. 502–507.

Mayer, E.: Die Balearen. Sozial- und wirtschaftsgeographische Wandlungen eines mediterranen Inselarchipels unter dem Einfluß des Fremdenverkehrs. Stuttgart 1976 (Stuttgarter Geographische Studien, Bd. 88).

Menke, A.: Der Einfluß des Fremdenverkehrs auf die Entwicklung ländlicher Räume. Eine Untersuchung in ländlichen Fremdenverkehrsgemeinden Niedersachsens und Westfalens unter besonderer Berücksichtigung der Agrarstrukturverbesserung, der Wirtschaftsentwicklung und der kommunalen Grundausrüstung, Hannover 1965 (Diss.).

Meuter, H., u. S. Röck: Wochenendfreizeit in besiedelten Räumen. Einige Daten zur Bedeutung von Landschaft als Freizeitraum. – In: Informationen zur Raumentwicklung, (1974) 9, S. 333–345.

Meuter, H.: Wochenendverkehr: Naturerleben und Wirklichkeit. Einige Überlegungen zur Realität freiraumbezogener Wochenendfreizeit. – In: R. Schmitz-Scherzer (Hrsg.): Reisen und Tourismus, Darmstadt 1975, S. 27–46 (Praxis der Sozialpsychologie, Bd. 4).

Meyer, A.: Die Alster. Von der Naturlandschaft zum Freizeitraum Hamburger Bürger. – In: Mitteilungen der Geographischen Gesellschaft und des Naturhistorischen Museums in Lübeck, 54 (1977), S. 5–84.

Miossec, J.-M.: Un modèle de l'espace touristique. – In: L'espace géographique, VI (1977) 1, S. 41–48.

Möller, H.-G.: Der Zeltplatz-Fremdenverkehr auf Fehmarn in geographischer Sicht. – In: Geographische Rundschau, 27 (1975) 1, S. 31–37.

Möller, H.-G.: Sozialgeographische Untersuchungen zum Freizeitverkehr auf der Insel Fehmarn, Hannover 1977 (Jahrbuch der Geographischen Gesellschaft zu Hannover, Jahrbuch für 1974).

Möller, H.-G.: Naherholungsgebiete in Stadt und Großraum Hannover. – In:

W. Eriksen u. A. Arnold (Hrsg.): Hannover und sein Umland, Hannover 1978, S. 168–184 (Jahrbuch der Geographischen Gesellschaft zu Hannover, 1978).

Monheim, R.: Fremdenverkehrsgeographie oder Geographie des Freizeitverhaltens? – In: Geographische Rundschau, 27 (1975) 12, S. 519–521.

Morgenroth, W.: Fremdenverkehr. – In: Handwörterbuch der Staatswissenschaften, Bd. 4, Jena ²1927, S. 394–402.

Mrass, W.: Belastung der Umwelt durch Freizeitaktivitäten. – In: N. Hinske u. M. J. Müller (Hrsg.): Reisen und Tourismus. Auswirkungen auf die Landschaft und den Menschen, Trier 1979, S. 39–52 (Trierer Beiträge, Sonderheft 3).

Müller, G., u. M. Stenzel: Die Stadt Salzburg als Standort des Gastgewerbes. Ein geographischer Beitrag zur Entwicklung und zum heutigen Stand. – In: Mitteilungen der Gesellschaft für Salzburger Landeskunde, Bd. 120/121 (1980/81), S. 517–557.

Neubauer, T.: Probleme der Naherholung für die Prager Bevölkerung im mittleren Moldautal. – In: Erdkunde, 27 (1973) 1, S. 69–75.

Newig, J.: Die Entwicklung von Fremdenverkehr und Freizeitwohnwesen in ihren Auswirkungen auf Bad und Stadt Westerland auf Sylt, Kiel 1974 (Schriften d. Geographischen Instituts der Universität Kiel, Bd. 42).

Newig, J.: Fragen zur Bildung von Begriffen und ihrer Verwendung. – In: Geographische Rundschau, 27 (1975) 12, S. 518–519.

Newig, J.: Vorschläge zur Terminologie der Fremdenverkehrsgeographie. – In: Geographisches Taschenbuch, 1975/1976, S. 260–271.

Niemeier, G.: Entwicklung zu maritimen Heilbädern. Zur Wirtschafts- und Sozialgeographie der Ostfriesischen Inseln. – In: Gemeinschaft und Politik, 2 (1954), S. 7–20.

Niemeier, G.: Die Fremdenverkehrslandschaft Costa del Sol (Südspanien). – In: Geographische Rundschau, 25 (1973) 3, S. 104–112.

Odzuck, W.: Anthropogene Veränderungen eines Moorökosystems durch Erholungsuchende. – In: Natur und Landschaft, 53 (1978) 6, S. 192–194.

Oestreich, H.: Der Fremdenverkehr der Insel Sylt. Sozioökonomische und raumplanerische Probleme des Fremdenverkehrs an der deutschen Nordseeküste – dargestellt am Beispiel der Insel Sylt. Planung und Realität in Erholungsgebieten, Bredstedt/Bräist 1976 (Studien und Materialien, Nr. 9).

Oestreich, H.: Junge Strukturwandlungen auf der Inselgruppe der Seychellen im Indischen Ozean. – In: Geographische Zeitschrift, 64 (1976) 2, S. 121–137.

Oestreich, H.: Anmerkungen zu einer „Geographie des Freizeitverhaltens". – In: Geographische Rundschau, 29 (1977) 3, S. 80–83.

Oestreich, H.: Gambia – Zur sozioökonomischen Problematik des Ferntourismus in einem westafrikanischen Entwicklungsland. – In: Geographische Zeitschrift, 65 (1977) 4, S. 302–308.

Ogilvie, F. W.: The tourist movement, London 1933.

Olschowy, G., u. W. Mrass: Zur Ermittlung aktueller und potentieller Erholungsgebiete in der Bundesrepublik Deutschland. – In: Berichte über Landwirtschaft, N. F. 54 (1956) 2, S. 171–194.

Otremba, E.: Die Möglichkeiten der Verbesserung der Einkommensverhältnisse der bäuerlichen Bevölkerung durch den Fremdenverkehr. – In: Raumforschung und Raumordnung, 27 (1969) 3, S. 97–102.

Paesler, R.: Sozialgeographische Aspekte des Freizeitverhaltens an Seen. – In: Mitteilungen der Geographischen Gesellschaft in München, 64 (1979), S. 101–114.

Papp, A. v.: Freizeit und Erholung. Stadt-Land-Gegensatz in Neuauflage? – In: Informationen, 22 (1972) 22, S. 577–588.

Peppelenbosch, P. G. N., u. G. J. Tempelman: Tourism and the developing countries. – In: Tijdschrift voor economische en sociale geografie, 64 (1973) 1, S. 52–58.

Pfitzer, W.: Der Fremdenverkehr Madeiras. Sozial- und wirtschaftsgeographische Auswirkungen, Regensburg 1977 (Regensburger Geographische Schriften, H. 9).

Philipp, W.: Überlagerungstendenzen von Urlaubs- und Naherholungsverkehr am Beispiel des bayerischen Alpenraums. – In: Raumforschung und Raumordnung, 31 (1973) 4. – S. 165–173.

Philipp, W.: Seilbahnen und Lifte im bayerischen Alpenraum. Wirtschaftsgeographische Aspekte freizeitorientierter Infrastruktur, München 1974 (WGI-Berichte zur Regionalforschung, H. 12).

Pletsch, A.: Planung und Wirklichkeit von Fremdenverkehrszentren im Languedoc-Roussillon, Südfrankreich. – In: Tijdschrift voor economische en sociale geografie, 66 (1975) 1, S. 45–56.

Pötke, P. M.: Retirement und Tourismus an der Westküste Floridas, Bochum 1973 (Materialien zur Raumordnung, Bd. 13).

Pötke, P. M.: Zum Begriff der Fremdenverkehrsstadt. – In: Zeitschrift für Wirtschaftsgeographie, 20 (1976) 3, S. 95–96.

Pötke, P. M.: Zum Begriff einer allgemeinen Geographie des Freizeit- und Fremdenverkehrs. – In: Zeitschrift für Wirtschaftsgeographie, 22 (1978) 2, S. 42–46.

Pötke, P. M.: Der Freizeitwert einer Landschaft. Quantitative Methode zur Bewertung einer Landschaft für Freizeit und Erholung, Trier 1979 (Materialien zur Fremdenverkehrsgeographie, H. 2).

Pompl, W. E.: Der internationale Tourismus in Kenia und seine Implikationen für die sozioökonomische Entwicklung des Landes, München 1976 (Diss.).

Popovic, V.: Tourism in Eastern Africa, München 1972 (Afrika-Studien, Nr. 73).

Poser, H.: Die fremdenverkehrsgeographischen Beziehungen des Norddeutschen Tieflandes zum Riesengebirge, ihre Grundlagen und Auswirkungen. – In: Deutsche Geographische Blätter, 42 (1939) 1–4, S. 177–189.

Poser,H.: Geographische Studien über den Fremdenverkehr im Riesengebirge. Ein Beitrag zur geographischen Betrachtung des Fremdenverkehrs, Göttingen 1939 (Abhandlungen d. Gesellschaft d. Wissenschaften zu Göttingen, Math.-phys. Klasse, Dritte Folge, H. 20).

Prahl, H.-W., u. A. Steinecke: Der Millionen-Urlaub. Von der Bildungsreise zur totalen Freizeit. Aktualisierte Taschenbuchausgabe, Frankfurt a. M./Berlin/Wien 1981 (Ullstein Buch Nr. 34051).

Prahl, H.-W., u. A. Steinecke (Hrsg.): Tourismus, Stuttgart 1981 (Arbeitstexte für den Unterricht; Universal-Bibliothek Nr. 9564).

Prahl, H.-W., u. A. Steinecke (Hrsg.): Jugend und Freizeit, Stuttgart 1982 (Arbeitstexte für den Unterricht, Universal-Bibliothek Nr. 9572).

Preobrazhensky, V. S., Y. A. Vedenin u. A. V. Antipova: Recreational demands and the environment, Moscow 1971 (Academy of Sciences of the USSR Institute of Geography, Report on the European Regional Conference of IGU).

Preobrazhensky, V. S., Yu. A. Vedinin u. A. V. Antipova: Recreation and the environment. – In: M. Pecsi u. F. Probald (Hrsg.): Man and environment, Budapest 1974, S. 205–211 (Studies in Geography in Hungary, Bd. 11).

Prott, H.: Untersuchung und Ordnung des Wintersportbetriebs in einem Naturpark. – In: Bundesanstalt für Vegetationskunde, Naturschutz und Landschaftspflege (Hrsg.): Landschaftsplan und Naturparke, Bonn-Bad Godesberg 1970, S. 81–86 (Schriftenreihe für Landschaftspflege und Naturschutz, H. 5).

Raben, H., u. D. Uthoff: Die Raumrelevanz touristischer Großprojekte. Ein Beitrag zur regionalökonomischen Erfolgskontrolle staatlicher Fremdenverkehrsförderung. – In: Raumforschung und Raumordnung, 33 (1975) 1, S. 18–29.

Rabus, I.: Der Nürnberger Reichswald. Seine Erholungsfunktion und seine außerforstlichen Nutzungen, Nürnberg 1974 (Nürnberger Wirtschafts- und Sozialgeographische Arbeiten, Bd. 22).

Rauh, G.: Beobachtungen zum innertürkischen Fremdenverkehr in der Provinz Antalya, Nürnberg 1979 (Nürnberger Wirtschafts- und Sozialgeographische Arbeiten, Bd. 30).

Reiter, R.: Ergebnisse kurortklimatischer Forschungen im Raume von Garmisch-Partenkirchen mit besonderer Berücksichtigung der topographischen Bedingungen. – In: Mitteilungen der Geographischen Gesellschaft in München, 53 (1968), S. 71–89.

Riedel, U.: Der Fremdenverkehr auf den Kanarischen Inseln. Eine geographische Untersuchung, Kiel 1971 (Schriften des Geographischen Instituts der Universität Kiel, Bd. 35).

Riedel, U.: Entwicklung, Struktur und räumliche Differenzierung des Fremdenverkehrs der Balearen. Ein Beitrag zur Methodik der Fremdenverkehrsgeographie. – In: Erdkunde, XXVI (1972) 2, S. 138–153.

Rinschede, G.: Andorra. Vom abgeschlossenen Hochgebirgsstaat zum internationalen Touristenzentrum. – In: Erdkunde, 31 (1977) 4, S. 307–314.

Ritter, G.: Der Tourismus in der Türkei. Wirtschaftliche Bedeutung, lagebedingte Strukturmerkmale, regionale Verteilungsmuster und Entwicklungsaussichten. – In: Zeitschrift für Wirtschaftsgeographie, 21 (1977) 2, S. 33–43.

Ritter, W.: Fremdenverkehr in Europa. Eine wirtschafts- und sozialgeographische Untersuchung über Reisen und Urlaubsaufenthalte der Bewohner Europas, Leiden 1966 (Europäische Aspekte, Reihe A, Nr. 8).

Ritter, W.: Beobachtungen zur Entwicklung und Erholung an der kaspischen Küste des Iran. – In: Bustan, 10 (1969) 4, S. 42–44.

Ritter, W.: Kleinregionen in alpinen Fremdenverkehrsräumen. – In: H. Uhlig u. E. Ehlers (Hrsg.): Tagungsbericht und wissenschaftliche Abhandlungen, 40. Deutscher Geographentag Innsbruck, Wiesbaden 1976, S. 723–735 (Verhandlungen des Deutschen Geographentages, Bd. 40).

Robinson, G. W. S.: The recreation geography of South Asia. – In: Geographical Review, LXII (1972) 4, S. 561–572.

Röck, S.: Überlastete Fremdenverkehrsgebiete. – In: Informationen zur Raumentwicklung, (1975) 12, S. 717–796.

Röck, S.: Überlagerung von Freizeitformen. Räumliche Auswirkungen der verschiedenen Erholungsformen und ihrer Kombination. – In: Raumforschung und Raumordnung, 35 (1977) 5, S. 224–229.

Ronnefeld, B.: Die wirtschaftliche Bedeutung des Fremdenverkehrs, Berlin 1930.

Rosa, D.: Der Einfluß des Fremdenverkehrs auf ausgewählte Branchen des tertiären Sektors im Bayerischen Alpenvorland, München 1970 (WGI-Berichte zur Regionalforschung, H. 2).

Ruhl, G.: Belastungsursache Fremdenverkehr. – In: Stadtbauwelt, 59 (1978), S. 200–203.

Rungaldier, R.: Die geographische Verbreitung der Schutzhütten und Unterkunftshäuser in den Ostalpen. – In: Mitteilungen der Geographischen Gesellschaft Wien, 67 (1924) 1–4, S. 33–38.

Ruppert, K.: Das Tegernseer Tal. Sozialgeographische Studien im oberbayerischen Fremdenverkehrsgebiet, Kallmünz/Regensburg 1962 (Münchner Geographische Hefte, H. 23).

Ruppert, K.: Almwirtschaft und Fremdenverkehr in den bayerischen Alpen. Ein Beitrag zum kulturgeographischen Entwicklungsproblem im Hochgebirge. – In: H. Schlenger u. G. Sandner (Hrsg.): Tagungsbericht und wissenschaftliche

Abhandlungen, 34. Deutscher Geographentag Heidelberg 4.–7. Juni 1963, Wiesbaden 1965, S. 325–331 (Verhandlungen des Deutschen Geographentages, Bd. 34).

Ruppert, K.: Spezielle Formen freizeitorientierter Infrastruktur – Versuch einer Begriffsbestimmung. – In: Informationen, 23 (1973) 6, S. 129–133.

Ruppert, K.: Zur Stellung und Gliederung einer Allgemeinen Geographie des Freizeitverhaltens. – In: Geographische Rundschau, 27 (1975) 1, S. 1–6.

Ruppert, K.: Grundtendenzen freizeitorientierter Raumstruktur. – In: Geographische Rundschau, 32 (1980) 4, S. 178–187.

Ruppert, K., u. J. Maier: Der Zweitwohnsitz im Freizeitraum – raumrelevanter Teilaspekt einer Geographie des Freizeitverhaltens. – In: Informationen, 21 (1971) 6, S. 135–157.

Rutte, H.: Der Fremdenverkehr in seiner volkswirtschaftlichen Fruchtbarkeit. Unter besonderer Berücksichtigung der österreichischen Verhältnisse, Wien 1947.

Samolewitz, R.: Fremdenverkehr und Geographie. Ein Beitrag zum Fragenkreis der Erfassung des Fremdenverkehrs durch die geographische Wissenschaft. Entwickelt an Hand einer Betrachtung von Gegebenheiten des Fremdenverkehrs in Westfalen, Münster 1957 (Diss.).

Samolewitz, R.: Hinweise auf die Behandlung des Fremdenverkehrs in der wissenschaftlichen, insbesondere der geographischen Literatur. – In: Zeitschrift für Wirtschaftsgeographie, (1960) 4, S. 112–116; (1960) 5, S. 144–148.

Sandner, H.-J.: Beziehungen zwischen Tourismus, ländlichem Kunsthandwerk und Agrarstruktur in einigen Dörfern Zentralmexikos. – In: Erdkunde, 35 (1981) 3, S. 201–209.

Sauer, W.: Tendenzen in den Urlaubsgewohnheiten: Urlaubserwartungen, Reisemotive und die Wahrnehmung der Überlastungserscheinungen im modernen Tourismus. – In: Informationen zur Raumentwicklung, (1975) 11, S. 631–644.

Schaake, D.: Der Fremdenverkehr in den linksrheinischen Kleinstädten zwischen Bingen und Koblenz, Bonn 1971 (Arbeiten zur Rheinischen Landeskunde, H. 31).

Schadlbauer, F. G.: Neue Tendenzen in der Frage der Definition des Fremdenverkehrs. – In: Mitteilungen der Österreichischen Geographischen Gesellschaft, 115 (1973), S. 162–164.

Schadlbauer, F. G.: Fremdenverkehrsgeographische Arbeiten im oberen Oranje-Gebiet. Probleme und Ergebnisse. – In: W. Ruth (Hrsg.): Ostafrika. Themen zur wirtschaftlichen Entwicklung am Beginn der siebziger Jahre, Wiesbaden 1974, S. 164–176 (Erdkundliches Wissen, H. 36).

Schaechterle, K., u. M. Wermuth: Der Urlaubsreiseverkehr in der Bundesrepublik Deutschland und seine Überlagerung durch den Naherholungsverkehr im süddeutschen Raum. – In: Raumforschung und Raumordnung, 31 (1973) 5–6, S. 213–221.

Schamp, H.: Bad Homburg vor der Höhe. – In: Berichte zur deutschen Landeskunde, 12 (1954), S. 199–216.

Schilling, H. v.: Ein Modell zur Schätzung des gegenwärtigen und zukünftigen Bedarfs an Naherholungsräumen. – In: Informationen, 22 (1972) 5, S. 119–135.

Schlenke, U., u. R. Stewig: Endogener Tourismus als Gradmesser des Industrialisierungsprozesses in Industrie- und Entwicklungsländern. – In: Erdkunde, 37 (1983) 2, S. 137–145.

Schliebe, K.: Erholungsgebiete in der Bundesrepublik Deutschland. Erläuterungen zu einer Karte. – In: Informationen, 22 (1972), S. 137–141.

Schliephake, K.: Fremdenverkehr in der Gemeinde Ossiach. Strukturwandel in einer kleinen Gemeinde und die Frage ihrer Belastung und Belastbarkeit, Klagenfurt 1978 (Schriftenreihe für Raumforschung und Raumplanung, Bd. 16).

Schlieter, E.: Viareggio. Die geographischen Auswirkungen des Fremdenverkehrs auf die Seebäder der nordtoskanischen Küste, Marburg a. d. Lahn 1968 (Marburger Geographische Schriften, H. 33).

Schnell, P.: Naherholungsraum und Naherholungsverhalten untersucht am Beispiel der Solitärstadt Münster. – In: Spieker, 25 (1977), S. 179–217.

Schnell, P.: Wohnen, Wohnumfeld und Wohnstandort als Determinanten des Naherholungsverhaltens im Ruhrgebiet. – In: H. Klein u. a. (Hrsg.): Westfalen – Nordwestdeutschland – Nordseesektor, Wilhelm Müller-Wille zum 75. Geburtstag von seinen Schülern, Münster 1981, S. 191–213 (Westfälische Geographische Studien, Bd. 37).

Schnell, P., u. P. Weber: Naturpark „Hohe Mark". Gruppenspezifische Analyse der Besuchsmotive. – In: Natur und Landschaft, 52 (1977) 12, S. 341–348.

Schöneich, R.: Untersuchungen zur Bewertung von Erholungsmöglichkeiten in der Schweriner Seenlandschaft. – In: Geographische Berichte, 17 (1972) 3/4, S. 243–256.

Schott, C.: Strukturwandlungen des Tourismus an der französischen Riviera. – In: C. Schott (Hrsg.): Beiträge zur Kulturgeographie der Mittelmeerländer II, Marburg a. d. Lahn 1973, S. 73–99 (Marburger Geographische Schriften, H. 59).

Schott, C.: Die Entwicklung des Badetourismus an der nördlichen Adriaküste. – In: C. Schott (Hrsg.): Beiträge zur Kulturgeographie der Mittelmeerländer III, Marburg a. d. Lahn 1977, S. 147–176 (Marburger Geographische Schriften, H. 73).

Schürmann, H.: Die Bedeutung des internationalen Tourismus als Entwicklungsfaktor. Möglichkeiten, Probleme und Aufgaben. – In: Universitas, 32 (1977) 7, S. 735–739.

Schulze-Göbel, H.: Fremdenverkehr in ländlichen Gebieten Nordhessens. Eine geographische Untersuchung jüngster Funktionswandlungen bäuerlicher Gemeinden in deutschen Mittelgebirgen, Marburg 1972 (Marburger Geographische Schriften, H. 52).

Schwarz, R.: Die Skiliftstandorte Baden-Württembergs. – In: H. Grees (Hrsg.): Die europäische Kulturlandschaft im Wandel, Festschrift für K. H. Schröder, Kiel 1974, S. 287–294.

Schwarzenbach, F. H.: Belastungen alpiner Landschaften durch den Tourismus. Ergebnisse einer Systemanalyse unter Anwendung eines ökodynamischen Modells. – In: Raumforschung und Raumordnung, 37 (1979) 1, S. 35–42.

Seger, M.: Sozialgeographische Aspekte der Privatvermietung. – In: H. Uhlig u. E. Ehlers (Hrsg.): Tagungsbericht und wissenschaftliche Abhandlungen, 40. Deutscher Geographentag Innsbruck 1975, Wiesbaden 1976, S. 706–722 (Verhandlungen des Deutschen Geographentages, Bd. 40).

Senftleben, W.: Die Entwicklung des Fremdenverkehrs in Darjeeling und Kalimpong (Nordindien). – In: Zeitschrift für Wirtschaftsgeographie, 13 (1969) 5, S. 139–142.

Senftleben, W.: Fremdenverkehrsentwicklung in Malaysia. – In: Zeitschrift für Wirtschaftsgeographie, 16 (1972) 4, S. 121–124.

Senftleben, W.: Touristenboom auf Bali. – In: Zeitschrift für Wirtschaftsgeographie, 16 (1972) 2, S. 57–60.

Senftleben, W.: Die „Hill Stations" in Vorderindien. – In: Zeitschrift für Wirtschaftsgeographie, 17 (1973) 2, S. 41–45.

Sidaway, R. M., u. F. B. O'Connor: Recreation pressures on the countryside. – In: Deutsche Gesellschaft für Freizeit (Hrsg.): Naherholung und Kurzzeittourismus, Düsseldorf 1980, S. 43–82 (Edition Freizeit, H. 41).

Sievers, A.: Geographische Aspekte des Ferntourismus in Südasien. Ein Strukturvergleich von Sri Lanka (Ceylon) und Thailand. – In: Katholische Bildung, (1982) 6, S. 321–333.

Simkowsky, H.: Der Fremdenverkehr. Eine Betrachtung über seine volkswirtschaftliche, soziale und kulturelle Bedeutung und seine Förderung unter besonderer Berücksichtigung der österreichischen Verhältnisse, Wien 1934.

Spencer, J. E./Thomas, W. L.: The hill stations and summer resorts of the Orient. – In: Geographical Review, XXXVIII (1948) 4, S. 637–651.

Sprengel, U.: Der Fremdenverkehr im Zentralapennin. – In: C. Schott (Hrsg.): Beiträge zur Kulturgeographie der Mittelmeerländer II, Marburg 1973, S. 163–183 (Marburger Geographische Schriften, H. 59).

Sputz, K.: Die geographischen Bedingungen und Wirkungen des Fremdenverkehrs in Tirol, Wien 1919 (Diss.).

Stadler, G.: Von der Kavalierstour zum Sozialtourismus. Kulturgeschichte des Salzburger Fremdenverkehrs, Salzburg 1975.

Stäblein, G., u. G. Stäblein-Fiedler: Faktorenanalytische Untersuchungen zur fremdenverkehrsgeographischen Struktur der Provinzen Spaniens. – In: C. Schott (Hrsg.): Beiträge zur Kulturgeographie der Mittelmeerländer II, Marburg 1973, S. 145–161 (Marburger Geographische Schriften, H. 59).

Steinecke, A.: Tourismus in Irland. Die touristische Nachfrage als Faktor wirtschaftlicher Entwicklung und sozialen Wandels, Starnberg 1977 (Schriftenreihe für Tourismusforschung, o. Bd.).

Steinecke, A.: Ökonomische und soziale Wirkungen des Tourismus in der Republik Irland. – In: Tourismus – Entwicklung und Gefährdung? Wirtschaftliche und soziale Wirkungen des Tourismus, Starnberg 1978, S. 101–114.

Steinecke, A.: Tourismus und Binnenwanderung. Erscheinungsformen und Ursachen interregionaler Migration von Hotelbesitzern und Hotelbeschäftigten in der Republik Irland. – In: B. Hofmeister u. A. Steinecke (Hrsg.): Beiträge zur Geomorphologie und Länderkunde. Prof. Dr. Hartmut Valentin zum Gedächtnis, Berlin 1980, S. 263–275 (Berliner Geographische Studien, Bd. 7).

Steinecke, A., u. W. F. Killisch: Fremdenverkehr und Naherholung, Stuttgart 1982 (S II Arbeitsmaterialien Geographie).

Steinecke, A.: Individualitätsanspruch und Massenhaftigkeit. Marginalien zur sozialwissenschaftlichen Tourismusforschung. – In: Der Architekt, (1982) 7–8, S. 335–337.

Stenzel, M.: Die Vor- und Nachsaison in Salzburg. Analyse der Gästestruktur und ihrer raumwirksamen Verhaltensweisen in Salzburger Landgemeinden, Salzburg o. J. (Schriftenreihe des Salzburger Instituts für Raumforschung, Bd. 6).

Stradner, J.: Die Förderung des Fremdenverkehrs, Graz 1890.

Stradner, J.: Der Fremdenverkehr, Graz 1905.

Strubel, E.: Der Fremdenverkehr des Oberspreewaldes. Seine Förderung, Entwicklung und wirtschaftliche Bedeutung, Lübbenau 1934 (Diss.).

Studer, M.: Die Erschließung des Berner Oberlandes durch den Fremdenverkehr und ihre Auswirkungen auf Produktion und Wirtschaftsgesinnung, Bern 1947 (Diss.).

Todt, H.: Über die räumliche Ordnung von Reisezielen, Berlin 1965 (Beiträge zur Fremdenverkehrsforschung, Bd. 9).

Turowski, G.: Bewertung und Auswahl von Freizeitregionen, Karlsruhe 1972 (Schriftenreihe des Instituts für Städtebau und Landesplanung, H. 3).

Uthoff, D.: Der Fremdenverkehr im Solling und seinen Randgebieten, Göttingen 1970 (Göttinger Geographische Abhandlungen, H. 52).

Uthoff, D.: Ferienzentren im Harz. Probleme und Chancen neuer Formen im touristischen Angebot. – In: Neues Archiv für Niedersachsen, 23 (1974) 1, S. 1–24.

Uthoff, D.: Ferienzentren in der Bundesrepublik Deutschland. Wirtschafts- und sozialgeographische Analyse einer neuen Form des Angebots im Freizeitraum. – In: H. Uhlig u. E. Ehlers (Hrsg.): Tagungsbericht und wissenschaftliche Abhandlungen, 40. Deutscher Geographentag Innsbruck, Wiesbaden 1976, S. 612–626 (Verhandlungen des Deutschen Geographentages, Bd. 40).

Uthoff, D.: Die Stellung des Harzes im Rahmen der Fremdenverkehrsentwicklung in deutschen Mittelgebirgen. Eine vergleichende Analyse auf statistischer Grundlage. – In: Neues Archiv für Niedersachsen, 31 (1982) 3, S. 290–313.

Völksen, G.: Mobilheime in Niedersachsen. Anmerkungen zu einer neuen Form des Freizeitwohnens. – In: Neues Archiv für Niedersachsen, 23 (1974) 3, S. 296–306.

Volkart, H.-R.: Die Erholungsgebiete im Kanton Zürich. Ein geographischer Beitrag zur Bewertung und Auswahl standortgünstiger Räume für die Naherholung, Zürich 1979 (Diss.).

Vorlaufer, K.: Fremdenverkehr und regionalwirtschaftliche Entwicklung in der „Dritten Welt". Eine Fallstudie über die Küstenzone Kenyas. – In: Die Geographie und ihre Didaktik zwischen Umbruch und Konsolidierung, Festschrift für Karl E. Fick, Frankfurt a. M. 1977, S. 32–49 (Frankfurter Beiträge zur Didaktik der Geographie, Bd. 1).

Vorlaufer, K.: Fremdenverkehrswirtschaftliche Entwicklung und Arbeiterwanderungen in Kenya. Das Beispiel der Küstenzone. – In: Erdkunde, 33 (1979) 2, S. 129–144.

Vuoristo, K.-V.: Fluctuations in the movement of summer tourists in Finland. According to camping statistics, Helsinki 1969 (Fennia 98/4).

Wackermann, G.: Les loisiers dans l'espace Rhenan. De la region Zurichoise a la frontiere Germano-Neerlandaise. Une analyse geographique dans un espace multinational, Straßburg 1973 (Diss.).

Wagner, J.: Zur Geographie der Bäderstadt Nauheim. – In: Geographische Rundschau, 3 (1951), S. 115–118.

Weber, A.: Die Geographie des Fremdenverkehrs im Fichtelgebirge und Frankenwald, Erlangen 1959 (Erlanger Geographische Arbeiten, H. 9).

Weber, P.: Der Fremdenverkehr im Küstenbereich der Algarve (Portugal). – In: C. Schott (Hrsg.): Beiträge zur Kulturgeographie der Mittelmeerländer, Marburg 1970, S. 7–32 (Marburger Geographische Schriften, H. 40).

Wegener, G.: Der Fremdenverkehr in geographischer Betrachtung. – In: Industrie- und Handelskammer Berlin (Hrsg.): Fremdenverkehr, Berlin 1929, S. 25–53.

Wehling, H.-W.: Die Region Niederrhein. Zukünftiges Wochenenderholungs-

gebiet des Ruhrgebiets? Analyse des Freizeitangebots und der Entwicklungstendenzen. – In: Geographische Rundschau, 27 (1975) 7, S. 286–292.

Wehling, H.-W.: Lake District National Park. Entwicklung und Gefährdung
einer englischen Erholungslandschaft. – In: Geographische Rundschau, 31
(1979) 6, S. 236–256.

Weichert, K.-H.: Das Fremdenverkehrspotential und die Erscheinungsformen
des Fremdenverkehrs als Untersuchungsgegenstand der Fremdenverkehrsgeographie, Trier 1980 (Trierer Geographische Studien, H. 4).

Werner, E.: Die Fremdenverkehrsgebiete des westlichen Hampshire-Beckens,
Regensburg 1974 (Regensburger Geographische Schriften, H. 5).

Wiebe, D.: Freizeitverhalten und Tourismus in Afghanistan. Ein Beitrag zur
Fremdenverkehrsgeographie drittweltlicher Länder. – In: Orient, 17 (1976) 1,
S. 141–157.

Wilhelm, H.: Die wirtschaftliche Bedeutung des Fremdenverkehrs für den
Harz. – In: Neues Archiv für Niedersachsen, 26 (1977) 4, S. 380–391.

Wirth, A. J.: Massentourismus und abhängige Entwicklung. Kritik der herrschenden Theoreme zum Tourismus in der Dritten Welt, Marburg 1976
(Diss.).

Withington, W. A.: Upland resorts and tourism in Indonesia: Some recent
trends. – In: Geographical Review, LI (1961) 3, S. 418–423.

Witt, H.: Ferien-, Kur- und Naherholung als konkurrierende Raumansprüche
im Bodenseegebiet. – In: Raumforschung und Raumordnung, 31 (1973),
S. 173–180.

Wolf, K., P. Jurczek u. F. Schymik: Einrichtung, Struktur und Nutzung von
Feriendörfern in Mittelgebirgen. Modellanalyse ‚Ostertal‘/Odenwald und
‚Herbstein‘/Vogelsberg, Frankfurt a. M. 1978 (Materialien, Bd. 6).

Wolf, K., P. Jurczek u. F. Schymik: Urlaub in Feriendörfern. Eine Strukturanalyse hessischer Feriendörfer, Starnberg 1981.

Wolf, K., u. a.: Struktur und Entwicklung von Freizeit und Fremdenverkehr im
Odenwaldkreis, Frankfurt a. M. 1974 (Materialien, Bd. 1).

Wolf, R.: Verschiedene Verfahren zur Beurteilung der Erholungseignung von
Landschaften und ihre Bedeutung für die Orts-, Regional- und Landesplanung. – In: Chr. Borcherdt (Hrsg.): Beiträge zur Landeskunde Südwestdeutschlands, Stuttgart 1976, S. 115–140 (Stuttgarter Geographische Studien,
Bd. 90).

Zahn, U.: Tourismus in Spanien. Eine vergleichende geographische Untersuchung des Fremdenverkehrs an der spanischen Mittelmeerküste, Starnberg
1973 (Schriftenreihe für Tourismusforschung, o. Bd.).

Zahn, U.: Freizeitsiedlungen – ein Beitrag zur Begriffsbestimmung. – In: Geographische Rundschau, 27 (1975) 12, S. 521–523.

Zahn, U.: Der Fremdenverkehr in israelischen Kooperativen und kollektiven

Siedlungen. Ein Beispiel für den Fremdenverkehr im ländlichen Raum. – In: Mitteilungen der Geographischen Gesellschaft München, 61 (1976), S. 181–204.

Zahn, U.: Der Einfluß des Fremdenverkehrs auf das Leben der südeuropäischen Agrargesellschaften. – In: Tourismus – Entwicklung und Gefährdung? Wirtschaftliche und soziale Wirkungen des Tourismus, Starnberg 1978, S. 115–132.

Aus dem weiteren Programm

5489-X   Boesler, Klaus Achim:
Raumordnung. (EdF, Bd. 165.)

1982. VII, 255 S. mit zahlr. Fig., Diagr. u. Tab., 1 Faltkt., kart.

Dieser Bericht über die Situation der Raumordnung im geographischen Bereich bietet unter ausführlicher Bereitstellung einschlägiger bibliographischer Daten eine Darstellung der gegenwärtigen Forschungsdiskussion sowie der aktuellen Grundsatzfragen.

8053-X   Klug/Lang:
Einführung in die Geosystemlehre.

1983. XII, 187 S. mit 43, zum Teil farb. Abb. u. 3 Tab., 1 farb. Faltkt., kart.

Ziel dieses Buches ist es, Wirkungsgefüge, Stoff- und Energiehaushalt von Geosystemen zu kennzeichnen und somit einen Forschungsansatz vorzustellen, der für die weitere Entwicklung der Physischen Geographie und deren Praxisrelevanz sicherlich entscheidende Bedeutung haben wird.

7624-9   Mensching, Horst (Hrsg.):
Physische Geographie der Trockengebiete. (WdF, Bd. 536.)

1982. VI, 380 S., Gzl.

Der geomorphologische Formenreichtum in Gebieten, die man „wüst" und „leer" nennt, ist groß. Je nach der geographischen Lage, dem Klima und der Beschaffenheit des natürlichen Untergrundes solcher Trockenräume sind die methodischen Zugänge zur Erforschung der einzelnen Eigenschaften und des Gesamtphänomens unterschiedlicher Art. Dieses Buch bietet Forschungsschwerpunkte der physischen Geographie der Trockenzone der Erde sowie deren grundlegende Erkenntnisse und Gedanken in wichtigen Beiträgen seit den zwanziger Jahren.

8161-7   Weber, Peter:
Geographische Mobilitätsforschung. (EdF, Bd. 179.)

1982. VIII, 190 S. mit 9 Abb. u. 13 Tab., kart.

Die Energieprobleme der jüngsten Zeit haben deutlich werden lassen, daß unsere arbeitsteilige Gesellschaft nur dann funktionieren kann, wenn sich die Mobilität des Menschen im Raum voll entfalten kann. In diesem Buch werden die vielfältigen innerhalb der Geographie entwickelten Forschungsansätze und erdweiten Analysen von Mobilitätsphänomenen in ihren wichtigsten Erträgen dargestellt.

WISSENSCHAFTLICHE BUCHGESELLSCHAFT
Hindenburgstr. 40   D-6100 Darmstadt 11

9783534084500.4